"当代中国德育问题研究"丛书

主　编　檀传宝

副主编　王　啸　魏曼华

网络环境与青少年德育

北京师范大学公民与道德教育研究中心组织研究

撰稿人　檀传宝　何　艺　陈晓燕　李宗喜
　　　　张英英　廖　英　迟希新　季爱民

福建教育出版社

2005·福州

图书在版编目（CIP）数据

网络环境与青少年德育/檀传宝主编．－福州：福建教育出版社，2005.4
（当代中国德育问题研究丛书/檀传宝主编）
ISBN 7-5334-4117-6

Ⅰ.网… Ⅱ.檀… Ⅲ.计算机网络－关系－青少年－思想政治教育－研究－中国 Ⅳ.D432.62

中国版本图书馆 CIP 数据核字（2005）第 039321 号

"当代中国德育问题研究"丛书
主　编　檀传宝
副主编　王　啸　魏曼华

网络环境与青少年德育

撰稿人　檀传宝　何　艺　陈晓燕　李宗喜
　　　　张英英　廖　英　迟希新　季爱民

出版发行	福建教育出版社
	（福州梦山路 27 号　邮编：350001　电话：0591－83726971
	83725592　传真：83726980　网址：www.fep.com.cn）
印　刷	人民日报社福州印务中心
	（福州鼓屏路 33 号　邮编：350001）
开　本	890 毫米×1240 毫米　1/16
印　张	14
字　数	339 千
版　次	2005 年 5 月第 1 版　2005 年 5 月第 1 次印刷
书　号	ISBN 7－5334－4117－6/G・3289
定　价	27.00 元

如发现本书印装质量问题，影响阅读，
请向本社出版科（电话：0591－83726019）调换。

德育之重、德育之难与德育之急
——"当代中国德育问题研究"丛书总序

檀传宝

一、德育之重

所谓"德育之重"指的是德育的分量之重（德育的重要）。德育的重要几乎是毋庸置疑的。原因可以从社会发展、个人发展和教育的性质三大主要的方面加以说明。

从人类社会发展的角度言，任何社会的生活品质都要有道德和道德教育机制加以保证，现代社会更是如此。因为现代社会既然给予我们前所未有的自由，当然也需要我们"配得上"这些前所未有的自由。正如当代英国教育学家威尔逊（Wilson J. B.）曾经指出的："如果你追求主人——奴隶制度，你只需要一些规则和鞭子；如果你追求自由，你就需要各种复杂的机制和交往的环境——信息、选举、争论、程序规则等的有效性。同样，在自由社会中，道德教育也需要更多的注意。"也正是因为如此，国际社会越来越关注道德教育，中国共产党和中国政府也一直在不遗余力地关心和推动中国的德育事业。

从儿童个人发展的角度来说，儿童当前学习生活的动力与质量、未来生活的和谐与幸福，都取决于他们是否接受了良好的"做人"方面的教育。当然我们也可以从反面论证：如果我们强制一个明智的家长在孩子的品德、身体、学业和艺术修养等缺陷中选择一个最不愿意自己的孩子出现的缺陷的话,我相信他会选择品德。原因十分简单:将孩子进监狱或者戒毒所之类的问题与孩子身体上的缺失、课业上的问题、文艺修养上的毛病相比,显然前者更令我们揪心。所以德育"为首"的命题所表达的,并不是教育序列问题的回答,而是对教育的要害与本真的界定。

至于教育的性质,200年前德国伟大的教育学家赫尔巴特所说过的"没有离开教育(实际上指的是德育)的教学"的命题就已经有了很好的结论。台湾省的陈迺臣博士在他的《教育哲学》中也表达得十分精彩:"教育是应该包含有教导和学习的因素在内,但反过来说并不一定为真。亦即有教有学的行为或活动,不见得就是教育。这是因为教育本身也是一种价值的活动"。所以,德育是教育的灵魂。离开"育人"无以言"教书",离开德育谈教育无异于缘木求鱼。现代教育的毛病之一就在于我们往往偏离了教育的价值属性。故今天我们希望中国教育事业健康发展,就不能不将目光更多地投射到德育问题之上。

二、德育之难

德育又是困难的,而且在全部教育领域之中,德育的困难是无与伦比的。理由有以下三个方面:

首先是常规的困难。所谓"常规的困难"指的是德育领域广泛存在着一般教育领域或许不太可能遇到的困难。比如在纯粹文化知识的教学中,当我们需要了解教学效果的时候,我们只需要发一份试卷考一考我们的学生,然后对考卷做分析,我们就很容易了解学生学到了什么,在哪些地方还存在问题,以后进行有针对性的教育就可以了。但是一般文化课所拥有的这个评价或者诊断的工具在德育活动中基本上不存在。我们能够对学生施测的只能是道德认知或道德行为。由于道德认知未必能够转化为道德行为,道德行为也未必反映道德动机，所以基本上我们无法了解某一道德教育活动学生在"品德"（综合了道德认知、情感、意志、行为等）上"长"了或"缺"了多少。此外，在某些知识或者技能学习上强制可能是有效的，但是德育则不然。德育上的强制灌输一不人道、二不科学，基本上是无效、甚至是反教育的。因此，别的领域没有的困难，德育领域广泛存在，而且不容易克服。

其次是时代的挑战。当我们还在为那些广泛存在、而且不容易克服的、别的领域没有的"常规的"德育困难的克服殚思竭虑的时候，时代的发展一日千里、势不可挡。比如网络时代就已经迅速地改变了我们的生存状况。我们的儿童变了，我们的环境变了，不管我们愿不愿意——我们已经处在一个价值多元的时代。这个时代带给我们的是自由，同时也是自由的困惑；这个时代带给我们的是开放，也给我们带来了精神上的孤独。在德育问题上我们从人类价值共识的建立到具体教育策略的探索都遭遇着前人所不曾遇到的一系列难题。这个时代从某种意义上说是一个人类在道德生活和道德教育上彻底无助的时代——尽管她也是一个人类教育科学空前发达的历史阶段。

第三，在中国，还存在一个"有中国特色"的困难——那就是德育言说的困难。在教育的其他领域，研究基本上是没有禁忌的——因为它们与价值无涉。但是，在直接涉及价值和意识形态的德育领域，由于众所周知的原因，我们却往往很难贯彻中共中央"解放思想"的号召。由于"文革"的阴影太长，至今在德育研究和实践领域实事求是、解放思想仍然困难重重。这样，许多该讲的真话无人敢讲（即所谓的"言说的困难"）、敢听；许多本可以研究的课题没有开展真正意义上的研究；许多本可以克服的属于常识水平的德育缺陷没有被克服。这实际上是几十年来我们一直抱怨德育实效不高，却始终无法改变现状的根本原因之一。而讳疾忌医的结果当然是问题更多、更严重。

三、德育之急

我们为某件事情着急，一般需要同时满足两个条件：一是这件事情重要；二是这件事情困难。显然，光重要、不困难，我们顺手就做了，无须着急；光困难、不重要，我们溜之大吉即可。只有那些无法逃避又困难重重的问题才会令我们寝食不安。我们认为，中国当代的德育问题就是这样一个无法逃避、困难重重、令我们寝食难安的急事。

中国当代德育的现状，用"问题成堆"去描述是一点都不为过的。众所周知，中国社会是一个古代社会痕迹尚存的社会，中国德育的老问题（如强制灌输等）并没有获得很好的解决。但是，中国社会又已经是一个网络社会、传媒社会，网络与大众传媒对于青少年的价值影响已经不言而喻。改革开放使我们更快地进入了"全球化时代"，道德文化的碰撞与冲突已经不可避免。以城市化为标志的现代化已经给我们的社会和教育带来了许多现代人的"富贵病"。经济特区的发展和农民兄弟进城等导致的新旧移民浪潮所引发的道德教育问题也数不胜数。所以在德育问题上，我们是旧账未了，又添新欠。所以我们没有办法不寝食难安！

正是因为我们对于中国德育问题之急的认识，我们一些对于中国德育有着强烈使命感的青年学人，才不约而同地从一个侧面进入了各自关心的德育问题领域。现在将我们粗浅的研究集结起来，形成"当代中国德育问题研究"丛书。本丛书主要选题为：

1. 网络环境与青少年德育（檀传宝等著）
2. 大众传媒的价值影响与青少年德育（檀传宝等著）
3. 全球化时代的中国公民教育（王啸著）
4. 当代社会问题与青少年成长（魏曼华等著）

5. 移民社区的思想道德教育研究（刘志山著）

大约85年前，胡适先生提出了那个曾经引起过广泛争议的"多研究问题"的主张。我们以为，如果我们不将"少谈些主义"与"多研究问题"做机械和对立的理解，胡适先生的主张对于今日之中国社会和中国德育都是有着极其深远的现实意义的。千里之行，始于足下。我们认为，中国德育"问题成堆"的现状不能成为我们消极、悲观和逃避的借口。我们希望本套丛书的出版不仅能够将我们对于解决中国德育问题的急切心情真诚地表达给社会大众，而且能够呼吁更多对于中国社会与教育保持着自己的良知、热诚、使命感的同仁能够以更有力的步伐加入、推进我们的德育研究。

2005年2月26日

目录

变化了的童年与积极变革的德育 ………………………………… (1)

网络环境与青少年品德发展
专题研究

网络环境对青少年品德发展的影响 …………………………… (9)
 一、网络环境对青少年品德发展的影响要素 ………………… (10)
 二、网络对青少年品德影响的类型分析 ……………………… (41)
 三、网络环境对青少年品德影响的特点分析 ………………… (50)

网络环境中的学校道德教育 …………………………………… (57)
 一、网络社会对学校德育的挑战 ……………………………… (58)
 二、加强网络资源建设,营造开放的德育空间 ……………… (72)
 三、提高教师利用网络进行德育的能力 ……………………… (80)

网络环境中的家庭道德教育 …………………………………… (90)
 一、家庭与青少年品德发展 …………………………………… (91)
 二、网络环境下改进家庭道德教育的建议 …………………… (101)

网络环境中的社会道德教育 …………………………………… (108)
 一、网络社会中道德问题的心理与社会分析 ………………… (109)
 二、网络环境下社会道德教育的现状与解读 ………………… (120)
 三、社会网络德育的策略与实践探索 ………………………… (134)

网络环境中教育资源的分类及网络环境改造 ………………… (147)
 一、网络环境中的德育资源分类及其价值分析 ……………… (147)
 二、网络环境的改造:构筑网上道德精神家园 ……………… (164)

网络社区道德规范的现状及建设 ……………………………… (176)
 一、主要概念的界定 …………………………………………… (176)

1

二、研究方法和研究过程 ……………………………………（185）
三、网络道德规范建设的现状 ………………………………（191）
四、网络社区道德规范的现状 ………………………………（194）
五、网络社区道德规范实效的研究分析 ……………………（205）
六、网络社区道德规范与实施机制的建设 …………………（210）

网络环境与青少年品德发展调查报告

调查背景及目的 …………………………………………………（215）
调查内容及方法 …………………………………………………（217）
调查结果 …………………………………………………………（224）
主要结论 …………………………………………………………（372）
附录一　网络环境与青少年成长调查问卷 ……………………（398）
　　　一、学生基本信息卷 ……………………………………（398）
　　　二、教师问卷 ……………………………………………（410）
　　　三、家长问卷 ……………………………………………（415）
附录二　访谈提纲 ………………………………………………（421）
附录三　关于本调查报告的说明 ………………………………（423）

主要参考文献 ……………………………………………………（425）

后记 ………………………………………………………………（434）

变化了的童年与积极变革的德育
——德育如何面对网络时代

"童年"消失了吗？这是一个非常有趣的问题。

较早提出这一命题的是美国纽约大学的媒体学家尼尔·波兹曼(Neil Postman)。在他的名著《童年的消失》(The Disappearance of Childhood)一书中，波兹曼认为，真正的"童年"的概念是文艺复兴和印刷机的产物，而电视时代的到来则意味着童年正在"消失"。因为电视使用的是诉诸感性的符号系统，模糊了成人与儿童的信息空间，电视使得儿童的个性消失，导致了"成人化"的儿童（大人则成为了"儿童化"的成人），电视使儿童变成了"大众社会人"[1]。加拿大教育学家范梅南也在其《教学机智——教育智慧的义蕴》中指出："过去，孩子们在达到更复杂的阅读水平之前，在有机会阅读更成熟的文学作品之前，成人生活的方方面面对他们而言都是秘密，现在却成了儿童生活的主导话题。这使得一些教育家暗示儿童和成人之间的边界已逐渐模糊，而童年时代，作为人生发展的阶段，也在逐渐消失。"[2] 所以近年许多教育学家和媒体研究者都从这一角度提出了"儿童权利"的概念和"保卫童年"的口号。

但是问题是：童年真的消失了吗？我们要保卫谁的、什么样的童年？

---

[1] 尼尔·波兹曼著：《童年的消失》，广西师范大学出版社，2004。
[2] 马克斯·范梅南著：《教学机智——教育智慧的义蕴》，教育科学出版社，2001。

波兹曼认为,在中世纪一方面因为印刷的困难,另外一方面更主要的是因为儿童在观念上被视为"小大人",实际上没有真正意义上的童年。童年的黄金时代是1850～1950年(从印刷机器的发明、应用到电视的普及),故总体上"童年"存在的时间不过三百年左右。如果是这样,我们认为基本上不是童年的消失,而是特定童年概念形态的消失。所以童年的概念类似于与儿童生活密切相关的另外一个概念的发展——游戏的发展与特定游戏形式的消失。我们知道,随着大众传媒的发展,尤其是网络时代的到来,儿童的游戏形式也从踢毽子、扔沙包(以中国为例)逐步过渡到了卡通片和网络游戏等形式。因此,一部人类发展史在一个角度说就是儿童游戏的发展史。当我们说"童年的消失"和"保卫童年"的时候,我们实际上是说特定的"童年"概念在消失,我们要"保卫"的童年也是我们无批判地加以肯定的童年形态——我们成人社会记忆中的某一历史阶段的童年——而从整体上说,这一想法是错误的——因为时光不会倒流,而且我们无法肯定新的童年形态一定是危险或者消极的,就像我们不能绝对肯定过去的某个童年形态完全是积极的一样。

1982年波兹曼的《童年的消失》出版是以电视时代的到来来预言童年的消失的,如果考虑到网络社会的一些具体情况,那么我们今天似乎更有理由去担忧。因为网络比电视对于传统意义上的童年的破坏力似乎更大。因为在键盘面前,"你是人或者是狗,无人在乎";在网络世界里,儿童和大人拥有同样的界面、在虚拟空间中年龄因素也是"虚拟"的。网络时代传统的童年概念已经面目全非、危机四伏。而且从许多媒体的报道和相关研究所揭示的事实来看,网络也的确带来了很多负面的影响。但是积极的方面也是无庸置疑的:网络时代使我们儿童和成人社会一样可以面对不同的价值观念做出相对开放、自由和理性的选择;在一个价值多元化的时代，带有强烈古代社会特征的强制灌输范式的德育已经无以为继。此外在网络时代，儿童还存在地区、家庭、性别、年龄和个体的差异，存在上网与不上网的差异，因此当然也就存在已经改变和没有改变的童年、存在不同类型的童年。

与童年的消失或者变迁相应，在品德发展与德育方面也必然和应该存在积极与消极的改变。本书研究的主题是"网络环境与青少年德育"。我们最为重要的观点之一是，网络对童年（本书主要涉及青少年阶段）生活的改变需要做具体和理性的分析；对网络环境对于青少年品德发展和道德教育的影响则需要做更仔细和具体的研究，需要采取积极和建设性的立场。目前我们许多人对于网络与青少年关系的处理重点都是"破"、"防"和"堵"，而我们希望通过努力今后这一重点应当逐步过渡到"立"、"疏"和"导"的方向上去。

基于以上判断，我们认为：正确处理与网络相关的青少年德育问题需要我们做出积极的策略选择。所谓"积极的策略"主要包括以下几个主要的方面：

一、建设环境。许多社会人士和教育学者往往有意或无意地对于网络及其对于青少年的价值影响采取一个旁观的、逆来顺受的消极批评者的立场，我们认为是不可取的。网络本身是人为的环境，积极的立场应当是做网络环境的主人而不是奴隶。目前已经采取的策略概括起来主要包括两大类型：一是建设，二是规范。前者如专门教育性网站的建设、教育性游戏的开发等；后者如对于网络建设、管理方面的制度和法律、规范建设等。本课题的研究证明，到目前为止以上努力的成效是非常有限的。今后网络建设的重点应当是网络环境的实际教育质量提高的问题（尤其是吸引力的提高的问题。如红色网站的吸引力的提高等）；而网络规范（包括网络游戏产品的开发）的重点则应是如何在加强规范建设的同时保持网络世界的生动性、开放性、自主性等等。

二、专题应对。专题应对是指对于青少年儿童在网络世界中面对的具体问题应采取有针对性的教育与帮助。通过本课题的研究，我们已经对网络环境对于青少年品德发展和德育产生的诸多挑战进行了调查和分析，我们认为学校应当开展关于网络的课程、与网络有关的德育问题研讨，以及研发积极利用网络进行品德教育的形式。此外由于存在不同地区、家庭、性别、年龄和儿童个体的网络环境的差异，不同儿童在网络世界里遭遇的困境是不同的：一些属于技术障碍（主要是早期网民），一些是价值困扰，一些是心理问题。学校教育应当从关怀的立场出发采取专门的应对措施，积极帮助儿童做网络的主人而不是奴隶（如提供技术帮助、价值引导、心理救援等）。

三、因材施教。我们的研究也已经证明，由于存在年龄、性别、地区、家庭背景等因素的影响，儿童或青少年个体的网络生活实际是各不相同的。学校德育应当因材施教。比如我们的研究表明：一方面，网龄越长，青少年对网络的评价就越积极、全面和理性，而与此相反，对于网络接触越少的青少年对网络生活及其价值影响的评价就越消极、片面和情绪化。当然另外一方面，网龄越长，青少年对网络生活中道德问题的感觉也越来越麻木。因此对于网龄长短不一的青少年应当采取不同的策略。对于前者，我们需要采取措施激活他们的道德敏感性，让他们对于网络生活的道德层面有更积极的主人翁态度；而对于后者，重点则应当是在技术帮助的基础上进行适当的价值引导。同样，由于年龄、性别、地区、家庭背景和个性差异导致的儿童网络生活存在的其他特点的不同也决定着我们应当采取不同的德育策略。

总而言之，变化了的童年呼唤的是积极变革的德育。以上论述只是简要描述了我们对于"德育如何面对网络时代？"这一课题的一些大致的思路，对于这一问题的一些具体分析、回答，读者可以在我们的研究报告、调查报告中获得万一。当然，本课题的研究只能是走向这一积极变革的第一步。不断的变化需要我们不断付出更大的教育智慧和努力，但前途是光明的。

网络环境与青少年品德发展
专题研究

网络环境对青少年品德发展的影响

互联网是一个开放的网状结构，四通八达的网络给人们提供了交流的便利。网络世界是开放的，绝大多数公众性的网络资源都平等地面向所有登录者，即使有各种各样的限制，例如要求成为会员或是收费服务，但也多是面向所有人。在这一前提下人们在网上获得资源的可能性是平等的。世界各地的青少年可以浏览同一个网站，也可以在同一个聊天室里相互交流。

但是，和现实生活一样，网络中的人形形色色，网络环境对青少年的品德发展所产生的影响也大相径庭。有的青少年在网上认识了更多朋友，更加开朗，更注重友谊，也更愿意帮助别人。也有人则为了显示自己而攻击他人的计算机，在网上对他人加以辱骂、挑衅，甚至进行猥亵、诽谤和欺诈。有的还因交友不慎而受到身心伤害，对社会悲观失望。在看似相同的网络世界里，青少年为什么会产生这么大的差别？这些差异主要集中在哪些方面，有着什么样的特征？也就是说，网络对青少年品德发展的影响的要素、类型和特点主要有哪些？这些问题正是本文要分析和探讨的内容。

需要说明的是，由于研究条件的限制，我们不能对所有青少年在网络环境下的品德成长进行讨论，本研究关于网络对青少年品德发展影响及相关对策的研究，仅是针对年龄范围为12、13～18、19岁，正在接受中等教育的青少年，也就是我们通常所说的中学生。至于超过这一年龄范围的、正在接受小学教育的儿童或高等教育的

9

青年，以及处于这一年龄范围却在学校之外的社会青少年，虽然不是本研究具体讨论的对象，但我们也希望本研究的结论能够对这些群体的网络德育有所启发。

一、网络环境对青少年品德发展的影响要素

在纷繁杂芜的网络背景下，究竟哪些要素会影响对青少年的品德发展？要研究这个微观的影响机制问题，我们首先需要建立一个分析框架。

（一）分析框架的建构

在"网络环境对青少年品德发展的影响"这对关系中，网络环境是发挥作用的主导因素，青少年品德发展是作用对象，是影响的体现和结果。每个人由于自身或环境条件的影响和限制，接触到的网络环境肯定不同，这必然会影响到他们接受网络价值影响的性质、方式、类型和程度。因此青少年个人接触网络的情况，也就是他们在网络世界中实际接触到的网络环境，是我们需要分析的对象。有着不同触网情况的青少年接触到的网络环境不一样，他们对网络环境的评价不同，对网络影响的选择和接受程度也都会有所不同。

青少年触网情况包含了很多内容。青少年的触网情况主要体现为接触网络的倾向、程度、环境和利用网络的能力。具体说来，它既包含性质上的情况，例如浏览什么网站？主要进行哪些活动，聊天还是玩游戏？查阅什么内容以及在哪里上网等；也有数量上的，例如青少年的网龄有多长，花在网上的时间有多少等。每个青少年的触网情况都有很大差异。有的热衷于聊天，有的迷恋游戏；有的爱看娱乐动态，有的关注社会热点；有的已经是资深网民，有的才不过刚刚开始接触；有的在网吧上网，有的在家里上网，有的只有

在学校才有上网的机会。有着不同触网情况的青少年接触到的网络环境不一样，他们对网络环境的评价不同，对网络影响的选择和接受程度也都会有所不同。

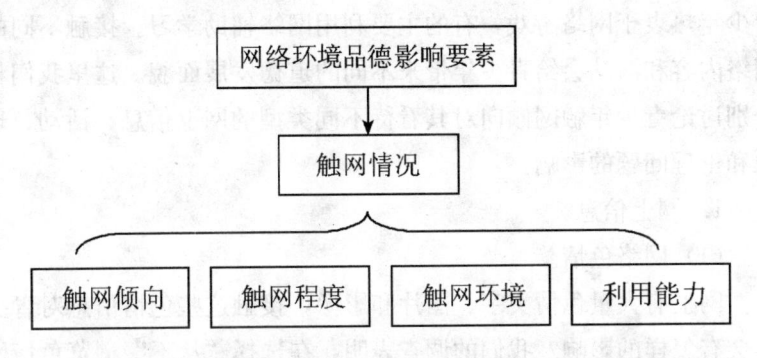

```
        ┌──────────────────┐
        │ 网络环境品德影响要素 │
        └────────┬─────────┘
                 ↓
          ┌──────────┐
          │ 触网情况  │
          └──────────┘
     ┌───────┬────────┬────────┐
  ┌──┴──┐ ┌──┴──┐ ┌──┴──┐ ┌──┴──┐
  │触网 │ │触网 │ │触网 │ │利用 │
  │倾向 │ │程度 │ │环境 │ │能力 │
  └─────┘ └─────┘ └─────┘ └─────┘
```

图 1　网络环境与青少年品德发展要素分析结构示意图

分析青少年接触网络的倾向、程度、环境和利用能力，我们就可以了解青少年在触网情况以及对网络的态度和评价上的差异，进而分析由此产生的在接受网络道德影响上的差异。为此我们进行了问卷调查和访谈来具体考察这些要素及其相互联系。具体做法是在北京地区、湖北宜昌地区和甘肃宁县地区分别选择两所高中和初中，在高中选择一个高二年级班，在初中选择一个初二年级班，发放问卷。接下来我们将以调查数据和访谈个案为基础，参考现有的相关研究，对网络环境对青少年品德发展的影响要素逐一进行分析。本研究试图从四个方面勾画青少年的触网情况：触网倾向、触网程度、触网环境以及利用能力。触网倾向将会影响青少年对不同网络信息和活动的接触，从而使其道德发展表现出不同的侧重点和倾向性。触网程度、触网环境和网络利用能力则主要通过影响青少年接触网络的方式，例如时间长短、上网地点等，影响青少年对网络的接触和利用，进而影响其对网络环境的评价和对网络伦理现象和问题的态度。

（二）触网倾向

不同的兴趣爱好使青少年在网上选择了不同的网上活动。有的青少年热衷于网络游戏，有的主要利用网络辅助学习。接触不同的网络内容和活动会给青少年带来不同的道德发展面貌。这里我们将分别讨论青少年触网倾向对其看待不同类型的网上信息、活动、现象和伦理问题的影响。

1. 网上信息。

(1) 网络色情。

网上有大量色情文字、图片和影像，接触这些色情信息对青少年会有怎样的影响？我们的调查表明，在选择"从不"浏览色情网站的青少年中，主张完全"取缔"网上与性有关的信息或"禁止"青少年浏览此类信息的比例要远远高于"很少"、"有时"或"经常"浏览色情网站的人。而随着浏览色情网站频率的增加，认为网上与性有关的信息有一定作用、能够弥补现实性教育不足的比例也随之上升（见表1）。[①] 可见，青少年对待网上与性有关的信息的态度与其浏览色情网站的频率存在一定联系。随着浏览频率的增高，青少年对网上与性有关的信息的批评和反对就减少。

[①] 除另有注释外，本书中所有未加注释的数据均来自本研究实施的调查："网络环境与青少年品德发展研究"，其中部分数据可参见本书的调查报告部分。

表 1 浏览色情网站与对网上与性有关的信息的态度

浏览色情网站的频率	对网上与性有关信息的态度	污染社会风气,应该取缔	应该禁止青少年浏览	能少教不足	补现性育	很要满分需要	必有足够满的人	其他	总计
经常	人数（人）			2					2
	有效百分数（%）			100.0					100.0
有时	人数（人）		2	9	2				13
	有效百分数（%）		15.4	69.2	15.4				100.0
很少	人数（人）	1	13	18	4			3	39
	有效百分数（%）	2.6	33.3	46.2	10.3			7.7	100.0
从不	人数（人）	65	164	108	12			31	380
	有效百分数（%）	17.1	43.2	28.4	3.2			8.2	100.0
总计	人数（人）	66	179	137	18			34	434
	有效百分数（%）	15.2	41.2	31.6	4.1			7.8	100.0

浏览与性有关的、甚至是黄色的信息,既反映出一部分青少年的某种需求和倾向,也让他们对此有一定的了解和认识,这影响了他们对网上性骚扰做出的反应。青少年在网上遇到性挑逗或骚扰的时候通常都会采取比较理智的自我保护措施,但在遇到这种情况时,选择"从不"浏览色情网站的青少年选择"退出"和"加以训斥"的比例要高于浏览过色情网站的青少年,而选择"跟他聊"的比例则要低得多。主张坚决取缔网络色情的青少年在网上遇到网上性骚扰时选择"退出"和"加以训斥"的比例也要高于其他人。相反,认为网络与性有关的信息"很有必要"的青少年在遇到言语挑

逗时选择"退出"的比例要远远低于其他人,而选择"跟他聊"的比例则明显高于其他人。

(2)红色网站。

在浏览过红色网站的青少年中,近半数的人认为红色网站内容"虚假"或是"乏味",认为"有意义"的不足三分之一,这在某种程度上说明现在的红色网站并没有被广大青少年认可。在对浏览红色网站的作用的认识上,认为红色网站内容"虚假"的青少年,选择浏览红色网站"增加了我对共产主义的反感"的比例(18.2%)要远远高于其他人(选择该项的比例都在5.0%以下);而选择"让我对共产主义有更多的认识"的比例(18.2%)则要远远低于其他人(选择红色网站内容"乏味"或"有意义"的同学选择此项的比例分别为48.7%和79.2%)。认为红色网站内容"有意义"的同学,更倾向于认为访问红色网站"让我更加坚定了对共产主义的信念",或是"让我对共产主义有更多的认识"(见表2)。对待红色网站的态度直接影响着青少年是否接受红色网站的影响。目前青少年对红色网站的接受程度并不是很高,很多人只是为了查找相应资料才浏览,例如写入团申请书。因此红色网站要发挥宣传和引导作用,无疑要更贴近青少年的需要,在内容和形式上都需要改进。

青少年对红色网站的态度和他们对网络信息的信任倾向之间又存在明显的相关。认为红色网站"有意义"的同学觉得政府信息最可靠的比例(68.4%)要显著高于对红色网站内容持消极评价态度的同学;认为红色网站"虚假"的同学中选择政府网站最可靠的比例为45.5%,认为红色网站"乏味"的同学选择此项的比例为51.8%。另外,在对红色网站有积极评价的青少年中没有人选择信任"非商业的个人或团体网站"和"港澳台或境外的网站";而认为红色网站"虚假"的青少年对这两类网站的信任率均为18.2%,认为红色网站"乏味"的青少年对这两类网站的信任率则分别为

表2 对红色网站内容的评价与对红色网站作用的认识

对红色网站内容的评价	对红色网站作用的认识	让我更加坚定了共产主义的信念	让我对共产主义有更多认识	对我没有什么影响	增加了我对共产主义的反感	其他	总计
虚假	人数(人)		2	7	2		11
	有效百分数(%)		18.2	63.6	18.2		100.0
乏味	人数(人)	1	55	51	5	1	113
	有效百分数(%)	0.9	48.7	45.1	4.4	0.9	100.0
有意义	人数(人)	11	61	2	2	1	77
	有效百分数(%)	14.3	79.2	2.6	2.6	1.3	100.0
其他	人数(人)		8	3			11
	有效百分数(%)		72.7	27.3			100.0
总计	人数(人)	12	126	63	9	2	212
	有效百分数(%)	5.7	59.4	29.7	4.2	0.9	100.0

(注：这里只统计表示自己浏览过红色网站的人，共212人)

11.6%和8.0%，他们选择最信任商业网站的比例也要比其他青少年都高出许多。

如果青少年认为红色网站"有意义"，那么就表明他们对政府的政治导向更加认同，因此对红色网站的评价也就更高，对政府网站更信任。如果青少年认为红色网站"虚假"，那么就可能意味着他们不太认同政府的政治导向，因此对红色网站的评价消极，并且宁愿信任非政府和国外网站。但是认为红色网站"乏味"的青少年却只是对红色网站的内容感到无趣，而不是对它的价值导向产生怀疑，因此会倾向于更相信比较活泼的商业网站。对红色网站的态度和对各种网站的信任倾向将影响青少年信任和接受何种导向的价值观。因此建设好红色网站对引导青少年形成正确的价值观有着重大的意义。

2. 网络活动。

(1) 网上游戏。

网络游戏是目前青少年，特别是男孩在网上的主要活动。玩游戏的程度会影响学生对游戏中暴力成分的认识。那些"经常"或"有时"上网玩游戏的青少年中很少有人认为游戏中的暴力成分会引发现实的暴力（比例都约为6%），而更倾向于认为游戏不会影响现实（比例都是33.3%）。相比之下，选择"很少"或"从不"上网玩游戏的青少年中认为游戏中的暴力成分会引发现实暴力的比例都在20%左右，认为游戏不会影响现实的比例则分别为23.6%和18.7%。另外，经常玩游戏的青少年中有些人还因为暴力游戏"好玩"而不觉得这些游戏有什么不好（选择此项的比例接近20%，而其他同学选择此项的比例都在10%甚至5%以下）（见图2）。似乎游戏玩得越多，青少年就越有可能认为游戏中的暴力成分不会影响现实。但是班杜拉模仿学习的实验已经向我们证明观看电视中的暴力镜头会增加儿童的暴力行为，调查中青少年对暴力游戏影响力的认识和班杜拉的结论是不相符的，这可能意味着长期玩暴力游戏会使一部分青少年低估暴力游戏的危害。更让人担忧的是，有一部分游戏者被游戏深深吸引而根本察觉不到游戏的暴力性，这表明游戏者对游戏中的暴力行为可能已经持有了一定程度的认同，这些青少年有意或无意模仿游戏暴力行为的可能性会更大。

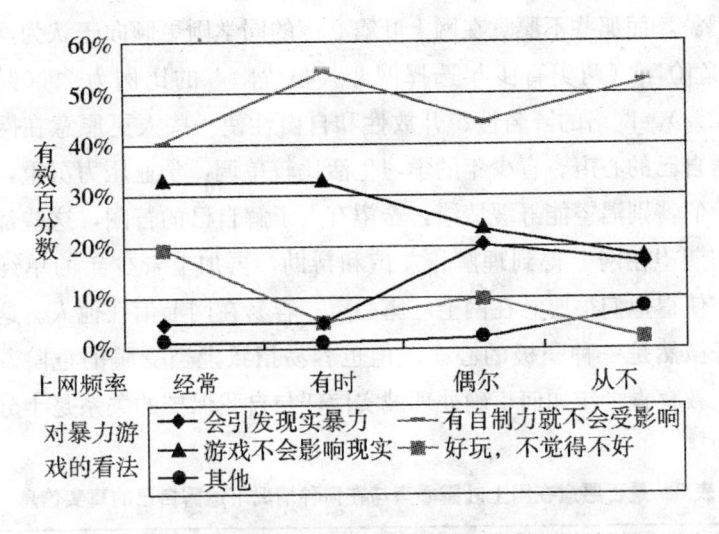

图 2　上网玩游戏的频率与对暴力游戏的看法

（2）网上聊天。

在网上和素昧平生的陌生人交谈无疑是一件新鲜事。网络聊天不论是对成年人还是青少年都有很强的吸引力。人们聊天的心态是不一样的，有的是出于好奇，有的是为了好玩，有的想交朋友，有的想排解压力和烦恼，还有一部分人则是为了发泄情绪和获得利益而在网上聊天。不同心态的人对待网上聊天有着不同的态度，有的真诚，有的无所谓，有的居心叵测。

聊天也是青少年最喜欢的网上活动之一。我们的调查发现，愿意在网上吐露心声的青少年容易把自己的真实情况和想法透露在网上。调查中他们选择在"觉得对方特别可靠"、"对方是同龄人"和"任何情况下都会"把自己的真实情况告诉聊天对象的比例（分别为 31.6%、14.8%和7.1%）都要明显高于不愿在网上吐露心声的青少年（选择各项的比例分别为 21.3%、6.0%和2.1%）（见表3）。和那些不愿在网上吐露心声的青少年相比，他们还更容易把网恋浪漫化（两类青少年选择网恋"很浪漫"的比例为 18.2%和

7.5%），而那些不愿意在网上吐露心声的同学则更倾向于认为网恋"很危险"（两类青少年选择网恋"很危险"的比例为29.0%和16.2%）。网络的匿名性、开放性和自由性使一些人更愿意在网上吐露自己的心声。青少年的学习生活比较单调，学业压力沉重，因此他们特别渴望能舒缓情绪，希望有人了解自己的苦闷，这些都使他们期望在网上得到理解、友谊和帮助，再加上青少年的单纯天真，使得他们很愿意在网上吐露心声，容易在网上信任他人。这种信任虽然是一种积极的心态，但也容易招致上当受骗的危险。因此，教育青少年如何正确处理诚实信任与自我保护的关系是十分必要的。

表3 是否愿意在网上吐露心声与在何种情况下透露自己的真实信息

是否愿意在 网上吐露心声		觉得对 方特别 可靠	对方是 同龄人	任何情 况下都 会	任何情 况下都 不会	其他	总计
是	人数(人)	49	23	11	63	9	155
	有效百 分数(%)	31.6	14.8	7.1	40.6	5.8	100.0
否	人数(人)	60	17	6	184	15	282
	有效百 分数(%)	21.3	6.0	2.1	65.2	5.3	100.0
总计	人数(人)	109	40	17	247	24	437
	有效百 分数(%)	24.9	9.2	3.9	56.5	5.5	100.0

聊天有不同的倾向。有的人喜欢和异性聊天，有的喜欢和成人聊天，有的经常聊天，有的很少聊天，不同的聊天倾向也带来了接受品德影响的差异。

经常聊天和喜欢与异性聊天体现了一种对交流和情感的期待，

这可能会影响青少年对网恋的态度，影响到他们是否会去身体力行。"经常"和"有时"聊天的同学，对网恋似乎有更多的期待，他们认为网恋"很浪漫"的比例（都在17％左右）要明显高于"很少"和"从不"聊天的同学（比例都在5.5％左右）。从不聊天的青少年更倾向于认为网恋"很危险"（选择此项的比例为40.0％，而其他人则在13％～27％之间）。更愿意和异性聊天的同学认为网恋"很浪漫"的比例（16.3％）要明显高于不愿意和异性聊天的青少年（5.9％）；他们认为网恋"很危险"的比例（16.7％）则要远低于后者（32.0％）（见图3）。如果青少年对网恋有更浪漫的期待，那么他们就会更愿意亲身体验网恋的滋味。

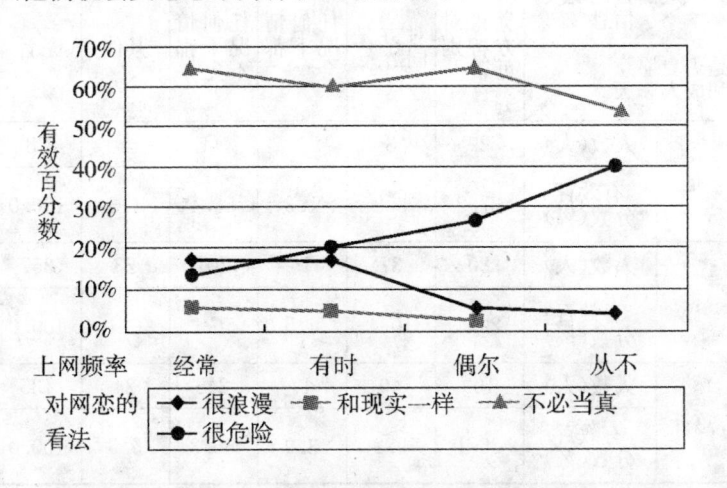

图3 上网聊天的频率与对网恋的看法

绝大多数青少年都更喜欢和同龄人聊天。但是有一部分人则更愿意和成年人聊天，他们会在"觉得对方特别可靠"时透露自己真实信息的比例（37.2％）明显高于不愿意和成年人聊天的青少年（22.4％）。而并非更愿意和成年人聊天的青少年选择在"对方是同龄人"时说出自己信息的比例（10.4％）则要大大高于更喜欢和成年人聊天的青少年（选择此项的比例不到4％）（见表4）。可见聊天对象的倾向能够影响青少年的信任倾向。在虚幻的网络里，我们可以虚拟自己的身份：年龄、性别、职业等等，那么我们又将依据什么来判断对方是否可靠呢？我们的跟踪访谈发现，青少年对判断对方是否是同龄人有着自己的标准。他们认为孩子有自己喜欢的东西，有特定的生活圈子和烦恼，如果对方言谈显得很成熟，不知道孩子们的事情，那么就是假装的。在网络里青少年倾向于相信同龄人，并且自有一套判断的标准，这很可能给不怀好意的人以利用的机会。

表4 是否更愿意和成年人聊天与在何种情况下透露自己的真实信息

是否更愿意和成人聊天	透露自己真实信息	觉得对方特别可靠	对方是同龄人	任何情况下都会	任何情况下都不会	其他	总计
是	人数（人）	29	3	1	44	1	78
是	有效百分数(%)	37.2	3.8	1.3	56.4	1.3	100.0
否	人数（人）	80	37	16	201	23	357
否	有效百分数(%)	22.4	10.4	4.5	56.3	6.4	100.0
总计	人数（人）	109	40	17	245	24	435
总计	有效百分数(%)	25.1	9.2	3.9	56.3	5.5	100.0

有固定聊天对象的人可能会与对方有更多的交流，形成一种稳定的关系。由于相互之间有较多的了解，因此相对于聊天对象不固定的人他们可能会更容易相信他人。我们的调查表明，聊天对象比较固定的青少年在"对方是同龄人"的情况下透露自己真实信息的比例（13.1%）要高于聊天对象不固定的青少年（选择比例为4.2%）；他们选择"任何情况下都不会"的比例（51.8%）则要明

显低于后者（62.5%）。可见聊天对象是否固定会影响到青少年对对方的信任程度和自我保护意识。固定的聊天对象更像是朋友，这种聊天也更像是和朋友的对话而不是游戏，因此也更容易产生信任。

3. 网络现象。

（1）网恋。

对成人而言，网恋是网络中最浪漫的风景，但对于尚未成熟的青少年，虚拟的网恋无疑充满了危险。关于青少年因网恋不慎而影响学习甚至被骗遇害的报道不绝于耳。在我们的调查中有相当一部分的青少年表示自己的同学中有些人已经有过网恋经历。然而让我们诧异的是青少年在涉足网恋的同时并没有慎重严肃地对待网恋。网络的确为人们提供了更多接触异性和发生恋情的机会，但这种便利也可能降低了爱情的神圣感。大多数被调查的青少年都认为不必对网恋"当真"，其比例高达61.7%；有近六成的人选择了周围有过网恋经历的同学对网恋的心态是玩玩而已。另外还有近四分之一的青少年认为网恋"很危险"，而认为网恋"很浪漫"的人比例仅为11.5%。这表明青少年对网恋的评价比较消极，这可能是受到了传媒的影响。他们并没有把网恋看成是一种情感的吸引，而是看成一种新鲜的游戏。

因此，因网恋引发的伤害事件可能并不全是网络的过错，青少年贪玩好奇的心理以及他们的轻信和盲目，也是引发伤害事件的重要原因。随着性的成熟，青少年对异性的好奇和好感正在增加，但他们心理的成熟远远赶不上生理的成熟。对他们来说，爱情更多的是好奇和好玩，他们对爱情的理解可能和成年人是不同的。对网恋的轻佻心理是对爱情的亵渎，这不利于青少年形成健康积极的爱情观。对待网恋的随便态度也容易让他们把爱情看得随便起来，这对他人和自己都是一种潜在的伤害。

(2) 黑客。

黑客是网络的衍生物。人们对黑客有很多争议。他们拥有高超的网络技术，可以随意破解密码侵入网站，但是黑客也是龙蛇混杂。黑客信奉信息共享、技术至上以及怀疑权威等所谓的"黑客精神"[1]，利用电脑网络技术对他人的信息和网站做出各种侵入和攻击，他们往往自称是"主持公正，行侠仗义"，但其中也不乏打击报复，更有甚者是为了获得利益。不论黑客行为的目的是好还是坏，这些侵入、破坏和窃取行为都造成了对他人隐私和财物的非法侵犯，而网络黑客却被常常当成技术精英得到部分人，特别是青少年的追捧。对黑客的盲目崇拜和效仿使少年黑客成为一个日益严重的社会问题。

在我们的调查中可以看到，大多数青少年能够做到不利用黑客技术侵害他人利益（比例为54.6%），但是有相当一部分人会为了显示自己的能力以及报复别人，或是仅仅因为好奇，甚至是为了谋取利益而使用黑客技术（选择会因为以上四种目的使用黑客技术的青少年比例分别为4.8%，6.8%，3.6%和23.6%）。对黑客的盲目崇拜以及对法律和伦理规范缺少了解是黑客多为青少年的主要原因。调查显示，当问及"假设你在网吧上网，在你之前使用过这台电脑的人临走时忘了退出自己的信箱，你会怎么做？"时，那些选择顺手关掉信箱的青少年大多都选择了在任何时候都不会使用黑客技术（比例为61.6%）；而那些会打开别人信箱或来个恶作剧的青少年中则有很多人会因为好奇而使用黑客技术（比例分别为40.0%和33.3%）。因此，如果我们能够帮助青少年对相关的法律法规和道德准则有更好的了解，将有助于他们正确看待黑客现象。

4. 网络伦理规则。

---

[1] 沈亚萍：《黑客伦理对网络青少年德性构筑的思考》，《青年探索》，2001 (2)。

(1) 规范和自由。

规范和自由一直是网络伦理争论的焦点。网络社会的自由不等于没有规范，大多数人都会意识到必须有一套有效的控制机制来规范网络世界。对规范的认识会影响到网民的网上行为。

我们的调查表明，赞成为网络制定规范的青少年会自觉用现实世界的规范来约束自己的网上行为。相对而言，反对制定网络规范的青少年自觉性要差一些，他们认为在网上可以为所欲为的比例要比前者高得多。他们的理由是网上的行为并不会影响现实生活的正常运行，或者不会有人知道也就不会受到惩罚。这种观点还影响到他们对网络伦理现象的态度和反应。认为在网上需要遵守基本规范的青少年，在关于网络不文明语言是否应该加以管制的问题上更多地持肯定态度；而认为因为网络不会影响现实而可以为所欲为的同学则更多地持反对态度，他们认为这是对个人自由的干涉，网络既然不会影响现实，那么自己在网上放肆一下也就无伤大雅了。

网络是否会影响到现实生活？对此我们认为答案是肯定的。网络已经成为我们生活的一部分，网上行为岂能不加限制为所欲为？这种把虚拟等同于虚幻的观点对青少年有着恶劣的影响。网络并不是放纵欲望的天堂，我们在网上的行为不论对自己还是对他人都会留下痕迹。因此，指导青少年正确看待网络的性质和影响，对于规范青少年在网上的言行有着重要意义。

然而，部分青少年反对为网络制定规范也不仅是因为他们对网络有不正确的认识，也可能是受到了所谓"网络精神"的影响。网络的产生正是为了减少由"一个中心"带来的局限性，不论在技术上还是在精神上，它天生就是一个反对集权、自由开放的空间。[①]但是有些人因为对自由的向往而夸大网络自由的特性，反对对网络

---

① 严耕、陆俊、孙伟平：《网络伦理》，北京出版社，1998。

的一切限制。自由总是相对的,青少年的不成熟使他们很容易受这种思想的影响。因此他们反对规范网络可能并不是想搞破坏或放纵自己,而是对"自由"的信仰和崇尚。在我们的调查中,在"假设你在网吧上网,在你之前使用过这台电脑的人临走时忘了退出自己的信箱,你会怎么做"的问题上,反对限制网络的青少年选择"随手关掉"比例(约为60%)要比赞同为网络制定规范的青少年低很多(都超过了75%),他们选择"来个恶作剧"的比例(16.7%)则要明显高于赞成制定规范的青少年(低于4%)。有意思的是,他们选择打开别人信箱看的比例却是最低的(见表5)。由此我们是否可以推测,青少年在网上某些不正当或是不道德的行为可能并不是出于恶意,而更多的是认识上的偏差和局限。一种成熟的自由观对青少年更好地看待网络行为的限度和规范将有所裨益。

表5 对制定网络规范的态度与对他人未关信箱的反应

对制定网络规范 \ 对他人信箱		随手关掉	打开看看	来个恶作剧	其他	总计
反对,网络崇尚自由	人数(人)	26	4	7	5	42
	有效百分数(%)	61.9	9.5	16.7	11.9	100.0
赞成,但是应由网民制定	人数(人)	69	15	3	2	89
	有效百分数(%)	77.5	16.9	3.4	2.2	100.0
赞成,由政府网民共同制定	人数(人)	201	24	4	6	235
	有效百分数(%)	85.5	10.2	1.7	2.6	100.0
赞成,由有关部门制定	人数(人)	50	8	1	3	62
	有效百分数(%)	80.6	12.9	1.6	4.8	100.0
其他	人数(人)	7	4			11
	有效百分数(%)	63.6	36.4			100.0
总计	人数(人)	353	55	15	16	439
	有效百分数(%)	80.4	12.5	3.4	3.6	100.0

（2）诚信和安全。

在这里我们并不想考察诚实、信任、真诚等道德原则的适用性。这些美好的名词无疑代表着美好的品质，但它们都不是绝对的。在复杂的网络世界中，传统的诚信观受到了挑战。

为了躲避网上的陷阱，接近60%的青少年认为在网上是否说真话要视情况而定，只要不伤害他人就好。这反映了接受调查的青少年有着高度的自我保护意识。但是相信诚实是基本道德原则而必须在网上说真话的人，容易把自己的真实信息透露给网友，只要他觉得对方可靠。也就是说，如果青少年把诚实看作一种基本的道德原则，那么他在网上会更容易相信他人；而认为网上没有必要说真话的青少年则会为了躲避危险而拒绝透露个人信息。

现实世界的规则不能完全移植到网络生活中去。全新的网络世界为我们提出的一个伦理挑战就是：如何在坚持伦理规范与灵活变通之间取得平衡。青少年时期是道德系统成型的时期，如何处理这种变通和坚持的关系，将直接影响到他们伦理道德观念的形成。

（三）触网程度

网龄可以作为衡量青少年触网程度的指标。随着网龄的增加，青少年对网络日益熟悉，并尝试探索更广阔的网上世界，他们运用网络的能力也越来越强。对网络的熟悉淡化了因陌生带来的危险感，能力的增长减少了他们在心理上受到的束缚。他们对各色网络现象和人群越来越了解，不会像新手那样因为技术不足而烦恼，这种熟悉感为他们带来了网上的优势。他们可以在网上悠游自得，而不用担心网上的陷阱。这种老网民的身份还带来了一种自豪感，他们是网络世界里资历丰富的老字辈。同样，这种自豪和优越进一步增添了他们对网络的好感和亲近，甚至是依赖。然而，当个体独自面对鱼目混珠的网络又缺乏正确的引导时，很容易产生道德的冷漠和茫然，甚至被某些负面价值同化。

触网程度对青少年接触网络的影响主要体现在上网时间和网上活动两方面，同时，网龄也影响着青少年对网络环境和网络问题的评价和反映。

1. 触网情况。

(1) 上网时间。

根据我们的调查，网龄较长的学生（我们暂且定义为两年以上），家里一般都有联网电脑，他们主要在家里上网。随着网龄的增加，他们上网更加频繁，每次上网的时间也随之延长。在我们对青少年上网频率的考察上，网龄在五年以上和三年到五年之间的青少年中，有很多人都是一周上网两三次，每周上网一次和每天都上的比例都相对较高。这两类青少年选择每隔半个月及其以上时间上一次网的比例非常少。网龄在两年到三年的青少年选择最多的虽然是每周上一次网，但选择一周两三次的比例也要大大高于网龄短的青少年。在网龄低于两年的青少年中，选择最多的是每周上一次网，他们中还有相当一部分的人选择了半个月或一个月才上一次网。特别是网龄低于半年的青少年上网的频率是最低的，他们中间每周上一次网的比例为29.9%，半个月上一次网的比例为10.4%，一个月上一次网的比例为18.2%（见表6）。

表6 网龄与上网频率

网龄 \ 上网频率		每天都上	一周两三次	每周一次	半个月一次	每月一次	其他	总计
不到半年	人数(人)	6	23	8	14	26		77
	有效百分数(%)	7.8	29.9	10.4	18.2	33.8		100.0

半年到一年	人数（人）	3	15	26	8	6	7	65
	有效百分数(%)	4.6	23.1	40.0	12.3	9.2	10.8	100.0
一年到两年	人数（人）	7	27	42	9	5	11	101
	有效百分数(%)	6.9	26.7	41.6	8.9	5.0	10.9	100.0
两年到三年	人数（人）	5	30	32	4	5	5	81
	有效百分数(%)	6.2	37.0	39.5	4.9	6.2	6.2	100.0
三年到五年	人数（人）	7	32	21	11		14	85
	有效百分数(%)	8.2	37.6	24.7	12.9		16.5	100.0
五年以上	人数（人）	4	9	4	1		5	23
	有效百分数(%)	17.4	39.1	17.4	4.3		21.7	100.0
总计	人数（人）	26	119	148	41	30	68	432
	有效百分数(%)	6.0	27.5	34.3	9.5	6.9	15.7	100.0

在对每次上网时间的考察上，在所有上网频率的青少年中，选择比例最高的都是一小时左右。但是每天都上网的青少年中选择四到七八个小时的比例高达25.9%，大大超过了其他人（都在10%以下），另外还有14.8%的人选择了十几个小时。一周上网两三次的青少年选择两到三小时的比例是所有人中最高的，达到了44.2%，他们中间也有近10%的人选择了四到七八个小时。另外，其他青少年的选择多集中在选择半小时以内、一小时左右和两到三小时，选择四小时以上的比例极少（见表7）。

表7 上网频率的差异与上网时间

上网频率 \ 上网时间		半小时以内	一小时左右	两到三小时	四到七八个小时	十几个小时	其他	总计
每天都上	人数（人）		9	7	7	4		27
	有效百分数(%)		33.3	25.9	25.9	14.8		100.0
一周两三次	人数（人）	1	53	53	11		2	120
	有效百分数(%)	0.8	44.2	44.2	9.2		1.7	100.0
每周一次	人数（人）	11	81	47	8		3	150
	有效百分数(%)	7.3	54.0	31.3	5.3		2.0	100.0
半个月一次	人数（人）	6	20	16				42
	有效百分数(%)	14.3	47.6	38.1				100.0
每月一次	人数（人）	8	10	9	1	1	1	30
	有效百分数(%)	26.7	33.3	30.0	3.3	3.3	3.3	100.0
其他	人数（人）	14	27	13	4	1	10	69
	有效百分数(%)	20.3	39.1	18.8	5.8	1.4	14.5	100.0
总计	人数（人）	40	200	145	31	6	16	438
	有效百分数(%)	9.1	45.7	33.1	7.1	1.4	3.7	100.0

通过数据我们可以看到，青少年的网龄越长上网就越频繁，花在网上的时间就越多，体验到的网络活动也越多，对网络也越亲近，这种亲近甚至还会变成一种依赖。我们的调查表明，网龄长的青少年对父母提供上网机会的需求要高于网龄短的青少年，而网龄短的青少年对父母提供指导和帮助的需求则要高于网龄长的青少

年。网龄超过五年的青少年中有相当一部分人选择了希望父母"什么都不管"。我们知道他们花在网上的时间已经比网龄短的青少年长了很多,相对于刚学会上网的青少年对师长们的指导和帮助以及理解和支持的渴望,他们对上网机会的强烈需要,可能暗示着他们对网络有更强烈的依恋。

(2) 网上活动。

我们知道从总体上看,随着网龄的增加,青少年在网上玩游戏、聊天和参加论坛讨论的频率也随之增加。因此青少年的网龄越长,接触到的网络就越广泛多样,在网上活动的娱乐性也就越强。网龄长的青少年在网上会更多地以娱乐放松为目的而不是辅助学习。我们通过调查发现,和网龄短的青少年相比,网龄长的青少年在网上谈论学习的频率比较低,他们更希望去享受丰富的网络生活,受这些娱乐性网上活动的影响可能会更大一些。

2. 对网络伦理现象的评价和反应。

(1) 网络环境。

青少年网龄越长,越倾向于上网,这从侧面证明了网络对青少年有着巨大的吸引力。青少年上网的时间越长,利用的网络功能越多,就越容易感受到网络世界的多姿多彩,越能够享受由网络带来的新奇和快乐,因此对网络的评价更高,也更容易受到网络的影响。我们的调查表明,网龄越长,青少年越倾向于认为网络是多彩的而不是无聊的,更容易认为上网有利于更新观念。但是,网龄长的青少年不仅在网络世界中体验到更多的精彩,也看到了更多的丑陋。我们的调查还表明,随着网龄的增加,青少年在网上看到的反动信息和色情信息也在增多,在网上被欺骗的经历也越多。

(2) 伦理问题。

我们知道目前教育者最关注的是网络对青少年的品德影响,媒体报道最多的也是青少年因沉迷暴力游戏而施暴、因崇拜黑客而犯罪、因网恋不慎而被骗等负面消息，但这些事件在广阔的网络世界中发生的比例并没有报道的那样频繁。对网络的熟悉使青少年获得了更加丰富的网络经验，他们对网上种种现象的看法也不再轻易地受大众传媒和家长老师的引导，而是更相信自己的经验和判断。我们在调查中发现，随着网龄的增加，青少年认为暴力游戏会引发生活中暴力事件的比例随之下降（网龄长①的青少年选择该项的平均比例为9.0%，而网龄短的青少年选择该项的平均比例为14.8%），而认为不会影响现实生活的比例随之上升（二者比例分别为32.4%和23.4%）。随着网龄的增加，青少年认为网恋很浪漫的比例随之增高（网龄长和网龄短的青少年选择该项的平均比例分别为16.7%和7.4%），而认为网恋很危险的比例却随之下降（平均比例分别为18.3%和28.8%）。并且认为周围同学中有过很多网恋经历的比例随之增高，而没有的比例随之下降。网龄长的青少年更愿意在网上和异性聊天也印证了这一点。

可见，青少年网龄越长，他们对网络中一些突出问题的看法和某些媒体宣传的观点之间的差距就越大。也就是说，他们会用自己丰富的网络经历来判断媒体的报道是否可信：是网络世界的普遍现象？还是一个典型的事例？甚至不过是一个特例而已。因此，我们的宣传教育如果过分夸张和片面，可能会引起青少年的不屑和逆反。

价值判断和道德判断独立性的增强既是成熟的表现，也潜含着危险，因为青少年的认识能力和经验是有限的。网龄长的青少年虽然对网络有更多的体验和更强的控制力，但他们在网上的行为也会更加大胆，可能因此而放松了警惕。孩子的思想毕竟单纯，他们的力量还

---

① 在此为了简便起见，我们把网龄高于两年的青少年划为网龄长的青少年，把网龄低于两年的青少年划为网龄短的青少年，并据此得出了相应数据。

很单薄。对暴力游戏和网恋的亲近态度，意味着他们受到更多不良影响和伤害的可能性在加大。因此我们的教育要取信于青少年，就一定要用事实说话，这个事实不仅要求在事件性质上符合事实，而且要求在程度上和数量上也符合实际情况，即不仅要真实，而且要全面的真实。如果只选择有利于我们的材料告诉青少年，那么即使它是真实的，也将是片面的，实际上也是对事实的扭曲。我们不要低估了青少年的判断力，如果教育和宣传失去了真实性，那么最终可能会让青少年产生怀疑和否定，使教育失去了信度和作用。

丰富的触网经验不仅让网龄长的青少年享受到网络世界中更多的精彩和自由，也让他们发现了更多的网络漏洞，使他们容易钻空子、放纵自己的行为。我们在调查中发现，在是否使用黑客技术的问题上，随着网龄的增长，青少年选择因报复和获利而使用的比例呈增加趋势（网龄短和网龄长的青少年选择该项的平均比例分别为4.5%和10.1%），而选择任何时候都不会使用的比例随之下降（比例分别为63.3%和42.3%）。似乎网龄越长，青少年就越容易为了不正当的目的而使用黑客技术。调查还发现，在对网上不文明语言的态度上，随着网龄的增加，青少年表示应该管制和因难以管制而无奈的比例下降了，而表示无所谓的比例却增高了。这意味着随着网龄的增大，青少年对网上一些常见的不道德现象和伦理问题变得麻木了。在这里，熟悉带来的是道德的冷漠。这种冷漠可能是因网上这些现象实在太多而见怪不怪，甚至把反常情况看成是正常状况，也可能是对有关部门和人员在这些现象面前的应对措施太过无力而感到失望，还可能是因为缺少正确的教育和引导而产生的失落和迷茫。

（四）触网环境

除了接触网络的程度，青少年在什么样的环境里上网也会影响到他们受网络世界伦理影响的种类和程度。这里的环境主要指上网地点，即青少年主要是在家里上网，还是在网吧、在学校上网。孩子上网的地点不同，受到家长和教师的限制不同，接触到的网络环境也大不相同，得到的教育指导也不一样。因此触网环境（通过上网地点来反映）的影响主要体现在青少年触网的程度、方式和类型上，进而影响了他们对网络伦理环境和现象的评价和反应。

1. 触网情况。

（1）触网程度。

上网地点对上网时间有一定影响。家里能上网的青少年上网很方便，因此上网比较频繁。在我们的调查中，主要在家里上网的青少年每天都上网以及一周上好几次的比例都比在其他地方上网的孩子高；在网吧上网的青少年又比在学校上网的青少年上网频繁。如果主要在学校上网，或是在亲戚同学家上网，那么青少年通常要一周甚至一个月才上一次网。但是主要在网吧上网的青少年每次上网时间超过两小时的比例是所有人中最高的，达到了44.5%。在家上网的青少年有近一半的人每次上网的时间在一小时左右，另一半人则超过了两小时。在学校上网的学生由于课程安排的影响，每次上网时间大多在一小时以内（见表8）。

表8 上网地点与上网时间

上网地点	上网时间	半小时以内	一小时左右	两到三小时	四到七八个小时	十几个小时	其他	总计
家里	人数（人）	18	112	78	19	5	5	237
	有效百分数（%）	7.6	47.3	32.9	8.0	2.1	2.1	100.0
学校	人数（人）	15	19	3	1		1	39
	有效百分数（%）	38.5	48.7	7.7	2.6		2.6	100.0

网吧	人数(人)	3	47	53	10	1	5	119
	有效百分数(%)	2.5	39.5	44.5	8.4	0.8	4.2	100.0
亲戚或同学家	人数(人)	4	17	11	1			33
	有效百分数(%)	12.1	51.5	33.3	3.0			100.0
其他	人数(人)	1		1			5	7
	有效百分数(%)	14.3		14.3			71.4	100.0
总计	人数(人)	41	195	146	31	6	16	435
	有效百分数(%)	9.4	44.8	33.6	7.1	1.4	3.7	100.0

可见，主要在家和在网吧上网的青少年在上网时间上要比主要在学校上网的青少年多得多。目前学校为青少年提供的上网资源还比较少，如果家庭不能为青少年提供足够的上网机会，那么不论是否有禁止青少年进网吧的规定，也不论网吧的环境多么杂乱，他们都只能选择去网吧上网，否则就将失去上网的机会。在网吧上网的青少年通常都比较喜欢上网，如果父母、老师的管制或时间、金钱的限制而不能频繁地去网吧，那么每一次去网吧上网的机会对他们来说都会显得非常宝贵。他们一旦有机会进网吧通常上网的时间都会很长，这可能会影响到他们的健康和学习。另外，主要在家上网的青少年中有一部分人上网非常频繁，而且每次上网的时间都很长，这些人无疑会在网上花费大量时间，这给他们正常的学习和生活带来了干扰。因此能够在家上网在提供上网的便利条件的同时，也容易强化青少年对网络的依赖。

(2) 网上活动。

教师和家长大多希望孩子利用网络辅助学习，把网络看成学习工具，他们对孩子上网的支持是有条件的。较之于学习工具，青少年更愿意把网络视为娱乐工具。在网吧上网的青少年离开了父母和老师的视线，可以随心所欲地在网上浏览和活动，他们非常自由，对网络娱乐性功能的发挥也更充分。在我们的调查中，在网吧上网的青少年以娱乐放松为主要上网目的的比例最高，他们上网玩游戏和聊天的比例和频率也都高于在其他地方上网的青少年。他们更愿意和异性聊天，聊天的对象也比较固定。在他们看来，网络能提供更多认识和结交朋友的机会是吸引他们上网的重要原因。由此可以看出，在网吧上网的青少年在网上进行人际互动的活动比较多，他们更喜欢交互式的网络。

相应的，主要在学校上网的青少年很少在网上聊天和玩游戏。他们是在一种公共的环境下上网，其网上活动受到了很多限制，因此很少玩游戏，也很少和异性聊天。他们以查询信息为主要上网目的而不是娱乐放松。由于上网频率少、时间短，他们聊天的对象也很不固定。因此这些青少年的网上活动主要是浏览和搜索信息而不是互动性的交往。

在家里上网的青少年既利用网络来娱乐放松，也利用网络查找信息。他们中大多数人不会像在网吧上网的青少年那样抓住一切机会沉迷于网络的娱乐互动中，也不会像在学校上网的青少年那样只把网络看作信息工具而来不及体验网上交往，充裕的上网机会使他们对网络的认识和接触更全面。

2. 对网络伦理现象的评价和反应。

（1）关注点。

在不同地方上网的青少年有着不同的烦恼。在网吧上网的青少年看上去挺自由的，但他们因上网成瘾而烦恼和担心自己在网上违规犯罪的比例比谁都大。相比之下，主要在学校上网的青少年最不担心成瘾，因为上网的机会本来就不多，在家上网的青少年最不担心网络犯罪，可能是家里最有安全感。主要在学校上网的青少年绝大多数都有因技术不足而产生烦恼的比例大大超过了在家和在网吧上网的青少年。这可能是因为他们对网络的接触少、利用能力差。而在家里、网吧和亲戚同学家上网的青少年，烦恼于在网上被人辱骂的比例明显比在学校上网的多。在学校上网的青少年中只有7.9％的人担心在网上被人辱骂，而在其他地方上网的青少年对此表示担心的人数都超过了15％。这可能表明学校上网的环境要比在家里和在网吧单纯干净。

(2) 网络环境。

主要在网吧上网的青少年在网上的自我体验好像很不错。他们绝大多数都认为自己在网上比在现实中更开朗自信，在家里上网的青少年也有一大半人认为自己更开朗了。而在学校上网的学生有这种开朗自信感觉的人相对要少一些。但是在学校上网的青少年认为网络对自己很有帮助。调查中在学校上网的学生对"在网上我很容易获得有效的帮助"的认同比例要比其他人都高。

看来在不同环境上网的青少年对网络环境的评价和体验有很大差异。这种差异受他们介入网络的程度和类型以及上网目的的影响。在网吧上网的青少年好像在网上玩得最尽兴，他们与网上各色人等的接触最多，这似乎给他们带来了一种很好的体验。在学校上网的学生以查询信息为主要目的，认为网络对自己很有帮助，但他们接触网络并不深，网上交流比较少，可能在自我体验方面也比较少。当然，这种情况可能会随着他们对网络的接触而改变。相比之下，主要在家上网的青少年接触网络较为全面深入，网络带给他们的感受也比较丰富。不论是在网络引发的内心体验还是在网络作为工具所带来的便利上，他们都获得了很多正面的感受。

(3) 伦理问题。

在网吧上网的青少年更喜欢网络人际交往活动，他们对网上的人似乎更信任。在我们的调查中，当问及是否有必要告知聊天对象自己的真实信息时，主要在网吧上网的青少年选择在觉得对方可靠或者对方是同龄人时告诉真实信息的比例分别达到32.2%和12.7%，高于主要在家上网（分别为23.1%和7.1%）和在学校上网（分别为15.4%和5.1%）的青少年。相应的他们选择任何时候都不告诉自己的真实信息的比例为44.1%，也是最低的（见图4）。在网吧上网的青少年好像更愿意在网上说真话。当问及是否有必要在网上说真话时，在网吧上网的青少年选择没必要的比例比其他人都低，而选择看情况和有必要的比例比其他人都要高。

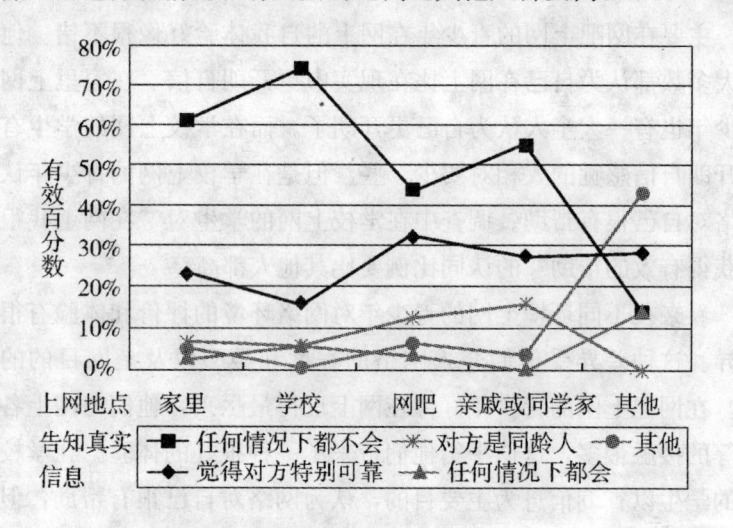

图4 上网地点与在何种情况下透露自己的真实信息

在网吧上网的青少年积极参与网上人际交往，获得了比较好的自我体验，这可能影响了他们对网上的人的信任程度，使他们较其他人更容易相信网上的人，也更愿意在网上说真话。我们很难评价哪种态度更高尚，因为网络世界太复杂。的确，信任和说真话不等于真诚和诚实，它也可能意味着轻信和盲信。我们但愿说真话本身反映了一种比较积极的网络期待和态度。虽然我们不希望青少年因为轻信而受到伤害，但我们也不希望他们穿上盔甲，把自己和别人隔离开来。谁会希望生活在一个充满谎言和防备的世界里呢？我们不知道这些在网吧上网的青少年在网上是否比其他人有更多不快乐的经历，但调查表明他们更多地选择了真诚的态度；而网上交往经验最少的那些在学校上网的青少年，选择把自己保护起来的比例却是最高的。我们认为，可能正是两者对待网络的不同态度影响了他们在网上不同的交际选择，也可能是在网吧上网的青少年丰富的网上交往经验带给他们的积极体验，例如友谊、关怀、帮助等远远超过了消极的体验，例如欺骗、侮辱和挑衅。调查发现，在网上遇到困难时，经常在网吧上网的青少年更愿意向网友寻求帮助的比例（22.0%）要高于在其他地方上网的青少年（都在10%左右），这似乎能够支持我们的观点。

3. 教育状况。

青少年选择在哪里上网不仅和家里是否有条件上网有关，而且还受到父母态度的影响。如果父母支持孩子上网并且家里也有条件，那么孩子就会更愿意在家里上网。如果父母反对或限制孩子上网，那么即使家庭具备了上网的条件，孩子也会更愿意在网吧自由自在地上网。调查表明在教育需求上，在网吧上网的孩子最需要家长提供的是"理解和支持"（比例为62.2%），而不是"上网的机会"（比例为22.7%）或"指导和帮助"（比例为9.2%）。在家里和在学校上网的青少年选择"理解和支持"的比例都约为45%，而选择"指导和帮助"的比例（分别为25.8%和23.7%）则要高于在网吧上网的青少年（见图5）。在对学校的要求上，主要在学校上网的孩子希望老师提供"上网的机会"的比例要高于其他青少年；而主要在网吧上网的青少年希望老师提供"理解和支持"的比例也要高于其他人。

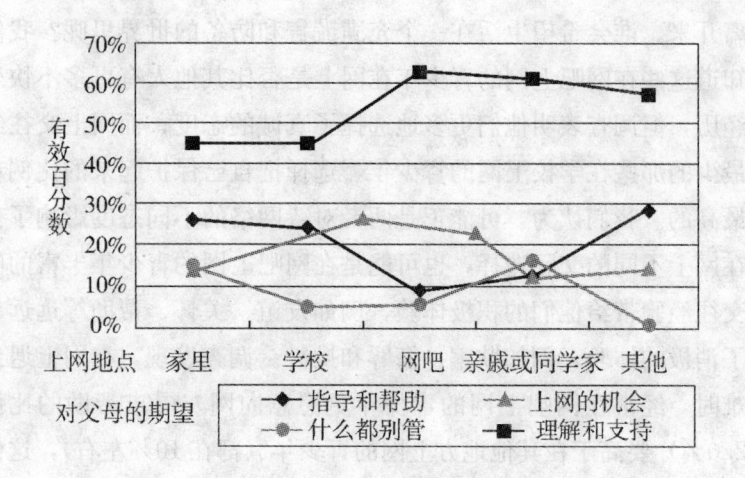

图5 上网地点与对父母的期望

在网吧上网的孩子并非不需要指导，但对他们而言，获得家长和老师的理解才是当务之急。在学校上网的孩子也并非不需要支持和理解，但他们最需要的还是上网的机会。在某种程度上可以说，正是我们的教育者让孩子走进了网吧。如果家庭和学校能够提供足够的机会，能够有正确的态度和方式来引导孩子上网，那么还会有那么多青少年流连于网吧，甚至为了上网吧而偷窃、抢劫吗？

（五）利用能力

1. 触网情况。

青少年利用网络的能力直接关系到他们的网络体验和评价。利用网络的能力既和青少年的网络技术和网络经验有关，也和他们对自己行为的控制能力和计划性有关。因此在本研究中网络能力包括两个方面：一是特殊性能力，即对网络技术的掌握，二是一般性能力，即对自我行动的控制能力。但是在调查中，由于是让青少年自己来评价自己是否能够很好地利用网络，因此实际上只能反映青少年对自己网络利用能力的主观评价，而不是对网络技术水平和自我行动控制能力的客观反映。

我们在调查中发现，相对于认为自己不能很好利用网络的青少年，觉得自己可以很好利用网络的青少年更倾向于认为信息丰富是网络吸引自己的原因，更倾向于认为网络对自己的思维方式有很大影响，对"上网能够促进学习"持赞同观点的比例更高，并且认为自己在网上能够获得有效帮助的比例也更高。他们还更倾向于认为当前的网络是有序的，会更多地利用网络来学习电脑技术。由此可见，对网络的积极利用使他们从网络中获得了很多正面、有益的帮助，还使他们体验到自信和成功，他们也表示自己更愿意为了获得自信心和成就感而上网。相对于能力强的青少年，认为自己不能很好利用网络的青少年则更愿意以"与人交流"为上网的主要目的，觉得网络对自己的人际交往有很大影响。

2. 对网络伦理环境的评价和反应。

（1）网络环境。

由于利用网络的能力比较强，能很好利用网络的青少年对网络的正面功能，如信息查询、辅助学习等的利用比较多。在他们看来，网络世界是有秩序的、有用的，对自己的帮助很大。同时，他们也并不满足于自己的网络能力，而是希望有进一步的提高，因此对提高网络技术的需求更大。这样就形成了一种良性循环，即青少年利用网络的能力越强，他们从网上获得的好处越多，越觉得网络对自己帮助大，也更愿意学习网络技术，从而进一步提高利用网络的能力，更好地使用网络为自己服务。

认为自己不能很好利用网络的青少年则更倾向于认为当前的网络是不健康的。他们当中认为自己在网上遇到过不道德信息的比例（20.4%）要高于利用能力强的人（10.0%），他们对受到不健康思想影响的担心要比利用能力强的青少年多（比例分别为 20.8%和 12.1%），他们也比能力强的青少年更担心自己会上网成瘾（比例分别为24.0%和12.4%）。这种更为负面的评价可能和他们网上活动的不同倾向有关。利用网络能力差的青少年对网络积极功能的利用比较有限，不能很好利用网络。调查发现能力较弱的青少年在网上更容易接触到不健康影响，也更容易对网络产生依赖。

（2）伦理问题。

能够很好利用网络的青少年在对待网上伦理现象，表现出更积极的态度和更强的自律。较之不能很好利用网络的青少年，他们更倾向于赞同禁止青少年进入网吧的规定（能够很好利用网络的青少年选择"完全同意"和"同意"的比例分别为15.0%和51.4%，不能很好利用网络的青少年选择的比例则分别为8.1%和46.5%），他们选择在任何时候都不会使用黑客技术的比例也要高于不能很好利用网络的青少年（两类青少年选择此项的比例分别为57.2%和47.0%）；后者很容易因为好奇而使用黑客技术（比例为35.0%，高出能够很好利用网络的青少年近十个百分比）。在问及"假设你在网吧上网，在你之前使用过这台电脑的人临走时忘了退出自己的信箱，你会怎么做？"的时候，认为自己能很好利用计算机的青少年选择关掉的比例要比不能很好利用的青少年高，而选择打开看的比例则要比不能很好利用的青少年低得多（见表9）。

表9　对能否很好利用网络与对他人未关信箱的反应

能否很好利用网络	对他人信箱	随手关掉	打开看看	来个恶作剧	其他	总计
是	人数(人)	270	35	14	14	333
是	有效百分数(%)	81.1	10.5	4.2	4.2	100.0
否	人数(人)	77	20	1	2	100
否	有效百分数(%)	77.0	20.0	1.0	2.0	100.0
总计	人数(人)	347	55	15	16	433
总计	有效百分数(%)	80.1	12.7	3.5	3.7	100.0

以上数据表明，能很好利用网络的青少年自我控制的能力强，能够更好地坚持伦理标准，更好地克制和监督自己在网上的行为。相反，网络利用能力差的青少年可能会更容易钻网络的空子，容易在好奇心的驱使下做出违反伦理准则的行为，甚至是违法行为。

二、网络对青少年品德影响的类型分析

要素分析是厘清网络环境对青少年品德发展影响机制的基础性工作，对影响要素的分离、归类和分析，为我们划分和归纳网络环境对青少年品德发展的影响类型提供了基础。在上一部分我们发现，青少年接触网络的情况，包括触网时间、方式、能力和倾向以及青少年个人的价值和道德评价方式等要素主要通过影响青少年接受网络道德影响的性质、程度和方式来发挥作用的。因此，性质、程度和方式是归纳网络环境对青少年品德发展影响类型的三个维度，根据这三个维度，我们就可以分析和整理出网络道德影响的类型。

(一) 维度分析和类型归纳

青少年接受网络道德影响的性质,即青少年接受了网络带来的哪些道德影响,这些影响的性质如何?是正面的影响还是负面的影响?这主要和青少年接触网络的环境和倾向有关。网上既有积极的道德现象和思想,例如网上有百家之言,能够为青少年提供各种各样的观点和视角,有利于其道德认知水平的发展;网上有丰富的文章和资料,有很多健康积极的社区和网站;人们在网上有更多的利他行为等等。当然网上也有很多消极的、不道德的方面,例如各种反动的、色情的、教人犯罪、宣扬暴力和仇恨的信息以及各种攻击、侮辱、挑衅,甚至欺骗、盗窃等行为。不同性质的网络环境带来的影响是不同的,有的会带给青少年品德发展积极健康的体验和影响,有的则会带来消极的体验和影响。

青少年接受网络道德影响的程度,即青少年在何种程度上接受了多深的网络影响,这主要受青少年触网程度及其对网络的态度的影响。青少年对网络的介入比较深,接触时间久,上网时间长,接受网络的影响大多会深一些;反之,对网络的介入很少,接触时间短,花在网上的时间也不长,接受网络的影响自然不会太大。另一方面,喜欢网络的青少年会更愿意亲近网络,这不但会加深他们对网络的介入,而且会使他们对网络有更积极的评价,对网络环境、网上信息及网上言论的信任度、接受度和信奉度都比较高。相反,不太喜欢网络的青少年不但对网络的接触少,而且对网络整体的信任度和接受度也都相对要低一些。

青少年接受网络道德影响的方式,即青少年如何看待网络的伦理环境和道德问题,这主要受青少年道德思维能力和方式的影响,利用网络的能力以及正确的教育和指导在一定程度上也对此有一定影响。青少年思维发展的趋势是由经验性走向理论性,看问题的抽象性、原则性增强，思维的全面性、深刻性和独立性增强。但是发展并不是绝对的。有的青少年独立性强，不容易受他人和媒体的影响，而有的人独立性比较弱，容易跟从别人的意见，缺少自己的判断和主张。有的青少年可以透过表面现象来看待问题，依据原则来判断分析，有的则容易被表面现象所迷惑，做出片面肤浅的判断。我们知道网上有各种各样的思想言论和行为，不同的青少年在面对同样的网络环境时会怎样看待不同的观点和行为？他们会相信哪种言论，是依靠自己的独立判断，还是附和别人，这都会影响到青少年对网络环境和伦理现象的评价、选择和接受。

网络环境的品德影响性质是青少年品德发展内容方面的维度，它决定着青少年接受哪种道德影响。然而网络世界中各种积极的和消极的因素都非常多，每个网民都会或多或少地接触到各种各样的网络环境和现象。只是每个人接触各种影响的数量和深度不同，看待它们的方式也不一样，受到的影响也就有所不同了。而这些就要依赖于影响的程度和方式了。

影响程度和影响性质一样，是品德发展内容方面的指标。和性质不同的是，程度是量的指标，而性质是质的指标。青少年接触各种网络现象的多少，直接影响着他们接受多少网络道德影响。思维水平则是品德发展形式方面的指标，思维能力和思维方式决定着青少年如何看待各种积极的或消极的网络现象，影响他们对这些现象的信任和接受以及对各种现象的评价和选择。

因此，我们可以将青少年接受网络道德影响的不同程度和方式进行归纳组合。首先，从网络环境道德影响的内容和性质上分，主要有两大类，分别是积极的影响和消极的影响。其次，从青少年接受网络影响的程度和方式上分，接受网络道德影响的程度有多与少的差别，接受道德影响的方式有自主与被动的差别。这样就可以组合成四种类型，即思维独立性差、水平低，接触网络多的依恋型；

思维独立性强、水平高，接触网络多的自主型；思维独立差、水平低，接触网络少的跟从型以及思维独立性强、水平高，接触网络少的疏远型。

```
                网络环境对青少年品德发展的影响类型
                          ┌──────────┴──────────┐
        网络环境的道德影响类型              青少年接受品德影响的类型
          ┌──────┴──────┐          ┌──────┬──────┬──────┐
       积极影响      消极影响     依恋型  自主型  跟从型  疏远型
```

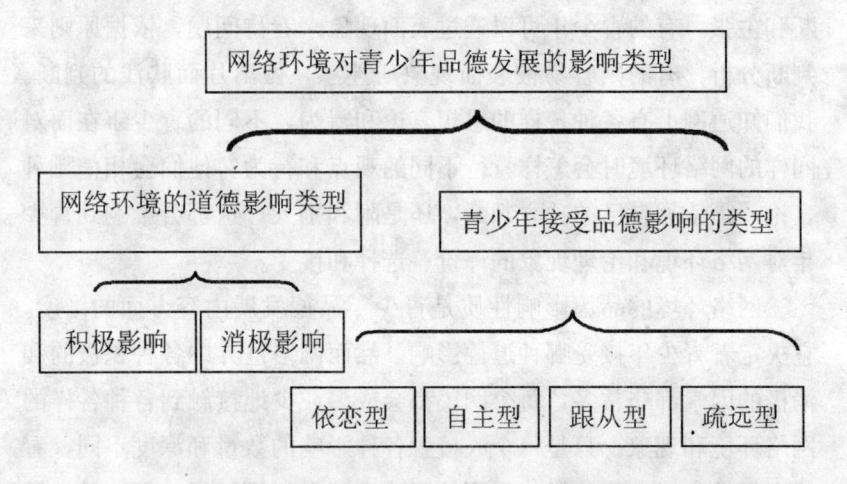

图6　网络环境对青少年品德发展的影响类型示意图

关于网络对青少年品德发展的积极影响和消极影响，目前已经有了大量的研究。在后面对网络德育资源的分析中，我们将对此展开讨论。因此这里不再赘述，而是直接分析青少年接受网络道德影响的类型。

（二）青少年接受网络道德影响的类型

青少年由于触网程度和思维方式及水平的不同，在接受网络道德影响的程度和方式上也不同，这又进一步影响到他们接受哪些种类和哪种性质的网络道德影响。下面我们将分别讨论不同类型青少年接受网络道德影响的情况。

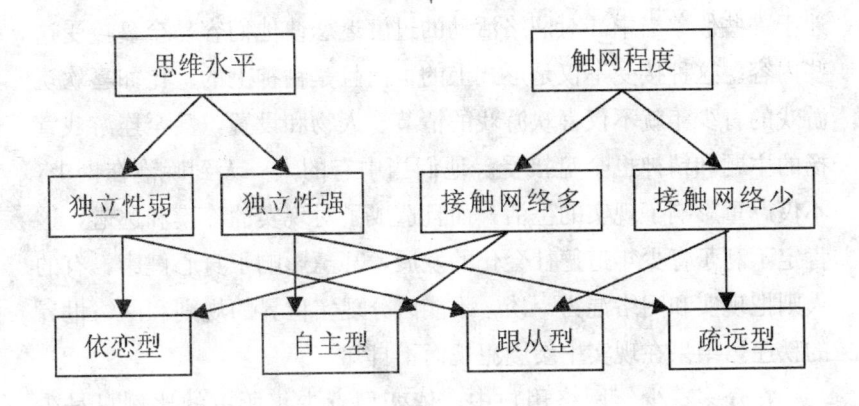

```
        思维水平              触网程度
       ↙      ↘            ↙      ↘
   独立性弱  独立性强   接触网络多  接触网络少
       ↓   ╲╱  ╲╱   ╲╱  ╲╱      ↓
     依恋型    自主型    跟从型    疏远型
```

图7　青少年接受网络道德影响的类型结构示意图

1. 依恋型。

依恋型的青少年十分喜欢上网。他们把大量时间都花在网络上，和网络的接触非常多，因此他们接触到各种网上信息和现象的机会也比其他人多。这类青少年有可能对网络产生依赖感，甚至上网成瘾，离开了网络就感到无所适从，觉得生活没有意思。有的人恨不能一天到晚都挂在网上，把虚拟的网络世界当成自己真正的家园。他们通常都迷恋于某种或多种网上活动，例如有的上网只是为了玩游戏，有的则专门聊天，对其他的活动和网络信息他们很少涉猎。因此他们当中有很多人都觉得自己不能很好地利用网络。

对网络的过度迷恋和依赖已经严重影响到青少年的思考能力，他们把网络放在首要位置，在思考问题时可能带有偏见。他们对网络有极高的评价，更愿意相信网络，愿意通过网络寻求信息和与人交流，也更容易受到网上各种思想和言行的影响。他们受网络影响不仅在程度上是最深的，而且由于依赖和偏爱，其所接触到的网络世界通常都固定在一个侧面，在看待问题的方式上也带有片面和肤浅的色彩，不能冷静地思考各种观点和现象。

依恋型青少年很容易被网上一些极端言行所蛊惑，也很容易沉迷于一些假象当中。对网络活动的过度迷恋使他们容易全盘接受这些内容。这种接受不仅是形式上的，而且是精神上的。比如喜欢玩游戏的青少年就不仅喜欢游戏的情节、人物和设置，甚至连游戏宣扬的主题和精神也全盘接受。他们当中有的人一天到晚泡在网上，不仅严重影响了现实的生活，而且造成了对现实的冷漠和逃避，这肯定不利于青少年道德社会化的发展，甚至影响了身心健康。有的人则把现实和网络混为一谈，不能区分现实世界的规则和网络世界的秩序，结果在现实中屡屡犯规而不自知。

在众多青少年网络用户中，依恋型青少年所占的比例只是少数，但却不容忽视。目前我们在媒体中听到的和青少年上网有关的报道中有相当一部分都是对网络沉迷者的报道。但是媒体和大众关注的大多是他们的精神状况和行为表现，对于他们的道德发展我们关注的恐怕还很不够。

2. 自主型。

自主型青少年和依恋型青少年一样，对网络的接触非常多，但是他们能够很好地利用网络，不会让自己沉迷在网络之中。这样的青少年不仅有着很强的自制力，而且有自己的独立判断和思考。他们可能也十分喜欢网络，甚至喜欢网络的某一面，但他们能够清楚看待网络在自己生活中的作用。他们对网络的利用是全面的，因此接触到的网络世界不会像依恋型青少年那样固定和片面。他们对网络功能的发掘更全面，对网络的介入也更广泛、更深入。

自主型青少年不会放纵自己沉迷在网络世界中，也不会让网络左右自己的生活和思想。由于和网络保持着一定的距离，他们能够在评价网络伦理现象和问题时保持自己的意见。他们也希望在网上查找信息和与他人沟通，但这是为了获得更多更全面的观念作为参考，他们不愿听信一家之言。由于他们接触的网络世界全面而且丰富，因此有更为多样化的感受和经验。面对繁多的信息他们也会产生迷惑，但却能够运用自己的思维方式和价值标准独立自主地作出判断。因此自主型青少年不容易盲目相信和接受某种观点，而是在全面比较、深入分析并且秉承原则的思考之后，形成自己的观点和主张。

同样是深入介入到网络世界中，自主型青少年由于有了自主和自制而不容易上当受骗，不轻易相信网上林林总总的思想，也不会盲目跟从和模仿网上的行为。网络对于他们来说不仅是生活的好工具和好场所，而且是成长的重要资源。网络为他们思想的成熟、道德的发展，提供的不仅是冲击和挑战，更是机遇和契机。但这并不是说自主型青少年不需要教育的指导和帮助。在网上他们也有迷惑和狂热的时候，如果我们不能提供及时、正确的教育和帮助，那么这些不成熟的青少年也可能误入歧途。

可以说，自主型青少年本身道德思维的发展水平比较高，因此在面对网络世界时能够独立深入地展开分析和判断。在所有青少年网民中，这类青少年所占的比例也不是很多。

3. 跟从型。

跟从型青少年通常上网的时间还不长，上网的机会比较少。虽然他们十分喜欢上网，但由于种种条件的限制，例如家长的严格管束、没有足够的条件上网等等，他们只能有限地和网络接触。因此一旦有上网的机会，他们通常都十分珍惜。但是由于和网络接触有限，他们对网络的了解也很肤浅，比较片面。他们通常会因特别喜欢某种网上活动而忽视了对网络丰富功能的探索。因此他们对网络的接触比较少并且很不深入，也没有达到沉迷的地步，只是因为非常喜爱而有点着迷罢了。但这种着迷也对他们的判断能力有所影响。

跟从型青少年的独立性并不是很强，他们抗拒不了网络强大的吸引力，一旦有机会他们就会上网。他们对网络的喜爱使他们对网

47

络同样抱有好感，这影响到他们正确看待网络现象，因此他们也很让人担心。但是这类青少年处于一种矛盾状态，一方面是对网络的喜爱和向往使他们对上网抱有好感，另一方面是有限的上网机会使他们不能够充分接触网络。这种矛盾状态使他们在接受网络道德影响的时候也表现出很多矛盾性。因为喜爱，他们愿意接触网络，相信网上的一些东西，对自己喜爱的网站、游戏、论坛容易全盘接受。但因为接触有限，他们也会对网上和现实道德标准不相容的很多观点产生怀疑。同样，也正是这种有限的接触，使他们在面对一些伦理问题时缺少经验，容易被人牵着鼻子走。

因此，跟从型青少年的现实生活给他们的网络生活带来了很多牵制，在盲目喜欢和跟从网络的同时，把他们拉回到现实的考量中。所以，保持现实生活和网络生活的比例平衡，对他们正确看待网络是十分重要的。

由于我国还处于网络发展的初期，青少年本身的学业压力大，生活比较单调，很容易被五光十色的网络世界吸引。因此跟从型青少年在青少年网民中的人数非常多。网络的迅速发展必然会扩大跟从型青少年上网的机会。随着对网络更加广泛深入的接触，跟从型青少年也会向依恋型和自主型转化。如果环境和教育的条件比较好，现实的限制比较大，那么就能引导青少年自主、全面、深入地看待网上的各种伦理现象和影响，促进他们的道德观念和价值体系的发展，使其成长为自主型的青少年。反之，如果环境和教育不能为他们提供好的帮助和引导，他们还会进一步沉迷在网络世界中，甚至迷失掉自我，发展成依恋型的青少年。

4. 疏远型。

很明显，疏远型青少年对网络抱着疏远的态度。不论他们的网龄有多长，现在他们都对上网不太感兴趣，因此他们花在网上的时间不会太长，和网络的接触比较少，接受网络的道德影响自然也比较少。对他们而言，网络并不是一种生活空间，而更多的是一种通讯手段和大众媒介。网络的作用和其他媒体相比并没有什么不同，可能还没有其他媒体重要。

疏远型青少年在青少年网民中也占有一定比例。对网络的疏远不仅在客观上减少了他们跟网络接触和接受网络影响的可能，更重要的是从主观上反映出他们对网络的消极评价。实际上，疏远型青少年并不是没有受到网络的影响，恰恰相反，他们接触网络的消极面可能比别人更多、更严重，因此才会对网络产生排斥的态度。疏远型青少年和网络保持着一段距离，这有利于他们的独立思考，但对网络的消极印象又容易把他们引向另一个极端。他们可能会认为和网络有关的东西都是不好的，例如认为网上聊天的人都很无聊，网上的人居心叵测，网上的言论放肆偏激等等。这也不利于疏远型青少年客观、深入、全面地看待网络，不利于他们利用网络资源促进自身的成长。

我们知道网络对青少年有着巨大的吸引力，青少年很容易被网络吸引，但为什么有的青少年选择疏远网络？青少年选择疏远的原因是多样的。有的是因为在网上没有找到自己需要的东西，例如学习资料等；有的是在网上有过不愉快的经历，例如被人欺骗等；有的是觉得网络其实很没意思，例如很多热衷于聊天的青少年最后发现聊天很无聊，于是再也不上网了。还有的觉得网络太混乱，有的觉得不安全，有的怕耽误学习等等。仔细分析一下这些原因，我们可以发现大多是因为网络本身的不完善以及青少年不能合理充分地利用网络而造成的。随着网络本身在内容、形式、管理和规范上的完善，网上环境会越来越好，那么这些青少年可能会更多地接触和利用网络，不仅开发网络的娱乐功能，而且开发网络作为信息媒介和沟通手段的功能。因此这种疏远很可能只是暂时的，我们也需要为这类青少年提供正确的教育。只有帮助他们正确利用网络和看待网络问题，才能帮助他们更好更充分地利用网络服务于自己的成长。

网络对青少年品德影响的类型，从网络环境的角度看，主要表现为积极的影响和消极的影响，至于青少年如何接受这些影响，则需要从青少年接触网络的程度和他们的思维水平和方式来考察。依恋型青少年对网络接触深，独立思考少，接受网络的影响盲目而深刻，不论接触到的影响是积极的还是消极的，他们都很容易接受和信奉这些观念和行为，这不利于他们发展积极自主的道德体系。自主型青少年对网络接触深，独立思考能力强，他们对网络的影响有着自己的思考和分辨，不会盲目相信和接受。跟从型的青少年和网络接触少，但由于被网络吸引，自身道德辨识能力不强，因而也容易被网上的各种思想和行为左右。现实生活对他们牵制力的大小直接影响着他们接受各种网络影响的程度。跟从型青少年最终会向依恋型或自主型发展。最后，疏远型青少年对网络接触少，有自己的判断和分析，接受网络的影响比较少。但他们对网络疏远的态度也会影响他们对网络的正确利用和评价。不论是哪一种类型的青少年，在面对积极的和消极的网络影响时，都需要有适合他们的教育指导和帮助。这样才有利于他们正确看待和评价网上伦理现象，才能让网络环境在其品德发展中发挥积极作用。

三、网络环境对青少年品德影响的特点分析

前面我们已经就网络环境对青少年品德影响的要素和类型进行了系统分析和归纳。最后，我们需要从总体上考察网络对青少年品德影响的特点。关于网络对青少年品德影响的特点目前还存在着很多矛盾和争议。这些争议主要集中在网络影响的程度、性质和方式上，即网络对青少年道德影响是大还是小，是积极还是消极，是严峻还是平和。这都是值得我们讨论和推敲的话题。

（一）网络道德影响是大还是小

我们的媒体和教育工作者对于网络和青少年的互动关系越来越重视，这方面的报道也不绝于耳。但事实上，专门针对青少年在网络环境下道德发展状况的报道还不多，研究也不够深入。我们通过调查发现，青少年自己和家长对网络道德影响并不是很关注，远远小于担心网络对学习成绩带来的影响。相比之下，教师对网络带给青少年道德影响的关注要比青少年自己和家长多得多。那么，网络对青少年品德发展的影响是否存在，其影响到底是大还是小？这是教育者的片面夸张还是青少年和家长的轻视？

和学习成绩、生活作息相比，价值观念和道德观念位于精神世界的深层，它们的作用是间接的，不容易显现出来，它们的变化要表现出来也有一定的滞后性。但价值观念和道德观念却是人们生活的精神支柱和基础，网络对于青少年道德观念的影响也是网络对青少年诸方面影响的核心和关键。目前由于上网而引发的青少年沉迷、受害、越轨和犯罪事件，其实都和他们的品德发展息息相关。青少年如果有着积极的人生观念、健康的价值体系、良好的道德判断和自制能力，就不会沉迷在网络中，不会为了上网而逃课、偷钱甚至抢劫，就不会把游戏中的暴力行为搬到现实生活中，不会为了好奇、卖弄而破译密码、设计病毒，不会在网上污言秽语骚扰他人，也不会轻易相信别人的谎言而为自己招来灾祸。

道德影响作为网络影响的核心，需要我们的高度重视。但为什么却被青少年和家长们忽视了呢？为什么我们的教师都能认识到问题的严重性而在具体的教育措施上对此却缺少应对呢？原因其实很简单。家长们对孩子发展的关注往往是很片面的，只重视对谋生有用的学习而忽视立人之本的品德。有些人认为品德不能当饭吃，不能为孩子带来好工作，好生活，因而忽视了孩子的品德发展，等到孩子因上网而出现种种问题时才后悔莫及。面对巨大的升学压力，青少年也常常来不及把道德发展放在首要位置，学习成绩一旦下降马上会受到责骂和惩罚，品德出了问题一时半刻也看不出来。

另一方面，不知道是青少年兴趣点的不同还是他们对道德教育的反感，青少年对道德方面的问题关注极少，他们关心的是自己实实在在的生活，品德好像离生活太远了，青少年很难发现它的作用和价值。青少年对于品德问题的疏远和忽视，不仅是片面强调学习的产物，而且也和德育本身的局限有关。德育必须贴近学生的生活才能为青少年接受。在网络迅速发展的背景下，德育的发展明显跟不上网络发展的步伐。目前网络在教育中运用最广泛的是教学方面，在道德教育方面的作为还不多。现有的德育网站在内容和形式上也没有很大的改进和突破，有很多都不过是把一套道理和教材搬到了网上，远远谈不上利用网络互动、匿名等特性开拓新的德育方式。

以红色网站为例，青少年很少浏览这类网站，很多人认为红色网站内容乏味，作用有限。在我们的调查中，选择"经常"浏览红色网站的青少年只有2.1％，而选择"从不"浏览的人约为45％。在对红色网站的看法上，在浏览过红色网站的学生中，选择"乏味"的比例超过了一半，而选择"有意义"的比例也超过了三分之一。在对红色网站作用的评价上，约有59.1％的学生认为红色网站增加了自己对共产主义的认识，但是也有23.9％的学生认为红色网站对自己没有影响。由此可见，虽然红色网站对青少年产生了一定程度的影响，但目前它们对青少年还缺少足够的吸引力，还需进一步加强和完善。网络德育的滞后性也由此可见一斑。

网络环境对青少年品德发展的影响已经逐渐显出它的巨大能量。作为青少年成长的又一个重要媒介和空间，网络环境、网上的人、物、事都将对青少年的价值观念和道德体系产生重要影响，并进一步影响到他们的思维方式、观念体系、行为模式和情感态度。对于这个问题我们决不能低估。

(二) 网络道德影响是积极还是消极

网络对青少年的品德影响到底是积极的还是消极的？我想这个问题的答案已经很明显了。在前面我们对网络品德影响的类型分析中就曾分别讨论过网络对青少年品德发展的积极影响和消极影响。之所以在这里又一次提出这个问题，主要是为了防止认识上的片面化。

的确，媒体关于青少年上网的报道中有太多关于消极影响方面的报道。这些都是真实的事例，绝不是危言耸听。但是这种报道似乎有点过了头，好像青少年上网就是不务正业，就是自甘堕落，好像网吧就是烟雾缭绕乌烟瘴气，好像网上全是变态、恶棍和罪犯，好像网络就是一个大陷阱。一时间网吧变成了人人喊打的过街老鼠。人们似乎觉得一定要把孩子和网络彻底隔离开来才能保证孩子的健康成长，上网对孩子只有坏处没有好处。到底是网络的消极作用被夸大了还是它的积极作用被低估了？

对网络消极影响的恐惧反映出人们深深的忧虑。但就像我们不能把孩子和电视隔离开来一样，我们也不可能把网络和孩子隔离开来。事实上，信息素养已经成为新时代公民的必备素养，网络作为信息媒介的作用越来越突出，能否充分利用网络已经直接影响到人们能否获得充足的信息和资源。因此青少年必须上网，而且必须会使用网络。为了解决孩子上网的问题，有的地方正在建设青少年专用的"健康网吧"；随着电脑网络设备和上网费用的降低，网络在家庭也会进一步普及；学校也在积极建设校园网络；这些都有助于增加青少年上网的机会。青少年与网络接触是发展的趋势，我们不可能为了阻止网络的消极影响而把青少年和网络隔离开。

53

事实上，网络的积极影响需要我们的发掘、认识和利用。比如游戏问题，谈到游戏的时候，人们大多会想到负面的影响，认为游戏是有害的。其实暴力游戏只是游戏的一部分，人们之所以会对游戏有这么大的抵制，关键还是在于游戏对青少年有着巨大的吸引力，孩子们容易沉迷于游戏，耽误学习。但网络游戏难道全都是有害的吗？游戏有没有积极的作用？有人认为游戏的积极作用只是锻炼思维，其实游戏也有十分积极的道德意义。在我们的调查中就有同学写到自己在网上印象最深的一件事情是和其他人一起玩联机游戏，因为大家携手合作得以成功，也有人提到大家一起在网上建设虚拟家园等等。这里游戏就对培养合作精神和团队意识发挥了积极作用。再例如网上聊天由于有大量不文明的污言秽语而备受人们指责，但也有青少年写到他们在聊天时讨论了深刻的人生话题和自己的烦恼，并且得到了他人的指点和帮助。还有很多人认为网友的真诚、关心和问候让自己颇为感动。

可见，网络作为一种信息媒介和生活空间，只是一种手段和媒介，它是中性的。网上有好人也有坏人，有积极的言论也有消极的言论，有健康的主题也有不健康的导向。如何发挥网络的积极影响，把这个教育的危机转化为教育的契机，关键还是在我们自己，在于我们如何帮助青少年认识和利用网络，如何开发积极的网络资源，如何对网络进行管理和限制。对于发挥网络积极的品德影响，我们应当充满信心并付诸于行动。

（三）网络道德影响是严峻还是平和

关于网络对青少年品德影响还有一个争论，这就是网络影响的方式。我们知道网络带给人们思想道德的冲击正像它带给我们生活的冲击一样，是迅速而强大的。有人认为网络带来的影响是暴风骤雨般的颠覆，彻底改变了我们的价值观和道德观。也有人认为这种看似剧烈急促的变化并不能推翻现有的一切,在暴风骤雨之后一切都会变得平静。那么网络带来的品德影响是严峻的还是平和的,是颠覆还是冲击和震荡,我们应该怎样对待网络的道德影响?

网络世界和现实世界有着很大的差异,这些差异带来了网络社会行为方式和现实行为的差异,也会带来不同于现实世界的新的思想观念和行为方式。但是,网络并不是脱离现实的海市蜃楼;事实上,网络环境中的种种现象都能在现实中找到原型。因此网络环境中的言行也不能完全背离现实的原则。再则不论网上的生活还是现实的生活,都会对作为整体的人发挥作用。如果个体不能很好协调网络和现实的关系,那么就容易引起行为的错乱,甚至人格的分裂。

我们都体验到了网络带给生活的巨大变化,都认为网络能彻底改变我们的生活和观念。但在熟悉了网络之后,我们也逐渐淡化了对网络的崇拜,网络更多地成为现实生活的辅助,而我们也并没有完全迷失在网络中。网络不能代替现实生活,我们的生活仍旧正常继续着。那么在道德问题上呢?我们在访谈中曾经有同学说过这样一番话,刚开始上网时大家都爱虚拟自己的性别,男生谎称自己是女生,女生也会假扮成男生,很多人都有过这样的经历。但大家这样做并不是出于恶意,只是觉得好玩,想体验另一种性别身份。随着大家对网络越来越熟悉,现在假冒异性的人已经大大减少了,这就是青少年成熟的一种表现。

因此,在网络带来的各种影响和冲击中,哪些是真正持久的变化,哪些只是青少年因一时的新鲜和不适而表现出来的表面的、暂时的变化,我们需要对之加以区分。一方面对于真正的变化,我们要研究和分析,做出我们的应对。一方面对于那些表面的变化,那些因为不适应和新鲜好奇引起的暂时性的变化,我们更需要冷静对待,既不能惊慌夸大,也不能轻视甚至忽视。这些变化最后是消失还是向其他方向转化，都和我们的应对密切相关。这其实是对我们教育应变能力的挑战。压制太甚，可能会物极必反；不闻不问，可能会放任自流。只有因势利导，顺其自然，才是正确的态度。

网络对青少年品德影响的特点很难一语道清。但是我们应该明确认识到，网络环境作为新兴的工具、媒体和生活空间，在青少年品德发展中扮演着重要角色，对青少年品德发展有着重大的意义。网络是一柄双刃剑，一把两面刀，这就是网络道德影响的真实面目。因此，指导青少年在网络环境下健康成长，需要教育者有大智慧，做出大努力。要帮助青少年正确利用网络，就要了解青少年接触网络的情况和他们对网络的态度；就需要了解青少年的心理和想法；需要了解青少年的生存状态和他们的喜怒哀乐。总之，只有对青少年的生活（包括网上生活）给以真切的关注，才能了解和理解青少年的世界，才能做到因势利导，顺其自然。

同时，虚拟是对真实的反照。网络环境中处处反射着现实的生活。网络只不过提供了一种便捷的方式，打破了青少年世界与成人世界之间的隔墙，让还没有来得及成熟的青少年提前接触了现实世界的种种美丽和丑陋。因此，网络带给青少年品德发展的负面影响提醒我们要对成人社会进行反思。人类有着很多弱点，我们的社会并不完美，那么我们是要重新在成人社会和未成年人世界之间树起一堵高墙，还是对成人社会加以改造？除了双管齐下之外，我们还有另一种选择，那就是在网上构建属于青少年自己的家园，用他们最喜欢的内容和活动，用他们最关心的话题和事件来吸引他们，用他们喜欢的方式把教育和引导带给他们。事实上青少年有自己的好恶，他们希望能有自己的网络，而我们在这方面做得实在太少，因此也就更加地大有可为。

网络环境中的学校道德教育

20世纪90年代以来,互联网以多媒体的特征、交互性的功能,融合各种媒介于一身,迅速成为人们了解外部世界的新的媒介工具,也构成了学校德育所处媒介环境的一部分。以作用的空间大小为标准,我们可以把学校德育的外部环境分为四个部分[①]:宏观系统——社会经济、政治、文化和社会心理;中观系统——社区;微观系统——家庭;中介系统——大众传媒。学校产生之后,德育从习俗性的道德教育转变为以学校德育为主,这时社会环境不仅是个体成长的环境,它同时也成了学校德育的环境。互联网作为"第四媒体",已经深入到了社会生活的每一个角落,无论我们是否意识到网络的功能,网络对学校德育的影响都是客观存在的,网络化已经成为当今教育研究中不可忽视的一个时代背景,因此探讨网络对学校道德教育的影响也就成了众多学者关注的重要课题。

这里所说的网络环境对学校德育的影响,从更广泛的意义上讲,可以认为是对学校教育的影响。因为教育必然要涉及价值,教育必然要教人为善,德育是教育无法回避的领域,我们甚至可以像赫尔巴特那样认为教育的最终目的可以归结为道德。限于精力和能力,我们在这里主要探讨以下几个方面的话题:网络环境对目前学校德育理念和德育模式的冲击;校园网建设在学校德育应对网络环

---

① 檀传宝著:《学校道德教育原理》,教育科学出版社,2003,第185页。

境冲击中的作用；网络环境下的教师教育能力。我们将会结合具体的调查，就以上问题进行理论的分析，并提出一些学校道德教育积极应对网络环境挑战的对策。

一、网络社会对学校德育的挑战

网络学家曾经预言，未来教育将是这样一幅情景：要学习知识吗？请你回家去；要玩吗？请你到学校去。这为未来教育勾画了一幅全新意义上的与过去几百年的教育模式迥然不同的蓝图。虽然这种情景现在看来有点不可思议，但却完全可能成为事实。当然，这不是一个突变的过程，而是一个渐变的过程。这个渐变的过程足以引起人们对全新的教育模式、教育途径、教育方法、教育观念的新的认识，这必然促使人们的教育观念特别是有关德育的观念发生新的变化，教育价值观、教育哲学观、教育方法观、德育的科学观、民主观、开放观、终身观、发展观，德育的条件、手段、方法、效果、模式等观念将随之变化。这一切都为学校德育变革带来新的挑战与机遇。①

（一）互联网及其信息传播的特点

互联网从技术术语上讲，它是遵守相同通信协议的计算机或网络相互连接而构成的全球计算机网络。从社会学观点看，互联网既是一个实实在在的网络，又是一个看不见摸不着的网络虚拟社会。在这个网络空间里有关宇宙和人类的各种信息资源极其丰富，由全人类共享。

国际互联网发展到现在的规模，除了信息技术的推动外，其本身的特点起了极其重要的作用。归纳起来有以下几个方面：①对于

---

① 黄屹军、韩文旭：《网络时代与学校德育》，《班主任之友》，2000（10）。

上网用户而言 Internet 是一个开放的网络世界，用户不需要了解其内部硬件连接技术细节；上网通信和浏览操作简单方便，无拘无束。②上网的计算机无需按严格的网络拓扑结构入网，用户通过电话线、网线或光缆即可畅游国际互联网。③网上所有的计算机用户，共享一个通行的标识符集（域名或网络地址的集合），遵循一个简单的规则，就能实现整个网络空间内的数据传输和数据共享。④信息资源丰富，几乎无所不及并且大多数是可免费共享的。

互联网的信息传播则具有以下特点：①从传播方式看，它除了融合以往各种大众传媒的优势外，还具有各种媒体所不具备的特点。它是采用客户机（Client）/服务器（Server）方式请求和提供服务。②从传播功能看，互联网具有可检索性、可交互性并可跨越时空的限制，实现超媒体文档的传输。③从传播方向看，突破单向传输走向双向传输（对称或非对称）。④从传播的信息量看，任何其它媒体传播的信息量将无法与其相提并论，它即将成为人类最大的信息资源库。⑤从信息发布的实时性和持久性看，国际互联网是一种"全天候媒体"，能满足各类人员在时间和空间上的需求。⑥从信息发布的可控性看，它基本处在一种"无政府状态"，是政府、企业、公司和个人均可自由参与的一种媒体。国际互联网打破了国界和地域的概念，使地球变为一个村庄，使不同国籍、不同种族、不同宗教信仰、不同性别、不同年龄、不同地位和身份的人们在网络这一虚拟社会中自由地相互交流。

上面关于互联网及其信息传播的特点，更多的是技术层面的阐述，技术的背后，则是互联网从一开始就具有的一种精神，我们不妨称之为"互联网精神"[1]：自由、共享、民主、开放、平民化、世界性和多样性等等。网络环境与学校德育的关系之所以引起多方面

---

① 李伦：《网络之魂：互联网精神》，资料来源：www.ChinaEthics.com。

的关注,除了网络带来的一系列社会问题凸显了目前道德教育的弊病之外,更深层的原因则是这种网络精神对传统学校道德教育的挑战——这种网络精神塑造了新型的网络主体。麻省理工学院电脑科学实验室的高级研究员D·克拉克曾经指出:"把网络看成是电脑之间的连接是不对的。相反,网络把使用电脑的人连接起来了。互联网的最大成功不在于技术层面,而在于对人的影响。"① 我们将在下面详细讨论这个问题。

(二) 青少年:网络社会的主体

探讨网络社会与学校德育的关系,还需要明了的一个问题就是网络环境下青少年的身心特点。如果不能很好地弄清这一点,那么我们的探讨就可能只是在原地打转,跳不出传统研究的圈子,结果可能是仍然把青少年学生作为社会主流道德规范的被动接受者,在教育方式上很难有实质性转变。

网络社会的实质是网络文化。② 网络的日益普及,不仅改变着人们的生存方式、工作方式和交往方式,而且由此形成的网络文化正逐步改变着人们的生活习惯、思维方式、价值理念、道德风貌和精神世界。青少年作为网络社会的拓荒者,在创造网络文化的同时也受到网络文化的改造。迄今为止,还没有哪一项人类技术创新能像互联网这样对人类心理与道德产生如此大的影响。"文化"一词含有基于物质活动而又超越物质活动之上的特征,所以我们可以认为网络文化是指"由于电脑网络的应用和普及而给人们带来的新

---

① 郭良:《网络创世纪——从阿帕网到互联网》,中国人民大学出版社,1998,第162页。
② 刘守旗:《网络社会的儿童道德教育》,南京师范大学博士学位论文,2001。

的、与众不同的体验和感受及其所形成的观念和行为上的特征等等"。① 那么网络文化具有哪些特点呢？

1. 网络文化的特征。

与现实社会中的文化相比，网络文化具有独特而鲜明的特征，简言之主要有以下几点：

（1）网络将培养青少年在讨论中的平等价值观，由此而培养出"平等文化"。以往的交往中，个人的身份起着重要的作用，每句话的价值不在于这句话本身，而在于说话者的身份和地位。而在互联网上，虽然也存在着类似现实社会的等级制度，但是这种等级更多的是一种形式，缺乏实质影响力。网络用户之间基本上是完全平等的，可以自由地参与到网络生活中去。另一方面，从技术上来说为了保证网络的畅通，网络从一开始就是缺少中心的，一台计算机的故障并不对整个网络的运行构成影响，所以互联网上找不到一个起控制作用的信息发布中心，更没有人对它具有占有关系，从另一意义上说，每一个人都是自我生存的中心。每个人都是一个独立的个体，这样就淡化了身份意识。

（2）网络文化是注重创造的"创新文化"。人在网络社会里的生存以当代科技文明为基础，即首先立足于人类自己的文明创造物，而不是自然界的存在之物，不直接以自然界的客观物质存在为基础，并且创造出超越物理时空限制的新的属于人的文化世界，表征了人的自为能力的空前壮大。它首要的意义不是对自然的超越，而是人对自身存在的内在突破和超越。② 另外，在未来的网络社会，人们缺乏的将不再是信息资源，而是如何对纷繁复杂的信息进行鉴

---

① 聂北茵：《网络文化：到底怎样认识你——关于网络文化的对话》，《中国青年报》，2000年9月3日。

② 刘守旗：《网络社会的儿童道德教育》，南京师范大学博士学位论文，2001。

别、选择的能力，以及在此基础上生产和提供网络社会欢迎的产品和服务的能力。在无限丰富的网络世界，要想赢得别人的关注，没有创造性是不行的。

(3) 网络文化是一种"权力分散文化"。网络的产生与发展在很大程度上挑战了成人文化的权威地位。现实社会中个体的价值追求大多被框定在信仰与传统价值信念体系之内，个人的行为权利往往由各种各样的禁忌划定其范围，人的行为模式和生活方式都是规定性的程式，因而大多数人的自我实现是被动的。[①] 但是在网络社会里，人人都是主体，人人都有发言权，人人都是平等的，青少年有了前所未有的自由度和活动空间，并且拥有了前所未有的行动力量。网络将造就出人们通过自由交往解决问题的社会自治能力[②]：人们可以根据信息之间的相互联系，自主地解决需要处理的问题，社会组织因此而趋向由顶层领导与基层群众组成的简单结构。

(4) 网络扩大了青少年的交往范围，打破了空间距离造成的地域集群观念，而注重网络社区，创造出超地域的"虚拟社区文化"。这种文化具有交互性和协同性。网络社会中的人际交流不是单向的，而是双向互动的。"人们既是网络交流活动的主动者，也是网络交流活动的受动者。既在前台，又在后台。既是演员，又是观众。"[③] 网络社会也更加注重个体之间的协作，而互联网技术的发展也为协同交流提供了物质基础。

2. 网络社会环境下的青少年的特点。

自20世纪80年代中期以来，我国社会步入了全方位的急速转型期，作为社会意识形态的道德转型也全面展开，在经历迷惘、冲

[①] 刘守旗：《网络社会的儿童道德教育》，南京师范大学博士学位论文，2001。
[②] 张成岗：《网络文化及其哲学思考》，《理论与现代化》，2000 (11)。
[③] 李伦：《鼠标下的德性》，江西人民出版社，2002，第60页。

突与裂变的同时，也预示着新的整合。青少年作为社会新道德的探索者，总是走在道德转型的最前列，因为他们喜欢探索、喜欢创新、更缺少传统道德的规约。互联网的飞速发展大大促进了我国社会的结构变迁和道德转型，更为青少年亚道德的生成和发展提供了丰厚的物质基础和社会基础。客观上讲，青少年在社会分层中常常是处在"边缘人"、"过渡人"的位置，他们也不满自身的这一处境，并试图通过社会的"变革"、"转型"以及自身的"反逆"、"创新"改变这一境况。以网络技术为基础的网络社会介入社会的生存空间无疑给青少年自主意识和亚道德的生成创立了广阔的发展空间，因为，在网络社会不存在"边缘人"、"过渡人"等角色位置，青少年能以完全自主的方式，开拓自己的生存领域、创立自己的生存规范和道德准则，也能以完全平等的方式与成人世界展开对话，表达自己对生存世界的理解和体验，这是一种令世世代代青少年所神往的生存方式。

（1）网络社会环境下的青少年是更加自主、自由的一代。之所以这样说，主要是基于同现实社会中的青少年的主体性相比较而言的。与现实社会相比，网络没有中心、没有阶层关系，置身网络会有一种"无限自由感"（虽然这是一种错觉，但它却起着现实的作用），这对青少年主体性的充分发展是十分有益的。

（2）网络社会环境下的青少年是首次掌握教育主动权的一代。[①]自古以来，在人们的心目中，成人就是知识、真理的化身，拥有绝对的权威。年长者"闻道在先"，年幼者"闻道在后"，所以青少年总是受教育对象，教育过程基本上是年长一代对年幼一代单向传授的过程。多少年来，人们对此几乎从未有过怀疑。"弟子不必不如师，师不必贤于弟子"等观点在师道尊严的社会里实践起来又谈何

---

① 刘守旗：《网络社会的儿童道德教育》，南京师范大学博士学位论文，2001。

容易。然而随着现代科技的发展,网络为所有的人提供了平等的机会,谁先上网谁就"闻道在先",谁就可以获得教育主动权。换言之,文化传承已不再是过去那种单一的由长辈向晚辈传输的模式,相反"文化反哺"现象却越来越突出。传统上我们所说的"代沟"(generation gap),如今已经更多地变为了"世代超越"(generation lap)——青少年在技术进步轨道上超越成人并掌握了主导权,且在日常生活的许多领域都领先了成人。①

互联网的兴起推动了空前的权力转移,教育的话语权也随之发生了很大的变化。理解这种权力转移并且学会利用权力转移的人将会成为事实上的教育者,就会获得新的主动权。面对这种结果,许多成人特别是老师和家长也许一时还难以接受,但现实就是如此。或许在某些重要的价值问题上,青少年对成人权威的挑战还不是那么明显,但是我们不能因为现在他们还没有"掌权"而忽略其重要性。作为成人,我们必须调整心态,大胆接纳,正确面对。

(3) 网络社会环境下的青少年是网络道德和网络文化的重要建设者。网络社会是虚拟社会,但其实质依然是人的社会,"人——机"交往的背后,实质还是人与人的交往。既然是人的交往,就必然需要一定的交往规则。作为网络社会最早的居民,青少年一代正毫无顾忌地参加网络规则、网络道德的建构,形成青少年特有的道德规范,即青少年亚道德,这是由网络社会青少年自己约定俗成的行为规则,甚至在一定程度上成为支配着网络社会的道德规范。

当然青少年自己构筑的这些规则是纷繁复杂的,既有根植于社会主流道德的亲社会要素,也有源于网络社会、意在构建全新的网络道德的德性创新要素,还有与社会主流道德相悖的反社会要素,这是网络社会发展初期难以回避的道德现象。随着网络的成长,青

---

① 刘守旗:《网络社会的儿童道德教育》,南京师范大学博士学位论文,2001。

少年的这种道德规范与社会主流道德将趋于接近，但不可能同一，因为青少年与社会主流道德的碰撞、摩擦、偏离与反叛是由他们的天性所决定的，也正是这种"反逆性"提供了社会主流道德生生不息的力量源泉。①"在这种情况下，社会控制方式便开始逐渐出现一些开放宽容的特征，社会对其成员的种种价值取向开始不再采取仅仅以主流价值取向为标准而一味予以否定、拒斥乃至批判的简单粗暴的做法，而是允许其存在，甚至不时从中吸取一些合理有益的成分，以对当下主流价值取向进行一定的反思、充实和改造"。②

同历史上其他科技发明和运用一样，网络在给人们带来便利的同时，也带来了不可避免的负面影响。技术常常带来自身难以克服的问题，麦克卢汉早就预言：人类每一项技术的进步都既是对自我的延伸，又是对自我的截除。青少年由于身心发展的不完善，而且也因为网络尚处在发展的初期，所以会更容易出现一些问题。比如互联网对青少年人生观、价值观和世界观的潜在威胁，对青少年道德意识的弱化，对青少年社会化进程的阻碍，还有导致交往的符号化以及由此引起的社会适应不良等等。网络对具有"未完成性"的青少年的影响是多方面的，这给我们的学校道德教育提出了新的课题。

（三）网络环境下学校道德教育的主动适应

网络的迅速发展，打破了学校教育的封闭，也在很大程度上打破了教师的知识垄断，它不仅营造了学校道德教育的新的社会环境，而且也造就了新的受教育主体。我们一方面不停地抱怨现在的

---

① 沈贵鹏：《网络社会与青少年亚道德——兼谈网络道德教育》，《当代青年研究》，2000（2）。
② 吴康宁：《教会选择：面向21世纪的我国学校道德教育的必由之路——基于社会学的反思》，《华东师大学报》（教科版），1999（3）。

老师难做，孩子难教，另一方面又对网络的挑战疲于应付，且多是技术手段方面的应付。我们是否想过如何去主动应对这种挑战？"从历史的发展及趋势来看，影视、网络等大众传媒既是时代的产物，又是时代前进的推动力量。现代文明的基础和特征之一就是发达的大众传媒的存在。因此大众传媒存在的现实性和合理性是毋庸置疑的，所以人类社会所能做的只能是对其调控而非逆历史潮流而行地企图走向弃绝大众传媒的远古时代。"[①] 我们的教育，也只能是在既有事实基础上的主动引导与调控。青少年面对的是一张通天接地的网络，一端连着天使的圣殿，一端通向魔鬼的地狱，一旦青少年踏入这一网络，他们就会在天使与魔鬼之间漂游，是走向圣殿还是滑向地狱完全取决于青少年的自我选择，而自我选择绝不意味着学校放弃价值引导的责任。恰恰相反，正是这种发展的不确定性，使得学校教育的作用更加突出。

1. 学校道德教育需要重新定位自己的目标。

我国德育实效低下，主要是因为一直以来存在着的几大问题，其中有三点比较引人注意：一是重"教"轻"育"，重视道德知识的传授与掌握，忽视道德品质的锻炼与培养，重认知轻践行；二是德育目标的顺序倒错，造成道德主体对于高层次的道德未必接受，低层次的社会公德和文明行为也没有养成；三是重视集体活动，忽视个人修养，个体缺乏内在的道德自律和自觉[②]。这些使得德育的效果非常表面化，经不起推敲和考验。在网络普及的社会环境下，这个问题更加凸显出来。脆弱的外在约束遇到"自由"的网络立刻出现土崩瓦解之势。在张来春的《德育·网络德育·德育有效性

---

① 檀传宝：《学校道德教育原理》，教育科学出版社，2000，第220页。
② 陈升：《论道德教育中存在的问题》，《道德与文明》，1999（5）。

——从某中学校园网 BBS 风波谈开去》①　中作者说："学生道德的发展水平或者德育工作的效果还停留在价值内化的'顺从'阶段。……由于长期强化的结果和出于种种利害的考虑，学生表面上表现得规规矩矩，恭恭敬敬（这似乎也是我们所希望看到的），而他们在道德方面的认知结构和情感体验究竟如何，我们并不怎么清楚（似乎也没有多少人想要努力去知道）。一旦外在情境发生变化，外在压力消失，学生本来的真实的认知和情感就会通过外显行为表现出来。"

学校德育的实效性低下最根本的原因在于忽略了学生的道德主体性。事实上，在没有道德人格的网络面前，学生基本上处于道德任意状态，网络使青少年重返生活世界，他们的自主判断、自主选择、自主行为表现得非常充分，更加显示出他们的道德主体地位。学校德育必须要改变传统的灌输、强制、片面的教育方式，遵循理解、尊重和信任的原则探索德育的新方法，把疏导作为德育的主要方式，把发展青少年的主体性作为最迫切的目标，指导他们学会选择，着力培养和形成学生正确的道德价值观、道德评判力以及道德自制力，以培养具有自主、理性、自律的道德判断和道德实践的个体，形成健康强大的人格为终极目的，而免于成为"迷途的羔羊"。

2. 学校道德教育的内容需要重新设计。

网络既是德育的手段，又是德育的内容。尽管网络本身并无德性，但人应当是有良知的，而人的道德理念和修养是通过教育获得的，学校德育的最终目的在于价值的引导，在于帮助学生自主构建道德价值体系，形成完美的人格。面对网络的挑战，学校德育应当从德育目标出发有针对性地重新设计德育内容。一是在原有德育内

---

①　张来春：《德育·网络德育·德育有效性——从某中学校园网 BBS 风波谈开去》，《上海教育》，2000（9）。

容的基础上突出价值观的教育，使学生能够"辨别真伪，追求真理，慎于判断"，增强识别评价和选择道德信息的能力；二是注重道德意志力的训练，使学生的道德标准与道德实践统一起来，避免"我看到善并赞同善，但我做的却是恶"的道德认识与行为的分离，以抵御不良信息的诱惑；三是增加关于网络的教育，尤其是网络道德教育，让学生掌握网络道德行为规范，强化他们的网络道德意识和网络责任感，以此防范学生的网上不良行为。

关于第三点这里做一些阐述。教育内容中应该有关于网络的教育，如网络道德和行为规范的教育和网络心理教育等，而不仅仅是计算机和网络技术的传授。目前不少中小学都开设了计算机课，学习计算机和网络的基本知识，即网络技术的教育，但是关于网络的教育却比较缺乏，基本上没有涉及道德问题。这就像教会了孩子游泳的技术，却没有教给孩子在水里如何应对各种情况，如何保护自己。我们认为关于网络的教育应该包括以下几个部分：

（1）引导学生正视网络，充分认识网络的优越之处和不良影响，消除神秘性。

网络作为新生事物，它的多姿多彩和神秘魅力时时吸引着青少年的注意力。在介绍网络的基本运用之外，教师应该对网络的两面性充分介绍，使学生了解到，网络的高效便捷既有利于有益信息的传播，也会给垃圾信息的传播带来便利；网络空间既存在迷人的一面，也可能伏有陷阱；上网有利于学习和娱乐，过度上网也会对身心健康产生危害。要做到这一点，教师首先要充分了解网络，掌握丰富的资料，其次需要发动学生收集相关资料进行讨论。事实是最有力的论据，在对事实进行讨论的过程中能够加深学生对网络的认识，提高学生在网上的选择能力和免疫力。

（2）引导学生建立正确的网上伦理观，杜绝不文明网上行为。

不少上网者没有认识到网络的社会性，把网络当作远离生活的虚拟空间，因此在网上肆意胡作非为。对此，上网青少年的教育中应该包括网络伦理道德的教育，建立在网上的责任感。首先要使青少年认识到电脑行为、网络行为的出轨，可能会带来意想不到的恶劣后果，从而杜绝破坏性事件的发生。其次是教学生树立责任感，从我做起，创造良好的网络环境，包括尽量减少网上垃圾的制造，网络人际交往中讲文明礼貌，尊重他人等。

3. 教育过程要借鉴网络的优点。

网络最吸引人的特征之一就是它内容的生动性和网络中个体的自由性、主动性，而这些正是长期以来我国教育实践中较为缺乏的东西。因此，我们需要研究如何借鉴网络的这一优势，更新教育观念和实践，使教育过程更加符合青少年的特征，更加利于他们的成长。我们认为可以在如下几个方面有所改进：

（1）增加教育内容和教育具体过程的生动性，吸引学生的注意力。我国以往的道德教育内容一直偏于抽象和枯燥，以成年人的思维想当然地推论学生的想法和兴趣，教育方法也以教师的直接讲授为主。近年来教育理论界对于如何避免强制灌输的问题讨论较多，我们认为避免教育的强制性，最重要的一点就是使教育内容和教育的具体过程更加生动，贴近学生的生活。教育过程具有了吸引学生的魅力，自然有良好的教育效果，也就无须强制性地灌输了。

（2）改变单向的师生关系，建立交互性、平等的师生关系。以往的师生关系有两个基本特点，一是"教师→学生"的单向关系，二是师生关系的居高临下特性。[1] 在这样的师生关系中，学生的学习是非自由的，带有某种强制性。借鉴网络信息交流的交互性和网络主体的平等性特征，我们在教育过程中可以加强师生之间的互

---

[1] 檀传宝：《主体性德育——欣赏型德育模式论要》，《深圳教育学院学报》，1999（1）。

动，建立起双向的和多向的师生关系，师生之间、学生之间形成平等的互动和交流。这种氛围下学生的学习才可能具有主动性和一定程度的自由性，也才能把以往被动的道德灌输变为学生主动的道德学习，学校德育也才能取得良好的效果。

(3) 在德育过程中充分发挥学生的主动性和创造性。学生的主动性和创造性的充分发挥，其前提是教育过程的生动和师生关系的革新。在某种意义上具有欣赏性①的教育过程中，学生能够较为自由轻松地学习，他们的主动性和创造性就有可能被充分地激发和调动。此外，在网络环境中个体可以发表自己的意见，甚至以自己为中心选择和与人交流，无形中受到了极大的尊重与重视。对此教育不可能完全照搬，但可以有所借鉴。在教育过程中充分尊重学生的主体性，使学生成为学习的主人，对于达到良好的教育效果有着至关重要的作用。

4. 教育方式可以利用网络活动。

除了德育过程应该遵循的原则，我们还可以具体分析网络环境下德育方式的创新。我们的调查表明，许多青少年希望通过网络"与人交流"，其中高中生的选择比例为42.2%，初中生的比例为29.6%。可以说，许多青少年青睐这个可以"与人交往"的互动网络，教师可以针对网络的特性，抓住契机，实施德育。以下几种网络活动都可以成为积极的德育方式。

第一，"网上"聊天。教师应充分利用网上聊天这种形式开展教育，通过轻松随意的"闲侃"，结合自己的亲身经历和现实生活中的典型案例，根据实际情况，进行因势利导式的"渗透"教育。在交流的过程中，教师要认真观察，从学生的互动中捕捉其新的思想动态，并及时加以引导，尽早解决问题。

---

① 檀传宝：《主体性德育——欣赏型德育模式论要》，《深圳教育学院学报》，1999(1)。

第二,"网上"辩论。真理是越辩越明的,道德认识也是在辩论中不断提高的。在实践中,人们总有各种成熟或不成熟,准确或不准确的观点,并且希望别人能倾听自己的观点,注意自己的存在。但是,受多种因素限制,生活中能够表达自己观点的场所太少。网络环境则不然,它给人以不限时间、场合、顺序、范围、对象的言说机会。辩论的方式从表面看是一对一的,但实际上许多"观辩者"也是受教育者或受影响者,甚至有时"观辩者"的思想观念转变会更快更彻底。教师除了参与到学生已有的辩论中,还可以结合学生思想焦点、认识难点,选择适当的辩题,组织专题辩论,吸引学生参加到辩论中来。我们既可以把既定的道德取向和道德规范作为辩论的基本素材,又可以把一些既定的社会上客观存在的某些道德取向作为辩论的主题。随着互动辩论的展开,学生们的认识将越来越清晰。

第三,"网上"咨询。在网上开展信息咨询,如学生工作信息咨询,包括有关学生工作方面的奖励、处罚的政策规定,遵章守纪、文明礼仪等方面的内容。还可就道德教育及现实生活中的问题难点,有针对性地解答学生的困惑。

5. 开发新的学校德育资源和渠道。

网络的出现拓宽了学校德育的渠道,提供了丰富的道德信息资源。网络覆盖面广,内容丰富,信息传递迅速,图文并茂,集知识与娱乐为一体,这对思维活跃、渴求新知、兴趣广泛的青少年是很有吸引力的,并且很容易使他们沉溺其中。比起其它的德育渠道,网络的确具有特别的吸引力,无论是否意识到网络的功能,网络对青少年的道德影响都是客观存在的。如果学校德育能够重视开发利用网络的德育功能,把网络作为德育的有效手段,既能够充分占领青少年教育的时空,又能够使德育更具实效性。利用网络进行道德教育的优点有以下两点:

(1) 德育内容表现形式的优化。利用网络进行道德教育可以充分利用多媒体,特别是超媒体技术,促使德育内容动态化、形象化;利用计算机和其它现代技术手段辅助德育活动课教学和校内外德育专题实践活动,提高德育的效率和实效性。

(2) 德育时空的拓展。在时间上,借助于信息网络技术,学校德育不仅限于班会课、团队活动等有限的在校时间,而且完全可以通过网络的信息传递方式延伸到学生的日常生活,延长学生接受德育的绝对时间,使学生得到最大限度的德育关怀。在空间上,借助于信息网络技术,我们可以把由学校、教师所构成的有限的德育空间,与现代化的"电子空间"、"电子社区"等开放式的德育空间进行整合,逐步实现德育的电子网络化改造,从而可以使学校德育活动在很大程度上冲破物理空间的限制。

对于学校而言,开发网络德育资源可以通过两个途径实现:①加强校园网络建设;②积极参与网络资源建设,并利用网络建立学校、家庭德育之间的良性互动。这两点我们将在下文详细陈述。

6. 提高教师的网络教育能力。

学校德育要主动应对网络环境的挑战,还有非常重要的一点就是提高教师的网络教育能力。网络社会对教师素质提出了新的更高的要求,教师要想保持自己作为教育主导者的合法地位,必须具有一定的知识权威和道德权威。

关于提高教师的网络教育能力,我们也将在接下来的部分展开详细论述。

二、加强网络资源建设,营造开放的德育空间

(一) 加强校园网建设

校园网指校园内计算机及附属设备互联运行的网络,是由计算

机、网络技术设备和软件等构成的为学校教育教学和管理服务的集成应用系统，并可通过与广域网的互联实现远距离信息交流和资源共享。校园网应为学校的教学、管理、日常办公、内外交流等各方面提供全面、切实的支持，应具备教师备课教学功能、学生学习功能、教务管理功能、行政管理功能、教育装备（含图书）管理功能、资源信息功能、内外交流功能等。它对于学校德育也具有重要的意义。

1. 加强校园网建设的意义。

新世纪的来临，人类社会的高度国际化、信息化使现代教育面临一系列的改革。多媒体计算机在教育教学过程中的应用越来越普遍，使校园网络建设成为中小学基础教育信息化发展的必然趋势。

（1）建设校园网络是推进素质教育的需要。互联网的出现将古今中外全人类的智慧汇聚到覆盖全球的巨型网络系统之中，创造了一个每时每刻都在急剧发展的全人类的"大脑"。在这个全新的环境中，拥有信息时代学习与创新能力的人就拥有充满机遇和希望的新世纪。现代教育如何研究信息化、网络化的社会文化环境，如何驾驭新的教育环境和教育模式，培养受教育者具有适应新时代的学习与创造能力，不仅成为衡量教育现代化水平的标志，而且将成为个体乃至整个民族跨入新世纪的"通行证"。建设校园网络是基础教育信息化的根本途径，丰富多彩、健康清新的校园网络文化将成为学校培养学生思维方式、道德品质、创造能力的新环境，成为面向全体学生，培养全面发展的高素质人才的崭新平台。

（2）建设校园网络是迎接知识经济时代的战略制高点。建设校园网络，创建丰富多彩的校园网络文化对于转变陈旧教育思想和观念，促进教学内容、教学方法、教学结构和教学模式的改革，加快建设教育手段和管理手段的现代化有决定性作用，尤其是对于深化基础教育改革，提高教育质量和效益，培养"面向现代化，面向世界,面向未来"的创新人才更具深远的意义。我们通过校园网络文化建设来培养学生具有未来社会所必需的品格、能力、思维与行为方式,不仅是改革教育模式的制高点,更是提高国民素质水平的基础步骤。

(3) 建设校园网络是教育现代化的重要标志之一。在跨世纪教育改革中,世界各国都在加快教育现代化的步伐,其信息化程度的高低已成为当今世界衡量一个国家综合国力的重要标志。教育是人类自身再生产再创造的复杂系统工程,其效益和现代化程度显然是至关重要的,但目前我国的教育信息化程度还停留在靠一本书、一支粉笔和一张嘴来工作的重复性劳动中,要想把我国的教育信息化变革速度加快,实现教育领域从劳动密集型行业向资本、技术密集型行业的转变,就要将学校教育同家庭教育、社会教育,尤其是大众传播媒介的隐性教育融为一体,实现教育中人力、物力资源的多层次开发和合理配置。而运用现代教育技术建设校园网,营造清新的校园网络文化氛围就是从根本上落实教育的战略地位,解放教师的生产力和师生的创造力,为现代教育增添创新优势。

2. 校园网建设的现状和存在问题。

目前很多中小学都有自己的校园网络,2001年以后是中小学校园网发展的高峰期。据教育部数据统计[①],到 2003 年,我国有近 3 万所学校建立了校园网(2000 年 10 月统计数据才 3000 所),比两年前翻了近 10 倍。但是教育部的统计数据表明,90%的校园网络都处在一种闲置和没有被充分利用的状态,真正用得好的、能利用硬件普及性开展信息技术与课程整合的,估计不超过 10%,大多数还停留在初步探索的层面上。校园网现存的一些问题,如普遍存

[①] 余胜泉、曹晓明:《教育信息化(2003)回顾与展望——探求可持续发展之路》,来源:教育技术通讯,http://www.etc.edu.cn/articledigest25/2003.htm。

在重硬件、轻软件、重建设、轻应用的现象，缺乏规范的管理机制。针对这些问题，校园网的发展应该更加理性，讲求实效，注重创新和本地化，并注意保持可持续发展。

在我们所进行的调查中，对于"你所在的学校开展过哪些关于网络的活动"的问题，大多数学生选择的是"利用网络进行教学"（比例为62.8%），还有一部分人选择了"网络技术竞赛"（比例为23.6%）和"网络规范教育"（比例为24.0%），选择"利用网络进行德育"的比例仅为9.5%。在"网络规范教育"和"利用网络进行德育"这两个选项上还存在年级的差异。初中生选择"网络规范教育"的比例是29.9%，而高中生是18.5%，这表明在初中生看来，学校进行的网络规范教育要更多一些。另外初中生选择"利用网络进行德育"的比例（13.3%）也要高出高中生（5.9%）七个百分点，这可能表明初中开展的网络德育略多于高中。这些调查结果表明目前学校对网络的利用主要是在教学领域。学校虽然也利用网络开展了一些网络德育和规范教育，但是力度远远比不上教学。而且规范教育多于德育，这表明当前的网络德育还集中于行为规范层面的指导，有待深入。

学校是否开展过这些和网络有关的教育其实有着客观的指标。但在问卷中我们调查的只是学生的主观判断。在同一个班级里，有的同学选择学校开展过某项活动，有的则没有，这意味着两种可能性：一种是学校没有开展过相关活动，同学之间回答的不一致是因为某些同学的记忆和判断出错了；另一种则是学校确实开展了这些活动，但某些同学由于没有参加或印象不深刻而不记得这些活动。不论是哪一种可能，都反映出学校网络德育活动的成效并不令人满意。

目前校园网的主要作用是辅助教学和研究以及校内办公管理等。而校园网的另外一个作用更应该引起重视，即校园网作为校园的网络社区,对学生网络道德形成的巨大作用。校园网可以说是相对净化的网络社区,学生在校园网中形成良好的言行和品德,就有可能迁移至其他的网络社区。因此,健康有序的校园网络,可以培养具有良好修养的道德主体。其实,同学们对于校园网有着巨大的期待。在我们的调查中,在问及青少年对改进网络环境的建议和对青少年进行访谈时,就有不少人提到了校园网的建设和改进。青少年对于校园网其实是寄予了厚望的。

3. 对加强校园网建设的建议。

在已有的研究中,一些研究者对校园网建设提出了很好的建议。桑新民教授认为,目前我国校园网建设的主要功能应包括以下内容[①]:①网络资源的检索和查寻,使网络资源能支持教师备课、上课和基于网络的学生个性化自主学习;②基于网络的通讯、研讨和交流活动,让师生学会在网上编写和发送电子邮件、参加网上各种有意义的专题讨论,使用电子公告板等;③网络中多媒体信息的组织与编写和利用,如编写学校、班级和个人的主页。关键在于培养全校师生对网络文化的体验和感受。其中第一点已经引起大家比较多的关注,后两点却往往被放在次要的位置,没有引起足够的重视。在对教师的调查中我们发现,教师对网络教育资源已经有了一定的利用,但大多是用于学科教学。能够利用电子邮件和聊天工具与学生交流互动的教师是非常少的,这就更谈不上利用网络文化对青少年进行潜移默化的教育了。

校园网对道德主体的培养作用主要通过两个方面实现:一是建设网上德育课程,二是建设丰富多彩、健康有益的校园网络文化。前者可以纳入课程建设中完成,后者则应该纳入校园文化的建设中

---

① 桑新民:《中小学校园网络建设的意义、功能与效益初探》,来源:中小学信息技术教育网,http://www.nrcce.com。

去，通过校园网络社区建设来实现。校园网既要有规范的管理机制，又要有自由、民主、开放的气氛，能够吸引学生的眼球。在校园网建设中，既要充分利用这一独特的教育资源，又要形成防范机制，做到趋利避害。需要注意的有以下两点：

首先，针对不同的教育对象进行网络道德教育。由于儿童和青少年的道德发展水平处于不同的层次，他们对网络信息的接受能力具有差异性，因此，道德教育的目标和内容也应当具有针对性。对于"从娃娃抓起"的少年儿童，教育的重心应当放在提高他们的道德认知能力方面，因为这一阶段的教育对象处于从事实判断到理性判断的发展过程中，他们的道德价值体系尚未形成，辨别是非能力较弱，任何外界信息都会对他们的价值观产生影响。为了避免网络中不良信息导致的价值混乱，学校有责任帮助他们澄清和发展正确的道德价值观，增加他们辨别是非的能力，促进他们的道德成熟。而对于青年学生的德育则应侧重于网络规范和网络责任的教育，因为这一阶段的教育对象已经能够辨别是非，对道德现象进行独立思考，并做出道德判断，所以，应当教育他们以道德的理性规范自己的网络行为，认识到网络犯罪的危害，并对自己的行为负责，从而杜绝任何恶意的网络行为。

其次，发挥教育对象的道德主体作用，开展网络道德教育。道德认知是一种内在的发展过程，而不是靠外部势力强制发展的，学校德育应当按照道德发展的规律，激发学生内在认知结构发展变化而主动要求向更高阶段发展。的确，在道德形成中学生应当是主体，对外来道德影响拒绝或接受的主动权掌握在他们的手中，社会道德规范体系只有内化为他们的行为才能发挥其应有的作用。以往学校德育的实效性低最根本的原因就是忽略了学生的道德主体性。事实上，在虚拟、开放、匿名的网络世界中，学生基本上处于道德任意状态，他们的自主判断、自主选择、自主行为表现得非常充分，这更加显示出他们的道德主体地位。学校的网络德育必须要改变传统的灌输、强制、片面的教育方式，遵循理解、尊重和信任的原则探索德育的新方法，把疏导作为网络道德教育的主要方式，启发他们的道德思维，自主建构正确的道德理念，培养和形成良好的道德行为。

最后，通过校园网开展德育可以有如下几种形式：①作为德育的辅助工具，如组织学生浏览网上有教育意义的内容，下载网络教育信息作为德育的资料，编制教育软件；②开设网上德育课程，如可通过校园网或者网上学校开设德育课程，将课堂搬到网上；③建立有教育意义的网站，如建立一些适合青少年浏览的内容丰富、寓教于乐的网站，让学生在网上消遣时就能受到教育。我们不仅要让网络作为德育资源，为学校德育提供丰富的信息、多媒体的教学素材、互动拟真的教学方式，还要用它延伸德育的时间和空间，让学生只要上网就能接触到道德教育，从而让德育走出学校和课堂。我们还可以巧妙地利用网络的各种特性，例如匿名性、开放性等等，进行德育方式的创新。例如开设校园聊天室，和学生在网上匿名交流，进入他们的内心世界；邀请专家，设置教师信箱和专门板块，为学生提供网上咨询和辅导；还可以设置各种模拟互动的游戏，让学生在虚拟活动中获得真实的经历和感受。我国一些学校已经意识到利用网络开展德育的必要性，这方面的工作正在起步。例如湖南长沙和辽宁抚顺两地竞相将雷锋搬上网络，网站开通仅两周访问人数已达万人次。学生们看到了网上雷锋的音容笑貌，感觉到昔日的英雄离他们并不遥远，真真切切地受到了教育。"中国少年信息服务网"是专门为少年儿童设立的网站，少先队员们通过参与网站的各种活动，如网上作品展、网上竞赛、查寻资料获得了知识，在娱乐中又受到了教育。

(二) 积极参与网络资源建设，形成社会、学校、家庭大德育体系

虽然建立学校、家庭、社会德育相结合的大德育体系早已被人提出，但是实践中人们仍然把道德教育的主要责任推给了学校。学校和家庭之间的联系仍然是有限的，联系的内容也多与学习成绩相关。家长和教师在教育孩子的过程中遇到了很多问题，往往求助无门。笔者曾经参加过 2000 年 4 月 8 日在西单文化广场举行的"教育与心理"咨询大会，由北师大教育系和心理系多位专家现场咨询。专家们本以为不会有多少人来的，结果场地还未布置好，已经来了许多家长以及一线教学的教师，现场气氛异常热烈，几乎每位专家面前都有人排队耐心等待。直到活动结束时还不断有人赶来，远郊的家长为错过了时间而懊恼不已。从这里我们可以看出，父母和老师们非常需要相关的指导和帮助，但是却很难找到合适的途径。

在网络逐渐进入我们的生活之后，我们可以找到更便捷的途径。我们可以借鉴一下香港教育统筹局（Education and Manpower Bureau）建设的"学童及青少年的网上操守"网站（http://cesy.qed.hkedcity.net）。这个网站是一个跨部门、跨社区的合作计划，由香港教育统筹局、警务署、影视及娱乐事务管理处及其他社会人士一同参与制作而成的。其宗旨是"提供有关网上操守在社会、道德及法律层面的资讯，为父母提供指引，为教师及同学建议有关的学习活动"。网站设立了"活动"、"教师中心"、"学生承诺"、"家长指引"、"资源中心"几个栏目。"活动"栏目介绍了已举行的和将要举行的活动，如"十大健康网站选举2003"，主要是鼓励青少年和儿童多浏览内容健康的网站。"教师中心"栏目列出了一些资料，如网络对青少年的潜在威胁等，以供教师参考。"资源中心"还提供了一些教案和个案以及教育方法和其他资料，供教

师参考和使用。"学生承诺"部分实际上是一篇网络道德规范,以"我的承诺"的形式呈现,如"我永不使用及购买盗版软件"、"我会防止避免观看不良及有问题的资料"。这个规范共17条,每条又有相关的资料和个案。"家长指引"则引导家长如何以正确的态度对待孩子上网,如何解决孩子在上网过程中遇到的问题。①

这个网站有效地把学生、家长、教师联系起来,翔实生动,沟通便捷,既可以给教师、家长和学生提供合适的建议,又成为三者交流互动的良好渠道。以这样的方式加强学校和家庭、社会之间的联系,给家长、教师和学生提供必要的指导,不仅是网络道德教育的有效途径,也可以作为青少年德育以及智育的有效途径。学校作为教育的主要力量,应该担负起这个重任,在网络德育资源建设中发挥主导作用。学校可以和相关教育部门联合起来,建设类似的德育资源网站,以学校为中心向周围辐射,形成学校德育、社会德育和家庭德育相结合的大德育体系。

三、提高教师利用网络进行德育的能力

(一)教师利用网络进行德育的能力之构成

要建立学校、家庭、社会德育相结合的大德育体系,学校在其中起着领头和核心的作用。而在学校方面,教师是学校的一线工作者,教师利用网络进行德育的能力强弱直接影响到整个学校在这一大德育体系中的作用发挥。前文中我们对网络道德教育进行了较多的论述,这部分我们集中探讨一下网络道德教育对于教师专业能力的要求。在网络日益成为一个重要甚至主要的德育阵地的情况下,

---

① 以上内容参见:"Cyber Ethics for Students and Youth"(http://cesy.qed.hkedcity.net)。

网络道德教育对教师的专业能力有哪些要求？

本研究不同于以往对于教师专业能力（素质）的研究，即它没有将教师专业能力的各个方面都列入到研究范围之内，而是试图进行网络道德教育所要求的、教师必需具备的能力状况的透彻研究。另一方面，本研究也不同于上述仅仅关于网络道德教育方面的研究，它不是要将网络道德教育这个大问题中所包罗的众多问题都包揽在研究范围之内，而是集中于对网络道德教育对于教师专业能力的要求这一具体方面。

接下来，我们将根据教师专业能力的有关理论研究成果，结合本研究的问卷调查结果和访谈结果，还原到实践中，分析以被调查学校教师为代表的教师实际利用网络进行德育的能力状况及有关改进策略。

笔者认为，教师利用网络进行德育的能力至少应该包括以下五个方面：观念水平、知识基础、观察能力、实践能力和自我更新能力。下面我们将分别对这五个方面加以阐释。

1. 观念水平。

教师要利用网络进行德育，首先要具有平等观念。平等观念是指教师能够在观念上真正将自己与学生放在平等的地位，尊重学生的主体性，打破传统的"师道尊严"模式。在网络环境下的德育过程中，平等观念是不可缺少的基本观念。

2. 知识基础。

这是教师要成功利用网络对学生进行德育所应具备的知识基础，主要包括对网络知识、网络德育知识、学生利用网络时的独特心理特征等的了解和应用。教师只有具备了网络知识和网络道德教育的知识，才能利用网络进行德育。而有关学生在青少年时期的特殊心理特征及这方面的知识，是教师顺利利用网络进行德育不可缺少的前提性知识。在网络时代，教师专业化就应当包括对网络与青少年发展两方面实际与规律的透彻了解。

3. 观察能力。

观察能力是指教师在利用网络对学生进行德育的过程中，对学生利用网络的频率、主要活动内容，以及出现的问题等情况的关注、了解及掌握能力。教师必须要对学生利用网络情况、学生利用网络的主要活动及内容等方面的情况有所了解，才能有针对性地利用网络对学生进行相应的道德教育。

4. 实践能力。

教师的实践能力指的是网络动手操作能力，它主要包括网络操作能力和利用网络进行德育的操作能力。首先，一些基础的网络操作能力（如上网、利用电子邮箱、BBS等）是教师必须具备的。其次，这些基础能力要最终转化为对学生进行道德教育的实践行为，教师还必须具备利用网络进行德育的操作能力。

5. 自我更新能力。

自我更新能力即教师要胜任利用网络对学生进行德育，必须具备自我更新和自我提高的能力，这主要是指通过自学以实现自我更新的能力。从发展的角度来看，网络正以无与伦比的速度不断进行更新和发展，这要求教师在利用网络进行德育的同时必须有能力自学新知识以不断实现自我的更新。

根据笔者于2003年进行的"中学教师利用网络进行德育的能力的调查"课题的有关问卷调查和访谈结果来看，在教师利用网络进行德育的能力问题上，被访谈者的看法也大多集中于上述方面：超过80%的被访谈者提到网络实践能力，50%多的被访谈者认为教师应具备知识基础，38%的被访谈者提到教师应具备观察能力，40%多的被访谈者认为教师应具备自我更新能力。（访谈中涉及到的相关问题为3A：要使电脑网络在教师对学生进行道德教育过程中发挥上述作用，教师应该具备哪些方面的能力呢？3B：要使电脑网络在教师对学生进行道德教育过程中避免产生上述副作用,教师应该具备哪些方面的能力呢?)

(二)教师利用网络进行德育的能力之现状

在观察能力方面,从教师与学生问卷的数据对比分析中可以看出,教师对学生上网情况的了解差异很大,两极分化严重。总体来讲,教师对学生的上网情况都不太了解。

在知识基础方面,从本课题所开展调查研究("网络环境与青少年品德发展研究")的问卷分析结果来看,对教师卷中"您利用过哪些网上教育类资源"一题的回答,教师选择"学科教学"的百分比最高,为89.7%;选择"思想品德教育"的百分比为27.8%,比前者低了很多。这说明目前部分网上学科教学资源得到了较充分的利用,但网上德育资源却被忽视了,教师的网络德育知识比较缺乏。调查结果也反映出学生在网上遇到问题时很少向教师求助,而且数据还表明学生在网上遇到困难时,会更多地向网龄长、网络操作能力强的教师寻求帮助。综合看来,出现这种现象的原因可能是教师对网上的问题不了解,网络德育知识缺乏,也可能是教师对学生上网没有起到应有的指导作用。这也间接反映了被调查教师网络操作能力的缺乏。

在网络操作能力方面,在对运用网络的能力进行评价时,超过60%的教师选择了较为模糊的"一般",另外各有16.7%的教师选择"比较强"和"不太强",只有6.4%的教师认为自己运用网络的能力非常强。对于是否经常和学生在网上聊天的问题,大多数教师选择了"没有"和学生在网上聊过天。对于是否经常给学生发电子邮件的问题,也只有1.9%的教师选择了"经常"。这些数据都说明目前师生之间的网上聊天和交流都很少,也间接反映了被调查教师网络操作能力的缺乏。以上数据表明大多数教师的网络运用能力一般，有待提高。

（三）网络社会环境下提高教师德育能力的建议

如何培养和提高中学教师利用网络进行德育的能力呢？从以北京、宜昌、宁县地区被调查中学教师"利用网络进行德育的能力"的现状分析来看，首先亟待加强的是教师的网络德育知识以及教师利用网络进行德育操作的能力；其次应培养和提高教师的观察能力、网络操作能力及自我更新能力。由于这些维度受到不同方面因素的影响，因而，我们可考虑从以下几个不同的层次和角度进行分析。

1. 从上述维度的影响因素来看，如果能针对教师弱项能力的主要影响因素"对症下药"，则其相应能力应会有较大的提高。

首先，教龄对教师的网络德育知识基础有一定影响。教龄低的被调查教师的网络能力比教龄高的教师更强一些。笔者于2003年进行的"中学教师利用网络进行德育的能力的调查"研究的有关调查数据表明：在对网上违法行为的了解方面，教龄低的教师比教龄高的教师更为了解（比例分别为63%和29%）。因而，提高教师网络德育的知识水平，可首先针对教龄较高的教师（教龄在8年以上的教师），通过专题培训或印制网络德育方面的知识手册等形式来加强这方面的水平。此外，在学校有关的硬件配置上应该因地制宜地适当加强，保证教师提高这方面水平的物质基础和前提条件。而教师利用网络进行德育的实际操作能力，受到学校电脑配置、教师教龄和教师性别等几个方面的影响，因而需要有针对性地采取措施。学校可以增大有关电脑（或网络）方面的建设和投资的力度，改善其硬件条件等。也可以针对教龄高和这方面能力表现较差的教师进行专题培训，或提供专门时间的上机模拟操作训练等，以此提高和加强教师这方面的能力。

其次,教师所教年级高低和教龄能够影响教师的观察能力。调查表明,低年级教师选择对本班学生上网人数"不清楚"的比例较高年级教师要少。在对学生上网所进行的活动方面,低年级教师的估测与调查的实际情况更贴近一点;关于本班学生利用网络的情况,教龄高的教师更为了解一些。因此,我们可以有针对性地举办一些专题讲座和培训等形式,培养教师有意识地去观察,并在其中逐步提高自己对学生利用网络情况的观察能力。

此外,教师的网络操作能力及自我更新能力明显地受到学校电脑配置条件、教师的教龄和性别以及所教课目的影响。调查结果表明,教师所在学校电脑(或网络)的配备情况对教师利用网络进行德育的操作能力有较大影响。在学校电脑配置较好的北京地区,被调查教师这方面的能力明显强于其他地区的教师。除信息技术教师或计算机教师这类专业教师具有较强的网络操作能力外,其他教师(包括其他文科与理科教师,或其他思想政治教师与非思想政治教师)之间没有大的差异。而传统的主科教师(即语文、数学和外语教师)比其他教师的上网活动更为丰富和专业一些。由此可见所教科目对教师的网络操作能力有一定影响。而教师的教龄越高就越少利用网上信息进行德育,越少向学生推荐德育网站,越少对学生进行网络法纪教育,并且在网上的活动也越单一。因而,教龄也是影响教师网络德育操作能力的重要因素之一。因此,教师的以上各个方面均可通过上述有针对性的方法来切实有效地培养、加强和提高。

2. 从解决问题的主要力量来看,要使学校拥有适应时代需要、具有现代教育观念的高素质教师队伍,必须使社会、学校和教师自身三方面力量紧密结合,协调一致,才能最终实现这一目标。

在社会力量方面,主要是学校所在的社区内的一些大学、学院等相关方面的机构和人员。这方面的作用首先体现在在社区内形成一种重视网络道德教育的良好氛围。通过社区内的各种媒介宣传以及大学的倡导，促使人们认识并积极关注网络道德问题的严峻性和网络道德教育的必要性，从而在社区范围内形成重视网络道德教育的良好氛围。此外，对于学校和教师个人的提高和加强教师网络德育能力的活动，社会力量是强大的后盾和支持者。在学校和教师为提高教师网络德育能力而努力时，社会力量可通过社区内的大学或其他相关学术机构，开设社区内的区域性德育网站，提供相关的教师远程教育培训、函授、专题讲座，以及出版有关教程、书刊、录像带等相关资料，对学校和教师本人提高相关能力提供智力支持。

在学校方面，首要的是硬件设施的改善。学校应在充分重视提高教师网络德育能力的前提下，视学校财政情况和在校教师的构成，分期分批地加强本校电脑（或网络）方面的配置，并加强学校校园网的建设，使教师有一个方便的接收信息和处理信息的平台。学校要充分保证教师提高网络德育能力的相关物质基础和前提条件，基本保证有需要的教师不在电脑配置等物质条件方面受到限制。其次是软件条件方面的改善。第一，学校应尽可能地为教师提供相关资料，如计算机或网络方面的书籍，学生心理方面的书籍及报刊等，开设校园网，使教师能及时登录了解情况。第二，学校应合理安排教师教学时间，适当为教师"减负"，使其能够有一定时间用于提高自身的能力。本研究调查结果表明：由于教师教学负担繁重，致使大部分教师除了日常教学工作之外，没有时间用于自身的培训和提高。

在硬件和软件都有所改善之后，学校应针对前文所述的对于教师各方面能力有较大影响的教师教龄、性别等结构性特征因素，举办相关专题的报告、讲座以及有关培训，或者请有经验的教师对具体实用的经验进行介绍和讲解。培训可根据各教师的具体教学情况和时间安排，分为不脱产培训、半脱产培训和全脱产培训。由学校和老师协商，共同为教师"量身定做"一套专题培训机制。鉴于以往各种培训容易流于形式、走过场的通病，本研究中建议培训的主要目的是首先要使参训教师从其内心接受培训的主题观念，而不是培训结束之后又回复老一套的教育方式。具体形式可参照国际MBA管理培训模式，让参训教师充分参与整个培训过程，充分讨论争论，并在培训后一段时间内不定期抽查培训的成效，以督促教师将培训内容真正融入自己的日常教学当中。学校还应积极组织教师之间的充分交流和切磋。此外，在社区营造的普遍重视网络道德教育的大环境下，学校可通过举办或组织不同层次的课件制作、网页制作或其他网上比赛等多种形式，进一步营造学校内重视教师网络道德教育能力提高的氛围。

  在教师自身努力方面，首先应从更新观念开始。要适应现代信息社会对教师的新要求，与时俱进，真正认识到利用网络对学生进行道德教育的必要性，并树立自觉提高自身网络道德教育能力的意识。其次，教师应在社会和学校为其创造的良好环境和物质技术条件下，勤奋自学诸如计算机知识、学生特定阶段的心理知识、网络操作技术以及有关网络法规等相关的知识和技能。其三，教师应充分利用社区与学校等创造的实践机会，将学习的理论知识和操作技能在实践中加以运用，自觉地在日常教学中学以致用，在做中巩固，并在做中学到更多新的知识和技能。其四，教师应有意识地培养观察能力、信息获取能力等相关能力。通过对自己教学实践的自我反省，有意识地在教学实践中，对自身较为薄弱的方面加以培养和提高。其五，教师可通过对具体个案的学习，集中加强自身某些方面的能力，并在具体个案的学习中积极与其他教师交流经验，相互切磋，共同提高。此外，教师自身应多和学生接触，多了解自己的学生。网络道德教育的根本仍然是学生，只有对学生有了充分而准确的了解，与学生建立了良好的相互信任的师生关系，才能顺利开展网络道德教育，并在此过程中提高自身网络道德教育的相关能力。

3. 从教师队伍的形成结构角度来看，教师队伍主要由即将离岗的老教师、在岗的中青年教师和即将上岗的教师三部分组成，对这三类教师的网络德育能力的要求也应该不同。

对于即将离岗的老教师（教龄在 11 年及以上的教师），对其网络道德教育能力方面的要求是能够了解、理解、支持和监督网络道德教育的进行，能够正确对待网络和网络道德教育。对于在岗中青年教师的要求是能够正确看待并灵活运用网络的辅助教育教学功能。对于即将上岗的教师（即目前的师范生）来讲，其要求应是：接纳并积极迎接网络的挑战，熟练使用网络进行德育和教学，富有创造性。鉴于前文已对在岗教师提高网络德育能力的问题从不同层次进行了阐述，因而下文主要阐述对于即将上岗的教师，也就是师范生的培养和提高该能力的建议与设想。

其一，对师范生进行全面的道德教育，帮助他们不断提高自身的道德修养，形成正确健康的网络道德观，建立正确的网络道德规范。其二，在师范生的课程设置中，把有关计算机和网络的课程设为必修课，学期考核采用理论笔试和机试操作相结合的方式，避免产生实践能力不足的现象。其三，对师范生进行网络德育方面的教育，培养其将技术转化为具体教育实践的能力和意识。这部分内容可考虑采取案例教学的方式，以获得更显著的成效。其四，在整个学习阶段可视具体情况，因时因地制宜地安排一些时段，让师范生在具体情境下进行实习，把网络道德教育作为实习的重要内容，利用 BBS、E—mail 等形式，解决学生的实际思想问题和网络道德行为等问题，进一步巩固和加强其利用网络进行道德教育的能力。

对于网络环境下的学校道德教育，本章分别从网络环境对学校道德教育理念和模式的冲击、网络德育资源，特别是校园网的建设、教师利用网络进行道德教育的能力这三个方面进行了论述。网络带给学校德育的既有挑战又有机遇。正如前文所述，目前德育中存在的一个突出问题就是对学生主体性的忽视，而网络的显著特征之一是对个人主体性的解放，对每个网上个体平等地位的认可和尊重。因此，当前学校德育对学生主体尊重不够的问题，在遭遇到网络的冲击之后更加凸现出来。我们只有正视这一问题，从观念、内容和方式等各个方面对学校德育加以改进，才能解除学校德育自身的危机。同时，网络又为学校德育的改进提供了丰富的资源、多样的形式和广阔的渠道。加快校园网建设，提高教师的网络德育意识和能力，正是学校开发网络德育资源的必要手段。只有在反思中认识不足，在挑战中把握机遇，学校德育才能在网络时代找到自己发展的方向。

网络环境中的家庭道德教育

古往今来，家庭道德教育都是有识之士十分重视的课题，它关系着少年儿童的前途和命运，关系着每个家庭的和睦兴旺，也关系着社会的稳定和进步。我国的家庭道德教育有着悠久的历史和优良的传统，不仅在思想上重视对子女进行道德教育，而且以良好的行为准则严格要求子孙后代。自从1946年第一台计算机问世以来，计算机以惊人的速度"占领"了世界，从单纯的计算工具一跃成为了让人类了解世界、改造世界的信息工具。面对现在新的时代特点、新的社会环境，作为社会细胞的家庭，也将面临新的挑战和机遇。

经过半个多世纪的发展，互联网使偌大的地球变成了一个"村庄"。信息化是社会发展的必然趋势，但信息化却是一把"双刃剑"。在这个网络世界里并非风平浪静，由于互联网是没有国界、没有地域之分的全球性媒体，因为缺乏有效的管理，人们几乎是在一个绝对自由的状况下接受和传播信息。于是有用的、无用的；正确的、错误的；先进的、落后的；健康的、腐朽的信息都能够在网上运行，甚至大量色情、暴力、反动信息也在毒害着人们。面对这样的情况，相对过去家庭道德教育应该有哪些变化？为了回答这个问题本文试图就网络环境中的家庭道德教育做出分析。

一、家庭与青少年品德发展

现代青少年是在改革开放时代成长起来的,他们是最积极、最活跃、最有生气的群体,其思想品德的形成、心理发展的特点具有强烈的时代特征。他们愿意接受新观念,有强烈的好奇心,尤其对于高科技电子游戏、互联网络,他们更愿意去学习和接触。据中国互联网络信息中心(CNNIC)2005年1月发布的《中国互联网络发展状况统计报告》,我国网民人数已达9400万人,其中18岁以下的网民占到18.4%。[1] 但是,面对网上大约50%的无益信息,青少年明辨是非能力不强、缺乏自律等弱点显现出来,大量不健康内容的存在对青少年身心健康造成严重的侵害。互联网上来自中国的信息不到1%,这又容易冲淡部分青少年的民族观念和爱国情感,西化倾向日趋显现,道德多元化日益明显,这些都对家庭德育提出了新的挑战。

了解网络环境下家庭对青少年品德发展的影响,是我们进一步研究的前提。只有了解了家庭对青少年上网有何影响,在青少年接受网络道德影响的过程中,家庭到底发挥了哪些作用,我们才能有针对性地提出家庭德育的对策。因此在我们进行的问卷调查和访谈中,专门就家庭的影响进行了考察,下面是得到的一些主要结论。

(一)家庭对青少年上网的影响

根据我们的调查结果,家庭对青少年上网的影响,最直接的表现是青少年能否在家庭获得网络资源,这将影响到青少年上网地点

---

[1] 参见中国互联网络信息中心:《中国互联网络发展状况统计报告》(2005/1),资料来源:中国互联网络信息中心网站,http://www.cnnic.cn/download/2005/2005011801.pdf。

的选择以及上网时间的长短。通过对青少年上网地点和上网时间的影响，家庭因素又会影响到青少年接触网络的深浅和在网上的活动，进而对其接受网络道德影响的程度和方式等产生影响。

1. 家庭中电脑和网络的情况。

在本研究使用的调查问卷学生 A 卷中问到了"你家里电脑和网络的情况"的问题，目的是要了解电脑和网络在家庭中的存在状况。我们通过人数和百分比分析发现：目前绝大多数学生家中都已经配置了电脑（比例高达 67.6%），其中家里配置了联网电脑的学生超过了总人数的一半，家里尚未配置电脑的学生人数还占有一定比例。这一方面表明电脑和网络在家庭中得到普及还需要一段时间及一定的条件，但另一方面也意味着个人和家庭拥有电脑和网络已经呈现出大众化的趋势，有很多学生将有条件在家里上网和使用电脑。

通过进一步的交叉列联表分析我们发现：学生家里是否配置了电脑以及能否上网，在不同地区、父母亲职业、文化和家庭收入上都表现出显著的差异。不同地区学生家里是否配置了电脑以及电脑能否上网的情况差异很大。北京地区学生家里的联网率最高，接近 90%，而家中有电脑但不能上网的人数也接近 10%。这表明网络在北京地区的学生家庭中已经相当普及了，同时该地区学生能够从家庭获得网络资源的可能性非常高。宜昌地区学生家里的联网率比北京差了很多，约为三分之一强，另外有电脑但尚未联网的家庭也有 12% 左右，但是没有电脑的家庭的比例接近一半。这表明宜昌地区学生家庭的网络普及率大大低于北京地区，还有待进一步发展，同时家庭为学生提供的网络资源也相应少了很多。和前两个地区相比，宁县地区学生家庭电脑联网率更低，只有 20% 左右，而没有电脑的家庭比例高达三分之二。这表明网络在宁县地区尚处于初步发展阶段，普及程度非常低，只有极少数的学生可以在家庭环境中获得互联网资源。这和我们调查中宁县地区绝大多数学生都没有上过网的结论相吻合。

学生家里是否配置了电脑以及电脑能否联网,在父母亲的职业、文化程度以及家庭收入上也表现出比较明显的差异。以父亲职业为例,企事业管理人员家庭的联网率最高,超过了80%,机关干部和专业技术人员的家庭也都超过了60%。但是个体经营者、普通工人和农民以及失业半失业群体家庭的联网率都比较低,只有30%左右,远远低于57%的一般水平。另一方面,父母的文化程度越高,家庭的联网率也越高。以母亲文化程度为例。母亲文化程度为本科及本科以上的家庭联网率约为90%,而完全没有电脑的不到5%。母亲文化程度为大专的家庭联网率为67%,为中专的是50%,但是母亲文化程度为初中的家庭联网率反而低于小学文化程度的家庭,二者分别是28.7%和38.5%。此外,家庭是否配置电脑以及是否联网还和家庭的经济情况显著相关。我们所调查的学生群体家庭人均月收入大致呈正态分布。在这个正态分布中,除了两端的情况有点异常外,其他的基本联都和家庭收入成正相关。低收入家庭(人均月收入低于500元)的联网率最低,当人均月收入高于1000元时,绝大部分的家庭都联了网。

目前我国发达的东部地区、发展中的中部地区以及欠发达的西部地区学生家里的联网率差异非常巨大,北京、宜昌、宁县三地之间呈有规律的递减趋势,这将对学生接触网络和利用网络带来很大影响,可能会造成不同地区的学生在接受网络价值影响的程度、途径、类型等方面的差异。统计数据也表明家庭收入是制约家庭配置电脑和联网,进而影响青少年网络资源获得的一个重要因素。

2. 家庭与青少年上网地点。

在调查中我们发现,大多数学生在家里上网(54.6%),其次是在网吧上网(27.3%),有8.9%的学生在学校上网。这印证了我们最初的研究假设：家庭是青少年获得网络资源的重要场所。因此，家庭的网络状况以及家长对网络的认识会对学生接受网络影响发挥一定作用。

交叉列联表分析的结论告诉我们：学生上网的地点在不同地区、学校、年级、性别，以及父母亲职业、文化程度和家庭收入上都表现出显著的差异。地区差异表现为绝大多数北京学生都在家里上网（约为90%），在网吧上网的只有2%左右。而宜昌学生在网吧上网的比例（37%）和在家上网的比例（36%）差不多，宁县学生中绝大多数都在网吧上网（73%），只有很少一部分在家上网（15%）。这和我们前面所分析的学生家庭配置电脑和联网的情况相呼应。家里有电脑的学生大多数在家上网，没有电脑的学生则倾向于在网吧上网。上网的地点对学生上网的条件、接触到的网上环境、是否能得到监督、指导和帮助有直接影响。东部、中部、西部三个地区学生在家上网的人数呈递减趋势，而在网吧上网的人数呈递增趋势，可见，不同地区青少年接受网络道德影响的途径、类型、方式及教育对策都会有所差别。

父母职业与学生上网地点的差异表现在党政机关干部、企事业管理人员和专业技术人员家庭的孩子大多数或绝大多数在家里上网，只有一小部分在网吧上网，而工人、农民和个体经营者家庭的孩子只有一小部分在家上网，更多的是在网吧上网。父母文化程度与学生上网地点的差异表现在父母的文化程度越高，学生在家上网的比例就越高，相应的在学校和网吧上网的比例就越小，表现出明显的相关。家庭收入与学生上网地点的差异表现在高收入家庭的学生绝大多数在家上网，而低收入家庭的学生绝大部分在网吧上网，也有一部分在学校上网。中等收入的家庭（人均月收入500～1000元）在家里和在网吧上网的比例差不多。

3. 家庭与青少年触网程度。

学生 A 卷中的"你上网有多久了?"一题,旨在考察学生的网龄。在进行交叉列联表分析时我们发现,学生的网龄在父母职业、文化以及家庭收入等因素上表现出一定差异。

父母职业、文化程度和学生的网龄存在一定相关。以母亲文化程度为例,当母亲文化程度是大学本科及其以上时,网龄为五年以上的学生比例最高,占到总人数的三分之一,网龄为一到两年以及两到三年的学生比例均为22.6%,而网龄低于一年的仅有14%。当母亲文化程度是大专时,各项的学生比例依次递减,比例最高的是一到两年,网龄低于一年的学生约为28%。当母亲文化程度是高中时,网龄低于一年的学生比例达到37%。当母亲文化程度是初中和小学时,学生网龄低于一年的比例则分别为45%和38%,而网龄高于三年的学生比例都不到10%。这表明父母亲的文化程度对学生接触网络的程度有一定影响。父母文化水平高的家庭学生接触网络的时间长。家庭收入和学生网龄之间也表现出某种正相关趋势。家庭收入越高,网龄超过三年的学生比例也越高。但收入最高的家庭中有很大部分的学生网龄低于一年(5人,比例为55.5%),这可能是因为我们的样本容量比较小的缘故。

触网程度一方面表现在学生的网龄上,另一方面也可以通过每次上网的时间和上网的频率得到反映。调查发现,家庭因素对学生的上网频率没有显著影响,但是在每次上网的时间上却存在显著差异。父母文化程度对学生上网频率有影响。以母亲文化程度为例,母亲文化程度越高,一周上网两三次的学生比例就越高,而每个月上网一次的比例就越低。家庭收入对学生上网频率的影响也大体上呈现出正相关,家庭收入越高,学生上网就越频繁。

(二)家庭对青少年品德发展的影响

在分析网络环境对青少年品德发展的影响要素时,我们曾经把触网环境和触网程度作为两个重要的要素并进行了分析,其结果是二者对青少年接受网络道德影响都有重要的作用。青少年在哪里上网以及花在网上的时间有多少,都将是影响其接受网络道德影响的主要因素。

1. 问卷调查结果的呈现。

中学生群体是网吧最大的客源,家里没有上网条件是光顾网吧的主要原因。家庭有没有联网电脑将直接影响着学生对上网地点的选择。如果家里有条件上网,那么学生就可能会更多地利用家庭拥有的网络资源。他们可能更多地在家里上网,并且上网的机会可能会更充裕,对网络的接触更多。在家里上网是在父母知情的情况下上网,因此青少年得到父母指导和帮助的可能性更大,因网络而引起的家庭矛盾可能也会更少。相反,如果家庭不具备网络资源,青少年只能选择在家庭以外的地方上网,而网吧往往成为他们的首选。目前我国的网吧经营正在逐渐走向规范,但由于发展时间不长,无照经营的网吧、违规经营的网吧还非常多。有的网吧经营者为了谋取利益不仅不会限制未成年人进入,而且还竭力招揽未成年人:为他们提供吃喝住全套服务来延长他们的上网时间,提供破译网站密码技术,满足他们的好奇心和破坏欲,甚至提供色情、暴力的信息来刺激青少年的感官。在这样的环境下青少年接触到的网络世界以及受到的网络道德影响,都将是非常可怕的。调查表明,在不同地点上网的青少年,在网上参加的活动、对于网络世界的关注、对网上环境的评价以及对网络伦理问题的看法都是不同的。家庭与青少年上网的选择密切相关,由此可以推知家庭对青少年的网络生活和道德发展,都有着重要的影响。

另外,通过调查我们发现,家庭经济条件好、父母文化水平高的家庭,子女上网一般比较频繁,网龄也比较长。网龄长的青少年上网比网龄短的频繁,每次上网的时间也比网龄短的青少年长。他们在网上玩游戏、聊天和参加论坛的频率都明显高于网龄短的青少年,并且更多地以娱乐放松为上网目的而不是辅助学习。在对网络环境的评价上,不同网龄的青少年在对网络环境的安全性、健康性、秩序性上并不存在差异,只是青少年网龄越长越倾向于认为网络是多彩的而不是无聊的。但是随着网龄的增加,青少年在网上看到的反动信息和色情信息越多,在上网被欺骗的经历也越多。不同网龄的青少年在看待暴力游戏、网恋、黑客技术以及网上不文明语言等问题上都存在差异。在如何看待暴力游戏的问题上,网龄越长的青少年选择暴力游戏"不会影响现实"的比例越高。随着网龄的增加,青少年认为网恋很浪漫的比例也随之增高,而认为网恋很危险的比例却随之下降,并且认为周围同学中有过很多网恋经历的人的比例也随之增高。网龄长的青少年对于网上一些常见的不道德现象和伦理问题的态度趋向于冷漠,他们使用黑客技术的可能性,特别是为了不正当目的而使用的可能性要比网龄低的青少年高。

通过上面的分析可以看到,家庭不仅影响着青少年的上网环境和时间,而且也影响着青少年的品德发展。和目前的网吧相比,家庭是相对较好的上网环境,其对青少年上网的积极影响也要更多一些,二者也是我们进行家庭网络德育的前提。我们的调查结果显示目前已经有大部分学生家里有条件并且常在家里上网。这是家长对青少年上网予以指导的前提,是我们研究网络环境下开展家庭德育的可能性条件之一。

2. 访谈结果的呈现。

我们对一些青少年随机进行了访谈,更深入地了解他们对网络的看法。事实上,很多人也知道,有的学生自制能力差,容易沉迷,这对他自己不利。中学生普遍认同玩游戏是正常的。他们的观点是游戏纯粹是为了娱乐罢了,玩游戏并不是不务正业,有的人玩游戏沉迷于其中,但这是他自己的问题,不能归罪于游戏、因噎废食。在这点上，社会似乎不能理解。实际上过度玩游戏会对身体不好，尤其是对眼睛和大脑不好。家长应该从这方面进行教育而不是片面地反对。至于影响学习，这就是自己没有安排好。在学习时间就不要老想着游戏。游戏时间，就痛快地玩。只要不占用他们自己定的学习时间来玩，家长对此不应该多说什么，只是应该帮他们计划好时间的安排。

如果家长反对，那只好看他们自己怎么想，如果他们不顾家长反对还要玩，这只是他们自己的事。自己的问题还要自己解决，正如访谈时有几位同学说的那样，越是反对，越容易激起学生的逆反心理，以至造成负效果。我们讨论后觉得，现在成人对游戏还是反对多于引导。这个比例应该反过来。玩应该让学生玩，毕竟游戏是为了娱乐，能放松精神，是紧张学习中良好的缓冲剂。但是也要加以正确、适当的引导，让学生明白不能玩过头，要以学习为主。

家长们认为网络对学生的危害主要在于：①黄、赌、暴所带来的危害。由于有关部门管理的不严，盗版泛滥，而盗版游戏里面有一些我国所发行的正版所没有的色情、暴力情节，这些会给中学生带来非常大的危害。②身体不适。长时间让肌肉保持疲劳状态会影响青春发育期的青少年肌肉的发育，而长时间盯着屏幕对眼睛也不好。③影响学习成绩。如果中学生过度沉迷于游戏中，就会下意识地占用本来是用来学习的时间。长期这样下来会使学习成绩下降。④对金钱的需求量加大。去网吧玩游戏需要钱，买游戏光盘需要钱，虽然每次并不是很多，但长期积累也是不小的开销；况且现在有些家庭还不是很富裕，很难提供足够的金钱供其娱乐，从而可能引起某些不良后果的发生。

为什么以上问题容易发生在中学生身上呢？主要有以下原因：①自控能力差。由于中学生还未成年，他们的自控能力比较差，所以容易产生沉迷于网络的现象，从而导致学习成绩下降等问题。学生的自控能力普遍不是很高，要想解决这一问题，单纯的禁止是没有用的，还得靠正面的引导。②身体发育未健全。中学生身体还未完全发育成熟，长时间游戏对身心都有影响。最直接的就是对视力的影响了，还有的人坐姿不好，脖子长时间弯着，导致腰酸背痛。中学生年纪不大，神经系统也不是很健全，网络中的一些游戏使他们一直处于紧张、兴奋的状态，如果长期这样下去，会影响到神经系统的发育。要预防这些危害只有注意不能长时间坐在电脑前面。③思维连贯性强。玩游戏玩得多了，可能在日常生活中会下意识的将自己放在游戏那虚幻的世界中，虚拟与现实社会的不清晰，不利于他们的社会性发展。④中小学生抗拒诱惑能力差，现在青少年用的都是父母的钱，所以过分地玩游戏可能会造成经济上的负担。如果在经济不允许、不具备上网物质条件的情况下还过分沉溺于网络，容易产生与网络相关的社会问题，如欺骗、偷盗等。

事实上，网络也有着相当积极的一面。首先，上网能放松精神。中学阶段学习是比较累的，网络可以很好地消除精神疲劳，特别是对喜爱网络的人更有奇效！其次，在网络中能满足许多人的愿望：当个提督航海环游世界，当个将军指挥大军作战，当个市长经营城市。虚拟的世界能实现你的愿望。在这里，你不用担心别的，全神贯注投入角色，体会现实生活无法体会的滋味，这也是人们尤其是中学生喜欢网络的一大主要原因。再者，网络可以锻炼人的反应，锻炼人的大脑。许多竞技网络需要玩家手快、脑快，一边手要迅速操作，一边又要运筹帷幄，丝毫不容你迟疑。经常玩可以收到很好的锻炼效果。最后值得一提的是非常多的网络中含有丰富的内涵、知识。像帝国时代系列、文明系列，玩了它们就像经历人类文明的发展史一样，能知道很多历史知识。由名著改编的网络游戏，大多内涵丰富，有些是看书所体会不到的。这些就是网络的好处，摆正网络的位置，在不影响学习的情况下，可以最大限度地体会网络所带来的乐趣!

在我们的问卷调查中我们发现,大部分家长都有过接触网络的经历,但是家长在网龄上存在较大的差异。有三分之一的家长从没上过网,在上过网的家长中,网龄最多的是一年到三年。可见目前家长群体对网络也有了相当的接触。青少年在上网问题上和家长的交流是有限的。面对上网,只有30%的家长表示同意、20%的家长明确表示反对、其他人都认为说不清(50%)。这说明了大部分家长对网络还抱着观望态度,并不十分反对但也不支持,可以想象如果网络影响了自己的孩子,他们就会马上反对。值得注意的是那些极端迷恋网络,网龄在2~3年,每周上网时间很长的青少年的(完全符合这三项)家长对孩子上网全都是持反对意见。这样的人几乎完全沉迷于网络中了。他们在是否影响学习那一栏没有一个人选,对此我们的建议是家长老师放宽对网络的限制,但要加大学习上的限制,也要适当限制一下零用钱。当然也要和孩子讲道理,同时培养孩子其他方面的兴趣。这样应该是可以慢慢改过来的。也许接触网络时间越长,越能摆正网络的位置。

这次调查中有一些情况是我们所预见的,也有一些出乎我们意料。调查的结果综合看来,网络对学习是有影响的,但是如果能够处理好两者关系,反而能够调节情绪,从网络中学到更丰富的知识,吸取网络的精华而提高自身素养。这和采访后我们分析得出的结果是相符合的。要处理好网络和学习的关键在于自我约束和外界正确的引导。我们很高兴地看到许多同学已经做到这一点或者正在努力了,我们也希望我们的调查正如开头所说的那样,能够给那些还没有正确认识网络的同学提供一个方向。同时也希望外界在看到我们的调查结果后能反思自己以前对网络的态度,寻找途径,正确引导学生。

现在社会上有许多人反对网络,但也有相当多的人拥护网络的存在。这种"两极格局"在一定时期还会持续下去。我们不奢求我们的调查能改变什么,但希望外界看到我们的调查结果,能反思一下他们以往对此的态度,学生看到了我们的调查结果,能更理智地对待网络。中学生这个年龄段还未成熟,心理容易受到外来因素影响,社会不能片面地对他们施加影响,作为一个中学生如果要玩电脑网络,首先应该理清网络和学习的关系。希望不久对于网络和中学生的关系能有一个为我们大家,为社会都能接受的说法。社会对于中学生应该以引导为主,而中学生在想到网络时应该多考虑考虑学习,理性地对待网络,吸取其中精华,远离其中糟粕,相信大家都这样想,这样做,别人便不会来影响中学生玩网络,中学生也能做到网络学习两不耽误,两全其美!

网络与中学生不仅是学习、生活方面的问题,它应该是一个社会问题,如何妥善地解决好这个问题,不是少部分人的力量能实现的,社会应该对此投入更大的力量。

二、网络环境下改进家庭道德教育的建议

青少年作为学习者之外,同样也拥有家庭教育对象的身份。家庭作为学校德育的环境,不仅不同于学校环境,而且不同于学校德育的外部环境。它主要有以下三方面的特殊性[1]:第一,家庭环境是学校德育的基础环境,青少年对家庭在经济上和感情上存在依赖,家庭为青少年品德形成提供心理上必需的安全感、依恋感和"我们感"。第二,家庭环境作用具有深刻性,由于家长与孩子直接、经常和亲密的接触,家长和子女之间对彼此的了解是较为细致的和深刻的,这种深刻的理解特征既有利于家庭教育"因材施教"的实现,又有利于子女对家庭德育的理解。更重要的是,家庭教育

---

[1] 檀传宝著:《学校道德教育原理》,教育科学出版社,2000(207~208)。

尤其是家庭德育中的情感因素有益于教育作用的发挥。第三,家庭环境对学校德育有互补性。这些家庭教育的特征将关系到我们思考网络环境下家庭教育的方式选择。

(一)积极主动关心孩子,正确引导上网

与孩子日常起居关系最密切的家长,是孩子作息习惯的教育者,他们帮助孩子养成良好的学习生活习惯和卫生习惯。我们可以利用家庭在教育中的特殊地位对孩子进行教育,主要在于以下几点:①重视家庭的道德教育职能,把家庭当作道德教育的重要场所。面对网络环境,作为与孩子日常起居关系最密切的家长,首要的问题就是要更新教育观念,以适应网络环境下的新形势。更新教育观念,一是要明确网络环境是我们现在不可改变的时代特征,互联网使我们的地球变成了一个信息传递极为方便的人类群落。在这个网络世界里,由于网络这个没有国界、没有地域之分的全球性媒体,使得人们有机会在一个绝对自由的状况下接受和传播信息,而在某些地方却缺乏至关重要的有效管理。二是树立平等与人性化观念,除了与孩子建立人格上的平等及关注孩子物质生活状况之外,更要关注孩子的思想动态发展。三是要树立教育方式创新的观念。②家庭教育从胎教开始,贯穿人的一生。在引导孩子上网方面,较为有效的具体做法是,注意观察和总结孩子上网的兴趣点,适当加以引导。例如,青少年学生喜欢谈论国家、学校大事,家长就可以关注校园 BBS。由于可以隐去真实姓名,大家心无戒备,敞开思想,家长可以及时发现孩子的真实思想动态。有些话孩子也许不愿意直接向父母说,家长可以申请自己的 E—Mail 信箱,利用它与孩子进行交谈,这样避免了面对面的尴尬,有利于克服心理障碍,能够谈心里话,容易沟通。孩子有些心里话或敏感问题,心中困惑又不便当面讨论,就发电子邮件给家长,这样既解决了思想上存在的问题，帮助学生树立正确的人生观、价值观，又不会使孩子"丢面子"。但要注意的是，家长如果对孩子的电子邮件回答不及时，又很草率，就会使孩子对这一形式逐渐失去信心和兴趣。网上的新思维、新动态层出不穷、瞬息万变。如果不具备深刻的洞察能力，不能及时发现和察觉最新动态，网络也就失去了意义。作为家长要经常留心，网络又出现了哪些新思想、哪些时髦词汇，他们对孩子的意义和影响是什么。这样才能保持自己对孩子思想的了解，才能及时进行引导。③家庭教育重在言传身教、身教重于言教，有的家长自己就是网络游戏的喜爱者，在家里上网时间很长，这样孩子上网的时间就很难控制。④家庭传统的规范如尊长爱幼、邻里和睦、勤俭持家等能帮助家长指导孩子。合理配置家庭经济资源，家中有电脑并连通网络，使青少年的上网地自然或是被迫地选择在家中。这便于杜绝因在网吧上网而遇到的不良环境和问题。但家长不宜因此就花费家中原本不宽裕的经济资源而去满足孩子要求。对于孩子的教育，除了电脑，还有很多东西是可以发挥作用的。⑤家庭成员，尤其是长者，是严格的道德监督者，家长会通过和利用这一权威，规范孩子。作为家长要关心自己孩子的学习和生活情况，避免学生在不被父母知道的情况下私自去网吧上网。另外部分中学生往往在家中使用互联网，家长应该对网络有一定的认识，要正确引导孩子上网，同时也要关心孩子到底看些什么，学到了什么，并且要和孩子一起学习、交流、成长。心理咨询实践表明，许多家庭教育失败的原因，就是家长与孩子之间缺乏有效的沟通。家长与孩子上网，可以提供两代人交往探讨的话题，共同上网，查找信息、评论是非这就是一个实施家庭教育的好机会。反喻文化的存在越来越多地被人们所认同。无论家长们是否愿意，他们都必须要有超前意识，不断学习，提高自己各方面的修养和能力，才能在获得知识速度快于自己很多倍的孩子面前，持续地拥有话语权。加强对孩子上网监管，是每个家长责无旁贷的事情，理性地控制孩子的上网内容、上网时间，只有这样，才能充分发挥网络作用，既借助网络帮助中学生成才，又消除它的负面影响。同时父母应该加大对孩子的网络安全教育，加强与学校的信息沟通，避免孩子在家或在网吧登录不良网站，以免受到网络侵害或引发违法犯罪。

网络学习环境中大量多媒体手段的利用，使学习内容有声有色，能够引导学习者直接认识事物的发展规律和本质属性，但其所产生的负面效应也渐露端倪。因此，必须加强网络学习环境的管理。

（二）积极与学校、教师建立联系

学校和社会要以理想信念教育为重点，加强中学生全面素质教育。学校是法制教育的主渠道，要加强对学生的思想道德与遵纪守法及网络自护的教育，丰富学生的课余文化生活；各学校的德育教师要结合学生实际，在学生中以专题讲座等形式开展网络法制教育，并组织专题讨论。同时要引导广大中学生，充分考虑中学生的身心特点，以生动活泼的形式开展理想信念教育，使他们坚定走社会主义道路的信心，树立起正确的人生观、世界观、价值观，增强他们的道德判断能力，指导他们学会选择，识别良莠，提高自我约束、自我保护能力，鼓励他们进行网络道德创新，提高个人修养，养成道德自律。同时有条件的学校还可以建立校园网吧，提供学生安全健康的上网环境。

（三）协助建立良好的社区网络环境

家长关注的不要仅仅是自己家门里的人和事，而应该走出去，看看社区里孩子的同龄群体处在什么状态中，以大气候来优化小环境，建设绿色网络社区。家长群体共同监督孩子遵守网络道德规范,养成上网的良好习惯。不要沉浸于网上聊天、游戏等虚拟世界,不浏览、制作、传播不健康信息,不使用侮辱、谩骂语言聊天,不轻易和不曾相识的网友约会,尽量看一些对自己的日常学习生活有益的东西并且一定要注意保持自制力。

家长要在社区成型文化环境中,指导青少年学会五个拒绝:一是拒绝不健康心理的形成;二是拒绝网络侵害;三是拒绝网络不良癖好、不良行为;四是拒绝网络黄、暴力的毒害;五是拒绝进入未成年人不应该进入的网吧。良好的社区网络环境,是要靠每一个家庭共同建造的。在城市,成型社区中一般由物业公司管理,家长可以通过业主联合会组织要求物业对小区环境进行辅助管理。

（四）关注社会环境

目前,形形色色的网站很多,但健康、具有教育功能的网站缺少点击率。家长不能一味堵塞孩子接触网络的通道,而应主动地关注网络环境中出现的新事物。了解掌握一批能吸引中学生"眼球"的绿色网站,在网上进行生动活泼的教育,用喜闻乐见、深入浅出的内容吸引孩子。

国家和社会是否有有力的网络管理机制,互联网及相关事业的发展是否有序,是关系到每个孩子成长的事,没有人可以独立于社会环境而存在。家长同时也是社会的个体,对于整个社会的发展具有一份责任。自从互联网诞生以来,网络犯罪就成为网络发展的伴生物。网络犯罪蔓延迅速,涉及面广,隐蔽性强,危害性大,已经成为网络社会的一颗毒瘤。我国在1997年12月30日公安部发布了《计算机信息网络国际联网安全保护管理办法》的法规,也只是在一定程度上规范了网络的健康发展。我们的通信、公安、文化和工商等相关部门还要加强协调配合,加大对网吧的管理与查处力度,坚决取缔违规操作的"黑"网吧,并对有营业执照的网吧进行经常性检查，发现问题及时纠正。另外利用计算机技术手段，加强网络"防火墙"的研制，特别是加强对网上不良信息进行过滤的软件的开发。要建立网络监察机制，成立网络监察安全部门，招募网上警察，加大打击力度，以对付日益猖獗的网上犯罪。总之，我们要引导和规范相结合，使孩子养成良好的用"脑"和上网习惯。家长要积极响应国家的这些规定，通过各种途径告诉他们网络的虚幻性、信息的庞杂性，对其上网继续指导和适当规范，使其有防范意识，学会区分现实生活和网络世界的区别，培养他们的网络道德意识。对孩子进行网络知识的普及教育，增强他们的网络信息意识。同时给予适当的关心和爱护，多听听他们到底在想什么。既带好路，又提供"保护"，在目前网络法规和技术不完善的情况下，这也许是目前家庭和学校解决上网不利影响的较为可行的一条重要途径。需要加强网络工作的队伍建设，努力建设一支既具有较高的思想道德修养、了解熟悉他们心理特点，思想情况，又了解网络文化特点，能比较有效地掌握网络技术的队伍。

"家"是社会生活的细胞，它的本初含义是以血缘亲情为纽带的"家庭"，其延伸为网络结果的社会关系"家族"，进而拓展为整个社会关系"国家"。儒家文化是我国社会很长时期中的主流文化，在她的视野里，家庭不仅是社会经济结构、政治秩序的基础，也构成了社会精神文化的堡垒，是人们道德生活的价值源泉。在当今网络社会特点日趋明显的时候，家长发挥家庭教育的优势，对青少年进行网络道德教育，不仅关系到家庭的稳定、网络社会问题的解决、网络的健康发展，更主要的是关系到网络主体——人的健康发展，而人的发展是人类所面临的最根本的问题。在人类进入网络社会时，如何弘扬人性的善端，遏制人性的恶端，健全网络主体的人格，使人们的思想道德水平不断提高、人性得以完善，这才是人的发展中最根本的问题。伴随着网络技术的飞速发展，一个崭新的网络时代已经呈现在我们面前，当代青少年作为"网上一代"，他们的价值观念与行为方式将左右网络社会的秩序及人类社会未来的发展方向。而家庭是青少年成长的起跑线，父母是青少年的第一任，也是终其一生的指导者和伴随者。家长应该改进自己的思想，让自己保持与时代共同发展的特点。

网络环境中的社会道德教育

无论是人类科学发现的历程，还是人类社会变革的进程，从来没有一种东西像今天的互联网一样能带给整个世界如此广泛而深刻的影响。互联网作为"第四媒体"，在带给人们无尽的福祉与便捷的同时，也给人们带来了难言的戕害和痛楚。在整个社会网络系统里，网吧管理的无序、网上色情的猖獗、网络犯罪和黑客的肆虐、虚拟社区的良莠不齐和鱼龙混杂正在成为日益严重的社会问题。因网络而催生的社会道德范畴的无序与失范，以及由此引发的人们对于网络的忧虑、迷茫和惶恐，决非一句简单的"双刃剑"或"钱币的两面"所能言说。

基于这样一种特殊的背景，社会道德教育再次成为人们关注的焦点，被给予了来自社会各个方面的厚望。近年来关于网络环境下道德教育的研究取得了相当大的成效，很多学者提出了一些具有创见性的网络环境下道德教育的实施方案和干预策略。然而受网络环境复杂性和特殊性的影响，一些理论在实践下移的过程中，仍旧不能突破理论与实践结合的"瓶颈"，突出的表现就是理论的细化不够，缺乏针对性和可操作性。

本课题在研究过程中大量学习和借鉴了以往相关研究中成功的经验和范型，试图对网络环境下社会道德教育过程的各种因素，网络社会道德教育的影响机制与可能性，以及网络环境下社会道德教育的实施途径与相关问题作一尝试性的探究，力图有所创新，有所突破。

一、网络社会中道德问题的心理与社会分析

2005年初中国互联网络信息中心（CNNIC）第十五次调查结果显示，截止2005年1月，中国上网用户总数已达9400万。CN下注册的域名数、WWW网站数分别达到了43万和66.89万。这些权威性的统计结果向人们昭示：中国已经步入了互联网时代，"地球村"离我们已经不再遥远。然而，面对汹涌而至的网络大潮人们更多地是在进行技术的准备，却未能足够地关注心理与道德的"堤防"。因此，当随之而来的社会网络道德失范猝然发生并呈蔓延之势时，未能做好充分准备的社会教育体系便陷入了失措和恐慌。有些人甚至对互联网存在的合理性与积极意义提出质疑。这种怨天尤人、因噎废食的观念固然不足取，但它也给我们提供了一个有益的启示：我们对互联网在社会道德方面的消极影响缺少充分的估计，是否源于我们对互联网的特性以及网络环境下道德问题产生的必然性缺乏客观的、理性的认识？笔者以为，网络环境下社会道德问题的研究有必要从客观地认识和评价网络活动特征入手，对网络环境下社会道德问题出现的必然性、网络社会德育的可能性和影响机制等问题做深入的心理与社会分析。

（一）网络社会中道德问题的必然性

一般认为，网络社会中的道德问题包括两个方面：一是个体在网络社会中的道德成长中的心理与道德人格的变异，另一个则是指性质明确的网络活动中的过错行为。前者主要指因数字化生存而导致的道德情感冷漠与人际疏离，后者则包括利用网络背离和违反社会的行为规范。按其程度不同可分为网络犯罪和网络越轨两种行为。在国外，网络伦理研究者把与网络有关的道德问题归纳为"7P"，即 Privacy（隐私）、Piracy（盗版）、Pornography（色情）、

Pricing（价格）、Policing（政策制订）、Psychology（心理的）和 Protection of the Net work（网络保护）。① 从成因上看，社会网络道德问题的出现既有网络环境的直接诱因，同时也有网络活动个体自身方面的因素。具体包括以下几个方面：

1. 网络及其活动的自身特征。

从总体上看，网络及其活动的自身特征是导致网络社会道德问题必然性的最直接原因。网络的出现不仅彻底改变了人们获取信息的手段，而且也改变了人际沟通的方式。网络活动具有以下明显的特点：虚拟性、开放性与主体的平等性、自由性和主体选择性以及互动性。

以数字技术为基础的互联网为人们提供了一种新的生存方式——数字化生存。这种全新的生存方式的影响已经渗透到了社会生活的各个层面。在直接影响人们交往活动和生活方式的同时，也冲击和改变着几千年来已经形成的道德体系。尤其是在社会道德教育的范畴，互联网的影响更为突出。它不仅改变了社会道德教育的内部机制，同时也对道德教育过程诸要素的关系构成了直接的影响。

一方面，互联网改变了社会道德的他律机制，削弱了外在社会道德规范的约束力。道德自律是建立在相应的社会约束机制和有效的监控体系之上的。社会舆论、传统习惯与内心信念是维系道德力量的基本因素。三者的有机统一确保了道德他律与自律共同作用于各道德主体的有效约束力。② 在网络环境下，传统的社会舆论生成条件已不敷为用。网络活动的跨时空、跨地域特征和网络人际沟通的匿名性都使得网上的社会规范与法律监督困难重重。尽管在虚拟

---

① 李卫东：《网络道德与社会伦理冲突琐议》，《陕西师范大学学报》，2002（1）。

② 徐凌霄、陈国忠：《网络社会的道德自律》，《云南大学人文社会科学学报》，2001（4）。

社区 BBS 论坛中也会形成针对某一问题的社会舆论，但因匿名性参与讨论的影响，仍然难以形成切实的约束力。而传统的道德习惯因为网络文化催生的道德相对主义、虚无主义思想的泛滥，加之青少年因迷恋网络而导致的情感冷漠、人际疏离和个人中心主义的影响正逐渐失去对青少年的感召力。在社会整体道德水平相对较低，个人的道德自律与内心信念尚不足以形成足够的道德维系力量时，社会道德约束机制的严重缺失必然导致社会道德的失范与混乱。因此，网络环境下青少年的越轨行为和犯罪行为的出现，从上述原因去诠释而做出必然性的推论亦在情理之中。

另一方面，互联网的多元价值观念导致了社会价值体系的混乱，消弭了信仰教育的功效。国际互联网是一个开放的资源共享的时空世界。据最新统计显示，全世界 160 多个国家中，只有朝鲜和阿富汗没有接入互联网服务。不同的国家、民族、社会团体和宗教团体都会从各自的政治立场和集团利益出发宣传和推销自己的价值观念。因此，由于各自文化背景、政治态度、宗教信仰的不同，各种各样与价值观念相关联的信息也会千差万别，良莠不齐。受人生阅历和道德评价能力与判断能力的影响，青少年面对令人应接不暇的各种社会思潮与人生哲学很难做出正确的选择。加之网络空间内人际互动的消极影响，青少年常常会接受西方价值观念的蛊惑，怀疑或否定即存的现实的道德规范，盲目崇尚价值信仰中的相对主义、虚无主义和极端个人主义，进而导致价值信仰中的功利、低俗的取向和享乐主义的泛滥。当下网络社会道德问题中较为突出的网络犯罪与上述原因不无关系。

除此以外，网络活动的匿名性与虚拟性也为道德教育的社会效果评价造成了相当大的困难，势必也会对网络社会道德问题的出现产生间接的影响。

2. 网络虚拟世界与现实世界的关系，决定了虚拟世界道德问题的"社会化"。

在网络对社会道德教育影响日益凸现的今天，提及网络，人们更多想到的是网络活动的虚拟性，而忽略了网络自身所具有的社会属性和现实性，割裂了虚拟世界和客观世界的联系。事实上，从总体关系上看，虚拟世界与客观世界之间，网络空间与现实生活之间是既相互联系又相互转化的。从表面上看，受自身特性的影响，网络远远超越和脱离了客观世界的制约和现实生活的影响。借助网络技术，人们可以突破现实交往的时空制约，进行跨时间、跨地域的具有极大自主选择性的交流。同时，利用网络沟通的匿名性特征，网上的人际沟通也不再受现实生活中固定的社会角色所规制。在BBS或聊天室里人们可以虚拟各种现实生活场景，同时扮演多种职业角色或性别角色。但是从虚拟世界和客观世界的联系去看，在网络空间中，人们所虚拟的内容依旧来源于现实的生活经历和体验，网络世界虚拟的场景或角色是个体在现实生活中的主观投射，常常是个体在现实生活中难以达成的愿望和祈求。传播学家麦克卢汉曾形象地把媒体与现实之间的关系比喻为"媒介是人体的延伸"。他认为，一切媒介都是人类感觉器官的延伸和拓展，人体任何一部分的延伸，不论是手脚或皮肤的延伸，都会影响到整个心灵与社会。①

虚拟世界与现实世界的关系同时也决定了网络活动必然会直接或间接地影响到人们在客观世界的活动，网络的人际交往也会直接转化为现实生活的人际交往。黑客攻击行为和其它类型的网络犯罪就是极好的例证。黑客的侵害行为虽然发生在网络空间，但其侵害的对象却是指向现实生活中特定的个体或群体，其侵害的影响和行为后果也必然在现实生活中得以体现。早期的网友交往大多沿袭这

---

① 郭光华：《论网络交往中"沉默的螺旋"假说的局限》，《湖南师范大学社会科学学报》，2002（6）。

样一个程式：网上聊天——电话联系——相约见面。许多网友随着交往频率的增加和了解的加深，都会打破"不见面"的承诺，而把网上的人际关系转化为现实的人际关系。

因此，"所谓的网络行为只不过是在现实空间中发生的，以符合电子空间的方式所进行的活动、动作、运动、行为或行动。没有一种网络行为可以脱离现实空间中的活动而独立存在"①。网络世界与现实客观世界的关系决定了网络不可能成为完全独立于现实世界之外的人类活动空间。我们必须正视网络与现实之间的这种统一性，避免片面夸大网络的特殊性和与现实世界的差异性。只有这样，我们才能对网络环境下社会道德问题的必然性，有一个客观的估价和认识，才能对网络环境下社会道德问题的出现做好充分的准备和积极的应对。

3. 网络活动主体特殊的心理特征与年龄阶段构成了网络社会道德问题的内在因素。CNNIC第十五次统计报告关于网民年龄构成比例显示：网民中18～24岁的年轻人所占比例最高，达到35.3%，其次是18岁以下的网民（16.4%）和25～30岁的网民（17.7%），30岁以上的网民随着年龄的增加所占比例相应减少：31～35岁的网民占到11.4%，36～40岁的占到7.6%，41～50岁的为7.6%，还有4.0%的网民在50岁以上（如图1所示）。35岁及以下的网民占80.8%，35岁以上的网民占19.2%，年轻人仍是构成网民这一庞大群体的主要对象。

青春期特殊的年龄发展阶段和人格的特异性构成了青春期特殊的心理特征。林崇德在《中学生心理学》中把青少年青春期的心理特征概括为过激性、闭锁性、社会性和动荡性，在情感、意志和自我意识等方面，他们都表现出鲜明的个性特征。格赛尔则把青春期

---

① 郑伟：《网络道德：非真实的规范体系——兼论网德》，《社会科学》，2002（9）。

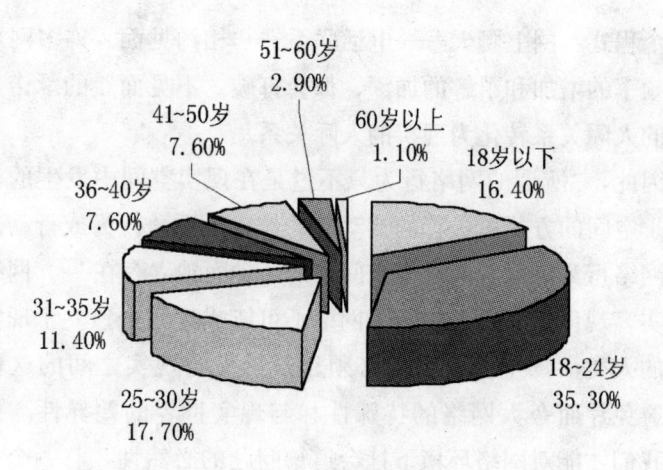

图1 CNNIC第十五次互联网调查网民年龄分布状况

心理特征的研究重点放在11~12岁：11岁为机体的世变阶段，此阶段的儿童常常有冲动和强烈的逆反情绪，在行为上常表现为与同伴争吵，与父母作对。从12岁开始进入积极的反应阶段，这个阶段儿童的内心冲突激烈、情绪波动明显加剧，心理学家霍尔将其形象地称为"疾风怒涛时期"。

处在青春期前后的孩子，受上述心理特征和年龄特征的影响，具有强烈的自主意识和自主选择的愿望。然而受自身阅历和心理发展水平的制约，他们的道德判断力、道德选择能力又相对较弱，加之强烈的逆反心理的影响，使得他们在现实生活中处理和应对道德生活事件时往往有失偏颇。他们常表现得固执、任性，甚至自以为是、我行我素，容易和家长、教师产生激烈的冲突。因此，青春期也成为青少年网络过错行为的多发期。

（二）网络环境下社会道德教育的可能性

1. 网络环境下社会道德教育的影响机制分析。

网络环境下社会道德问题的出现，再次唤起了人们对社会道德教育的关注，特殊社会背景下的道德教育也再次被寄予了"救火"的厚望，那么社会道德教育是否能胜此重任呢？笔者以为，无论是从课题研究的需要，还是从一般德育理论阐述的角度，都有必要首先回答这个问题，尤其是需要阐明网络的社会道德影响机制。它不仅是网络社会道德教育的理论基础，而且也是我们制定网络社会道德教育具体实施方案与干预策略的重要理论依据。

目前，关于网络社会道德教育影响机制尚无专门针对性的理论，但是哲学、社会学和心理学的相关理论都为我们深入理解和探究这一问题提供了有益的启示。

(1) 社会学习理论的启示。

社会学习理论认为人的行为的发生是学习的结果。学习行为可分为由本人行为后果所引起的学习和通过他人示范过程引起的学习两类。[1] 网络对青少年行为的影响则属于第二种类型。在社会情境中，人的绝大多数行为是通过观察示范过程学会的。人们在社会观察中形成了有关新行为如何操作的观念，这一起码的信息在以后的场合中成为行动的向导。与电视媒体不同的是：网络作为第四媒体[2]，网络不仅融合了电视和报纸等大众传媒的影响方式，而且借助数字手段，可以获得更生动、更全面、更形象的印象。借助BBS和聊天室等手段，网络活动的参与者可以通过即时的联系和互动式的沟通，彼此之间在价值观念、生活态度、行为方式上产生更直接、更有效的相互影响。因此，传统学习理论意义上的"榜样"作用，因为网络技术的使用而泛化，大大超出了原有的影响范围和强度，因而也就更具有示范性。

---

[1] 艾伯特·班都拉著，陈欣根译：《社会学习理论》，辽宁人民出版社，1989。

[2] 林天宁等：《"第四媒体"对高校学生思想政治教育的影响及对策初探》，《中国高等教育》，2000 (1)。

(2) 哈贝马斯社会交往理论的启示。

哈贝马斯把"世界"分为三个部分，即客观的世界、社会的世界、主观的世界。与三种世界相联系的社会行为又可分为：目的行为、规范调解行为、戏剧行为和交往行为。① 戏剧行为作为人类社会交往行为之一，其交往目的重在自我表现，其结果是通过自我表达形成关于活动者本人形象的行为。网络交往具有明显的戏剧化色彩，网络所以对网民尤其是青年人具有魔幻般的吸引力，原因就在于网络交往的平等性、交往角色的虚拟性，电脑设备和其它网络技术手段为交往者提供了一个表演的舞台。在这个舞台上，现实交往行为中的"沉默的螺旋"② 不再起作用。交往者不必担心因自己的观点与众人不符而成为众矢之的，也不必顾虑"一言反万众"而出现的窘境。交往者可以在网络技术营造的这个安全的舞台上，毫无顾忌地畅所欲言，可以尽情地虚拟不同职业、不同性格特点的各种角色。正是由于戏剧化行为的隐蔽性和虚拟性，使得社会监督和道德约束机制被大大地弱化。同时，交往者的责任观念和道德承担意识也随之消弭，进而为网络道德过错行为的产生提供了温床。

网络交往的另一个直接结果就是交往角色的混乱，这加深了虚拟世界与现实生活之间的矛盾与冲突。

(3) 传媒影响的社会期待理论的启示。

社会期待理论认为，媒介呈现的社会组织对青少年观念的形成和行为规范的确立具有重要作用，社会组织形式中的规范、角色、等级、约束机制等内容常常通过媒体的描述得以呈现。无论这种描述与现实的关系如何，受众都会吸收它们，使它们成为人们学到的

---

① 哈贝马斯著，洪佩郁、蔺青译：《交往行动理论·第一卷》，重庆人民出版社，1996。

② 郭光华：《论网络交往中"沉默的螺旋"假说的局限》，《湖南师范大学社会科学学报》，2002（6）。

有关群体成员预期行为的社会期待。这种期待逐渐成为受众对某类群体的比较固定的认识，其结果是使人们明白了当他加入某个群体时就会被期待做什么，即以期待提供的定义和知识指导行为。媒介描述作为社会期待的来源必然影响青少年对现实社会的态度和行为。[①]

在网络活动中，媒体描述和呈现的含义有了根本性的改变。交往者除了借助网络来接触和了解电视以及其它平面媒体对某一群体的描述而获得相应的知识与观念以外，他们还可以在聊天室和各种网络交往中接触或介入不同的虚拟群体。借助 BBS 的方式，交往者甚至可以直接"入住"虚拟社区，正式成为群体成员，接受共同的群体观念，遵从既定的群体规则。由于网络开放性与自由性的影响，源于不同政治主张和宗教信仰的观念与资讯鱼龙混杂，极易蛊惑和控制交往者的价值观念与生活态度，进而左右交往者的社会行为。

2. 网络环境下社会道德教育的契机。

通过以上对网络问题的综合分析，我们得到的更多的是网络对社会道德建设及青少年道德成长的消极影响。然而网络作为一柄"双刃剑"，在给社会道德教育提出严峻挑战的同时，也凭藉其独具的信息资源优势，为当今的社会道德教育提供了前所未有的契机，也为网络环境下社会道德教育的实施提供了更大可能性。

（1）互联网独特的技术与信息优势为网络的社会道德教育提供了强大的技术平台。以"第四媒体"形式出现的互联网具有传统媒体难以比拟的优势。跨越时空的广域性使互联网构建了无限广阔的媒体空间；集报纸、广播、电视等媒体于一身的特性使其内容的呈现形式多媒体化和主体化，更加丰富、生动，更具表现力和感染

[①] 梅尔文·德夫勒等著，杜力平译：《大众传播学诸论》，新华出版社，1990。

力；双向交互性还彻底改变了人们被动接受信息的方式，更能体现交往的个性化特征和自主选择意识。

基于互联网的基本特征，社会道德教育也获得了巨大的发展空间。借助互联网的技术支撑，我们可以构建系统的、层次化的、全社会范围的社会道德教育体系，这大大增强了社会道德教育的覆盖范围和影响力。同时，生动丰富的媒体呈现形式也使德育的方法与途径的变革成为可能。借助媒体手段，可以改变传统的说教式道德教育的灌输模式，活化呆板、抽象的教学内容。加之互联网强大的开放性信息资源优势，互联网将把社会道德教育引入一个全新的数字化技术空间。

（2）互联网对青少年的强势吸引，将极大地提高网络环境下社会道德教育的实效。随着互联网的发展，青少年依恋网络的程度也日益加深。这其中固然存在青少年"网络依赖"和"痴迷网络"的潜在威胁，但青少年对网络的空前热情和强烈的兴趣也为当前实效低迷的道德教育提供了一个新的发展思路。当前的社会道德教育困境的最直接原因之一不外乎社会道德教育从内容到形式上都不能对青少年形成足够的感召力，难以从内心深处调动学生参与道德教育过程的兴趣与愿望，从而使道德教育演化为尴尬的"独角戏"、"打冷铁"。"知之者不如好知者，好知者不如乐之者"的教学规律不仅适用于知识的学习过程，同样也适用于道德教育过程。如果我们能够在互联网的内容上做到适度的调控，注重道德教育呈现形式的审美化改造，适当地借鉴青少年喜闻乐见的网络交往形式，同时，对青少年的网络活动施以正确的引导，互联网无疑是一个最具隐性课程开发潜力的社会资源。

（3）互联网上交往方式的改变和交往空间的扩大，在一定程度上促进了青少年的道德发展，有助于健全人格的培养。论及网络与现实生活的关系，人们常常会不自觉地夸大和渲染网络交往的虚拟性给青少年社会化过程带来的消极影响,而事实上,网络交网在一定程度上也为青少年的道德成长和人格发展提供了有利的条件。首先,网络交往大大扩充了青少年的交往范围和信息渠道。BBS讨论可以丰富他们的生活阅历和自我体验。通过与他人的互动交往也可以提高他们的自我评价和自我认知能力,确立正确的自我意识。自我认识来源于与他人的交往,他人是一面镜子,人们从这面镜子中看到自己。网络中许许多多的他人也构成了一面镜子———网络之镜[1],青少年从网络之镜中认识自我,扩大了他们自我认识的社会参照标准范围,"网络之镜"促使自我形象清晰。自我的实质是社会性的存在,自我依赖于人在成长过程中的一系列社会化媒介而发展起来,一个人的自我是在其人际交往中产生的。每个人不仅以他人作为自己的镜子来认识自己,而且人的自我观念也是在别人的作用下发展起来的。这就是社会学家库利所说的"镜中自我"(The looking glass self)。[2]

其次,网络虚拟世界为青少年社会化过程中的角色预演提供了一个极佳的场所,不仅扩大了他们的交往范围,而且也弥补了独生子女家庭交往封闭和缺少同伴交往的弊端,这些通过角色预演而获得的丰富生活体验将成为他们日后道德发展的重要基础。

另外,开放的网络环境和网络活动的自主选择性也与现代民主教育理念具有一定程度的契合。它们都强调通过自己的理智努力达到人格的完善。青少年的网络活动可以促进他们领悟自主选择的权力和道德承担的意识,为他们最终形成道德自律人格创造条件。

总之,互联网时代的来临是社会发展的必然产物,它的存留取

---

[1] 华伟:《网络交往对青少年自我形成的影响》,《内蒙古师范大学学报》(教育科学版),2003(2)。

[2] 李学农、陈震著:《初中班主任》,第23页,南京师范大学出版社,1997。

舍以及对社会道德的冲击也不以人的意志为转移。然而这柄"福"、"祸"兼具的"双刃剑"毕竟掌握在人的手中，相信凭藉理智的选择和科学的态度，人类能够利用这柄双刃剑为我们的社会道德教育，为人类的发展与幸福趋利避害。

二、网络环境下社会道德教育的现状与解读

（一）网络环境下社会道德问题的主要表现

网络环境下社会道德问题的出现本质上是虚拟网络世界道德问题的现实转化。网络世界发展与完善过程中的许多问题必然以具体的社会影响得以体现。另外，网络环境下的学校道德教育也必然要同社会的各个层面产生千丝万缕的联系，学校道德教育的效果也必然会直接或间接地反映在学生的社会日常生活中。因此网络环境下的社会道德问题根源和具体表现也相对复杂，既有学校道德教育的社会延伸部分，也包括具体网络社会环境和社会因素直接促成的问题。从宏观的社会范围和社会影响去考察这些问题，可以概括为如下几点：

1. 社会范围内的道德水平下降和道德信仰的危机。

网络及其交往活动的出现，冲击了原来相对稳定的社会伦理观念和道德准则，网络活动的虚拟、开放和匿名等特性，使传统的社会道德评价和约束机制的作用降低，社会道德的监督机制被破坏，青少年网络活动中的责任意识和道德自我承担的意识下降。互联网的开放性与自由性等特点，使各种不同种族、不同文化背景的价值观念在网上交织碰撞，对青少年的人生观和价值观产生了巨大影响。享乐主义、极端个人主义、道德相对主义等开始占据价值信仰的阵地，许多人怀疑甚至否定传统的价值观念，因而出现了短时间内的道德终极标准的混乱和道德行为的失范。

2. 网上不良信息泛滥，污染了社会风气，毒害了青少年的心灵。

作为一个开放的国际互联空间，网络中既有积极的有价值的学术信息、娱乐信息、经济信息，同时又有大量的黄色、暴力、反动等有害信息搀杂于其间。因技术和经营管理上的原因，我们很难对不良信息进行彻底的剥离。与一般信息相比，这些不良信息对处于成长阶段、好奇心强、辨别能力差的青少年而言，具有更强的诱惑力。美国史密森博物馆是全美著名的博物馆之一，其网站一周内的访问者不过 30 万人次。而色情刊物《花花公子》网址一周的登录者却高达 470 万人次，是前者的 17 倍，其中青少年占了相当大的比重。① 美国卡耐基梅隆大学 1995 年的一项研究成果显示，有近 92 万件软件产品带有性内容，在电子布告栏中存储的数字图像中有 38.5% 含有猥亵内容。② 本研究所做的问卷调查也显示，近 43.3% 的学生在上网时都有意或无意地接触过网上色情信息，这给成长中的青少年身心发展带来了最直接的伤害。很多调查证明：青少年的性犯罪都与网上色情信息有着直接或间接的关系。据不完全统计，60% 的青少年是无意中接触到网上黄色信息的，而接触黄色信息的青少年 90% 以上有性犯罪行为和动机。③

3. 网络活动导致了青少年道德人格的异化。

网络的不断扩张导致了人与人以及人与社会的关系正在向以网络为中介的方向转化，造成了个体对现实生活的逃避和人际情感的疏离。心理趋向封闭，社交能力下降，对个体的个性发展和道德人格的成长产生不利影响。另外，网络沟通的虚拟性干扰了青少年对自身社会角色的正确认知，使青少年深陷其中不能自拔。在现实生

---

① 钟强：《网络社会问题的成因及控制》，《理论月刊》，2002（9）。
② 王经涛、王英：《青少年网络道德教育》，第 120 页，开明出版社，2001。
③ 本资料来源于《厦门晚报》。

活情境中，青少年一般都始终如一地扮演着自己的角色，但在网络交往中则不然。网络上有着各不相同的虚拟情境，当这些情境发生重叠时，青少年会感到无所适从。美国心理学家埃里克森（Erikson）认为，12～20岁的青少年面临的冲突是"同一性（Identity）与角色混乱（Role confusion）"的矛盾。角色混乱就是个体不能正确地选择适应社会环境的生活角色。这些青少年无法"发现自己"，也不知道自己究竟是什么样的人，想要成为什么样的人。他们没有形成清晰和牢固的自我同一性[①]。当网络屏蔽了青少年与现实生活的联系时，他们会以为网络中的"他人"就是现实生活中的"他人"，网络所虚拟的现实就是真实的生活，从而迷失方向，造成自我角色认同的混乱。我们在针对上网中学生的个别访谈中也发现，许多学生都认为上网对自我评价和人际关系都有不同程度的影响。

4. 网络管理和监督的乏力，导致了严重的网络犯罪和网络过错行为。

互联网作为一个自由开放的空间，在给人们提供足够便捷的同时，也正在成为网络犯罪的温床。网上制造、传播病毒正在成为日益严重的社会问题。目前，危害国家和公共安全、侵犯财产、妨碍社会秩序、肆意传播计算机病毒等网络犯罪在西方十分普遍，在我国一些地区也时有发生。一些人通过 Internet 发布恶意的反动政治信息，利用信息"炸弹"攻击他国，破坏其国家安全。他们甚至还会出于一定的政治目的，想出各种办法，突破层层保密网，直接进入极核心的计算机系统的"神经中枢"，进行无声无息的破坏。这不但严重地制约着网络自身的发展，而且毒化着社会的道德风气。

---

① 叶奕乾：《个性心理学》，华东师范大学出版社，1998。

（二）网络环境下社会道德教育面临的主要矛盾

网络环境下社会道德问题的激增和大范围的道德失范，给当今社会道德教育提出了严峻的挑战。但是一贯以传统理念和既定模式运作的社会道德教育，在面对突然变化了的道德教育环境时却显得力不从心、进退维谷，常常处于两难的境地。

1. 网络环境下社会道德规范与传统道德规范之间的矛盾。

网络活动的匿名性和虚拟性在改变传统意义上的人际交往方式的同时，也导致了社会道德约束机制的弱化。一方面，建立在现实社会基础上的传统道德规范由于不适应网络运行的新环境，受到严峻的挑战和巨大的冲击，使之约束力明显下降而形同虚设；另一方面，面对全新的网络领域一时又没有形成新的道德规范，这就使得大量网上行为处于既不受原有道德规范制约，又无新道德规范可依的状态。在网络道德发展初期，由于新旧道德规范并存、交替、更迭，造成了规范内容的冲突和衔接的脱节，并引发了大量的失范行为。

2. 网络的政府法律监控与网络开放、自由特性之间的矛盾。

网络社会道德失范的严峻现实，尤其是网上不良信息对青少年道德成长的消极影响，迫切需要加大立法管理和政府监督的力度，并实施必要的技术控制，为青少年的道德成长营造一个安全、健康的环境。但这些举措却恰恰都是和网络自由、开放的特性相背离的。网络环境得到净化的同时势必会导致网络自身运行机制的破坏和吸引力的下降。我们对上过网的中学生的调查显示：对于"你理想中的网络是什么样的"一题的回答，近40％的学生都把网络的"自由"、"开放"等特性作为首选。因此，无论是对立法机构、政府部门还是社会道德教育的具体实施者来说，网络的自由与社会控制都是一个棘手的问题。

3. 网络的价值多元化与中国传统道德文化之间的矛盾。

网络作为一个自由、开放的广域空间,为各种各样基于不同文化背景、政治主张和宗教信仰的价值观念都提供了一个展示的舞台,但是因为网络特定语言的限制,网络中的资源绝大部分为欧美等西方国家所把持。目前国际互联网上95%的信息是英文的,中文信息总量不足1%,其中美国占网上信息总量的75%,用户比重占全球用户的54%[①]。网上资源"中西"分布的不平衡,使相对主义、虚无主义和个人主义等价值观念大量充斥其中,对我国几千年积淀下来的、已成为中国人主体价值体系的传统道德观念形成了巨大的冲击。多元价值体系的并存与相互碰撞,加剧了个体价值观念的冲突,使发展传统文化与吸收外来价值思想之间的矛盾更加突出。

4. 个体道德自主选择意识与选择能力之间的矛盾。

网络在为人们提供强大信息资源的同时也为每一个上网者提供了自主选择的权力和自由的空间,尤其是虚拟社区的出现,使个人自我控制和自主选择的空间更为宽泛。与传统式被动接受信息的交互方式相比,网络所提供的便捷使个人的主体性得到了充分实现,这对于个体自律道德人格的形成无疑也具有积极的作用。但是作为网络活动主要群体的青少年,其心理成熟的水平、社会经验的积累和道德判断能力却又处于一个相对较低的水平。在光怪陆离、泥沙俱下的网络世界里,当他们面对复杂的道德情境时,很难正确地做出判断和选择。

(三) 网络环境下社会道德教育的现状与思考

随着网络环境下社会道德问题的出现,网络环境下的道德教育

---

① 钟强:《网络社会问题的成因与控制》,《理论月刊》,2002 (9)。

在近几年来得到了较快发展。但是发展的过程中却表现出严重的不平衡性。首先，理论研究与实践中具体运用不平衡。近几年来，有关网络与道德教育以及网络与青少年道德成长之间关系的研究，在理论上都取得了显著成就，无论是专业的德育研究机构还是学校的教育研究部门，无论是课题式的正规研究还是学校教育实践中的探索，都在理论方面取得了长足的进步。但是，这些研究的理论成果基本都未能在实践中得到充分的运用，理论与实践"两层皮"的现象依旧十分突出，相当一部分理论研究尚不具有实践的指导意义和可操作性。其次是学校教育与社会教育研究的不平衡性。与社会教育相比较，学校道德教育的研究起步早、规模大。在网络道德教育理论与实践结合方面也取得了明显的效果。尤其是实施途径方面，网络环境下的学校道德教育与学校思想政治课教学和其它各科教学相结合的教育实践探索已经取得了一定成效。但是在社会教育的领域内，专门针对网络环境下的社会道德教育研究还不多见，困扰网络社会道德教育的未成年人上网和不良信息控制等具体问题至今尚没有富于实效的解决方案与干预策略。具体现状可概括为如下几个方面：

1. 教育观念陈旧，教育方法和教育内容的呈现形式落后。

许多研究机构、管理部门以及道德教育的具体实施部门虽然都冠以网络的字样，但实质上，无论是教育的理念、指导思想还是具体教学方法，都沿用着传统的道德教育模式，并未体现出网络环境的特殊性和针对性。网络的资源优势和技术优势未能得到充分的利用。以"红色网站"为例，目前，从团中央到地方，不同层次的团组织都建立了青少年教育网站和德育网站，但这些"红色网站"因内容单一、形式呆板，"空壳运转"[1] 的现象十分突出。我们所做的

---

[1] 王经涛、王英：《青少年网络道德教育》，第21页，开明出版社，2001。

问卷调查也显示,经常浏览"红色网站"的学生仅占调查学生总数的2.1%,很多中学生没有登录过这些"红色网站"。

2. 网络社会管理的方法滞后,政府管理乏力,缺少权威性和威慑力。

在问卷调查中,对于建设理想的网络你有哪些建议的问题,学生、家长、教师都把"加强政府管理"和网络立法作为加强网络建设的主要手段。这从一个侧面反映出当前网络社会管理中法律监督和政府管理的乏力以及社会对加强网络立法和政府管理的迫切要求。自1996年至今,我国重要的网络立法有16件。尤其是九届全国人大常委会第十九次会议通过的《关于维护互联网安全的决定》,标志着全国性法律规范网络的开始。我国现有的网络法规已经涉及了网络的互联互通、网络版权、网络安全、网络域名、网上交易、网上信息服务、网站管理、网上证券、国际互联网保密管理等许多方面。但现在的网络法制环境却差强人意,立法的滞后性和头痛医头脚痛医脚的盲目性相当严重,网络立法层次过低,缺乏上阶位的法律。现在,只有九届人大常委会通过的《关于维护互联网安全的决定》属于法律层次上的网络立法。另外,网络立法机关过多,多头立法很容易导致现行网络法规陷入"令出多门"、零乱无序、难以形成科学合理的网络法律体系的局面。尽管政府在网吧管理上下了很大的气力,但因为监督不利,缺少具体的管理体系和技术监控手段,"未成年人不健康上网"这个最突出的社会问题一直未能有效解决。

3. 社会各层面之间的教育力量整合不够,未能建立一个家庭、学校、社区等多种教育力量协同作用的立体化社会教育体系。

从目前的情况看,我国的网络环境下的社会道德教育尚处于条块分割、单打独斗的初级阶段,未能整合各种教育力量而形成合力,甚至会出现相互制擎的现象。CNNIC第十五次互联网调查结果显示：家庭正成为网民接触网络时间最长的场所。据统计，目前有67.9%的网民在家里上网；41.1%的网民在单位上网；24.5%的网民在网吧、网校、网络咖啡厅上网；18.2%的网民在学校上网；2.1%的网民移动上网，地点不固定；0.4%的网民在公共图书馆上网；0.1%的网民通过其他方式上网。我们所做的调查也显示54%的被调查学生选择在家里上网。与此形成强烈对照的是家庭的网络德育几乎还是社会网络德育的盲区，家庭的网络道德环境建设将是未来社会络德育的一个重要方面。

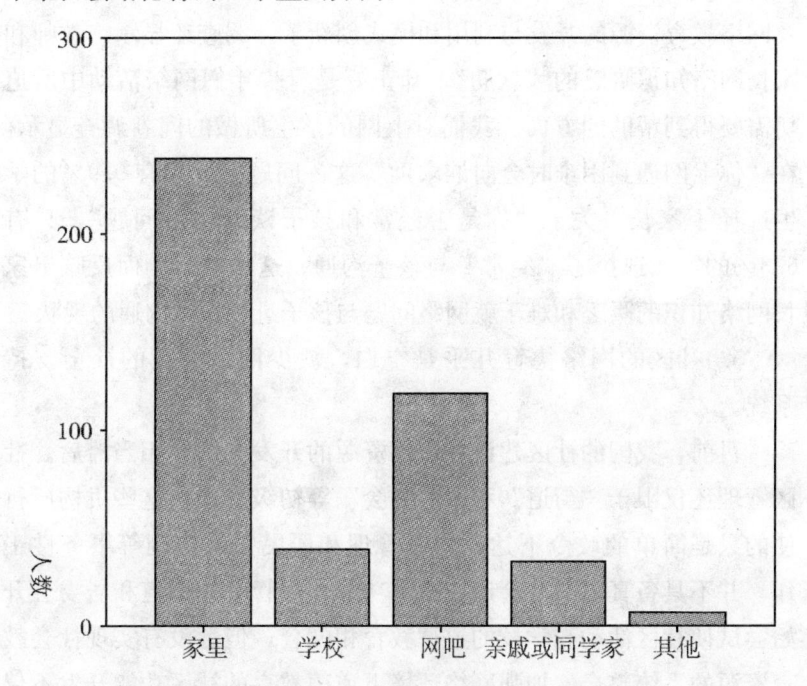

图2 青少年上网地点分布

4. 网络德育的实施者"网络素质"低下，影响了社会网络德育的具体实施。

我们在调查中发现，作为网络德育主要实施者的家长和教师中，有相当一部分人缺少必要的网络知识。在被调查的教师和家长中，从未上过网的比例分别为22.8%和33.2%。CNNIC第十五次互联网调查也显示，50岁的成年人上网比例仅为4.0%。教育者网络知识的缺乏会给他们在与教育对象交流、沟通和监督、管理上造成严重的困难。最近，有些地方尝试在网吧内设置专门的上网内容"监督员"，然而实际情况是，由于多数老年"监督员"缺乏基本的网络知识，致使上网内容监督形同虚设。可以想见，一个对网络一无所知的家长和教师，对学生上网的记录都不会查询，就更无从谈及网络教育资源的开发与利用和模式创新了。调查还显示，教师和家长网络知识匮乏的"软肋"，却正好是青少年们网络活动中所迫切需要得到帮助的方面。我们对上网的学生所做的问卷调查显示，在"你上网遇到困难时会向谁求助"这一问题上，只有9.9%的学生选择了家长；关于"你是否经常和孩子谈论网络问题"，只有6.3%的家长选择了"经常"与孩子沟通。这从一个侧面反映出家长网络知识的匮乏和难于就网络问题与孩子进行正常沟通的现状。

5. 社区的网络德育几乎是空白，缺少网络德育的社会支持系统。

目前，我国的社区建设和道德资源的开发利用还相当滞后。社区管理还仅限于"街道"和"居委会"等初级形式，这些机构所行使的只是简单的政令下达、物业管理和居民关系协调等事务性工作，并不具备真正的社会道德教育功能。尽管有的街道和居委会开始尝试使社区活动与学校的道德教育相配合，但远没有实现社会教育资源的系统整合。加强网络环境下道德教育的社区功能开发不仅仅是转变观念，同时也需要做大量的技术化改造工作。在实际教育过程中，很多教师和家长都过分地强调了网络的虚拟性而忽略了其与客观世界的紧密联系，对虚拟社区的管理给予了优先关注而忽视了现实社区的道德建设作用。现实社区的道德教育不仅是网络社会道德教育的有益补充,而且应该配合建立心理咨询中心、网络求助中心等社区服务设施去开创一个网络社会道德教育的新途径。

网络社会道德教育的现状,给我们具体的道德教育实施过程提供了可资参照的依据,使我们具体道德教育过程中的方法与策略更具有针对性和实效性。同时,在宏观的层面也要求我们对问题作进一步的深入分析和实践层面的思考。

思考一:关于政府控制与网络自由

如前所述,网络的政府控制与网络自由开放的特性之间构成了网络社会道德教育中一个最突出的矛盾,这一矛盾能否得到很好的解决也直接影响到网络社会德育的环境建设。对网络过度干预和放任的态度都是不科学的。

如同任何一种新生事物一样,网络作为一种新的社会现象,从其出现到发展、成熟,直至健全和完善必然要经历一个漫长的过程。而人们对网络的认识也不可能超越这一客观发展过程的制约,必然要经历一个从对网络极端片面的认识、评价逐步趋向客观合理的理解。与此相伴随的约束机制、管理规范和法律体系也不可能一蹴而就,需要不断地根据网络发展过程中出现的新问题,做出适时的、有针对性的调整,从而使网络的管理日臻完善。因此,在一段时间内网络的失范与无序似乎已成必然。于是一些人就提出了所谓的"代价理论"和"休克疗法",主张对网络实行不加任何约束的放任管理,采取先放后管、先乱后治的策略,最终实现网络社会管理的大乱大治。然而,国外网络管理和发展的经验以及中国网络发展的社会现状都向我们昭示:这种网络社会控制思路是极为有害的,也是极不负责任的。

首先,中国的社会现状和网络的社会环境都不同于欧美发达国家。西方各资本主义国家经过长期发展,已经形成良好的网络人文环境与政治环境,网络发展的社会保障机制与调控体系也已经相当完备，尤其是注重主体性发挥和道德判断能力、道德自主选择能力培养的道德教育体系为自由开放的网络活动提供了有利的保障。而在我国，网络的法制化管理机制尚不成熟，网络的社会支持体系和辅助系统尚处于发展中。受传统道德教育理念的影响，学生的道德判断能力和自主选择能力的培养在目前我国道德教育实践中未能得到足够的重视，不具备网络开放性管理的外部环境和内在条件。

其次，果真如代价说所设想的那样，任由网络自由发展，那么最终承受这个代价的受害者必然是热情、激进、社会经验缺乏、道德判断力和自我约束能力都相对不足的年轻一代。单凭反动信息和淫秽信息的不良影响就足以引发青少年群体价值观念和道德行为的"雪崩"，使我们的年轻一代真正变成垮掉的一代，这样的后果无疑是灾难性的。

因此，在目前我国尚不具备开放网络、任其自由发展的环境。现实的策略是建立适度的网络规范体制和监控机制，借助技术手段实行有效的"儿童保护"[①]，渡过网络发展初期的最危险、最困难的时期。在教师、家长的帮助下，在网络社会支持系统的参与下，以渐进的方式，使青少年有限度地接触网络，使其逐步形成对网络的客观的、理性的认识。从表面上看这种保守的做法似乎有悖于网络自由开放的特性和道德自律人格的培养，但实质上却是一种基于中国当下网络环境的客观的、必然的选择。我们不妨称之为"现实的保守主义"。

在以往的研究中，很多人都对网络环境中的道德自律给予了极大的关注。诚然，在网络环境社会自律作用削弱的情况下，网络教育中自律人格的培养和"慎独"境界的倡导必将是网络社会道德良

---

① 郭琴：《现代教育的机遇和挑战：国际互联网》，《电化教育研究》，2000（3）。

性发展的最终选择。没有人会对"道德是人类精神的自律"① 持有异义。但是我们也不能忽略这样一个事实：我们网络的市场化机制尚不健全，文化市场的稽查和监管仍沿用着陈旧的模式。如果我们把网络环境的改善和净化一味寄希望于那些尚处于原始积累阶段、以赢利为经营目的的网站经营者和网吧业主的道德自律和职业操守上，那么无疑是在与虎谋皮。笔者在一网吧就亲眼目睹了一少年上网者直接向网吧经营者讨要"防火墙"密码，并轻易获得密码的令人震惊的一幕。

当今中国市场上久治不愈的造假与卖假顽疾就是互联网管理的一个极好的反面教材。如今愈演愈烈，呈泛滥之势的造伪与卖假从根源上看无怪乎在商品经济发展的早期，我们过高地估计了商业经营者的道德自律能力和职业操守水平，加之市场管理与监督的乏力，最终导致假冒伪劣产品泛滥。从结果上看，如果说假货的泛滥破坏的是市场运行的正常秩序，损害了"中国制造"的产品形象，使消费者失去了安全感和消费信心。那么，互联网经营管理的无序和失范将可能葬送中国年轻一代和导致整个社会的道德滑坡。

中国自古就有"两利相抵取其重，两害相抵取其轻"之说，以此用于当今网络自由开放与控制管理的两难选择是再合适不过了。相信，无论是政府的主管部门，还是普通的德育工作者，在保全网络自由与开放的特性和戕害一代人道德成长的抉择中，应该能够权衡利弊与得失。无视网络环境的现实性与客观条件，而一味强调所谓的网络普适性、国际惯例、通用规则，是违背中国经济文化发展的客观规律和社会道德的内在规定性的。

思考二：关于网络虚拟世界与现实世界。

网络虚拟世界与客观现实世界之间的矛盾是社会网络德育中一

---

① 《马克思恩格斯全集·第1卷》，第15页，人民出版社，1971。

对突出的矛盾。这一矛盾能否得到很好的解决，会直接影响到社会网络德育中的具体教育途径与干预策略。关于二者之间的关系前文已作说明，故在此不再赘述。网络环境下虚拟与现实之间相互影响与相互转化的关系，构成了实践中网络虚拟世界的现实转化和现实客观世界反作用于虚拟世界的现实依据。从形式上看，青少年在虚拟世界的交往活动会对虚拟环境以虚拟角色出现的交往对象构成影响。但实质上，虚拟世界的交往活动所构成的影响会直接延伸到现实世界，所改变的是青少年现实的社会态度和道德行为。从这个意义上说，净化网络德育的社会环境必须注意网络环境的监督管理，尤其是BBS和虚拟社区的管理。

然而，在实际的操作过程中，人们对网络虚拟特性的认识和对青少年上网的管理却明显存在矫枉过正的现象。近年来随着网络道德问题的不断出现，许多家长对孩子接触网络的担忧也从最初的上网会影响学习逐渐为网络的道德影响所取代。我们的调查显示：家长问卷中"您最担心孩子上网会怎样"一题，有43.8%的家长都选择了怕孩子"受不健康思想的影响"。尽管很多家长对网络不是十分清楚，但是媒体越来越多的关于青少年沉迷于网恋、女学生会网友身遭不测、网上黄色信息致使青少年误入歧途乃至违法犯罪的相关报道，使原本就对网络环境忧心忡忡的家长更寝食难安。出于对孩子道德成长的担忧和对不良网络环境的激愤，许多家长就采取了极端的、武断的做法：禁止孩子以任何形式接触网络。由此也引发了许多围绕上网这一问题而出现的孩子和家长之间的矛盾冲突。我们对上过网的学生问卷调查也显示：青少年在上网这一问题上最渴望得到的是家长的理解与支持。

家长矫枉过正式的管理方式，在消除网络消极影响的同时也完全隔绝了网络活动对青少年道德成长的积极影响。毫无疑问，长期沉迷于虚拟世界无论是对青少年的身心健康，还是对青少年道德成长的消极影响都是显而易见的。但是虚拟世界的活动对青少年道德经验的获得和道德人格的形成也有一定的积极意义。网络交往方式的改变，突破了时间和空间的限制，摆脱了物理环境制约下狭隘的利益关系，使道德场景摆脱了血缘和地缘关系的条块分割，使个体拥有了更丰富的道德体验。从个体社会化的角度去看，多种虚拟生活场景和角色的出现，也为青少年的社会学习和角色预演提供了一种特殊的途径，不仅可以使他们站在对方的立场上，切实体会不同社会角色的行为，学会理解、宽容与合作，而且也可以在一定程度上弥补青少年缺少社会交往机会和独生子女家庭交往单一、封闭的不足。

另外，虚拟环境下的开放与自由也使个体平等的权力意识得到了加强，有助于个体对道德的自我体认与追求拥有更大的主动性与自觉性。因为权力和义务从来都是对等的，个体的社会责任感与主人翁意识也是在个人价值不断得到尊重、个人民主权力得以正常行使的过程中自然生成的。在当今的社会政治环境下，个人参与社会决策过程讨论的机会还是相当有限的，而BBS恰恰在这方面满足了很多人的需求，给他提供了一个可以畅所欲言的参与社会活动的虚拟空间。前不久，几大门户网站关于备受公众关注的刘涌案和苏秀文案的讨论就是一个典型的例证。据统计，仅新浪网登录新闻网参与刘涌案讨论的点击率就高达11万人次。网上声势浩大的社会舆论在一定程度上影响了刘涌案的改判和苏秀文案的重新立案调查。而网民的参与意义也超出了其活动的本身。无论是参与讨论的青少年还是其它网民，在参与社会重大问题讨论并直接影响事件处理结果的经历中，他们的公民权力意识和公民社会责任感也再次得到强化，其作用与效果要远远超过任何形式的公民教育。

虚拟世界与客观现实之间的矛盾与相互转化的关系也从另一个角度启示我们，网络环境的净化和虚拟社区的管理必须以网络之外的现实社会的管理活动为支撑，网络的社会道德教育也必须突破"就网论网"、"以虚对虚"的教育理念，使社会实践活动成为网络社会道德教育的重要内容。青少年只有切实地接触社会实践领域，把他们在网络虚拟世界中获得的体验和感悟与充满变数、纷繁复杂的社会现实相对照，才能从理想与现实之间、虚拟的网络温情与真实的人际关系之间对比的强烈反差中，切实地改变他们对虚拟网络世界的认知偏见，提高他们的是非分辨能力，进而发展他们的判断力、评价能力和自主选择能力。

从这个角度去看，目前困扰许多家长的"孩子会网友"的问题也有一种别样的积极意义。至少虚幻和现实的强烈反差可以修正他们对网络爱情不切实际的幻想，促使他们重新回到现实中来。这样"会网友"活动的本身也就演化成为青少年从网络世界步入社会的一次实践。我们虽然不能鼓励学生和孩子去会网友，但是只要教师和家长对他们晓之以理，做好安全防范，提高他们的自我保护意识，也大可不必为学生或孩子"会网友"的事情而谈虎色变。

总之，从虚拟走向现实，用具体的社会实践活动过程取代囿于网络内部的坐而论道是社会网络道德教育的必然选择。只有在社会实践活动中，青少年通过虚拟世界与现实生活的比对，才能获得更可靠的价值参照体系。

三、社会网络德育的策略与实践探索

网络环境下社会道德问题的出现，是网络环境成熟完善过程中的必然现象。网络环境的出现使原本就举步维艰的社会道德教育所面临的形势与挑战无疑更加严峻。作为一柄"福"、"祸"兼具的"双刃剑"，网络环境的特殊性同时增加了新形势下社会道德教育实践探索的难度。然而，这柄双刃剑毕竟掌握在人的手中，在性质上它仍旧不能超越工具的属性。所以它能否很好地为人所用，仍取决于作为道德教育主体的人的驾驭能力。因此，新形势下的社会道德教育必须在实践层面进行有的放矢的革命性转变，以富于实效和可操作性的干预策略与实施途径去应对新的挑战，实现这种驾驭能力的提升。

（一）网络环境下的社会道德教育必须彻底更新观念，以适应全新的、变化中的教育环境。

网络社会问题的出现除受制于网络自身特征的影响之外，还集中地反映了传统的德育理念与新的德育环境之间的矛盾与冲突。说教式、灌输式的德育模式，目标低俗、狭隘的功利主义教育思想，都已经成为制约当今社会道德教育发展的瓶颈。

1. 彻底摈弃强制式和灌输式的德育方法，培养新型的道德自主选择式的人格。

网络环境的出现改变或影响了德育过程中各种构成要素之间的关系。道德的"他律"机制被破坏，社会舆论监督的作用也大大削弱。同时，网络的自由开放性与互动性又给个体提供了宽泛的自主选择空间，道德环境的变化使传统的强制灌输式德育方法彻底失去了赖以存在的社会条件。同时，由于网络信息的泥沙俱下、良莠不齐，各种消极的价值观念和不良的信息充斥其间，给个体的道德判断力和自主选择能力都提出了新的、更高的要求。因此，网络背景下的社会道德教育必须以培养自律的、具有自主道德选择能力和"慎独"境界的人作为最终目标。而传统的强制灌输式教育方法则是建立在教师权威主义基础之上的，它忽略了学生主体性的发挥和学生积极性的调动，把教育的过程理解为一个自外而内，由社会的道德要求向个人道德内心信念的转化过程，从而割裂了德育过程中价值引导与学生自主建构的有机统一。毫无疑问，在网络环境下当外在道德他律机制和其它约束机制的作用下降时，尤其是当青少年在宽松的网络空间里拥有了绝对的自主选择权力时,这种强制式的、非"人化"的道德教育必将彻底丧失其实效性与感召力。

2. 注重社会人文精神的重建,加大人文教育的力度。

网络社会道德问题的出现,除了网络自身特征的直接诱因以外,在其背后也隐藏着更深层的心理社会原因。社会道德的失范和网络冲击下社会道德规范体系的脆弱表现,反映出的是一种文化的缺失和民族精神的缺失。长期以来,工具主义和科学至上主义的大行其道,严重地削弱了人文科学在构建整个社会价值体系中的特殊作用。人文科学成为技术科学的附庸和可有可无的点缀。对此,作家冯骥才曾作过这样精辟的阐述:文化似乎不直接关系国计民生,但却直接关联民族的性格、精神、意识思想、言语和气质。抽出文化这根神经,一个民族将成为植物人。

人文精神和人文科学的缺失必然导致社会道德价值取向的失落以及人生境界的低俗与信仰的功利。没有良好的、以人文科学为基础的社会道德环境,社会范围内的道德失范与困境将是一种必然的结果。它不在互联网的环境里表现出来,也会在其它社会领域中反映出来。

因此,笔者认为更新网络环境下的社会道德教育观念必须重新唤起社会范围内对人文科学的关注,加大人文科学在社会道德教育内容中的比例,全面提高青少年的人文科学水平。没有良好的人文科学的社会积淀,就无从谈及青少年的信仰教育与价值教育,更加谈不上自律的道德人格和"慎独"境界的培养。

3. 重新审视虚拟与现实的关系,建立虚拟世界的实践干预策略。

更新社会网络德育的观念,还必须正确认识和处理虚拟世界与现实世界的关系。在社会网络德育环境的建设中,要把虚拟社区的管理与现实社区的管理结合起来,把网络内部道德教育资源的开发和网络外部社会实践的支持系统建设结合起来,使社会实践活动成为青少年网络道德教育的重要途径。

开创网络道德教育的实践途径,给广大青少年提供直接参与社会实践活动的机会,对于从根本上解决由网络问题而引发的青少年道德问题具有特殊意义。首先,参与网络之外的社会实践活动可以在一定程度上转移青少年的注意力,改变他们痴迷于网络的现状,充实他们的课余生活,从而培养他们接触社会、了解社会的兴趣。其次,社会实践活动可以使青少年获得最直接的社会实践经验,这些经验的获得有助于他们形成正确的道德判断力,尤其是通过网上体验和现实生活的对照,可以使青少年更清醒、更理智地看待虚拟世界里的网络活动。

(二)完善网络立法机制,强化政府的网络管理职能

在网络的社会管理中,立法机制和政府部门管理是其中最重要的方面,在我们的调查中,无论是教师还是家长都对法律的监督和政府的管理给予了厚望。在立法和政府管理方面,近年来随着网络环境监管力度的加大,已经取得了很大的成效。但是在这一方面也存在着许多亟待解决的问题,例如法律和法规管理缺少权威性和威慑力,法规制定缺少预见性,法规的实施与执行细则缺乏等等。这些欠缺与弊端都成为目前网络环境治理与完善的严重障碍。因此,在网络环境的建设中除了加快网络立法进程,完善各种政府管理职能以外,还必须结合网络环境变化的新特点,着重解决法律具体执行过程中的可操作性和政府监督管理的针对性,突出体制与具体化方面的创新。

1. 借鉴和学习国外网络立法和政府管理的成功经验与范型。

国外的网络立法起步较早,在长期的网络立法实践中已经形成了完备的体系和成功的范型,借鉴这些成功的范型用于指导我们的

网络立法实践，可以使我们在立法实践和政府管理过程中少走弯路，少犯错误。如早在1978年8月，美国佛罗里达州就通过了《佛罗里达计算机犯罪法》，包括了侵犯知识产权、侵犯计算机装置和设备、侵犯计算机用户等项犯罪以及惩处的规定。澳大利亚政府也加强了对Internet的管理，"政府对互联网的管理是强调自律，同时实行法治"①，以求最大限度地保护消费者。同时政府对原有的有关法律法规进行了重新审查和修订，以使之适应Internet发展的需要。其后，美国计算机伦理协会又制定了"计算机伦理十诫"，具体内容为：①你不应该用计算机去伤害他人；②你不应该去影响他人的计算机工作；③你不应该到他人的计算机文件里去窥探；④你不应该用计算机去偷盗；⑤你不应该用计算机去做伪证；⑥你不应该拷贝或制作你没有购买的软件；⑦你不应该使用他人的计算机资源，除非你得到了准许或者作出补偿；⑧你不应该剽窃他人的精神产品；⑨你应该注意你正在写入的程序和你正在设计的系统的社会效应；⑩你应该始终注意你使用计算机时是在进一步加强你对你的同胞的理解和尊敬。② 类似的法律和规则对我国的网络立法和政府管理都具有一定的启发意义。

2. 以立法的形式，实施网络安全的儿童保护。

目前随着网络对社会生活影响的日益加深，不良信息对儿童的道德影响已经成为社会、家长和教师反响最为强烈的问题，我们调查关于学生接触淫秽色情信息的数据显示，相当多的学生都有无意中接触网上色情信息的经历，这些黄色和反动的信息对处于青春期的青少年而言，由于缺乏必要的是非分辨力和自我控制能力，其后

---

① 黄育馥：《澳大利亚联邦政府在互联网发展中的作用》，《国外社会科学》，1999(1)。

② 严久步：《国外互联网管理的近期发展》，《国外社会科学》，2001(3)。

果将是灾难性的。国外的立法实践中很早就有了针对网上不良信息制定的儿童保护法案。英国在1996年以前主要依据《黄色出版物法》、《青少年保护法》、《录像制品法》、《禁止泛用电脑法》和《刑事司法与公共秩序修正法》惩处利用计算机和互联网络进行的犯罪。英国第一个网络监管行业性法规《3R安全规则》("3R"分别代表分级认定、举报告发和承担责任)于1996年9月23日由政府颁布。1999年英国政府还公布了《电子通信法案》(征求意见稿)。德国联邦议会于1997年6月13日通过的《多媒体法》于当年8月1日生效,此外,德国政府还通过了《电信服务数据保护法》,并根据发展信息通讯与网络业的需要,对《刑法》法典、《传播危害青少年文字法》、《著作权法》和《报价法》等做了必要的修订和补充。在网络极为发达的美国,美众院司法委员会要求色情邮件必须加标注,使得用户可以不打开邮件直接将其删除;主要借以保护未成年人身心健康不受网络不良信息侵害的《儿童网上保护法》经国会批准已于1998年由前总统克林顿签署成为法律。法国、新加坡、韩国也先后制定并颁布了网络管理的有关法律制度。这些相关的法律法规对于现阶段儿童网络安全保护法规的制定和具体执行都具有理论和实践上的借鉴意义。我国的一些德育理论工作者也提出了有关"儿童保护"[①]的建议。通过建立健全有关的网络法规,借助国家强制力的威慑,不仅可以有效地打击那些严重危害社会的网络犯罪,而且为青少年身心的健康发展创设一个较好的社会环境。在网络环境日益复杂化的今天,对青少年实行有效的法律保护已是当务之急。

3. 强化政府的网络社会管理职能,注重技术手段与政策性管理的有机结合。

在网络的发展尚未纳入规范化与法治化的轨道以前,政府的行

[①] 郭琴:《现代教育的机遇和挑战:国际互联网》,《电化教育研究》,2000 (3)。

政管理与网络经营的市场监督在社会网络德育环境的建设中有着举足轻重的作用。近些年来,政府在网络环境管理方面花费的精力还是相当大的。我国政府从1981年起开始关注计算机安全问题。1987年10月制定的《电子计算机系统安全规定(试行草案)》,是我国第一部有关计算机安全工作的法规。1996年2月,国务院又发出通知,要求对进入互联网络的计算机用户进行登记,以便加强管理,成为率先采取措施的国家之一。我国公安部于1996年颁布《计算机网络国际联网安全保护管理办法》,规定凡查阅复制淫秽反动网络文化者要重罚。1998年3月,国务院信息化工作领导小组正式实施《中华人民共和国计算机信息网络国际联网管理暂行规定实施办法》。从政府出台的一系列管理措施中我们不难看出,政府部门对青少年道德教育的网络社会环境建设的重视,以及切实有效地解决网络社会问题的高度重视。然而在"一管就死,一放就乱"的网络管理的两难境地中,政府的管理显得一筹莫展。社会反响强烈的网吧违规操作和未成年人进入不健康网吧上网等突出问题一直未能得到有效解决。这其中固然有体制上的原因,但更多的原因则来自陈旧滞后、实效性差的管理手段。笔者认为政府在网络环境的净化与管理中应重点做好下面的工作。

首先,加强对虚拟社区的管理,尤其是BBS和其它网上论坛的管理。被称为"网络时代无纸大字报"[1]的网上论坛已成为影响青少年价值判断的一个重要方面。一些格调低下,具有强烈反社会、反政府倾向的"帖子"如果任其泛滥,必然会产生强烈的负面影响。目前,各网站现在实行的"五分钟网上发言审核"能起到一定的过滤和屏蔽作用。但是,如果管理员的责任意识不强,这种审核仍难以达到预期效果。所以BBS的管理首先要加强的是各论坛

---

[1] 瞿卫星:《网络道德的失范与建设》,《河北师范大学学报》(教育科学版),2001(1)。

和主题聊天室的管理员的管理。

其次，要加大对当前几大门户网站的监督和管理力度，门户网站因为技术方面的优势在对网民的吸引力上远远高出其它小网站。在我们的调查中，学生问卷"你经常访问的网站是"一题的统计结果显示，几大门户网站依然是学生上网时的首选。对个别门户网站利用交友形式变相传播色情内容的苗头必须严加制止。

再次，注重政府管理中技术手段的使用。在网络技术飞速发展的今天，以往行政命令的管理已经难以奏效，必须以高科技手段应对当前各种各样利用网络技术进行的违规网络经营。近几年来的网络科技进步为技术控制提供了有力的支持，如程序监管技术、设置网络审计标准、预设防范"滤网"、埋设跟踪程序，通过技术控制技术，使得网络控制具有实用性和可操作性等。针对互联网上黄色信息泛滥，各种防黄毒软件也不断被开发出来，如清华大学的"五行卫士"和微软公司的分级审查程序，均能自动识别并过滤掉网上的黄色内容。利用网络技术，尝试建立网吧分级管理的中央控制系统，对网吧违规操作进行远程跟踪和系统自动记录；利用现有网络系统资源，建立网吧的经营信誉档案，实行违规经营"一票否决"制，增强行政监督的威慑力。实践证明，技术手段的合理使用可以大大增强政府行政监督的效果。据新华社昆明电，云南玉溪市文化稽查人员在对网吧里的电脑进行限时设置和远程控制后，每到夜里24时网吧里的所有电脑自动关机，直至第二天早上8时方能开启。据介绍，一种叫做"网警守护神"的软件被选为云南省互联网上网服务营业场所的计算机经营管理软件，这个系统不但可以帮助文化稽查人员在监控室即时查看辖区内每家网吧中每一台电脑的上网具体情况，还能够把监测到的信息立即打印出来，让违规上网者无处遁形。[1]

---

[1] 本资料来源于金羊网，2004年1月27日 10：19。

（三）整合社会各方面的教育力量，形成社会网络德育的合力。

网络环境带给社会道德教育的另一种挑战就是教育影响的多极化和由此产生的教育环境的泛化。网络的自由与开放的特性打破了以往家庭、学校、社会教育之间的界限，使各种教育形式在功能、性质和影响效果与影响机制上正变得更加模糊。过去各自为政、条块分割式的教育模式已难以适应新形势下的社会道德教育的需求，迫切需要把各个层面的教育力量整合起来，构建一个立体化协同作用的教育体系。

1. 要充分发挥家庭教育的作用，以网络环境的新视角来重新诠释家庭教育的内涵。

以往人们都倾向于把家庭教育作为学校教育的补充，但网络环境的变化正使家庭教育的职能发生改变，由学校道德教育的"配角"变成网络环境下社会道德教育的"主角"。CNNIC 的统计显示网民上网的地点具有明显的家庭化趋势。毫无疑问，随着家用电脑的普及，家庭正在成为学生接触网络最便捷、时间最长的场所。但家庭恰恰却是网络管理最薄弱的地方。许多父母因网络知识贫乏根本无法对学生的网络活动进行有效的管理。我们在调查中与学生个别访谈的结果显示，大多数家长对孩子提供的网上帮助仅限于提供电脑等上网设备。

家长网络知识的缺乏不仅对学生家庭网络活动的监管造成直接的影响，同时，因缺少共同语言也难以在网络道德教育问题上与孩子形成良好的代际交流，从而无法与孩子形成融洽的关系和有效的沟通，也就谈不上对孩子有效的支持与帮助。

在本课题针对家长的问卷调查中，就家长"在指导孩子上网方面，您需要哪些指导和帮助？"这一开放式问题的回答结果看，关于网络方面的知识需求最多。被调查的三个地区的家长关于指导孩子上网所需帮助的内容主要集中在网络方面的知识，教育孩子的知识，帮助的形式，对网络管理的建议，学习方面的指导技巧，家庭教育和其他等几大方面。家长在指导孩子上网时，迫切需要得到的帮助是网络方面的知识和教育子女的知识。这说明大多数家长都已经意识到加强网络教育，协调家庭与学校、社会教育力量的重要性，以及掌握必要网络知识，提高自身教育艺术的现实意义。同时也说明大多数家长尚缺乏最基本的网络知识。而基本网络知识的欠缺无疑会给家庭网络教育带来不利影响，使家长难以进行有效的家庭网络管理和与孩子之间的良好沟通。因此，欲提高网络家庭教育的实效，协调家庭、学校和社会的网络教育力量，必须加强家长网络知识的普及。

因此，基于上述情况，可酌情开设家长网络学校，建立学校与家长就青少年学生上网定期沟通的机制，使家长掌握"防火墙"等屏蔽不良信息的技术，使学校的网络教育与家庭的网络监管有机地结合起来。

2. 注重网络教育与其他社会教育内容的结合。

在其它的社会教育内容中，公民道德教育和青春期教育在内容上与网络道德教育之间有很强的互补性。从总体上看，公民教育是社会网络德育的基础，培养合格的社会公民也是道德教育的最基本目标。社会网络德育中所推崇的自律道德人格和所倡导的"慎独"境界，不仅是网络环境走上良性发展轨道的基础，而且也是公民道德发展的最佳境界。把网络道德教育的内容写入公民道德教育，可以丰富和充实公民道德教育内容，使其更具时代特点。同时，也使社会网络德育的目标在公民教育中得到体现和细化。

另外，加强青少年性教育可以在一定程度上缓解网上色情信息对青少年的冲击，采取专业网站和热线电话的方式解答青少年所遇到的与性知识相关的生理和心理上的困惑,消除他们因网络影响而出现的性观念和认识上的混乱。

3. 建立社会网络德育的社会支持与辅助系统。

社会网络德育不同于学校道德教育的另一个显著特点,还在于社会的网络道德教育必须充分调动社会各个阶层教育力量的广泛参与。网络的社会道德教育除了正规的社会教育机构参与之外,还必须有社区和公共服务机构的协作与支持。这其中,社区教育、专业化的心理辅导与心理危机求助热线可以起到更重要的辅助作用。

作为一个社会分支单位,社区特指一定地域范围内的具有归属感的人群及社会性活动和现象的总称。① 随着我国城市化速度的加快,社区的规模和影响也在逐步扩大。尤其在城市,社区正成为对青少年进行社会教育以及接触社会参与实践活动的重要途径。社区的文化活动和公益活动可以成为社会网络德育的有益补充,参加社区的义务服务和公益劳动有助于青少年接触社会,了解社会。同时,也有助于他们养成服务社会、关爱他人的优秀品质,进而抵消因网络虚拟交往而带给他们的道德人格和社会情感方面的消极影响。

社会支持和辅助系统的另一方面,就是面向社会的心理咨询机构和心理危机的求助体系。目前虽然在社会上已经有许多心理咨询机构,但这些机构都属于一般性的心理咨询机构,到目前为止,国内尚没有专门的以网络环境下青少年心理问题为干预对象的专业咨询机构。随着因网络活动而引发的青少年心理问题的增多,社会和学校对专门的心理辅导和咨询机构的需求也在增加。一方面网络交往的虚拟性引发了青少年个性发展中的一系列问题,角色混乱、人际疏离、道德情感冷漠势必以直接或间接的方式影响青少年道德人

---

① 韩丽丽:《走向网络社区》,《社会》,2002(2)。

格的成长；另一方面，网络多元文化的冲击又会使个体经常处于矛盾的相互冲突的道德选择中，给健康人格的成长造成强大的挤压和扭曲。此外，不良的网络活动习惯也诱发了一些轻度的变态反应和行为，如网络依赖和上网成瘾等。因此，建立专门的、以网络活动为干预对象的心理咨询机构已势在必行。随着青少年网络活动的增加和网络环境的日益复杂化，青少年将面临更多的内心冲突与心理困扰，他们也迫切需要得到一些安全可信、兼具专业性和针对性的心理辅导方面的帮助。

除了正规的以接待来访者的形式提供心理帮助的正规咨询机构以外，也可以充分利用现有网络资源建立专门的网络心理辅导网站，为青少年解疑释惑，帮助他们解决网络活动中出现的各种心理问题。另外，也可尝试设立网络心理危机的紧急救助热线，及时排解青少年网络活动中发生的心理危机。

尽管心理咨询和道德教育在理论上不属同一层面，其个别的咨询原则同道德教育的原则之间尚不乏抵牾之处，但是心理咨询的一切以来访者为中心，真诚、通情、关注的咨询原则却是与德育工作的基本要求相一致的，况且心理问题的解决本身就能为良好道德人格的培养打下坚实的基础，也是在网络社会德育过程中正确处理"德育"与"心育"关系的集中体现。

如果把今天青少年所面对的这个鱼龙混杂、喜忧掺半的网络比做"潘多拉的盒子"恐不为过。伴随着时代的发展，技术的进步，加之青少年强烈的好奇心和求知欲以及网络本身所具有的自由、开放的特性，我们没有办法，也不可能将青少年同网络这个"魔盒"相隔离。他们终究有一天要亲手打开这个对他们充满诱惑的"盒子"，这是一种必然，是时代发展的必然。作为政府和社会，无论是从道德教育的角度，还是从社会责任的视域，都有责任在他们触及这个"魔盒"以前，详尽告知他们盒子里装的是什么东西，以及打开这个"魔盒"后他们所面临的后果,教会他们在泥沙俱下、良莠不齐的网络魔盒里学会辨别和选择。我们的社会和政府更有责任和义务保证当他们暴露在这些病毒和魔幻面前时,无论是在心理上还是道德上都已经形成强大的抵抗力和免疫力。美国耶鲁大学杰罗姆·辛格教授关于电视社会影响的精辟分析更能精确地表达我们所作的赘述:"车有危险,不过负责任的家长会教导孩子怎样过马路和系上安全带。在看电视方面,父母同样有责任教导孩子"。[1]

---

[1] 檀传宝:《学校道德教育原理》,第220页,教育科学出版社,2000。

网络环境中教育资源的分类及网络环境改造

互联网络是继报纸、广播、电视之后出现的一种新的传播媒体，又称"第四媒体"，自20世纪90年代中期互联网在我国得到使用并迅猛发展起来，上网人数呈不断上升趋势。我们的调查数据显示，在接受我们调查的青少年中，67.6%的家庭拥有电脑，其中近一半已配备联网装置，这意味着越来越多的青少年已经或将要受到来自互联网络上种种观点、意识的潜移默化的影响，网络已经成为影响、教育青少年的重要资源。关注网络的发展，善于利用网络资源，积极改造网络环境，这已成为提高德育实效、促进个体发展的重要途径。

一、网络环境中的德育资源分类及其价值分析

网络既是一个信息资源库，又是一个信息垃圾场，暴力、色情、恐怖、欺诈等信息垃圾充斥其中。面对丰富的网络资源，对其进行合理分类，挖掘其中所蕴涵的德育价值，充分发挥其德育影响，应是当今道德教育研究领域的一个重要课题。作者试从以下几个不同的维度，对网络环境中广泛存在的德育资源加以分类。

（一）以网络资源对个体所产生的德育影响效果为依据

网络充满着无限的魅力，许多青少年受其吸引、为其着迷。那么，是什么因素使网络具有如此的诱惑力？调查中我们发现，有

65.0%的学生选择网络最诱人的因素是"信息丰富"。的确,网络为个体提供了无穷信息。在网络环境中,信息资源无处不有。每一种资源都对个体的道德生成发挥着独特的影响作用。这其中,既有对个体的道德生成发挥正面影响的资源,又有对个体道德生成发生阻碍或反作用的资源,在这里我们把它们分别称为"正向的道德教育资源"及"负向的道德教育资源"。

1. 正向的道德教育资源。

所谓正向的道德教育资源,是指在网络环境中,能对个体道德发展发挥正向影响作用的资源。

网络环境中资源丰富,它们共同构筑起相应的网络文化。网络文化影响着人类的社会生活。诚如一些文化学者所言,"它携带着自己特有的价值和意义渗透到人类生活的每一个场合、角落,并以非常的力量支配着人类的行为和观念。它无所不在,无所不往,万象纷呈,构成人间光怪陆离的迷人现象"。[①] 网络资源对个体发生的道德影响同样是无处不在的。按德育内容呈现的方式来看,正向的道德教育资源又分专门的道德教育资源与非专门的道德教育资源。

(1) 专门的道德教育资源。

它是指网络环境中专门设置的或具有直接的正向道德影响作用的德育资源。比如"红色网站"、专门的德育课件、在线德育咨询等等。这些专门的道德教育资源应成为道德教育中最大量挖掘与利用的资源。因为其中蕴藏着巨大的德育价值。这类网络德育资源的作用主要体现在以下两个方面。

第一,有助于个体道德认知水平的提高。德育的目的何在?简而言之,是为了使个体形成良好的品德。良好品德的特征之一乃是知情意行的和谐统一,也就是道德认知、道德情感、道德意志及道

---

① 王经涛、王俊英主编:《青少年网络道德教育》,开明出版社,2001。

德行为的统一。其中,道德认知水平的发展与提高是前提。皮亚杰和科尔伯格的道德认知发展学说认为个体的认知发展决定着个体道德发展的水平,"因为道德推理显然也是一种推理,较高的道德推理依赖于较高的逻辑推理。所以个体的逻辑阶段与其道德阶段是并行不悖的"。[①]

然而,个体道德认知水平的提高不是凭空发生的,它是以一定的道德知识的获得为基础的。网络环境为我们提供了丰富的资源,其内容混杂、良莠不齐,对个体的品德发展会产生不同的影响。其中由教育工作者专门设置或提供的内容,大大丰富了个体的道德认识,进而促使个体的道德认知水平提高。比如,在一些专门的德育网页上,个体可以了解最新的社会发展动态,获取大量的道德知识,接受正面的道德影响。在此过程中,个体的道德认知水平得以发展。

第二,对个体道德发展发挥引导作用。个体的道德发展受到诸多社会因素的影响,就网络环境而言,专门的道德教育资源将对个体的道德发展起到引导作用。这就如同在现实社会中,个体从正规的、专门负责道德教育任务的学校德育中能够获得大量的道德知识。尽管在个体的生活中,他(她)还将受到来自社会和家庭等方方面面的道德影响,但由于社会环境的复杂性,使得个体在进行道德认知时先得进行必要的筛选,这就对个体的道德判断能力提出考验;或者说,在此过程中,个体获得道德知识的多少,受到个体道德判断水平的限制——也许,从复杂的环境中,他能筛选出符合道德规范的道德知识,从而促进个体的道德水平提高;也许,他所挑选的"道德"知识非但不能促进,反而还会阻抑个体的道德发展。网络环境中虽然存在大量资源,但除了专门的道德资源能对个体道

---

① 鲁洁、王逢贤主编:《德育新论》,江苏教育出版社,2000。

德发展发挥直接引导作用外，其它非专门资源对个体的道德发展也能产生影响。比如网络 BBS 是青少年喜欢参与的网上活动，青少年在 BBS 中所获得的知识，也许能对其道德发展起促进作用，也许起不到作用，甚或于使其走上犯罪——这取决于个体已有的道德判断水平，他（她）需要对聊天活动中所获得的信息进行合理选择。

(2) 非专门的道德教育资源。

它是指网络环境中大量存在的、非专门设置的、对个体的道德发展亦具有一定影响作用的资源。其表现形式既有外显的，又有内隐的。外显的非专门的道德影响内容，尽管不是专门设立的德育内容，但其蕴涵的道德取向清晰明了。比如某个关于道德事件的新闻报道，某个与道德问题相关的 BBS 专题讨论。内隐的非专门的道德影响内容，它蕴涵有一定的德育价值，但表现出的外在德育特征并不明显（或者说是潜在的）。比如文娱报道中某位明星的生活方式甚或某种行为，BBS 参与者的交往用语，网络游戏中的游戏内容，等等。

非专门的道德教育资源同样是道德教育中不容忽视的重要资源。第一，其最突出的德育价值在于非专门的道德内容会对学生产生潜移默化的影响作用。对于个体来说，这些非专门的内容并非外在强加的东西，是个体在不自觉中获得的影响，并且有可能在不自觉中内化为个体的道德品行；而对于由专门机构、专门人员所施加的德育影响，个体有种天然的心理拒斥，不乐意接受，也难以进一步内化。从这种意义上说，个体心理的知识接受准备并不一定必然促进接受知识的实际效果。当然，这里所说的知识接受准备既有可能产生正向迁移作用，又有可能产生负向迁移作用。对知识的心理拒斥显然只能发挥负向迁移影响，阻碍个体可能受到的德育影响效果。

第二，非专门的道德教育内容具有专门的德育所无法替代的影响价值。在网络环境中，非专门的道德教育内容存在范围广泛，随时随处都可能对个体发生德育影响。而个体往往忽略或未意识到网络对个体道德的影响。在本次调查中，当问及"网络最能影响你的是什么"时，只有14.3％的学生选择"道德观念"。看来，网络对个体产生的道德影响是值得教育者和研究者关注的。比如网上聊天是青少年所喜欢的网上活动，网络语言环境会对个体道德发展产生影响。如果聊天者语言文明，聊天室将是一个"纯净"的空间，置身于其中，个体会感到情绪愉快，并自觉地以一种文明的方式参与到聊天中；反之，如果聊天室中污言秽语充斥，一片乌烟瘴气，个体会心生厌恶，或者干脆离线，或者以其人之道还治其人之身，侮辱谩骂相互攻击，个体素养丧失殆尽。也许在大部分人的意识中会有这样一种想法——反正"在虚拟环境中，没人知道你是一条狗"，但是，德性的生成是个渐进的过程，德性的发生也是全境的。个体在虚拟环境中的有意识行为将逐步演化为现实社会生活环境中的自觉行为，进而生成个体的德性。

总之，网络环境中的道德资源广泛存在，除了专门的道德教育资源外，我们也不应忽视那些非专门的资源，它们对个体道德构建共同发挥作用。

2. 负向的道德教育资源。

因为网络是虚拟空间，网络中没有中心与非中心之分，个体在网络中会感到自己的渺小，这样不但可能会让个体失去追求的目标，而且觉得自己不该为任何行为、任何言谈负责。这样一来，网络世界也就成为非道德主义生长和繁衍的土壤。网络环境中还存在着大量的负向道德教育内容。

何谓"负向的道德教育资源"？它指的是网络环境中存在的、对个体道德发展具有负向影响作用的不道德的信息，它们也是影德育的重要资源。

互联网世界是个信息极其丰富的百科全书式的世界,来自各种不同信息源的信息数量按几何级数不断增长。许多青少年上网最初的目的只是为了追求时尚与满足好奇心理,可最终都几乎被互联网大信息量的优点所吸引。但是,网上的信息良莠不齐,青少年的是非判断能力、自我控制能力和选择能力还不足以抵御那些不良信息的负面影响,很容易在不知不觉中成为不良信息的"污染"对象。因而,对网络环境中存在的不道德信息进行分类,将有助于我们合理认识并把握其德育影响。网络环境中的不道德资源又可从两个视角去观照。其一是静态的角度,其二是动态的角度。

(1) 先从静态的角度看,可将网络环境中存在的大量负向道德教育资源进行划分。主要包括三类信息污染,它们是黑色污染、黄色污染和灰色污染。

第一类是黑色污染,它主要表现为信息渗透,即发达国家利用其信息优势向发展中国家输出其价值观念的行为,通过信息网络进行政治渗透和价值观的推销。一些西方国家从未放弃对我国的政治渗透,特别是美国。从20世纪50年代开始的"美国之音",到20世纪八九十年代的卫星电视直接广播,他们一直利用现代媒体向我国传播他们的价值观,进行资本主义思想的渗透和文化殖民。现在,他们又利用率先掌握网络信息技术的优势,把"美国之音"等搬进了因特网,将网络作为图谋"分化"、"西化"我国的工具。一些国家的网站也别有用心地把台湾、西藏、香港作为"国家"看待,所公布的亚洲地图也没有将台湾、南海绘入中国版图。境外分裂分子在某国国际战略机构的支持下,公开发表肢解中国版图的计划。更有甚者,一些网站肆意夸大、歪曲我国政治、经济和社会生活的矛盾,攻击我们党的路线、方针和政策,破坏我们的安定团结。他们在网络中大肆宣传西方的社会文化和资产阶级的思想观念，妄图使网民特别是思维活跃而涉世未深的青少年网民的人生观、价值观发生扭曲和异化，从而达到"和平演变"的目的。[①]

第二类是黄色污染，主要表现为网络色情。它是指在网络上以性或人体裸露为主要祈求的信息，其目的在于挑逗、引发使用者的性欲，表现方式可以是文字、漫画、声音、图片、影像等。网上的色情信息几乎无处不在，防不胜防。TOM 的"情趣笑话"、搜狐的"魔法宝贝"、网易的"非常男女"等栏目，许多内容在某种程度上说已经属于网络色情。[②] 在我们的调查中，有 43.3%的青少年表示自己在网上看到过色情信息。

这些含有淫秽、色情、暴力、凶杀等内容的信息，容易误导青少年的思想和行为。青少年有着极强的好奇心和探索欲，求知欲望强烈，对未知事物充满兴趣，但由于其身心发育尚未成熟，缺乏基本的分析、判断、辨别能力，自制能力弱，易受诱惑，并有意地进行模仿。可以说，近几年来青少年强奸、伤害等犯罪的增加，与网络上不良信息的大肆传播不无关系。一些网络信息服务者惟利是图，制造各种黄色、暴力信息来吸引网民，增加点击率。而部分自控力较弱的青少年往往出于好奇或冲动心理又刻意寻找一些色情信息，使他们成为网络色情的最大受害者。网吧等上网服务营业场所的经营者为了吸引消费者，非法提供含有色情、暴力、愚昧迷信等不健康内容的电脑游戏，甚至违反规定，为青少年上网提供各种方便。应该说，通过这些便利所获得的信息，为青少年的道德发展设定了障碍。

第三类是灰色污染。网络环境中有些商业网站惟利是图。聊天

[①] 张秀芹：《网络：思想政治工作的新阵地》，《教育探索》，2003（5）。
[②] 魏曼华：《网络时代儿童社会化——新情境与新问题》，2003 年 12 月基础教育高层论坛交流论文。

室里充斥着格调阴暗、思想庸俗、情绪消极的无聊对话，聊天室的名称和个人昵称不堪入耳，游戏软件五花八门，充斥着恐怖暴力甚至反动的内容。如今，"上网"已成为青少年生活中的重要内容，一些青少年沉溺于其中，直接影响到正常的生活和学习。一些流连于网络的青少年往往在现实生活中出现情绪不稳定、注意力不集中、不能做到自我控制、不能进行正常的人际交往、社会适应能力下降等问题，个别的甚至走上厌世自杀的道路。

以上分析的三类不良信息尽管属"负向道德教育"的内容，但是其中也蕴涵着特定的德育价值，使其成为德育中不可或缺的重要资源。"负向道德教育"内容最突出的德育价值在于，它为道德教育提供了反面的德育素材，为全面促进个体的道德认识提供了新的视角。网络环境内容纷繁，一方面"正向道德教育"内容对个体道德发展具有正面的、直接的影响作用，社会期待有更多的"正向道德教育"内容作用于青少年个体；但另一方面，"负向道德教育"内容也几乎无处不在，它所传递的不道德内容，对个体道德生成具有重大的负面影响作用。倘若忽视这种影响道德生成的负面力量，那么，不管正面道德影响的力量有多强大，"负向道德教育"内容对个体道德的生成仍会产生功亏一篑的影响。

（2）从动态的角度看，网络环境中存在的某些特殊的负向道德教育资源也是需要给予一定关注的。比如目前对"黑客"问题的看法，青少年观点不一，社会对"黑客"的道德价值评判尚不明晰。在本课题的访谈中，当问及对网络黑客的认识时，有的学生认为黑客是"大侠"，还有的学生觉得黑客是"技术高手"，这显示出部分青少年对网络黑客的一种肯定性态度倾向。

那么，从道德的角度应该如何看待"黑客"呢？"黑客"是英文"Hacker"的译音，原指热衷于计算机程序的设计者，现在则专指利用通信软件及联网计算机，通过网络非法进入他人系统，截获或篡改计算机数据，危害信息安全的计算机入侵者。随着计算机网络在政府、军事、金融、医疗卫生、交通、电力等各个领域发挥的作用越来越大，黑客的破坏活动也随之猖獗。网上黑客几乎无处不在，政府和军队的核心机密、企业的商业秘密及个人隐私等均在他们的窥视之列。黑客中有的截取银行账号，盗取巨额资金，有的大肆破坏政府及各种机构的网站，使它们突然瘫痪或不能够正常工作。黑客的行为动机各不相同，有的是为了求刺激、展示技能；有的是为了捞取钱财；还有的则是为实施报复或恶作剧而打入计算机系统。近些年来，许多网络黑客事件的政治色彩越来越浓。专家认为，无论动机如何，黑客的破坏活动如同劫持民航飞机，无疑会对经济秩序、社会稳定和国家安全构成严重威胁。

既然黑客活动具有这么大的破坏性，为什么还会有那么多的青少年对"黑客"持有一种肯定性态度倾向呢？这与"黑客"行为的高智能性特点相关。也就是说，大多数黑客具有相当高的计算机专业技术知识和娴熟的计算机操作技能，行动前经过周密策划，能神不知鬼不觉地完成破坏活动。比如1998年春，美国军方和政府机构五百多个部门的电脑遭到攻击。办案人员发现黑客通过波斯湾地区的网络线路上网，因此一度怀疑是伊拉克发动的袭击，但最后发现"黑客组织"的成员竟然是一名15岁的美国学生和一名18岁的以色列学生，据他们的老师评价，两名学生都聪明过人。

在当今知识经济社会，"知识"具有至上的价值，许多人对"知识"顶礼膜拜，进而对"有知识"的聪明人另眼相待，而忽略了对知识应用所带来的道德价值的正确判断。或者说，许多人盲目地以"知识掌握多少"为道德判断标准，代替合乎社会规范的理性的道德判断标准。在这里，"知识的多少"是判断某种行为的唯一道德准则，这种道德评判准则的异化将导致道德判断及道德行为的错位。

（二）以信息发生影响的方式为依据

网络环境中信息资源无处不在，可谓"网络无界，资源无限"。但是，各种信息能否对个体的发展发生影响，发生多大影响，这有赖于信息作用的方式。基于此，我们将网络环境中存在的德育资源进行划分，主要表现为交互式资源和单向式资源。

1. 交互式资源。

所谓交互式资源，指在网络环境中，个体借助互联网络，通过互相交往、双向交流而受到的德育影响，我们把这种发生德育影响的方式称为交互式资源。在这里，交往、互动是其核心要素。

网际互动是社会互动的一种。社会互动从个人层次考察社会，指的是社会上人与人、群体与群体之间通过信息的传播而发生的相互依赖性的社会交往活动。网上人际互动提供了一种比现实人际互动更为自由和直接的互动方式，我们可将网际互动定义为：信息化网络化社会人与人之间以计算机为载体，通过网络的形式而借助虚拟空间相互作用的网上交往行为与方式。[①] 青少年网际互动的方式主要有网上聊天、E－MAIL 收发、BBS 论坛、网上传呼、网络游戏、娱乐等等。

网络环境中的网际互动具有独特性，主要表现在以下方面：

第一，互动方式的符号化。网络空间作为一种符号化信息存储库，实际上也就决定了网络互动的本质就是一种以符号化或以符号为中介的互动。因此，与现实社会中的人际互动不同，互联网络造就了一个身份不确定的符号交往环境，也就是说，互动的双方在网络时空中使用符号进行交流。当人们面对面进行现实互动时交流的

---

① 祝建华：《网际互动中青年的社会动机》，《人大复印资料·青少年导刊》，2003(3)。

符号还有身体姿势符号,诸如眼神、微笑、动作等。这样,网际交流符号的单一性(主要是文字符号)加剧了交往的虚拟性,使个体感受到困惑、虚幻、迷茫、空灵、神秘的人际互动新体验。①

第二,互动情境的虚拟化。网络交往面对的是屏幕,它是以网络为中介、以荧屏为情境、以文字或图形为载体的特殊交往,是一种虚拟化的交往。其虚拟性主要表现在两方面,即交往主体的虚拟化与交往情感体验的虚拟化。首先,交往主体的虚拟化。网络交往的主体是"网友","网友"们一般不以自己真实姓名和身份示人,并且在网络上所扮演的角色也是随心所欲,只要个体愿意,七尺男儿可以假扮未经世事的小姑娘,婷婷少女亦可扮作彪形大汉,而一旦个体亮出自己的真实身份,往往会遭到"网友"的群起质疑。这样,互动双方只能在"兴许对方是条狗"的真实主体缺席的虚拟情境下交往。其次是交往情感体验的虚拟化。网络交往中,口是心非的现象比比皆是。香港小童群益会的调查显示,48.6%的网友承认在网络上曾向朋友撒谎,或用另一身份结交朋友。网上聊天者网上说谎的理由包括保护隐私、保护自己或美化自己去吸引朋友等。②虚拟化的主体和虚拟化的情境,只能造就虚拟化的情感氛围,其所带来的情感体验也就具有浓厚的虚拟性。网络"诚信"缺失也就成为当然。在我们的调查中,当问及"你觉得有必要在网上说真话吗"的问题时,有59.2%的青少年回答要"看情况",28.1%的人回答"没必要",只有8.9%的同学选择"有必要"。看来网际交往的虚拟性特征已经对正常的人际交往"诚信"准则构成了阻碍,许多人持一种"怀疑"的态度,以真情缺失的方式进行网际交往。可

---

① 魏曼华:《网络时代儿童社会化——新情境与新问题》,2003年12月基础教育高层论坛交流论文。

② 陈昌灵:《青少年网络交往行为分析及引导》,《人大复印资料·青少年导刊》,2003(3)。

以设想，这对个体的处世态度将产生怎样的影响。

当然，我们也可从另外一个角度去观照这种虚拟化特征。在虚拟化的互动情境中，个体戴着面具交往，使自己的身份更隐蔽。相应地现实社会中的道德准则、规约和社会关系也在互动中变得模糊，这使得个体能够更自由地参与到交往中，同时也可能在网际互动中表现出较现实社会中更强的真实性，使人际互动变得更为融洽。以下是一位网民所描述的体验。

进入网络社会仿佛是进入了另一个世界。是的，网络也是一个社会，一个虚拟的世界。可在此处，竟然认识了许多新朋友，更让人惊喜的是，在这里我找到了自信、随意、欢乐与真诚。也许在这个虚拟的社会里，人与人之间没有什么根本的冲突与矛盾的原因吧，所以让人们更容易融洽相处。人们在此发出会心的笑，流下动心的泪，彼此感受着那揪心的情，乐意融融！感情在无声处交流，友谊在默契中增长。走出网络，一切又回到现实，天依然灰暗，仍旧飘洒着毛毛雨，仰起头，让雨飘洒在脸上，冰凉的，嘴角溢出一丝苦笑！①

第三，互动关系的平等化。这主要受两方面因素的制约。其一，网络交往限制因素减少。现实交往中人们往往受性格、时空、社会地位等内在与外在条件的影响，网际交往则具有超时空特性，较少受时间、空间等条件的限制；交往对象也可以不受身份、年龄、性别、家庭等社会因素的影响，只要具备上网条件就可进入网络世界。在这里，无尊卑之分，无贵贱之别。在思想交流中，交往者可以直抒胸臆，进退自如，爱恨随意。性格内向、外表木讷的个体可能成为一名活跃的网络交往成员，家庭背景悬殊的学生可以成为亲密的网友。在这里，制约交往的因素似乎更多地表现为个体思

---

① 资料来源：西祠胡同，作者：今夜星光，发帖时间 2003－02－06。

维的敏捷度与网络的速度,其它因素都可忽略或视为同等。其二,网际交往的非中心化倾向。非中心式的"主体与主体"之间的交往关系赋予每一个参与交往者主体地位,交往关系使交往者都作为平等主体,自主地介入到对话、讨论、交流的关系中,个体具有一定的自主话语言说权。在网络环境中,青年网民的交往角色是虚拟的,不存在上下级那样的垂直型交往关系。除此之外,网络互动的虚拟性还淡化了现实生活中的同学、同乡等种种"横向"交往界限,从而使互动变得更加自由、平等。当然,长晚辈、师生及上下级之间的交往也在网上存在,但交往体验在网络环境中的表现还是以平等的关系为主。

网际互动的独特性赋予了网际交往独特的德育影响价值。下面是从网际互动发生的时间及网际互动作用的对象两个维度切入,对网际互动资源的德育影响价值作具体、微观的分析。

(1)从互动发生的时间看,网际互动分为即时性互动与延时性互动两种形式。

何谓即时性互动?即时性互动又可分为实时性互动和同步互动,在网络环境中,它指互动参与者同时处于在网状态,当一方发表观点之后,另一方即刻就能作出回应。及时、快捷是其突出的特点。网络环境中的即时性互动主要表现为BBS讨论和QQ聊天。

QQ作为一种网络即时通信工具,受到青少年网友的欢迎,越来越多的青少年开始使用QQ与网友聊天、交流。据我们的调查,在上过网的青少年中有79.5%的人有上网聊天的经历,其中24.1%的同学"经常"上网聊天。教育工作者不能忽视这种网际互动,应把它作为重要的德育资源,充分有效地利用它。借助QQ聊天,德育工作者可及时地掌握青少年学生的思想发展状况,若能有针对性地给予回应,将会增强德育的时效性。

BBS是Bulletin Board System的缩写,即网络中的电子公告栏。在这里，使用者可以具有相当的自由度将自己的意见贴上去，与他人进行网上交互。BBS 上的交流具有相当的匿名性与超越时空限制的便捷性，在访谈中我们也了解到有些学生喜欢 BBS 这种交流方式。因为 BBS 具有相当的言论自由度，许多用户会在其中发表现实中不愿说、不敢说的观点，进而使这里成为焦点问题的意见集中发散地。

此外，BBS 中的讨论经常是多主题的，各人有各人的爱好。正因为如此，大多数 BBS 站点都会分成若干类上百个版块。但是，仔细分析各版块中的内容可以发现，各版块每天讨论的内容会有几个侧重点。这些侧重点或是近日里相关主题的最新事件，或是 BBS 参与者集中的情绪思想反映，其形成过程多是以几个积极参与者的频繁发表意见为核心，多数参与者的零散加入为支持。要在这种环境中发挥引导作用，引导者应以平等甚至匿名的身份介入 BBS 的互动过程中，这样不会引起受教育者、受引导者对他先入为主的反感，有利于隐匿引导意图，实现潜移默化的引导效果。教育者应善于发现焦点，适时介入，有效发挥 BBS 教育资源的影响作用。

当然，无论是 QQ 还是 BBS，其德育功能的有效发挥都是有条件的。它需要教育者精心选择设计 BBS 论题，使之能够吸引青少年热情参与、自由表达。QQ 聊天室的气氛要友好、交往要和谐。除此之外，更需要教育者在互动交往中发挥有意识的道德引导作用。不过，这种引导应是艺术的，不能引起学生的反感；应以"润物细无声"的方式发生作用，让学生在轻松愉快的聊天中，接受某些正确价值观、道德观的影响，进而逐渐内化为个体的道德品性。这种影响远比单纯正式的道德说教有效得多。

何谓延时性互动？延时性互动是指在网络环境中，双方互动不是即刻进行的，在时间上具有一定的滞后与延迟。其突出特点是随时可与对方联系，向对方发送信息（或留言）。网络环境中使用最多的延时性互动方式是 E-MAIL。据统计，目前网络上大概每天都有将近 2500 万人次通过电子邮件相互传递信息、提供资料、交流思想，进行广泛的涉及教育、科研、新闻、出版、生产、经营、商务和文化等方面的合作。① 在对学生的调查访谈中，多数学生称自己有电子信箱，有名初中男生甚至自述有三个电子邮箱，这说明 E-MAIL 已成为青少年的重要网上互动方式，由互动带来的影响也成为重要的德育资源。

其实，在网络无所不在的今天，电子邮件不仅是人们在网络空间中最基本的网络互动方式，它更是一种生活方式，对个体的生活和思维方式都产生了重大的影响。此外，E-MAIL 还是一种具有对话性的互动方式。尽管它所实现的并不是一种真正口语意义上的对话行动，尽管它仅仅是一种非同步的、异时态互动的方式，但它已能实现个体间相互沟通的功能，是德育不可忽视的资源。

(2) 从互动发生的对象来看，网际互动可分为"人—人"互动及"人—机"互动两种方式。

"人—人"互动指学生通过现代化多媒体网络进行一对一、一对多和多对多的双向交流，学生可以在"在线指导"、"网上论坛"上发表自己的思想观点，通过充分研讨，达到求同存异之效。就"人—人"互动的范畴来看，也存在着互动对象的差异，主要分为两类，即同辈互动与代际互动。同辈互动指互动发生于青少年同辈个体之间；代际互动指互动发生于不同辈的个体之间，网络环境中的代际互动主要指青少年与成人之间的互动。以上两种互动均以特有的方式对个体道德发展发挥德育影响，其中同辈互动的德育价值尤其值得关注。

依据心理学的观点，青春期被喻为个体心理发展的"心理断乳

---

① 冯鹏志：《伸延的世界——网络化及其限制》，北京出版社，1999。

期"，个体在这一由儿童向成人过渡的特定时期会经历很多全新的社会事件，不仅有生理、心理、智力等方面的重大发展，反映在社会关系上，也呈现出全新的人际交往模式——青少年逐渐地疏远了与父母的交往而更多地走到同伴中去。调查中我们发现，网络环境中的青少年学生更倾向于同辈之间个体的交流互动。这是由于同辈互动所带来的同伴关系更具亲和力。此处的同伴关系主要指同龄人或心理发展水平相当的个体间在交往过程中建立和发展起来的关系。依据班杜拉在社会学习理论中的观点：个体通过观察他人习得新的社会行为，同伴是其中重要的榜样源，习得行为会因不同的强化而表现或抑制。观察学习中的自我强化发生在个体认为自己超过同伴参照群体时；而自我惩罚则是因为没有满足同伴的群体标准。由此可见，同伴经历是行为习得、行为表现的重要背景。[1] 同样，德行的生成也有赖于个体的同辈经历。

皮亚杰认为只有在平等互惠的同伴关系中，个体才得以检验自己的思想、体验冲突、协商不同社会观点。同伴间的讨论和争论是道德判断能力发展所必需的。苏利文（Sullivan，1953）也表达了类似的观点。他指出，没有与同伴平等交往的机会，个体就不能学习有效的交往技能，不能获得控制攻击行为所需的能力，也不利于道德价值观念的形成。其实，前苏联教育家马卡连柯在其"通过集体、在集体中和为了集体"的集体教育思想中，强调的正是同伴群体在个体发展中的作用。

当然，代际互动也对个体的道德发展发生影响。在纷繁的网络环境中，来自长辈的价值引导应该更有利于个体的发展。但是，这种来自成人社会的、带有成人体验与预设的影响往往使处于"叛逆期"的青少年个体感到拒斥。再加上网络环境的隐匿性特征，使得

---

[1] 张茜：《青少年同伴关系的特点与功能分析》，《当代教育科学》，2003（1）。

个体可以不顾忌对方的身份、时间、情绪而随时离线。因而正面的说教式的引导往往难以奏效。如若发挥网络环境中代际互动的教育功效，成人引导者应以平等的身份介入互动，以潜隐的方式进行引导。

"人—机"互动，是软件设计者针对某一道德专题预先设计好以实际道德事件为基础的、虚拟的道德情境或道德困惑，或是某一寓言、故事、小幽默、名言、名诗、典故等，围绕这个虚拟的道德情境，设计一系列道德判断题目，当学生访问到这个道德专题时，由机器提问或解答，从而实现"人—机"对话。"人—机"对话的模式利于教育者实施有目的的直接引导，其呈现方式可以多元化：动态、静态，甚或动静结合。此外，"人—机"对话能使青少年个体感受到一种成人"不在场"、无人监控的自由，在这种情境中，个体往往容易流露真实思想。德育工作者应善于发现、捕捉青少年个体的思想焦点和动态，及时有效地加以回应和引导，这有助于提高德育的实效。

2. 单向式资源。

所谓单向式资源，是指在网络环境中，个体从网络单方面获取信息，无须进行反馈或沟通即可受到一定的影响。网络环境中的单向式资源大量存在，其呈现形式既有单一文字的、数据的、图形的或声音的，又有多项兼备的。呈现内容多种多样，主要包括如下几类：新闻类、教科类、文娱体育类。

单向式资源的德育价值何在？最重要之处在于通过单向式网络资源，使个体获得较为系统的德育影响。比如德育专题网站（红色网站），一般来说，主办者（或设计者）会设计、汇编一系列专题德育内容，放置于一个专门的网页或网站。这样，个体在一个相对集中的时间和空间就可获得关于某方面的大量系统信息，对个体的道德生成发生影响。

163

尽管如此，我们认为，单向式资源对个体道德发展的影响仍是有限的。与互动式资源相比，它缺乏一种在信息沟通的交互中所获得的新的体验和认识，亦缺乏一种对问题认识的批判性意识，而这些方面对于个体道德判断能力的发展却是极为有利的。当然，在选择接受何种信息资源，是否接受某种信息资源以及在何种程度上接受某资源方面，个体有一定的主动性；如果不感兴趣，个体随时可停止浏览，甚或离线。单向式资源是以个体的主动选择为前提的信息资源。其实，在选择之始，个体潜意识里已带有某种价值取向，只不过在信息浏览的过程中又增强了该种认识倾向。当然，个体也可能受到某种新信息的启示，进而改变既有的认识。这种改变不是由于网络互动导致的，而是个体在接受信息的过程中，不断地"自我反思—提高认识"的过程。

也许，网络环境中单向式资源的德育价值有限，但在网络中，许多人在多数时间并不一定从事互动式的交往，而仅仅是上网查询资料、浏览信息。这样看来，这种方式涵盖的资源非常广泛，对个体发生的影响也较深刻，它同样应是德育工作者关注的范畴。

二、网络环境的改造：构筑网上道德精神家园

互联网发展迅速，知识面拓宽，信息量扩大，这有助于青少年的发展。但与此同时，网络对青少年的负面影响也日趋凸现。比如网上不良信息的泛滥就对个体的道德发展起到反面导向作用。再比如，青少年学生在缺乏道德约束的、虚拟的网络时空里的道德失范行为，必然导致个人与他人、个人与社会的网络道德矛盾的产生。如今，网络已成为青少年成长道路上的一道坎，"因噎废食"是不可取的，关键是我们能否为青少年营造一个健康的网络环境，构筑一个网上道德精神家园。前面的研究已经分别从学校、家庭和社会的角度对青少年网络道德教育提出了设想。在这里，我们将立足于

网络资源,对网络环境的改造提出建议。网络环境的改造既需要网络世界里每个参与者的自身努力,也需要来自网络环境外部的管理和规范。当然,我们还应当通过对资源的利用、改造和开发,丰富正向、积极的网络道德资源,减少负向、消极的网络道德资源,以此实现网络环境的净化。

(一) 网络世界参与者的自我改造

开放性是网络环境的显著特征,这一特征决定了完全杜绝网上不良信息是不现实的。治标必先治本,网络环境的构筑是由一个个上网主体共同完成的,只有切实提高每一个上网者的道德素质,网络才有可能成为一片洁净天空。在我们的调查中,当被问及"为了抵制网上的不良影响,你觉得最重要的是什么"时,60.5%的学生选择了"加强网络道德建设"。在道德教育中又应特别注重网络主体的培育,这符合大多数上网者的愿望。

1. 掌握网络道德规范,培养网际德性。

网络问题的关键并不在网络本身,而在使用网络的有思想有意识的青少年本身。没有规矩不成方圆。如若期望青少年能在网上成为一个好的"网民",必须首先让他知道成为一个好"网民"的标准是什么,他应掌握什么样的网络道德规范。学校在对学生进行计算机技术教育的同时,也应担负起相应的网络德育职责。

美国特拉华州立大学规定:新生入学后必须接受一次计算机使用方面的道德教育。校方为此专门制定了一本计算机网络使用守则,向学生解释攻击计算机网络和发送伪造的电子邮件等行为是错误的。经过短期培训后,学生还必须参加一次以守则为内容的网上考试,成绩合格者才有资格使用校园网。

在我国,部分学校已经开展了网络道德教育,在思想教育中增加了"网络道德与文明"的内容,重点进行网络道德规范、网络礼仪、网络安全等方面的教育，并且收到了一定效果。但是，通过调查我们发现，许多学校并未开展相应的网络规范教育，在问及"你所在学校开展过哪些关于网络的活动"时，选择进行"网络规范教育"或"利用网络进行德育"的比例并不高，表明加强学校网络德育具有相当的紧迫性。

当然，除了了解网络道德规范外，还应对个体加强网际德性的培养。毕竟网络环境具有不同于现实社会环境的特性，这使得网际德性与现实德性有所不同。相对"现实德性"而言，"网际德性"是指人们在网际交往中应该具有的道德品质，如诚信、公正、平等、责任感等。应该说，网络生活是现实生活的延伸；"网际德性"来源于"现实德性"，又不完全等同于"现实德性"。在网络环境中也存在着一致公认的网络伦理规范。例如，维吉里亚·谢(Virgnia Shea)提出的网际自我行为十条道德指南就值得借鉴。第一，记住人类；第二，在虚拟生活中，遵守你真实生活中所依照的标准；第三，知晓你处于网络空间的何处；第四，珍视他人的时间和带宽；第五，令自己在线表现良好；第六，共享专业知识；第七，协助制止网络谎言及其纷争；第八，尊重他人隐私；第九，不要滥用你的权力；第十，忘却他人的错误。[1]

在网络环境中，青少年仅仅了解网际交往的道德准则是不够的，关键在于践行，在于德性养成的过程。结合网络交往的特征，青少年个体网际德性的培养宜有所偏重，主要包括以下两方面。其一，要学会"省察克治"。所谓"省察"，就是通过反省检查以发现和找出自己思想和行为中的不良倾向，坏的念头、毛病和习惯；所谓"克治"，就是克服和整治，去掉所发现的那些不良倾向，坏的

---

[1] 段伟文：《网络空间的自我伦理》，资料来源：http：www.chinaethics.com。

念头、毛病和习惯。[1] 生活在虚拟网络空间的个体，必须学会进行自觉的"省察克治"。其二，要学会"慎独"。"慎"就是小心谨慎，随时戒备；"独"就是独处，独行其是，即在法律和道德舆论难以约束的地方自行其是。[2] 慎独其实就是一种个体道德的自律，是个体道德养成的至高境界。由于网络的虚拟性，上网者可以摆脱他人或舆论的要求和指责，在一个无人监管的空间任意而为，在各种具有现实约束力的外在行为规范不被重视的情况下，上网者的随心所欲，或者说"无律"将会带来普遍的网际德性的缺失。再者，网络道德规范的掌握和内化，将有利于个体在面对纷繁的道德资源时，能进行正确的选择，自觉地趋利避害。

2. 学会判断，提高道德选择能力。

网络社会的开放性促成了网上信息的超地域传播，打破了国家和地域界限，把全球不同角落的人们紧密联系起来。正如加拿大学者麦克卢汉所预言的：整个世界将成为一个"地球村"。人们不再受时空的限制而自由交往，人们之间不同的思想观念、价值取向等的冲撞也变得可能了。或者说，网络社会多元道德价值观并存，价值观冲突不可避免。个体必须学会以批判的态度审视各种道德观和价值观，根据所处的情境作出自己的道德思考、判断和选择。只有这样，网络资源才能得到合理利用。

人的选择能力并非与生俱有的，它是个体社会化的产物。在此过程中，教育起着重要作用。那么，如何培养学生的自主选择能力呢？首先，需要培养学生的自主选择意识。自主选择意识主要是指道德主体能清晰地明了自己自主拥有选择的权利、自由和相应的责

---

[1] 唐凯麟：《伦理学》，高等教育出版社，2002。
[2] 同上。

任,并趋向选择的一种主观愿望或意图。① 其次,给予学生进行道德选择的自由。自由是道德选择能力培养的基础。然而我们长期沿袭的灌输式道德教育恰恰忽视乃至否认学生的自由,几乎全部都由教师替学生做出选择,不考虑学生的需要和意愿,从而也就取消了学生承担道德责任的基础,以至于培养出来的个体成为缺乏社会责任感的人,或只对外界负责的"伪君子"。可以设想,在虚拟的网络环境中,一个"责任"缺失的个体将会做出怎样的行为?他对网络环境的建设会产生怎样一种影响?当然,这里所说的自由不是任性。你想干什么就干什么,恰恰就是奴隶,是不自由的表现——是做了自己动物性的情绪、欲望,以及社会性的偏见、习俗的奴隶。②

(二) 对网络环境的外部管理和规范

置身纷繁复杂的网络环境,面对庞杂的网络资源,提高个体的道德判断和选择能力、加强自律固然重要,但是,对信息源头的治理和监管也是不可或缺的。

1. 从技术支持角度,加强网络监控。

我们可采用互联网内容选择平台、信息过滤软件、"防火墙"等先进技术对网络信息进行审查和监控,控制信息源头,杜绝负向的道德教育资源(尤其是静态的、单向呈现的资源)通过非法途径进入到青少年的视野,并对重要的机密性信息采取保密性措施,依法保证信息的安全,防止被恶意篡改和破坏。

2. 从政府管理角度,加强制度建设。

法律是调整人们行为的重要手段,也是规范网络行为的重要方式。世界各国为了保证网络的正常运行,都先后制定出了一系列相

---

① 颜晓丽:《网络环境下学生道德选择能力的培养》,《教育探索》,2003(6)。
② 李泽厚:《李泽厚哲学文存》(下编),安徽文艺出版社,1999。

关的网络法律法规。美国早在1987年就制定了《计算机犯罪法》，1996年2月8日又颁发了通信道德条例。德国政府也明确表示，不能让互联网成为传播色情和宣扬纳粹思想的场所。新加坡在1996年也颁布了管理条例，要求联网服务的公司对进入网络的信息进行监督，以防止传播色情和容易引发宗教和政治动荡的信息。迄今为止，已有近40个国家先后制定了计算机及惩治网络犯罪的法律法规。自20世纪80年代以来，我国在信息技术方面制定了许多相关政策和法规。近几年更是加快了网络立法的进程，相继出台了《中华人民共和国计算机信息网络国际联网管理暂行规定》、《互联网信息服务管理办法》等十一部与信息网络管理相关的法律法规，这对规范我国互联网信息服务活动，促进互联网健康有序地发展，发挥了十分重要的作用。

此外，我们应加强对网络游戏的管理。目前，我国有相当多的青少年热衷于网上游戏。然而，网上游戏内容形形色色，不健康的因素充斥于游戏中。因此，必须加强对网上游戏的管理，建立相应的游戏分级管理制度。美国的做法值得我们借鉴。美国对电子游戏实行分类制度，具体分类由"娱乐软件分级委员会"（ESRB）施行。该委员会成立于1994年，人们只要在ESRB的网站上输入游戏的名字，就可以查到相应的分类和对游戏内容的描述。2003年3月，华盛顿州通过法案，禁止向未成年人出售17岁以上级别的游戏。①

当前，与一些发达国家相比，网络立法在我国尚处于起步阶段，我国政府必须进一步强化立法意识，通过立法，强制规范"网民"的行为。此外，在法律法规逐步健全的过程中，还应向"网

---

① 魏曼华：《网络时代儿童社会化——新情境与新问题》，2003年12月，基础教育高层论坛交流论文。

民"积极宣传和普及,使他们在知法的前提下,约束自己的网上行为,这才是积极防御、遏制和减少各种网络不规范行为影响的关键。

(三)网络资源的利用、改造和开发

前面对网络德育资源的分析,已经充分揭示网络世界中其实有着大量可资利用的德育资源。其中不仅一些正向的德育资源本身就是良好网络环境的组成部分,而且一些交互式德育资源更可以通过适当的利用为德育服务。当然对于不好的资源我们不仅可以通过管制来消除,也可以进行转化,使其能够发挥积极的作用。因此对于网络环境的改进,绝对少不了对网络资源的利用、开发和改造。

1. 加强红色网站呈现形式的改造。

红色网站是正向德育资源的突出代表,但是调查中我们发现目前青少年对红色网站的浏览很少,认为其教育内容呆板,呈现形式单调、枯燥,难以调动青少年的学习兴趣和参与热情。对于红色网站这样的正向德育资源,我们就需要对其进行改进,使其能得到充分的利用。红色网站所以不受青少年的欢迎,除内容方面的原因外,更多的是呈现方式上的原因。在以往的研究中,有的学者也提出应广泛建立从中央到地方两级层次的德育网站,扩大网络社会的影响力度。[1] 然而,如果党团组织的"红色网站"和其它形式的"德育在线"不进行彻底的呈现方式的创新,依旧保持浓重的说教色彩的老面孔,这样的网站再多也都是"空壳运转"式的摆设。

笔者以为在呈现形式上可以尝试下述实践探索:

(1)尽量避免直接使用"思想教育在线"或"德育在线"等网站名称。网络活动的自由、开放与自主选择的特性决定了"红色网

---

[1] 胡成广:《论创建网络德育系统工程》,《思想教育研究》,1999(6)。

站"在德育的课程形式上更宜采取的形式是"隐性课程",要通过调动青少年的兴趣和参与网络活动的积极性来实现对青少年道德成长潜移默化的影响。而直接冠以"道德教育在线"的网名,难免会使学生把它同学校里接受的毫无乐趣的思想品德课对号入座,从而引发他们的抵触情绪和逆反心理。所以红色网站的名称宜选用中性的、淡化政治色彩,符合青年人特点,富于时代气息的网站名称。

(2) 在内容板块上,也不必完全拘泥于道德教育的编排体系。把德育内容进行适当的移并和拆分,有计划地、系统地融入其它生活娱乐板块。利用青少年热衷网上聊天和参加 BBS 论坛的特点,针对某些热点社会道德问题进行讨论,或选作主题聊天室的话题,可以调动青少年参与道德问题讨论的兴趣。CNNIC 的调查显示,在所有被调查的网民中,将获取信息作为上网最主要目的的网民所占比例最多,达到 46.2%;其次是休闲娱乐,有 32.2%的网民选择;排在第三的是学习,有 7.9%的网民选择。娱乐和资讯是多数上网者的主要目的,因此,思想品德教育呈现方式的娱乐化不失为一种有益的探索。

此外,还可以结合学生思维发展特点和兴趣的倾向性,大胆运用动画内容,将抽象、枯燥的道德教育内容以形象生动、学生喜闻乐见的形式展示给他们。在这方面香港的一些德育网站已改进得相当完善,值得我们去借鉴和参考。

2. 借助网络的技术优势,增加公益广告的宣传力度。

谈到网络正向资源的开发,我们可以以公益广告为例,抛砖引玉。公益广告的宣传意图主要为了推销观念,呼吁公众关注某一社会问题,以符合社会公益的准则去规范自己的行为,支持某种社会事业和社会风范,因此具有很强的社会道德教育意义。[①] 以往的公

---

① 郎家丽:《公益广告设计中的创意初探》,《中国美术教育》,2001 (6)。

益广告多以电视为呈现媒体，在网络上的公益广告数量还极少见，几大门户网站基本都被铺天盖地的商业广告所充斥。网络公益广告可以充分利用强大的网络资源优势和覆盖面，产生广泛的社会影响。同时，它还克服了其它媒体公益广告播放的局限性：电视广告信息量小转瞬即逝且制作工艺复杂，制作成本高昂；广播受众广泛，但它稍纵即逝，表达形式单一；报纸信息量大，传递迅速，可重复阅读，但是却难以克服时效短、色彩单一的缺陷；杂志公益广告目标人群明确，色彩艳丽，形式美观，但是阅读范围狭小，影响有限。网上公益广告在克服上述各媒体自身缺陷的同时，以最大限度发挥了其优势，它既可以以网络内部的某些问题为对象，也可以在网络之外选择公众关注的道德问题作为宣传内容，因而网络成为最理想的公益广告载体。

其实，网上还有很多可以发掘和利用的积极资源，例如由于网络的便利性，我们可以开展很多咨询活动，在为大家解除疑惑的同时发挥正向的德育引导。网上汇集了来自不同地区、各种各样的人，通过网络发布寻求帮助的公益信息，例如寻人启事、募捐、器官捐献等等，都将是发扬仁爱精神的好方式。如果我们有敏锐的眼光发现这些资源，并对其进行开发和利用，那么这将不但是对网络资源的丰富，而且也是对网络环境的一种改进。

3. 开发网络的游戏资源，尝试道德教育内容与网络游戏的呈现形式相结合。

如果说公益广告是网络可以发掘的正向资源，那么网络游戏就更可以称为可资利用的德育形式。在第一章对青少年接受网络道德影响特点的分析中，我们已经提到过网络游戏本身是中性的，它在形式上对青少年的巨大吸引力完全可以为我们所利用，转化为积极的德育途径。目前网络游戏在很多网站中都占有相当大的板块份额，它也成为对青少年最具影响力的网络内容之一。我们在对上网学生的问卷调查中,在上网玩游戏的频率问题上,有19.8%的青少年选择了"经常",有27.7%的青少年选择了"有时",另有31.8%的青少年选择了"很少",只有20.7%的青少年选择了"从不"上网玩游戏,从中我们不难看出网络游戏对青少年的强势影响。然而,因为网络游戏自身的缺陷,多数人都对网络游戏抱有偏见。提及网络游戏,人们自然会把它同刺激、血腥、品味低下、制作粗劣等字眼联系在一起,尤其是家长们更是把网络游戏视为致使孩子玩物丧志的洪水猛兽。事实上"除去为数很少的品位不高、缺陷严重的游戏外,应该说大多数的游戏是具有启迪智慧、丰满人格等辅助作用的"①。把初级的德育内容进行合理的游戏化改造,在充分利用了青少年对网络游戏浓厚兴趣的同时,也最大限度地使用了德育的网络资源。笔者认为初级德育内容的游戏化改造具有可能性。例如香港公民委员会的网站(http://www.cpce.gov.hk/),它利用了网上游戏、交流园地以及视像媒体等轻松有趣的方式引导访问者学习公民知识,开展公民教育,这种方式非常值得我们借鉴。

  首先,德育内容进行游戏化改造,最大限度地体现了教育的直观性原则,是教学主体性思想以及快乐教育理念的集中体现。美国学者米哈利·西克森特米赫利认为:工作与游戏之间并不存在一条不可逾越的鸿沟,其关键在于人们在活动中产生的喜爱与愉快的主观体验。只要活动能够集中注意、全神贯注、确定目标、得到反馈、产生掌握和控制事物的感受,这种活动就能够被主体视为达到目标的活动。②

---

  ① 田宏碧、陈家麟:《网络游戏:一种被冷落的远程教育资源》,《中国远程教育》,2002(7)。
  ② 同上。

其次，网络游戏自身的特点也提供了德育内容游戏化改造的可能性。网络游戏具有良好的拟人性、拟物性和拟境性，网络游戏借助虚拟技术，已从当初单纯 MUD 型发展到声像具备的图形界面型，它能创造出一个非常逼真的虚拟世界，使人们在游戏世界中尝试与现实世界几乎完全相同的生活体验。随着动画数字技术的发展和游戏拟人、拟物、拟境等功能的日臻成熟，网络游戏更便于学生进行探究式自主道德知识学习和现实道德情境的虚拟体验。

再次，游戏制作手段的进步也为德育内容的游戏化改造提供了技术支持。目前，大多数网络游戏采用 FLASH 制作方式。它不仅兼顾了传统动画的特点，而且突出了动画表现方式形象生动和便捷的特征，使以往以手绘为主的动画制作网络化、程式化，大大降低了动画制作的难度和成本。同时，程式化的制作方式和制作难度的下降，也使青少年直接参与制作过程成为可能，青少年自己动手制作反映德育内容的游戏动画，不仅可以使他们更多地体验成功的乐趣，增强他们对动画所呈现内容的兴趣，也有助于他们对动画内容的教育意义有更深层次的理解。

德育内容的游戏化改造可以采用多种形式：现代德育中价值澄清法的情境选择、科尔伯格的两难道德问题回答，都可以借助游戏和动画手段，使之更为形象，更具有趣味性。另外也可以充分挖掘中华民族优秀传统美德中的德育资源，开发大规模的、面向社会的道德教育游戏软件，或与学校的思想品德课相配合，开发动画版或游戏版的辅助教材。总之，网络游戏和动画既然包含着如此丰富的德育资源，而且为广大的青少年所喜闻乐见，没有理由被冷落或弃之不用。随着网络技术的进步，德育内容游戏化改造的前景将更为广阔。

网络环境的改善靠大家。只要个人和社会共同努力，既有内在的道德约束，又有外在的强制规范，同时加大对网络资源的利用、开发和改造，那么，一个洁净的网络环境将呈现在我们面前。借助网络的丰富资源，教育将更加有效，个体将得到更充分的发展，网络世界也终将成为人类道德精神的新家园。

网络社区道德规范的现状及建设

网络的迅速兴起和繁荣以及随之出现的诸多问题，使得网络道德的研究具有紧迫性和长远意义；网络的社会性特点、自律的道德风险和长期以来德育的问题，决定了网络道德规范的建设具有可能性和必要性。随着网络与生活的逐步结合，关于网络道德的研究迅速兴起并在深度和广度上大大拓展。但已有的研究中理论研究和宏观描述居多，具体问题研究和实证研究较少。因此，本研究从微观层面出发，对网络的基本单位——网络社区的道德规范进行了实证研究，这可以在一定程度上弥补国内研究的空白和缺失。

一、主要概念的界定

本研究涉及到一些概念，如规范、道德规范、道德失范、社区、网络社区、网络道德等，此处对比较核心的概念加以阐明。

（一）社区与网络社区

关于社区的定义有很多种，这里选取几个加以分析：

伊恩·罗伯逊著的《社会学》把社区（community）定义为居住在同一地区并有着共同利益和"归属"感的社会群体。[①]

---

① [美]伊恩·罗伯逊著：《社会学》，商务印书馆，1991，第839页。

在郑航生主编的《社会学概论新编》①中，社区被定义为是进行一定的社会活动、具有某种互动关系和共同文化维系力的人类生活群体及其活动领域。社区包括如下几层含义：①社区总要占有一定的地域，其社区形态都存在于一定的地理空间中。从社会学的角度看，社区的"区"则是一个人文区位，是社会空间与地理空间的结合。②社区的存在离不开一定的人群。③社区的人们形成了共同的行为规范、生活方式和社区意识。④社区的核心内容是社区中人们的各种社会活动及其互动关系。在郑航生的《社会学概论新编》中，对社区作了分类，在法定的社区、自然的社区和专能的社区这类空间特征比较明显的社区之外，还分了一类空间特征不明显的社区——精神社区。社会学家英克尔斯认为②："精神社区指的是这样的社区它的共同成员感建立在价值、起源或信仰等精神纽带之上。"人们没有明显的共居地，但却有着共同的成员感和隶属感，有着某些共同的价值观念、生活方式和信仰。从空间特征来看，网络似乎是不属于分类之中前三者的。那么网络属不属于最后一种精神社区呢？

袁斐在文章中引用的社区定义为③："比社会更具体的由自然意志所创生的人类的生存单元和生存共同体，具有粘合性，是以首属群体占统治地位的人类生命单元。""社区"强调的是共同的精神状态、生活方式，它属于精神生活范畴，地理只是附带条件。而网络世界介于真实与虚拟之间，是一个由文字、符号、图形建立的半虚拟半真实的世界。网络社会也是由人们的沟通和互动而形成的结构系统，符合社会的概念。袁斐认为网络社会的特征更符合社区的定

---

① 郑航生主编：《社会学概论新编》，中国人民大学出版社，1987，第274～281页。
② 转引自郑航生主编：《社会学概论新编》，中国人民大学出版社，1987，第279页。
③ 袁斐：《网络社区中两性角色及行为的比较分析》，《社会学》，2001（3）。

义，它具有兼顾特殊化（强联系）与一般化（弱联系）等多个端点的社会关系，是一种真正的社区。袁斐认为"网络"即为"网络社区"，也就是说，他是把整个网络社会作为一个社区来看的。

在王欢、郭玉锦《网络社区及其交往特点》[①]一文中，引用了多个网络社区的定义：

Smith的定义：网络社区是通过电讯传播网络，显著地发生在与经由计算机所连接起来的一组进行中的许多方面的互动。

P·库伯斯提出，网络社区应以"会员之间的归属感"为中心，并由以下几大要素来强化：对品牌的认同；对其他会员具有强烈的志同道合的感觉；可以藉由网站产生会员之间彼此的互动；对该网络社区的发展有参与的机会；会员之间能借由该网络社区产生并拥有共同利益。

Howard Rheingold在《虚拟社区》（The Virtual Community, 1993）一书中，将网络社区定义为：一群主要媒介为计算机网络彼此沟通的人们，彼此有某种程度的认识、分享某种程度的知识和信息、相当程度如同对待友人般彼此关怀，所形成的团体。

W·J·马丁的定义：网络社区是有一定"电子边疆"，并有一定数量的网络行动者持续互动的社会系统。

王欢、郭玉锦对网络社区的定义：由网上相邻或相互关联的若干社会群体和社会组织构成的网上网民共同体。他们还归纳了网络社区的几项特点：①它必须通过互联网络来作为传播的媒介；②它的成员通过网络社区能共享信息与沟通；③成员能通过网络社区来满足社会生活需要；④它的成员对它有一定的归属感。

本文所认为网络社区是一种微观的社区，如聊天室、BBS等具

[①] 王欢、郭玉锦：《网络社区及其交往特点》，《北京邮电大学学报》（社会科学版），2003（10）。

有某种主题的网络空间。"网络社会"还是不等于"网络社区"的。根据以上定义,我们可以归纳出网络社区的特点:①网络社区具有一定的虚拟空间。网络社区中人们可能来自五湖四海,没有传统意义上所说的"共居地",但是却共有一个固定的虚拟网络空间。②网络社区具有一定的人群,且人群之间具有实质性的互动。③网络社区有一定的规则。这些规则成员必须遵守,且有相应的措施来保障,如奖惩措施。④网络社区成员之间具有归属感。网络社区的成员往往具有共同的兴趣和爱好,在长期的稳定的网络社区里,成员之间可以很熟悉并建立起友好关系,个体可以产生归属感。所以,即使按照传统的定义,网络社区也完全可以算作社区,作为社区中一个新的分类。网络社区的特点更多地接近精神社区。虽然多数网络社区的人员流动很快,根本谈不上有建立在价值信仰之上的共同成员感,算不上严格意义的社区,但这主要是因为它们不稳定,有待发展,还不是成熟的社区。本研究主要选取较为稳定和成熟的社区,便于研究,同时关注尚不成熟的社区,作为对照。

(二)规范、道德规范与"道德失范"

1. 规范与道德规范。

伊恩·罗伯逊著的《社会学》的定义①:规范(Norm)是指人们共同遵守的条例或准则,它规定了人们在特定情况下恰如其分的行为。他把规范分为两种:社会习俗与道德态度。社会习俗指日常生活的一般习惯和常规,它能够容忍大量不服从现象的存在;道德态度则强硬得多,强令人们遵守,几乎无回旋余地。我认为这里道德态度可以和道德规范相对。他举了一个有趣的例子说明两者的区别:如果一个男人裸露上身从街上走过,那么他违反了社会习俗;

---

① [美]伊恩·罗伯逊著:《社会学》,商务印书馆,1991,第834页。

如果他裸露下身从街上走过，那么他就违背了道德态度。

日本《现代社会学辞典》的定义①：社会规范指在社会生活中要求社会成员的行为步调一致的一定标准或者理想。这里，包括在成员的行为中所应追求的理想的价值标准，以及在这一追求之际应采取的恰当行为方式的指示，而且伴随着为提高、保障同一步调而进行的明确的或者不明确的赏罚。规范的功能：①是社会成员行为依据的框架；②是决定行为目标和选择手段的指针、基准；③是社会成员心理性联系的对象，并给予他们自我依据、提高作为伙伴的裙带感。只有有效地使用赏罚规则，规范作为社会控制的有力手段才能发挥作用。也就是通过对期待的和不期待的行为的赏罚，防止偏离行动，处理纷争，消除紧张。社会规范从具体形态上大致可以分为习俗、道德规范和法制规范。

道德是指以善恶判断的基准为中心的规范体系。它是把习俗进一步意识化、理念化，特别是把包含在这里的善恶判断等明确化了的规范。道德的赏罚一般要涉及到行为者的人格评价，在正赏罚中引起很高的赞赏，在负赏罚中将引起从非难到轻蔑的广泛反应。

魏英敏主编《新伦理学教程》把规范定义为②：在最一般意义上即是一种标准、一种规则或准则。而社会道德规范是指在一定条件下，指导和评估社会成员的价值取向的善恶准则，包括自发形成的判断善恶的常规惯例和自觉概括或表达的善恶准则体系两种形态。③

这儿我们通过对法律规范和道德规范的比较来分析道德规范。

---

① 沙莲香主编译：《现代社会学——基本内容及评析》（上册），中国人民大学出版社，1994，第202～209页（本书为《现代社会学辞典》（北川隆吉主编）的编译本）。
② 魏英敏主编：《新伦理学教程》，北京大学出版社，1993，第34页。
③ ［美］伊恩·罗伯逊著：《社会学》，商务印书馆，1991，第240页。

道德规范与法律规范①是人类社会规范世界的两种基本规范类型，两者同根异体，同源异流。从起源上说法律规范是从道德规范中分化出来的，法通过强制的力量表达了一整套道德规范体系要求，从本质上说，法律规范也可以说就是道德规范。因此，本研究在研究网络道德规范的同时，必须关注网络法规的建设。

　　法律规范与道德规范都具有强制力，前者是一种强强制力，后者是一种弱强制力，是行为者具有一定自由仲裁权的强制力。因此对于道德规范有"效力"与"实效"之分。道德规范的效力是指道德规范本身有合理性基础，因而是具有约束力的。道德规范的实效，则是指道德规范本身被实际遵守的状况，道德规范在社会生活中事实上起着有效调节的作用。往往社会并不缺乏有效力的道德规范，而是缺乏道德规范的实效。但网络中两者都比较缺乏，我们不知道哪些道德规范在网上是适用的，哪些是不适用的。因此，网络道德规范的建设，一是要重视网络道德规范的完善，二是要注重道德规范的可操作性研究，促使其由效力向实效转化。

　　根据以上表述，道德规范体系可以概括为三个层次：道德价值－道德原理和原则－道德规范，道德规范不能脱离道德原理和原则，更不能没有道德价值的内核。否则，道德规范就会失去灵魂，成为僵化的教条。因此，在研究网络道德规范时，必须同时关注道德价值和道德原理。也就是说，我们更应该研究的，是如何建立一个适合网络社会的道德规范体系。

　　综上所述，本研究有两点需要明确：第一，本研究的主要对象是网络道德规范，网络法律规范只作为本研究的参照，习俗由于其研究的难度，本研究不作观照。第二，本研究不仅仅研究具体的网

---

① 高兆明著：《制度公正论——变革时期道德失范研究》，上海文艺出版社，2001，第183～199页。

络道德规范，还要关注网络道德的原理和原则。

2. "道德失范"与网络道德失范。

"失范"现象是在社会变迁的过程中出现的，是指在社会变迁过程中，传统道德受到极大冲击，从而出现一种失调状态。

"道德失范"的概念，由法国社会学家迪尔凯姆（涂尔干）提出。他认为，道德失范是在社会工业化的过程中，社会大变动造成的"传统道德的失灵与新道德尚未形成"的社会真空状态，从而出现社会的道德危机[1]。他认为出现"失范"的原因是社会结构在较短时间内发生了深刻的变化，与这种社会类型相适应的传统道德随之衰落，失去了它的权威性。各种社会规范和价值也由于社会变迁的加速而迅速变化，使得整个社会都失去了以往的纪律和秩序，社会生活在很大程度上摆脱了任何规范的约束，但又没有一种新的道德迅速发展足以弥补人们良心上出现的空白。整个社会则处于一种道德"真空"状态，在商业化的环境中，缺乏一种对个人行为进行强有力调节的道德来抑制人们的冲动与欲望，结果则是人欲横流，产生各种社会问题，并使整个社会公共道德水准下降，从而导致社会的道德危机。

墨顿借用了迪尔凯姆的"失范"概念，但他的分析结论截然不同。迪尔凯姆所发现的"失范"，是来自"传统道德的失灵与新道德尚未形成"的社会真空状态，而墨顿认为"失范"是由于个人意识和社会意识的不一致造成的，是一种"道德价值体系的瓦解和毫无理想"的精神心理状态。个人的价值定向和动机与社会意识不一，在社会制度下个人的目的无法通过"合法"途径实现，这种矛盾导致了失范现象的产生。两个人的研究从不同的角度描述现代化

---

[1] 宣兆凯著：《道德社会学理论、方法和应用研究》，北京师范大学出版社，1994，第228页。

过程中的社会的失调状态，一个偏于宏观，一个注重微观。

伊恩·罗伯逊的定义：失范是指当社会规范互相矛盾、不得力或不存在时，个人和社会都会出现的混乱状况。①

目前我国的网络道德失范，一方面是社会现代化过程中道德失范的反映，另一方面是网络科技本身的冲击。网络科技的挑战是全球面临的共同问题，但我国又具有自己的特点，那就是我国的现代化过程尚未完成。从五四运动到"文革"，对于传统文化的不断批判和颠覆，使得传统道德的根基极为薄弱；资产阶级的道德未能建立，共产主义道德因其过于理想化，虽历经多年依然根基薄弱。文化的"断层"使得新旧道德之间的"真空"状态更加严重。随着改革开放和现代化进程的加快，社会失调状态已有日趋严重之势，网络上的道德失范更多的只是这种失调状态的反映，网络科技本身的冲击只是使这个问题更加凸显在我们眼前。明确这一点，我们就对网络的道德失范有更为清醒的认识，对于网络道德规范的建设也会采取更为理智和合理的做法。

关于网络道德失范王腾这样认为："网络道德规范功能的弱化"，指网络社会上公认的道德规范对网络主体的约束功能的减弱，从而产生的一种道德关怀情感的偏离或缺失状态②。我认为，目前人们所说的"网络道德失范"指的是在网络中个体的道德行为暂时出现某种程度失控的状况。

王腾认为，由网络信息技术造就的网络社会是一个与人类现实社会完全不同的虚拟世界，这就提出了另一个问题：假如网络社会与现实社会完全不同，是不是就要重新建立一套完整的网络伦理规范体系？网络道德究竟只是伦理学的补充，还是一个新的伦理体

---

① [美] 伊恩·罗伯逊著：《社会学》，商务印书馆，1991，第839页。
② 王腾：《网络社会道德规范功能弱化成因探究》，《广西社会科学》，2001（2）。

系，对于这个问题仍然存在争议。这就是我们下面要关注的问题：网络道德的实存性。

（三）网络道德及其实存性

网络道德是否具有实存性？郑伟在他的文章《网络道德：非实存的规范体系——兼论网德》①中认为"网络道德"是非实存性的，在网络中不存在"网络道德"，而只有"网德"。理由如下：①道德具有相对不变性，且存在普遍的伦理规范，网络社会形态的特殊性只是一定经济要素在网络中的折射与表象，并不能消泯"不变道德"的稳定性。②网络经济因袭现实经济基础，且网络经济仍然处于萌芽状态，尚不成熟，网络社会并不具有实存性，因而网络道德也不具有实存性。③在网络和现实社会中，道德的作用方式表现出相对的差异性，但这种差异性只是暂时的，随着网络的发展，网络世界与现实世界的差距必然越来越小。④道德评价是道德的一项重要功能，目前我们说网络道德失范，评价的标准显然是"既有道德"。此外网络中的行为仍然是在现实空间发生的。因此从理论和实践两个方面讲，既有道德完全有能力规范网络中的失范行为。因此网络的出现只是"拓展了生活世界的内涵，在由现实和网络契合的生活世界中，'既有道德'有着同样强的生命力。同时，任何面壁虚构出的'网络道德'的理论，实践上只能使人在'既有'和'网络'两套道德体系间徘徊取舍，在网下和网上无所适从应变，从而陷入'道德恐慌'的阴影之中。'网络道德'带给网络主体的将不是秩序和规范，而是迷幻于现实和网络之间的道德困境"。

上文作者还认为，网络中不存在也不需要所谓的"网络道德"，发端于现实社会中的道德体系同样可以作用于网络。但是，现实社

---

① 郑伟：《网络道德：非实存的规范体系——兼论网德》，《社会科学》，2002（9）。

会和网络仍然具有差别性，在现实社会中订立的某些道德规范，无法完全适用于网络的特殊环境。因此需要发展出处理"电子空间"内部以及"电子空间"与"物理空间"之间矛盾的行为规范，即"网德"。它不是与现实社会道德系统等量齐观的道德形态，而是现有道德系统的一个新的组成部分。"网德"包含的一系列特殊的行为规范，归根结底是由网络的技术层面的原因（如数字化、虚拟现实技术等）引发的，它所导致的是对"既有道德"中浅层的、具体道德规范的修正、变更或补充，是属于操作伦理方面的问题，并不是对网络作为整个社会系统的道德诠释。

该作者的观点还是比较理智的，他揭示出网络道德与现实道德具有一致性，是现实伦理的延伸。但其中一些观点值得商榷。我们来逐条进行分析。首先，道德具有相对稳定性并不意味着它不会发生变化。跨越时间和空间的伦理规范的存在，并不妨碍从古至今道德体系的更替。其次，网络社会现在不具有实存性，并不说明它以后不会形成，因此也不能否定网络道德在未来生成的可能性。再次，网络社会与现实社会在未来趋向一致，并不说明未来的网络社会必须遵循现在的道德规范。最后，用现有道德评价网络状况，以及网络行为仍然在现实空间中发生，并不能说明现有道德一定能够规范网络行为。网络道德的"失范"状态是大家公认的事实，它与网络技术有很大关系，并不全是因为道德的社会控制作用有限所造成的。网络道德必然要在现有道德的基础上生成，但是，无论如何，网络道德的建设都不能只是对个别的具体规范的修补，而是要同时对道德理念进行变化和调整。

二、研究方法和研究过程

本研究采用的主要方法是文献资料分析和实证研究。此处主要对实证研究方法加以说明，主要是研究资料的收集和研究资料的分析。

(一)研究资料的收集,主要包括网络社区规范的采集和社区观察

社区规范的采集:随机选取BBS、聊天室、论坛等网络社区,采集社区成文的道德规范,进行分析和研究。为了避免专业性版面有特殊规定的影响,主要选取综合性的社区或版面。具体到最微观的社区,如某BBS的某个版面,有一定主题和一定的人群,更符合社区的概念,同时也便于研究。规范收集尽量注重全面性,在目前缺乏网络社区分类的情况下,尽量涵盖多种类型,如BBS,门户网站的社区,以及个人的小型社区。因为大的综合性社区一般来说发展比较成熟,规范较为完整,也较为有效地执行,因此规范收集重点针对大型综合性社区。小型的社区大多规范简单,实效也差,因此只作为补充。

社区观察:以各高校的BBS为主,以小型不成熟社区为辅。原因是高校BBS一般发展比较成熟,规则完备并有较为完善的实施保障机制;且作者本人对于高校BBS比较熟悉,便于观察,可以节省时间和精力。不足是随机抽样方法具有风险性,受作者眼界限制,可能不够全面;不可能长期观察,了解可能不够深入,即使深入,从作者的眼睛中看去难免带有主观色彩。

(二)研究资料的分析

1. 社区规范的分析。

主要是对采集来的社区成文规范进行初级整理、二级整理和三级整理等。主要方法是选取关键词,对相同和相类似的进行合并和归纳,并纳入本研究的体系中。示例如下:

(1)初级整理。

初级整理是对社区成文规范进行初步处理，主要是标示关键词句并概括归纳。例如对"西祠胡同社区"站规和"搜狐社区"站规的处理：

西祠胡同《新访客登记》

……咱这胡同啊，咳咳……，哦……，还是中国人多，所以啊，您老别管是老内、老外，或在外的老内，或是在内的老外，<u>到了咱胡同，一律得按咱胡同的规矩来</u>。什么打架骂人了，偷鸡摸狗了，造谣中伤了，要流氓了，乱扔垃圾随地吐痰了，给我逮着了都有的你好看。是不是啊，老李。（归纳为"遵守站规"）

还有啊，<u>你在咱胡同里的所作所为</u>，咱可是先把话说到头里了，咱胡同可是<u>不负任何责任的</u>。别到时候说咱胡同老几位不拉你一把。咳咳……（归纳为"对个人言行负责"）

……

最后还跟你说一声啊，咱这胡同里的<u>文章啊什么的，版权可不是咱们的</u>，是人家作家的，人家花老鼻子劲写的东西，可不能说抄就抄走了，好歹给人家留个话什么的，咱胡同也没有别的要求，只要您老语一声，<u>说是从咱西祠胡同里看到的就得</u>。（归纳为"尊重版权"）

《搜狐社区用户条款》

第 5 条　<u>本社区用户的个人资料受到保护</u>，不接受任何个人或单位的查询请求，公安机关和司法部门或根据国家相关法律规定提供除外。（归纳为"保护个人隐私"）

第 6 条　本社区用户享有在社区各公开栏目<u>发表言论的权利</u>，若栏目中有特殊规定，或受到社区处罚而关闭发言权限则例外。……（归纳为"言论自由"）

第 8 条　<u>本社区用户有义务遵守国家法律法规及本社区各项规章制度</u>。（归纳为"遵守法规及站规"）

第 9 条　本社区用户有义务遵守网络礼仪。(归纳为"遵守网络礼仪")

(2) 二级整理。

二级整理是在初级整理的基础上，对收集的社区规范进一步分类和概括，初步纳入研究的分析体系中。研究的分析体系主要包括规范内容、管理机制、管理手段和监督机制四个方面。以网易社区为例：

社区规范体系：

《网易虚拟社区基本法》——规范社区所有行为，包括公民和规定。

《社区管理人员条例》——规范管理人员的管理行为，并设定相应的约束、处罚条款。

《社区版面管理条例》——通用版面管理条例，新开版或现有版面未提出本版版面规范则依照该条例进行管理。

《服务条款》。

社区规范内容：

倡导型规范：相互尊重；尊重别人 ID；尊重版权；人人平等；保护个人资料；言论自由；使用健康 ID；不违规发文（灌水文章）；尊重版权；提供真实个人资料；对个人行为负责；

规诫型和禁令型规范：不得违反 CHINANET 的所有规定；不违法；不违反社区规定；不歧视；不人身攻击；不违规发文；不传播不良信息；不影响他人；不利用社区 bug；

社区管理机制：

社区设定由公务员、总管、版主组成的梯级管理体系。

公务员负责社区事务解决、问题解答、对外交流、系统公告及审核版面、设置管理人员权限等工作。

总管协助版主和社区公务员管理相关版面、整理精华区以及代管暂时没有设版主的讨论版的讨论秩序和精华区，审核区内的版主申请并给予评价，对试用版主进行审核。

版主：是从网友中产生的，共同管理网易社区的优秀社区公民。

版主权限：版主负责管理所辖版面，内容主要包括讨论秩序与精华区。

本版范围内整理文章及管理公民权限、编辑与清除文章、禁止违规公民在本版发表文章以及将好文章转移到精华区，并在精华区中设置目录，将文章归类存放。

制度保障：《社区管理人员守则》。

社区管理手段（奖惩措施）：

通告批评；剥夺登录权；删除文章；警告；取消发帖权(POST)；

关闭部分权限；暂停账号；取消该账号；追究法律责任；

（网易社区《社区基本法》第五编 处罚规则）

社区监督机制：

弹劾；投票。

（3）三级整理。

三级整理是在二级整理的基础上，把同类社区的规范进行汇总和合并处理，整理仍在二级分析的体系内进行。以高校BBS社区的道德规范内容整理为例，高校BBS的网络社区规范经过初级和二级整理以后，把六大高校BBS社区道德规范的内容合并如下：

高校BBS社区道德规范内容基本点：

倡导型规范：提供真实注册资料；保护个人资料；尊重和保护个人隐私；使用健康恰当ID（用户名、昵称、签名档等）；遵守站规；遵守法规及其他相关规定；对个人言行负责；尊重和保护版权；有报告系统漏洞的义务；保护用户利益；共享；自由；平等；

189

公平；公正；合理；友好；遵守网络礼仪；语言行为文明；尊重他人。

规诫型或禁令型规范：禁止非法违规商业活动和广告活动；不人身攻击；不歧视；不发布和传播不良信息；不重复发文；禁止不良灌水（标灌①，影响他人，抢整②）；不利用系统漏洞；不扰乱公共秩序；不影响网络秩序；不侵犯他人权利；不侵犯知识产权；不侵犯他人隐私；不违反站规；不违法及其他相关规定；不歧视（种族、民族）；不滥用（职权或权利）；不使用不恰当的ID（用户名、昵称、签名档、说明档等）；不欺骗（不造谣，不捏造）；不骚扰他人；不危害本站利益；不违反社会公德与良好风俗（不开此类版面）；不危害他人。

（4）四级整理。

在三级整理的基础上，把门户网站社区、高校BBS社区和其他社区的规范内容进行合并，管理机制、管理手段、监督机制等也进行归纳和合并。仍以网络社区道德规范内容的整理为例：

现有网络社区道德规范的内容基本点：

倡导型规范：提倡网络真实；保护个人资料；尊重和保护个人隐私；保护未成年人隐私；遵守法规；遵守本社区规范；遵守网络礼仪；尊重和保护版权；对个人言行负责；使用健康和恰当的ID；相互尊重（尊重别人ID；尊重他人权益）；自由（言论自由）；人人平等；公平；公正；合理；民主；共享；尊重；理解；友好；态度冷静；不滥用权限；诚信；尊重知识产权；有报告系统漏洞的义务；语言行为文明。

规诫型或禁令型规范：

---

① 指标题灌水，只有标题而无实质内容的发帖行为。
② 指发帖时抢整数序号而没有实质内容的行为，如抢发序号为3000的帖子。

禁止非法违规商业活动和广告活动；不人身攻击；不歧视；不发布和传播不良信息；不重复发文；禁止不良灌水（标灌，影响他人，抢楼）；不利用系统漏洞；不破坏公共安全与秩序；不影响网络秩序；不扰乱他人；不侵犯他人权利；不侵犯知识产权；不侵犯他人隐私和权利；不违反站规；不违法及其他相关规定；不歧视（种族、民族）；不滥用（职权或权利）；不使用不恰当的ID（用户名、昵称、签名档、说明档等）；不欺骗（不造谣，不捏造；不伪造；不冒充）；不骚扰他人；不违反社会公德与良好风俗（不开此类版面）；不伤害他人；不危害未成年人；不发布残害动物的言论；不侵犯他人人身权利（肖像权、姓名权、名誉权、隐私权等）；不侵犯他人财产权（商标权、著作权、专利权、专有技术、商业秘密等）。

2. 观察结果的处理和呈现。

对部分社区进行观察和记录，记录当时的情境，并尽量拷贝各个当事人的发言。但是由于违规的发言或帖子常常很快就被版主删掉，不少时候只能凭记忆来记录。对于观察结果的处理，主要是选取典型的案例，以完整故事的方式呈现，并加以分析，为研究的结论服务。作为观察结果的案例在下文有比较详细的呈现，此处不再赘述。

三、网络道德规范建设的现状

国内已有的网络道德规范并不多，因此笔者也收集了国外一些网络道德规范作为参照。

（一）国外的网络道德规范

国外的网络道德研究起步比较早，在规范建设方面已有较多建树。本研究主要着眼于国内，国外的网络道德规范情况只作为参考，因此只收集了一部分，包括由美国计算机伦理协会制定的"计算机伦理十诫"、美国计算机协会通过和采用的《伦理与职业行为准则》、南加利福尼亚大学的网络伦理声明、美国儿童网上隐私权保护法等。下面是对国外网络道德规范的分析。

从内容上看，这些道德规范有的比较抽象和概括，可以作为道德原则，比如"尊重他人的隐私"、"做到诚实可信"等；有的是针对某一具体领域规定的，如不能"伪造电子函件"。总的来说，以上规范涉及到的基本点有：不伤害、不干扰别人、不偷盗（包括物质的和智力的成果）、不做伪证、不擅用别人的资源、不能无偿使用、考虑行为的后果、为社会贡献、诚实可信、公正、无歧视、尊重财产权、信用、尊重隐私、保守机密、不扰乱网络秩序、不欺骗、不伪造电子函件。从网络道德原则看，可以概括为以下几点：不伤害（是否可以归入尊重）、尊重（尊重隐私、劳动成果、财产等）、守法、诚信、公正、互惠、负责。

从形式上看，主要是以倡导和规诫的形式呈现，倡导人们应当和可以做的行为，规劝和告诫人们不要从事某些行为。如"你应当考虑你所编制的程序的社会后果"就是倡导型的规范，"你不应当用计算机去伤害别人"、"避免伤害其他人"就是规诫型的规范。美国计算机协会的《伦理与职业行为准则》规定了"基本的道德规则"，呈现正面的应该做的行为，可以视为倡导型的规范。南加利福尼亚大学网络伦理声明，指出了六种类型的网络不道德行为，呈现负面的不该做的行为，可以视为规诫型的规范。这种分类也可以参见严耕、陆俊在《网络伦理》一书中的分析，他们认为这是对网络道德规范内容的分类，但实际上这不是内容的分类而只是规范呈现的不同形式。

(二) 我国的网络道德规范

我国网络规范的建设刚刚起步,其中关于道德规范的更少。收集到的有些是法规中的相关条文,有些是文明公约。以下是对我国现有网络道德规范的分析。

从内容上看,我国网络道德规范数量少,有一定法规,以道德规范形式出现的极少。因此本研究除了分析道德规范外,对法规中的相关部分也进行分析。以道德规范形式出现的主要有《全国青少年网络文明公约》、《北京地区互联网站电子公告服务倡议书》和《中国互联网行业自律公约》,其中涉及的基本点有:拒绝不良信息、诚实、友好、不欺诈、不伤害、自我保护、维护网络安全与秩序、不沉溺、守法、公平、信用、不侵犯、不破坏、行业自律(职业道德)、维护知识产权、严格监督机制、有秩序、保守机密、积极建设规范(后六点主要针对行业)。

法规中体现的道德规范有:不违法、不妨害社会安全与秩序、不传播色情暴力信息、权益保护、保守机密、有义务协助执法、不欺诈等。

从形式上看,由于我国真正的网络道德规范还比较少,多是以法规形式呈现的。法规的呈现形式多以禁令型为主,常用词是"不得"和"应当"。公约和倡议书的规范则采用倡导型和规诫型形式,常用词是"要"和"不",如《全国青少年网络文明公约》中"要诚实友好交流;不侮辱欺诈他人"。

对国内外网络道德规范的内容进行分析比较发现,国内的法制规范中重视了维护国家和社会的安全,对个人的权益保护规定比较少;国内的网络道德规范行业自律的相对丰富,多为维护行业权益,针对个人的很少,目前发现的只有《全国青少年网络文明公约》,规定也比较笼统,涉及的领域少。应该说,我国的网络道德规范还处于初步建设阶段，并且急需在内容上分化和在涉及领域上扩展。

四、网络社区道德规范的现状

（一）网络社区规范的现状

本研究主要收集了三类网络社区的数十个网络社区的规范，共27个社区的103篇版规。数量不多，对此笔者需要作两点说明：一是网络社区的选取兼顾了四类社区：校园BBS、中文门户网站论坛、其他国内较为著名的成熟社区以及不成熟的社区。分类的原因在前文研究方法中已作说明。在收集过程中，发现每一类社区的规范差异很小，规定的内容和形式都大同小异。因此，没有扩大社区规范收集的数量，而只是选取了较为典型的社区规范进行研究，同时在数量上加以兼顾，避免数量过少，造成内容的片面而有所遗漏。二是对四类社区中典型社区的选取不是随意的，而是有据可依。选取的六个门户网站社区，均为较为著名的中文门户网站，以人们公认的三大门户网站（新浪、搜狐、网易）为主。选取的校园BBS为清华大学的"水木清华"BBS、北京大学的"一塌糊涂"BBS和"北大未名"BBS、武汉大学的"珞珈山水"BBS、南京大学的"小百合"BBS、中山大学的"逸仙时空"BBS等，兼顾了南北地域和文化的差异。选取的其他成熟社区有"天涯社区"、"西祠胡同"等大家公认的著名社区。至于对不成熟社区的选取，由于数目多且无规可循，只能依赖于笔者的视野和判断。

从是否有成文规范来看，一般的网络社区都有成文的规范，只是规则的详尽程度不同，大型的网络社区一般规则齐全，小型的则较为简单和笼统；从有无实施和保障机制来看，较大的网络社区有严格的监督保障机制，并且有相应措施，如梯级的管理机制、选举制度、投诉制度等,小型的社区往往没有,即使有也几乎不执行。下面我们对不同网络社区及其社区规范的现状进行简单的介绍。

1. 发展比较成熟的社区。

这里主要包括门户网站的社区、校园 BBS 以及其他一些规模较大的社区。这些社区版规的篇幅都较长,规定比较细致。其中包括三类社区:

(1) 高校 BBS。

本研究选取了六大高校 BBS 的站规和版规。"水木清华" BBS 是清华大学的校园 BBS,也是目前规模较大的 BBS。本研究除了收集总版规外,还选取了"笑口常开"(Joke)版和"鹊桥"版的版规。由于主题不同,为了维护本版主题,各个版面会有一些不同的规定。选取主题性的版面可以更深入细致地研究网络社区的道德规范。鹊桥版(Piebridge)是一个交友版,主题是征友或者征婚。鹊桥版后来还分离出"鹊桥·征男友或女友"版(Pielove)和"鹊桥·征玩友及其他"(PieFriends),版规仍以鹊桥版为指导。"笑口常开"(Joke)版的人气常常位居水木清华所有版人气值的前三名,可能由于版面内容的关系,这里的执法相当严格,却又有一种特别的气氛。这两者都属于"水木清华"人气最旺的版面。

"一塌糊涂"(http://www.ytht.net)是教育网内的民间站点,由高校学生志愿建设和维护,可能是国内目前最有"言论自由"气氛也最"前卫"的 BBS 了。这里的"三角地"(Triangle)等版聚集着大量的"愤青",评论时政,以极大的爱国热情发表各种见解;这里率先开了性教育版"人之初"(Sex)和同性恋版"酷儿"(Motss)等。本研究除了选取总版规之外,还选取了人气最旺且较有特色的"三角地"(Triangle)和"人之初"(Sex),这两个版因为话题比较敏感,管理起来难度更大。

(2) 综合性门户网站社区。

这里选取了"新浪"社区、"搜狐"虚拟社区、"网易"虚拟社区等六个大门户网站的社区。综合性门户网站的社区一般都有"社区基本法"或者"用户条款",比较全面细致,但各个门户网站规则的内容大同小异。如搜狐社区除了社区基本法之外,还有用户基本守则。

(3) 较著名和成熟的社区。

主要选取了"天涯社区"和"西祠胡同"。天涯社区有"天涯社区守则",西祠胡同社区的规范有些则采用"唠嗑儿"的形式,别具特色。

2. 不稳定或不成熟的社区。

本研究中主要选取了牵牵聊天室、牵牵聊友论坛、小港湾网站等小型社区。牵牵聊天室以及牵牵聊友社区是不稳定社区的一个例子,它在2001年左右曾经"盛极一时",聊天室最高人数可以达到一二百人,但是后来逐渐衰落。到目前,聊天室在线常常只有寥寥几个人,即使是周末也无法使人气提升多少,论坛在线人数也大为下降。

从牵牵聊天室的社区规则我们可以看到,等级制度是这个聊天室的最大特点,等级越高权力越大,甚至可以作威作福。在经验值达到17级"风云使"之后即开始拥有"踢人"权限,即有了部分管理权,达到22级"大天使"之后可以申请做管理员,拥有全部的"踢人"权限。另一方面,监督和约束机制却很有限,而且聊天室的最高权力集中于"天神总管"之手,他的权力却没有相应措施来限制。在最初几年这个聊天室确实吸引了大量的学生,有空就"泡点"(延长泡网时间尽量获得更多的经验值),乐此不疲,并围绕"泡点"发生了许多纠纷,下文将会作为特例详细说明,此处不再赘述。后来,更成熟的社区大量涌现,牵牵聊天室似乎就显得幼稚而单调了,而且秩序并不是很好,也就逐渐衰落了。牵牵聊天室的一些特点和网络的基本精神——平等、公正是相背离的，表明这个聊天室是不成熟的，可能只是初期社区的一种形式。

牵牵聊友社区也采用等级制度，分金钱值、经验值、魅力值等分值。这和聊天室的等级比起来就显得微不足道了。它的社区规则与下面将要提到的"小港湾"社区一样，此处不再赘述。

小港湾（http：//www.xiaogw.com）是一个小型的网站，建立的时间并不是很长。它的版规是直接拷贝《互联网电子公告服务管理规定》第九条，只作了一点补充，几乎没有再进一步作具体的规定，更谈不上保障实施的措施了。这样的规则放在这儿基本上没有起到实际作用。但是在收集资料的过程中，发现好几个小型社区的规则都和"小港湾"社区的规则分毫不差，而且都没有起到实际的作用，如牵牵聊友社区、超级搞笑论坛等。

（二）网络社区道德规范基本内容的概括与分析

这里分析的主要是比较成熟、规则完备的社区。采用的方法是选取关键词，对于相同、相类似的则合并，进行二级整理、三级整理等。这在本文第三部分"研究方法"中作了详细解释。本研究按照"倡导型规范"和"规诫型规范"进行分类，概括网络道德规范内容的基本点如下：

1. 大型门户网站社区。

以下基本点从六大门户网站共七个社区的32篇站规中提取，这七个社区是：搜狐社区、新浪论坛、网易虚拟社区、中华网论坛、Tom.com论坛、Tom.com聊天室、雅虎论坛。

倡导型规范：提供真实准确的个人资料；尊重和保护隐私；言论自由；守法、遵守本社区规范、遵守网络礼仪；文责自负；尊重版权；尊重作者劳动；对个人言行负责；使用健康和恰当的ID；相互尊重；尊重别人ID；尊重他人权益；人人平等；公正；民主；

尊重；理解；礼貌；报告 bug 的义务；态度冷静；公正；友好；不滥用权限；诚信；尊重知识产权。

规诫型或禁令型规范：不违法、不违反社区守则、不违反互联网相关规定；不破坏公共秩序；不利用社区 bug；不传播不良信息；不得影响互联网正常运转；不人身攻击；不歧视；不违规发文；不扰乱他人；不进行违规的商业活动和广告活动；不使用不雅和不恰当的 ID；不散布对本公司不利信息；不伤害他人；不发布残害动物的言论；不侵害他人隐私和权利；不危害未成年人；不伪造；不冒充。

2. 高校 BBS。

以下基本点从六大高校 BBS 共十个社区的 61 篇站规中提取，这十个社区是："水木清华" BBS 及它的 "鹊桥" 版和 "笑口常开" 版、"一塌糊涂" BBS 及它的 "三角地" 版和 "人之初" 版、"北大未名" BBS、武汉大学的 "珞伽山水" BBS、南京大学的 "小百合" BBS、中山大学的 "逸仙时空" BBS。

倡导型规范：提供真实注册资料；保护个人资料；尊重和保护个人隐私；使用健康恰当 ID（用户名、昵称、签名档等）；遵守站规，遵守法规及其他相关规定；对个人言行负责；尊重和保护版权；有报告系统漏洞的义务；保护用户利益；共享；自由；平等；公平；公正；合理；友好；遵守网络礼仪；语言行为文明；尊重他人。

规诫型或禁令型规范：禁止非法违规商业活动和广告活动；不人身攻击；不歧视；不发布和传播不良信息；不重复发文；禁止不良灌水（标灌，影响他人，抢整）；不利用系统漏洞；不扰乱公共秩序；不影响网络秩序；不侵犯他人权利；不侵犯知识产权；不侵犯他人隐私；不违反站规；不违法及违反其他相关规定；不歧视（种族、民族）；不滥用（职权或权利）；不使用不恰当的 ID（用户名、昵称、签名档、说明档等）；不欺骗（不造谣，不捏造）；不骚扰他人；不危害本站利益；不违反社会公德与良好风俗（不开此类版面）；不危害他人。

3. 其他社区。

以下基本点从七个网络社区的 10 篇站规中提取，这七个社区是：天涯社区、西祠胡同、西陆 BBS、牵牵聊天室、牵牵聊友论坛、小港湾、超级搞笑论坛。其中牵牵聊友论坛、小港湾、超级搞笑论坛站规相同，按 1 篇计算。

倡导型规范：遵守法规；遵守站规；对个人言行负责；尊重版权；遵守法律；保护网友权利；尊重和保护个人隐私；保护未成年人隐私；保护著作权；尊重版权；提倡网络真实；站方中立；提供真实的注册资料；保护个人资料；人人平等；言论自由；遵守网络礼仪。

规诫型或禁令型规范：不使用不恰当 ID（账号、昵称、签名档等）；不人身攻击（造谣中伤）；不发布不良信息；不侵犯他人人身权利（肖像权、姓名权、名誉权、隐私权等）；不侵犯他人财产权（商标权、著作权、专利权、专有技术、商业秘密等）；不伤害（电脑网络、本站、他人）；保护未成年人隐私；不恶意灌水；不对他人造成不良影响；不歧视；不违反国家法规；不破坏公共安全与秩序；不进行非法商业活动；不利用系统漏洞。

总的来说，现有网络社区的道德规范内容主要包括以下一些基本点：

倡导型规范：提倡网络真实；保护个人资料；尊重和保护个人隐私；保护未成年人隐私；遵守法规；遵守本社区规范；遵守网络礼仪；文责自负；尊重和保护版权；对个人言行负责；使用健康和恰当的 ID；相互尊重（尊重别人 ID；尊重他人权益）自由（言论自由）；人人平等；公平；公正；合理；民主；共享；尊重；理解；

友好；态度冷静；不滥用权限；诚信；尊重知识产权；有报告系统漏洞的义务；语言行为文明。

规诫型或禁令型规范：禁止非法违规商业活动和广告活动；不人身攻击；不歧视；不发布和传播不良信息；不重复发文；禁止不良灌水（标灌，影响他人，抢整）；不利用系统漏洞；不破坏公共安全与秩序；不影响网络秩序；不扰乱他人；不侵犯他人权利；不侵犯知识产权；不侵犯他人隐私和权利；不违反站规；不违法及违反其他相关规定；不歧视（种族、民族）；不滥用（职权或权利）；不使用不恰当的 ID（用户名、昵称、签名档、说明档等）；不欺骗（不造谣，不捏造；不伪造；不冒充）；不骚扰他人；不违反社会公德与良好风俗（不开此类版面）；不伤害他人；不危害未成年人；不发布残害动物的言论；不侵犯他人人身权利（肖像权、姓名权、名誉权、隐私权等）；不侵犯他人财产权（商标权、著作权、专利权、专有技术、商业秘密等）。

从中概括归纳出的道德原则主要有：自由；平等；公正；合理；民主；共享；尊重；理解（或宽容）；礼貌；诚信（包括真实或诚实）；负责任；不伤害。

（三）网络社区道德规范的实施机制和保障措施

校园 BBS 和门户网站中，网络规范的实施机制和保障机制都比较健全，尤以校园 BBS 的实施和保障机制更为健全和有效。

1. 校园 BBS。

（1）梯级管理体系。

一级管理人员：站务委员会（由站长和其他站务组成）、站长。站规中对站长的任职程序和职责都有明确的规定。比如站长的职责包括：账号审核，开版，关版，版主、版副的任免；版务的监督和管理；系统维护。

二级管理人员：版主，包括正副版主，每版有2～3个版主，通常被社区成员称为版一、版二、版三，有些人气旺的版设四个版主，如"一塌糊涂"BBS的三角地版。版规中对版主的设置、申请、任命、罢免、弹劾、辞职、职责等都给予了详细和严格的规定。比如"一塌糊涂"BBS对于版主的罢免和弹劾的规定："对于不尽责而遭人检举并经查确实有失职行为的版主，本站由站长先发信做口头上警告，如果情况仍未改善，站务委员会可取消其版主资格，并取消其再申请本站任何讨论区版主职位的权力。版主的弹劾应由站上20人以上的联名提交，再交由站务委员举行投票，必须由参与投票的2/3使用者同意罢免才能够通过。"

（2）管理手段：校园BBS的管理手段主要包括技术手段和奖惩手段。采用技术手段可以过滤掉一部分不恰当的ID和不良信息，主要是根据关键词来判断。这种手段起到的作用是有限的，因此目前校园BBS的更重要的管理手段是奖惩制度。作为虚拟的空间，网络社区中的奖励多是精神上的奖励，惩罚则主要是限制权限。校园BBS中明显的奖励不多，版规中较多的是惩罚措施，取消发言权是一个比较有效的办法。水木清华BBS的joke版有一个有趣的现象——"小黑屋"现象，初到该版的人一般不明白它的含义。社区成员违反版规后被取消POST权（发帖权）1～14天，大家把这种状态戏称为进了"小黑屋"。可能这就是joke版的特色，即使处罚也带着调侃的色彩，为大家增添不少乐趣。

（3）民主选举与投票制度：所有版务须投票产生，并经过考核和试用。级别越高，权限越大，考核就越严格。民主在这里得到比较鲜明的体现。如《一塌糊涂BBS站仲裁制度》规定："仲裁委员会的决定均采用投票方式进行，投诉案件的表决采用多数意见，如果投票意见持平，则按照维持既成事实不作调解处理。弹劾案件的表决需获得不少于三分之二的赞成票。"但版上往往存在拉选票之

201

风,站内信箱里经常收到拉票信件,大家碍于情面往往去投一票。当然,社区需要的是大家拥护的版主,拉选票也算是体现了这一点。

(4)仲裁制度:BBS站内一般都设有仲裁机构,负责受理用户的申诉、弹劾请求并做出裁决,享有独立的仲裁权。仲裁委员会由仲裁员组成,规定仲裁委员应恪尽职守,对用户负责,以事实为依据,以站规为评判准则的态度进行工作。仲裁委员会成立的目的是为了实现最终裁判权和行政权的分离,减少版务或站务因个人喜好等因素而做出的不公正决定,使纠纷的处理更接近公平。

(5)监察和管理制度:BBS站设有监督和检察机构,负责督促站务、仲裁和版务的工作,发现和举报站务版务的违规行为,并分别提交至相应管理机构进行处理或向站内仲裁机构提起公诉;同时监察机构还有权力帮助用户进行诉讼,以保障站内用户的合法权益不受侵害。监察机构成员不得在站内兼任站务、仲裁机构成员职务,监察机构成员仅受站务组弹劾。这种权力的互相制约,使得站规在执行上更为公正和合理。

2. 门户网站。

(1)梯级管理体系。

一般为三级管理体系,也有二级的。如网易虚拟社区设定由公务员、总管、版主组成的梯级管理体系,必要时可在各职务下设副职,协助管理。公务员负责社区事务解决、问题解答、对外交流、系统公告及审核版面、设置管理人员权限等工作。总管协助版主和社区公务员管理相关版面、整理精华区以及代管暂时没有设版主的讨论版的讨论秩序和精华区,审核区内的版主申请并给予评价,对试用版主进行审核。版主负责管理所辖版面,内容主要包括讨论秩序与精华区。《社区管理人员守则》对管理细则做了规定。各个社区的管理梯队虽然名称不同,但职能大致类似。如Tom.com社区设定由站长、讨论区主管和版主组成的管理团队。搜狐社区的管理梯队则是由站长、社区管理员和版主组成。

(2) 管理手段。

一般门户网站社区都制定有奖惩制度，以惩罚性措施居多。一般的措施有：警告、删除文章，关闭部分权限，停止发文权力，暂停账号使用，删除账号，甚至求助法律制裁等，各个社区大致类似。在有等级制度的论坛中，则多了一类奖惩的手段。如 tom.com 论坛，用户等级由低至高共分为 13 个等级，每一次的晋级均需消耗文采值、金钱值、魅力值各 1000 点。这些与上站次数、在线时间、发文情况等紧密联系，并且决定了个人在论坛的地位和权限。个体一旦违反社区规则，则相应扣除经验值，文采值，金钱值，魅力值。相反，参与活动或者其他贡献者则可以获得相应的数值奖励。

此外，由于网络技术的发展，管理手段也发生了一些有趣的变化。比如 tom.com 聊天站的语音聊天室，其惩罚手段还包括："蒙上眼睛"、"塞上耳朵"、"禁止说话"、"禁止写字"、"强制私聊"、"踢出房间"等。"蒙上眼睛"是指对指定的用户进行信息过滤，使此人无法看见任何人的公开聊天。"塞上耳朵"是指对指定的用户进行语音过滤，使此人无法听见任何人的语音聊天。"禁止说话"是指暂时剥夺指定的用户进行语音发言的权利。"禁止写字"是指暂时剥夺指定的用户进行文字聊天的权利。"强制私聊"是指强制指定的用户与管理员进行私聊。"踢出房间"是指暂时把违反聊天室规定的用户清除出聊天室，踢出次数越多，返回的间隔时间越长。

(3) 监察制度。

门户网站的社区都有投诉和举报制度，设有投诉信箱甚至是电话。如 tom.com 开辟《联系信箱（chat@bj.tom.com）》和《聊天站管理版》接受用户对管理员的投诉,并根据管理员守则定期对管理员进行审核,不合格的予以撤职,表现良好的可以连任。网易虚拟社区也规定社区公民有权发起对社区管理人员的弹劾案。这些相当于校园BBS社区的仲裁制度和监察制度的结合。但是比起校园BBS,门户网站在监察制度的丰富完备上就要逊色很多。

3. 其他网络社区。

比较成熟的网络社区在管理和监察机制方面比较严整,有梯级管理体系。如天涯社区的管理队伍由社区主管、社区管理员、社区编辑和斑竹组成。西祠胡同的管理体制比较有特色,类似于版主自治。社区成员可以申请建立自己的讨论版,规定本版的讨论规则和风格。每个讨论版可以设立副版主四人,由版主直接任命。副版主直接对版主负责。因副版主的责任出现任何问题,版主需要承担连带责任。站方设立站务居委会,居委会成员担负面向网络用户服务的工作,包括日常站务管理、用户问题解答、受理站内投诉、系统公告、审核账号、维持站内秩序等工作。站务居委会可以招聘兼职站务成员,协助站内管理。

这些社区在管理手段上与其他网络社区类似,主要有警告、降低网友等级,停止其账号及一切权力等。比较有意思的是,在西祠胡同,因违反站规被暂时取消部分功能使用权的用户被称为"西祠混混",独具地方特色。

总的来说,网络社区的实施机制和保障措施主要有以下几个方面:①梯级管理体系:由各级管理员组成,共同维持社区秩序。②管理手段:主要是奖励和惩罚,惩罚居多。③选举制度:选举产生各级管理员以及决定重大事务。④监察和管理制度:监督和检查各级管理员的工作,受理投诉和弹劾并做出处理。这些制度保证了网络规则的实施,起着和现实规范相同的作用。由于这些规则大多数的强制力并不很强,效力比起法规更是差得很远,其作用更多地类似于社会生活中的道德规范。

五、网络社区道德规范实效的研究分析

(一) 较为成熟的社区

在比较成熟的社区中，规范比较普及，成员对规范都比较熟悉，实施比较有效。分析原因如下：

(1) 规则较为严密完整，操作性强。从以上分析我们可以看到，所有的高校 BBS 和大多数的门户网站社区，其规则丰富全面，且规则的分化程度也比较高，有很多细则性的规定。"一塌糊涂" BBS 的"人之初"版，除了制定了删文方针、删文细则之外，还在精华区里给出了删文案例、封禁案例和禁用词词典，便于各届版主操作，社区成员也可以事先阅读，避免违规。

(2) 具有系统化的管理体系和保障机制。高校 BBS 和多数门户网站论坛的站规都确定了管理梯队，制定了管理制度、奖惩措施，设置了受理举报和投诉的机构，大多数社区还用选举手段来产生各级管理员以及决定重大事务。这些制度保证了规范的实施，并且较多地体现了民主和平等原则。

(3) 社区具有相对稳定的成员，从而形成一定的舆论氛围和群体压力。多数社区尤其是论坛的版面都有一定的主题，有相对固定的成员，且成员因为兴趣而对社区产生归属感和喜爱。这样社区成员就能够比较积极地参与社区事务，并自觉地维护社区良好秩序，能够形成一定的舆论氛围和群体压力。这是维护社区秩序安定与良好的最大保障。

案例分析：一篇帖子引发的冲突

在水木清华 BBS "鹊桥"版，一位女生在版上征友，与一位应征者见面之后，发现对方不断纠缠感到害怕，于是到版上诉苦并提

请各位征友的女生注意,由此引发了一场混战。有人替这个应征男生辩护,也有人骂这个男生太丢清华人的脸。有人赞赏女生的勇气,敢于写出事实给其他女同胞警戒;也有人骂这个女生笨,不自重,不应该告诉对方电话和办公室地址。更有一位自称是应征男生的人,把这位女生的相貌描述得极其不堪,明显地带有人身攻击色彩。鹊桥版顿时掀起轩然大波,甚至有些啼笑皆非的色彩,有的帖子被当作joke转发到了"笑话连篇"版。在混乱中,更多的人批评过分的言辞,对该女生表示同情,有人开始呼吁版主快点出来收拾局面。在很短的时间内,版上的相关的回帖被版主清理一空,只保留了该女生的原帖。版主发出系列公告,一些进行人身攻击和言语粗俗的网友受到处罚,遵照版规被封禁7天以上,鹊桥刹那间风平浪静。有一位网友发表一首藏头诗,乍看是评论本次事件,实际上是辱骂发帖女生,版主起先并未注意,还给加了保留标记。但是有几位老练的网友看出,立刻发帖批评该网友太过分,并要求版主做出相应处理。很快,该网友的帖子被删除,该网友本人也被封禁发文权7天。

像这种事情,人气比较旺的网络社区内是经常发生的。处理这类风波,首先要有管理体制的保障,这个案例中管理员起了巨大的作用。其次要"有法可依",这是"镇版之宝"。比如这次事件中,版主对于发藏头诗者的处罚就是依据《治版方针》第三部分"版面管理办法"之第三条"封禁POST权的使用"中"人身攻击、言语粗俗,引起种族、地域等争论话题的不恰当文章封禁7天以上"的条文来进行的。第三就是要有版内成员的支持。一个版的良好秩序要靠众多成员来维护,而不是单靠版主维持,因为不能保证每个时间段都有版主在线。这个案例充分体现了大部分社区成员的积极性和自觉性。

但是总的来说,网络社区毕竟具有虚拟性,因此网络规范尤其

是道德规范的实施效果仍然受到很大的影响,这一点在本案例中也有较明显的体现。分析主要原因如下:

(1) 网络社区中人与人之间的交流具有隐匿性的特点,大大影响了惩罚措施的效果和震慑力。网络社区中有不少人往往不止一个ID,在一个主要的ID之外,还有其他的用户名,同样可以使用,即所谓"马甲"现象。这使得封禁发文权的效用大打折扣,即使是封杀ID对他们来说损失也并不大。虽然目前多数网络社区规定一个用户不能同时拥有三个以上的ID,如果发现将做相应处理,但一个用户多个"马甲"仍是众所周知的事实。

(2) 网络社区中的人员具有流动性的特点。社区规范对社区的常驻成员约束力强,对"过客"的约束力大大减弱,他们并不在乎惩罚以及舆论压力。比如上文因人身攻击被封禁七日发文权的网友,这七日内他们不能在"鹊桥"版发文,但是可以在别处发文。对于固定用户来说,一周时间不能发文是件郁闷难熬的事情,而且如果真的是"缺德"行为,会被本社区圈子里的人鄙视。但对于流动者来说,根本不算什么。

(3) 网络中的强制力毕竟不如现实有力,约束有限。网络并不是人们必需的生活环境,至少目前对于绝大多数人来说是如此。网络社区中的惩罚,如删除文章、封禁发文权、封杀ID,至多只是引起心理上的不愉快,对违规者并不构成实质性的威胁。因此,还是会有一些人在网络社区中为所欲为,哪怕是数量不多,也足以造成网络秩序的混乱了。

(二) 不成熟社区

对于不成熟的网络社区来说,规范的实效差,除了与成熟社区共有的原因之外,当然还有机制不完善、规则不合理或简单粗糙等原因。与成熟社区相比较,不成熟的小型网络社区秩序混乱的主要原因如下：

（1）社区规则不合理或粗糙，形式化，操作性差。成员根本就感受不到规则的作用，自然也就置之不理，网络社区似乎真的成了任我行的自由世界。比如前文提到的"小港湾"社区、"牵牵聊友论坛"和"超级搞笑论坛"，它们的版规是一模一样的，都是直接拷贝《互联网电子公告服务管理规定》第九条，只作了一条补充"互相尊重，对自己的言论和行为负责。"其他没有任何具体的规定，因此这样的版规形同虚设。

（2）社区缺乏完整的管理体制和监督机制。这些社区每个版还是有一至二个版主，但是无规可依，难以想象他们如何执法。有的网络社区里用户可以投诉和弹劾，如"牵牵聊天室"和"牵牵聊友论坛"的一般性纠纷可以向值班的管理员投诉，如果要投诉管理员则可以找"天神总管"。但是事实上，管理员并不能保证值班时间，"天神总管"一个人大权在握，公正和效率只能靠"天神总管"本人的素质，而没有任何制度保障。就本人的经历看，这类事件的处理中掺杂了太多的人情因素，很难保证公正。

（3）大多不成熟的社区人员流动性强。缺乏固定成员，因而难以形成舆论氛围和群体压力，这更使规范尤其是道德规范的执行失去了基础。这一点在上文成熟社区的分析中已经有详细的说明，此处不再赘述。

案例分析一：牵牵聊天室的系列"泡点"冲突。

牵牵聊天室和牵牵论坛在2002年之前曾经红极一时，也发生了许多纠纷。其中产生纠纷最多的就是牵牵聊天室的"泡点"制度。在前文已经对牵牵聊天室的等级制度有了详细说明，聊天室成员的在线时间决定了他的"点数"，拥有更多的点数就可以享有更多的权利，甚至获得部分管理员的权限，可以把别人踢出聊天室。这诱惑了许多人泡在网上，获得更多点数，称之为"泡点"，由此引发了代人"泡点"、程序泡点的事情。当时聊天室一位"老大"拥有三个ID，点数都在聊天室的前几名，小部分是别人代替泡点获得的，更大一部分则是程序泡点。点数增加需要不断发言或者刷新屏幕，长时间不刷新会被系统自动踢出，于是有人设计了能够自动刷新的程序进行泡点，只要进入聊天室打开程序，点数就可以不断增长。所以这位"老大"的ID在较短的时间内就可以达到数万的点数。这对于其他用户来说是不公平的。而代人泡点则会造成ID使用混乱，尤其是拥有管理员权限的ID，往往导致滥用权限。处罚代泡点者还是处罚ID本人，也成了一大争执。所以尽管是红极一时，聊天室里却每天纠纷不断，再加上纠纷处理中人情的作用，秩序就更显得混乱不堪。

案例分析二：小港湾社区的"影视看台"成了"情色空间"。

小港湾社区的社区规范引用了《互联网电子公告服务管理规定》第九条，其中明文规定：不得发布和传播"宣扬封建迷信、淫秽、色情、赌博、暴力、凶杀、恐怖、教唆犯罪"的信息，但是社区的"影视看台"版却俨然成了"情色空间"。"影视看台"的主题是"你我的电影，我们一起分享电影的快乐"，进入版面后发现其中的帖子绝大部分为情色影片和片断，规则在这里毫无作用。并且历任版主也都带头发情色电影，以提高人气。于是这儿变成了色情影片和图片的交流场所，并且因此人气旺盛。

在以上两个案例中，缺乏严整的规范体系，缺乏完整的管理机制和监督机制，是它们共同的问题。这使得"牵牵聊天室"的管理制度色彩不足而更偏向于"人治"，也使得小港湾社区完全背离了社区的规则。这些，是网络社区混乱不堪的主要原因。

六、网络社区道德规范与实施机制的建设

（一）网络社区道德规范基本内容的建设

1. 规范内容上有一定缺失，应继续建设完善。增加一些内容，加大一些内容的比重。如体现兼容原则和互惠原则的道德规范比较少，但兼容和互惠都是网络道德重要原则，这在严耕、陆俊的《网络伦理》中有详细的阐述。兼容原则事实上包含了宽容和开放的含义；互惠原则则体现了网络行为主体道德权利和义务的统一。本研究中网络社区规范中涉及的"理解"和"共享"，兼容原则和互惠原则也有此含义，但远非局限于此。

2. 网络社区道德规范应继续分化，加强操作性。从前文对网络社区道德规范的分析中可以看到，网络社区规范有一定的分化和操作性，尤其是高校BBS。但是从总体来说，规范的分化程度仍然不够，操作性不够强。比如我国的《全国青少年网络文明公约》，概括了当前青少年上网中的敏感问题，具有较强的针对性。但是这个公约概括性太强，没有结合具体问题展开，更多地像一个纲要型的规范。比如"不破坏网络秩序"就可以包括"不模仿黑客行为"、"不传播网络病毒"、"不发送垃圾邮件"等。因此，可以把这个公约进一步分化，制定一系列具体的网络道德规范。

3. 网络社区规范的形式应该更多样化和人性化。从对多个社区的道德规范分析看，倡导型的规范少，禁令型和规诫型的道德规范比较多，尤其是禁令型的规范多。应该增加倡导型的和规诫型的道德规范，比如《全国青少年网络文明公约》的形式就比较好，如"要诚实友好交流；不侮辱欺诈他人"。这种形式比较容易让人接受，禁令型的规范则容易让人心理上产生抵触感。生活中这一点已经受到人们的关注，如"禁止践踏草坪"的标牌已经换成了"青青

小草,怕您的脚"等。在网络中,个体更自由,更能够自主地进行选择,道德规范的形式就更需要增加人性化色彩,使人从心理上易于接受。

(二) 网络社区道德规范的实施机制建设

在前文中我们分析了网络社区道德规范的实效以及原因,网络道德规范的实效不理想,主要有三个方面的原因:网络社区人际交往的隐匿性;网络社区人员的流动性;网络社区在大多数人的生活中并不具有重要性。这三个方面综合起来就是一个含义:网络社区的社会化程度不够。此处"社会化"的含义不是指人在成长过程中的社会化,而是指:网络既具有虚拟性,又具有现实性和社会性,在网络社区发展尚不充分的情况下,网络的虚拟性较为突出而社会性不足;加强网络社区社会性的过程即网络社区的社会化。这是由网络社区的不成熟决定的,随着网络与人们社会生活的紧密结合,网络的社会化程度必然越来越高,这些问题将会在一定程度上有所缓和。

加强网络社区的社会化程度,除了对网络社区道德规范的内容完善和操作化以外,还可以在以下几个方面做出努力:

1. 遵循公正、民主的原则,建立更加严密、完整和梯级的管理体系。我们在比较成熟的社区中已经看到了梯级的管理体系,以及体现民主、公正的选举制度和仲裁制度等。这些制度虽然还不算成熟完善,但已经初具规模,体现了一定的社会化程度。我们现在所要做的是如何使这些制度更加严密、完备,既体现网络的自由精神,又遵循网络的民主、公正原则;既保证社区成员的民主"参政",又保证管理权力的相对集中和不滥用,这是一个重要的话题。

可以考虑的建议是①：①建立国际网络管理组织、政府网络管理组织和局域管理机构；②设立监察与执法机构、公证机构；③建立一支高素质、高水平的网络管理队伍。这些建议已不仅仅局限于网络社区本身，而是把网络与社会紧密结合起来进行考虑了。

2. 丰富管理的方式和手段。现有网络社区的管理手段主要是奖励和惩罚，尤其是惩罚性的居多。此外技术性的手段也起到了一定作用，比如对于一些不恰当的 ID，系统能够自动识别，不予注册。这样的手段起到的主要作用是"堵"，"防"的方面还做得不够。防止违规行为，建设良好的网络环境，除了制度上的指引和震慑之外，还应该增加宣传、鼓励和奖励。现有的网络社区会提醒初到的网友先看版规或者阅读精华区，但是有很多人是并不阅读的。这使得版规的普及性不够，往往是触犯了版规之后才知道。有些社区设有网友级别，通过增减经验值、魅力值、金钱值等进行奖励和惩罚，这种形式和手段是否应该，还需商榷，可能要靠网络社区的发展自行选择和淘汰了。

3. 建设具有特色的网络社区文化，在文化氛围中形成网络社区成员的归属感和社区的舆论监督。网络社区文化可以通过强化版面主题、组织网友活动等多种方式实现。如北大未名 BBS "鹊桥"版曾经组织每周的小型聚会，单身男女提前报名，各限 6 人，组织游园或爬山；水木清华 BBS 的 "旅游" 版则经常有人发起郊游；"电影"版则会组织去影院看当前的流行影片，大家也会写很多评论。这些活动都会增强社区成员的归属感，从而使大家热爱社区，自觉维护它的秩序。

---

① 严耕、陆俊、孙伟平著：《网络伦理》，北京出版社，1998，第 249~255 页。

网络环境与青少年品德发展
调查报告

调查背景及目的

近年来，随着网络在我国的迅速发展，青少年接触网络的机会日益增多，网络也逐渐在青少年的学习、娱乐等日常生活中占据了重要份额。与此同时，人们发现网络的普及正在冲击着我们固有的行为方式和生活模式，对既有价值规范带来了挑战。这其中，网络对青少年群体的道德发展及道德教育的影响尤其受到家长、教师、相关研究人员乃至全社会的关注。网络对青少年道德发展的影响决不只是一种杞人忧天式的假设，它已经实实在在地引发了一系列社会问题。

虽然有着众多的青少年涉网问题亟待解决，但目前相关的研究在我国还处于起步阶段，在国际上也仍是一个新兴问题。目前世界各国教育学术界对于这一课题都已予以高度重视，不断有新的研究成果涌现。但是，由于这一研究普遍具有的起始性质，也由于网络本身及其环境意义都还处于迅速的变化之中，这些研究在总体上呈现出成果少、起点低、研究深度不够等问题。

因此，"网络环境与青少年德育研究"课题，希望立足于问题的起点，针对网络对青少年品德发展影响的微观机制，包括影响的要素、类型和特征等问题以及青少年网络德育的现状，进行深入细致的调查研究；并结合已有研究，争取为一些理论问题提供实证数据和分析思路，为教育工作和教育决策提供有价值的参考。为此，课题下设了"网络环境与青少年品德发展研究"子课题，负责具体的调查研究工作。此项调查研究的主要目的在于通过两年左右的调查研究和数据分析：

①了解网络环境对青少年品德发展的影响概况，正确认识网络环境对青少年的道德影响。

②调查网络环境对于青少年品德发展的影响要素和特征，争取在一些理论问题的认识深度上取得长足进步。

③了解目前家长、教师和学校关于青少年网络德育的态度和做法以及网络环境中可资利用的德育资源。

④为改进我国青少年网络德育工作的实际效果提供指导，为政府有关网络环境建设的政策制定提供有实际意义的对策性建议。

调查内容及方法

（一）调查内容

"网络环境与青少年品德发展研究"以问卷调查为主要方式，以访谈作为补充，就课题关注的一系列问题进行了调查。本次调查的主要内容包括：青少年接触网络的一般情况；青少年对网络环境的评价和对网络伦理问题的态度；学校、教师和家长对青少年上网的看法及采取的措施等。

在作为主要调查方法的问卷调查环节上，课题组共设计并使用了四套问卷，分别是：学生 A 卷（为有上网经历的学生设计的问卷）、学生 B 卷（为没有上网经历的学生设计的问卷）、家长卷以及教师卷。这其中又以学生 A 卷为主。

1. 问卷内容。

学生 A 卷的主要内容包括：

（1）上网青少年接触网络的一般情况。包括青少年的网龄、上网的频率、时间和地点、网上的活动倾向和偏好、运用网络的能力等内容。

（2）上网青少年对网络环境的看法。主要包括青少年对网络环境的总体评价、对网络的喜爱程度、信任程度以及担心的网络问题等内容。

(3) 上网青少年对网络道德问题和伦理现象的看法和选择。主要包括对红色网站、网吧管理、网恋现象、暴力游戏、网上色情信息、网络黑客以及网络上的诚信标准、语言文明、帮助他人、遵守规范等问题的看法。

(4) 青少年对家长、学校和教师就自己上网所持态度和做法的认识及期待。

学生B卷的主要内容包括：

(1) 未上网青少年对上网的需求情况。

(2) 未上网青少年对网络及其影响的看法。

教师卷的主要内容包括：

(1) 教师接触和利用网络的一般情况。

(2) 教师和学校对于青少年上网的态度和做法。

家长卷的主要内容包括：

(1) 家长接触和利用网络的一般情况。

(2) 家长对于青少年上网的态度和做法。

2. 访谈内容。

为了多角度、深层次地了解网络环境对青少年品德发展的影响，弥补问卷调查形式上的局限，课题组还对部分青少年学生进行了访谈。本次访谈以学生A卷中的开放性问题为依据，主要内容包括：

(1) 青少年个人对网络环境的评价；

(2) 青少年在网络生活中的特殊经历；

(3) 虚拟世界和现实生活交替给青少年造成的内心冲突；

(4) 青少年在网络环境中的人际交往状况；

(5) 青少年的网络德育对策；

(6) 青少年对改进网络环境的具体要求或建设性意见。

（二）调查方法

"网络环境与青少年品德发展研究"的调查是一项实证性质的研究，在研究中主要使用了问卷调查法和访谈法等方法作为研究手段，开展了集体问卷调查、个别访谈和集体访谈等。具体做法是派遣调查员到被调查对象所在的地区，对其进行专门的问卷调查及相关访谈。因为在学期中学生和教师都集中在学校，便于集中做问卷调查和访谈，因而我们把具体的调查时间定在了2003年的10月份。

1. 抽样概况。

本次调查主要依据以下标准进行抽样：

（1）根据全国各地区的发展水平和网络情况，在东部地区选择了北京、在中部地区选择了湖北省宜昌市、在西部地区选择了甘肃省的宁县作为调查地点。每个地区考虑到地区类型和学校类型抽取两所完全中学中的四个班级（没有完全中学的地区选择四所学校，每所学校抽取一个班级），每个班级学生人数在45～60人左右，由此推算每个地区接受调查的学生样本数大约在180～250人左右；合计为540～750人左右。教师问卷的抽样是在每所接受调查的学校随机发放20份问卷（非完全中学每所发放10份）。因此教师样本在三个地区平均分配为40个样本/地区，共计120个样本。家长问卷的抽样是在接受调查的班级中随机选择20位学生每人领取1份问卷，由学生带回家请家长配合填写。北京地区由于条件便利，在家长问卷的发放上每个班级多发了10份问卷。因此北京地区发放的家长问卷为120份，其他两地各为80份，三个地区合计为280份。

（2）被调查青少年的抽样办法：简单抽样。调查员先询问该班同学中是否有未使用过互联网的同学（未上过网），如有，即确定为未上网调查样本，发放学生 B 卷，其他则确定为上网调查样本，发放学生 A 卷（上网学生卷）。

本次调查实际共发放问卷 965 份。其中学生问卷共 646 份，学生 A 卷为 449 份，学生 B 卷为 197 份，教师问卷 114 份，家长问卷 205 份。回收有效问卷 914 份，其中学生问卷共 618 份（有效回收率为 95.7%），学生 A 卷为 441 份（有效回收率为 98.2%），学生 B 卷为 177 份（有效回收率为 89.8%），教师问卷 103 份（有效回收率为 90.4%），家长问卷 193 份（有效回收率为 94.1%）。

表 1 发放调查问卷与有效调查问卷情况表

地区	年级	学生卷总数	有效卷	学生A卷	有效卷	学生B卷	有效卷	家长卷	有效卷	教师卷	有效卷
北京	初中（1）	45	45	45	45	0	0	29	27	19	18
	高中（1）	41	38	40	37	1	1	25	23		
	初中（2）	45	42	45	42	0	0	47	47	20	16
	高中（2）	45	43	44	43	1	0				
宜昌	初中（1）	69	69	67	67	2	2	18	18	10	9
	高中（1）	65	65	64	64	1	1	13	13	7	7
	初中（2）	46	45	45	44	1	1	16	16	8	7
	高中（2）	59	59	59	59	0	0	7	6	11	10
宁县	初中（1）	64	64	14	14	50	50	17	15	22	19
	高中（1）	69	66	24	24	45	42	23	20		
	初中（2）	59	49	0	0	59	49	7	5	17	17
	高中（2）	39	33	2	2	37	31	3	3		
合计		646	618	449	441	197	177	205	193	114	103

在作为辅助调查方法的访谈，由于时间、人手等条件的限制，我们只针对青少年学生群体进行了访谈，没有包括教师和家长。在访谈形式上，我们主要采取了个别访谈和小组访谈相结合的形式，

在接受调查的青少年中选择个别学生进行访谈。访谈一般是在学生做完问卷后马上进行。另外还在网吧和街头对青少年进行了一些随机性访谈作为补充。

2. 抽样标准。

本研究选择的调查对象是北京市城区、湖北省宜昌市城区和甘肃省宁县地区有一定代表性的当地中学中的部分初中二年级和高中二年级学生,以及部分学生的家长和学校教师。问卷调查在学生样本的选择上考虑了地区类型、学校类型以及年龄等因素。家长和教师的样本由于种种条件的限制而采取随机发放的方式,没有像学生样本那样做各种限制。

(1) 学生样本的年龄构成。

在年龄因素上,我们选择初中二年级和高中二年级的学生分别作为初中学生和高中学生的代表性样本。具体做法是在每个地区分别选取两所完全中学,在每所中学中随机抽取一个初中二年级班级和一个高中二年级班级。由于宜昌地区没有完全中学,因此分别在两所高中和两所初中进行相应抽样,每所学校各随机抽取一个二年级的班级。在接受调查的618名中学生中,初中生有314人,高中生有304人。学生样本年龄构成见图1。

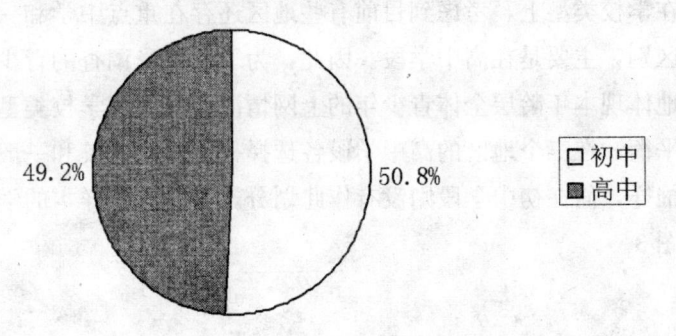

图1 学生样本的年级构成

(2) 学生样本的地区构成。

在地区类型上,课题组在相对发达的东部地区、相对欠发达的西部地区以及处于中间水平的中部地区各选择一个有代表性的城市或城镇的青少年进行调查。在东部地区选择了北京市城区(代表大城市),在中部地区选择了湖北省宜昌市城区(代表中小城市),在西部地区选择了甘肃省宁县地区(代表城镇),各地区实际收集到的学生样本人数为:北京地区168人,宜昌地区239人,甘肃地区211人。学生样本地区构成见图2。

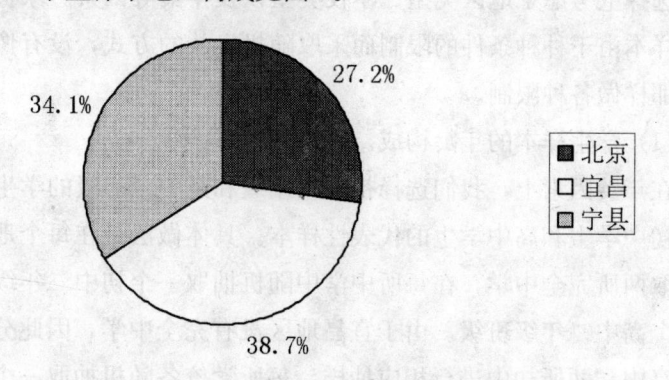

图2 学生样本的地区构成

(3) 学生样本的学校构成。

在学校类型上,考虑到目前有些地区还存在重点中学和一般中学的区别,主要是在高中学段。因此,为了使接受调查的青少年能更好地体现本年龄层全体青少年的上网情况,我们在学校类型上进行了平衡,在三个地区的高中学段各选择一所重点学校和一般学校进行抽样,而在初中学段则没有作此划分。高中学生样本的学校构成见图3。

41.8% 重点学校
58.2% 一般学校

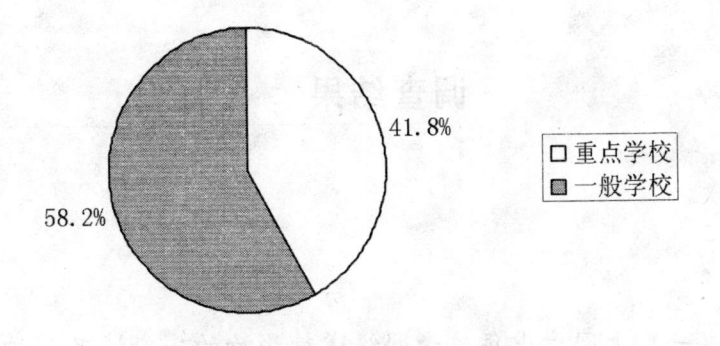

图3 高中阶段学生样本的学校构成

(4) 学生样本的性别构成。

另外，性别也是一个重要的影响因素。但因为在选择调查对象上各种条件的限制，我们没有对此因素进行过多的控制。调查中共有 324 名男生，有 280 名女生，另有 14 人没有选择性别。下面是根据随机选择的班级中调查对象在性别上的自然分布得出的比例图：

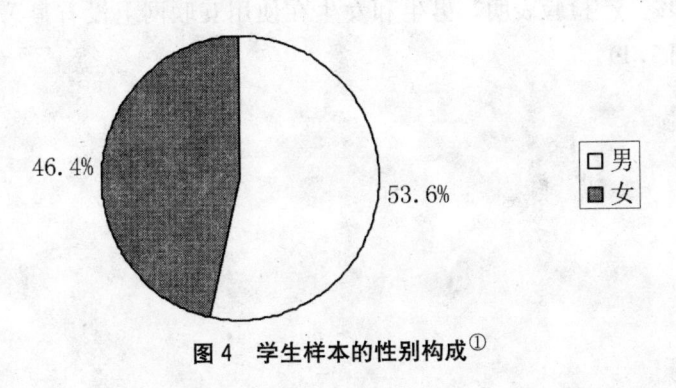

46.4% 53.6% 男 女

图4 学生样本的性别构成[①]

---

① 本题有效回答人数为 614，缺失值为 14，总人数为 628。

调查结果

（一）上网青少年接受网络道德影响的一般情况（学生A卷）

1. 被调查青少年的基本信息。

1.1 性别。

在441名上过网的青少年中，除去缺失值①，男生有234人，占53.5%，女生有203人，占46.5%；在177名未上过网的青少年中，除掉缺失值，男生有90人，占53.6%，女生有78人，占46.4%。χ^2检验表明，男生和女生在使用互联网上没有显著差异（见图1.1）。

---

① "缺失值"指的是没有回答或无效回答。如果调查对象在回答问题时没有就此题给出答案，或是没有在指定的答案中进行选择，而是给出了其他答案，其原因可能是笔误，也可能是调查对象认为所给答案都不符合自己的想法而另写答案，这些都被视为没有对问题给出有效回答，我们将其合并归纳，统称为"缺失值"。在本报告中除特殊说明外，使用的百分数都是除去缺失值后的有效百分数。

46.5%　　　53.5%　　　□ 男生
　　　　　　　　　　　■ 女生

上网青少年的性别构成

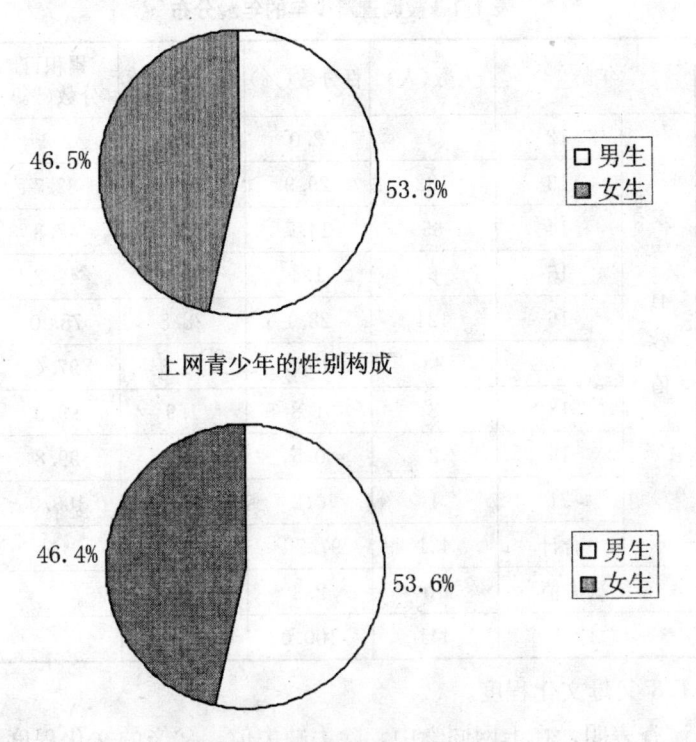

46.4%　　　53.6%　　　□ 男生
　　　　　　　　　　　■ 女生

未上网青少年的性别构成

图 1.1　性别与青少年上网与否[①]

1.2 年龄。

如下表（学生问卷 A 卷）所示，因为样本都是初中二年级或者高中二年级，所以青少年的年龄多集中在 13、14 和 16、17 岁。

---

① 本题上网青少年有效回答人数为 432，缺失值为 9；未上网青少年有效回答人数为 168，缺失值为 9。

表1.1 被调查青少年的年龄分布

	年龄	人数(人)	百分数(%)	有效百分数(%)	累积百分数(%)
有效值	12	9	2.0	2.1	2.1
	13	132	29.9	30.6	32.7
	14	65	14.7	15.1	47.8
	15	6	1.4	1.4	49.2
	16	124	28.1	28.8	78.0
	17	84	19.0	19.5	97.4
	18	8	1.8	1.9	99.3
	19	2	0.5	0.5	99.8
	21	1	0.2	0.2	100.0
	合计	431	97.7①	100.0	
系统缺失值		10	2.3		
总计		441	100.0		

1.3 父母文化程度。

调查表明，在上网同学中，除去缺失值，父亲的文化程度为小学和小学以下的有1.6%，初中的占17.2%，高中（包括中专、中技）的占38.3%，大专占14.9%，本科及本科以上的占28.0%。相对比而言，未上网同学父亲的文化程度为小学和小学以下的有16.5%，初中的占38.6%，高中（包括中专、中技）的占33.0%，大专占9.1%，本科及本科以上的占2.8%。上网同学和未上网同

---

① 在根据数值型数据计算百分数时，由于四舍五入的原因，最后根据累计数值计算的百分数可能与单个数据所得百分数的直接累加有所出入，一般都在正负0.1%左右。此处就存在这种情况。另外最后统计出的百分数也可能不是100%，而是稍大于或小于100%。这种误差并不是数据有误或计算错误，只是计算方法引起的误差。为了尽可能按照原始情况呈现数据，我们对这种误差没有进行调整，而是保持其原状，在此特作说明。由于下文将大量使用百分数，因此可能还会出现类似情况。

学父亲的文化程度存在明显差别,父亲的文化程度越高,子女上网的比例也就越高。具体情况见图1.2。

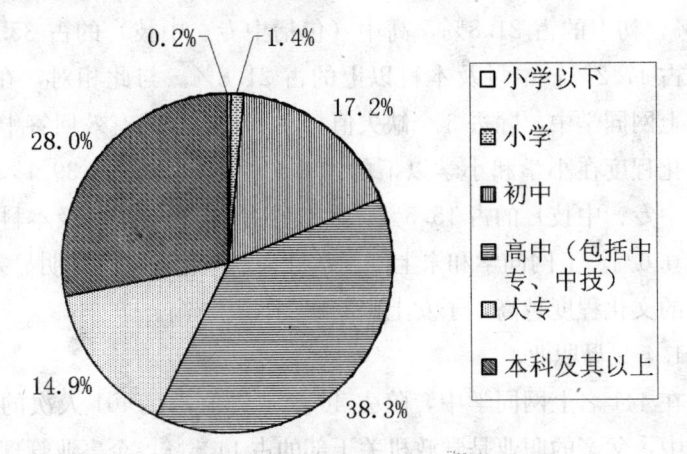

上网青少年父亲的文化程度分布:
- 小学以下 0.2%
- 小学 1.4%
- 初中 17.2%
- 高中(包括中专、中技) 38.3%
- 大专 14.9%
- 本科及其以上 28.0%

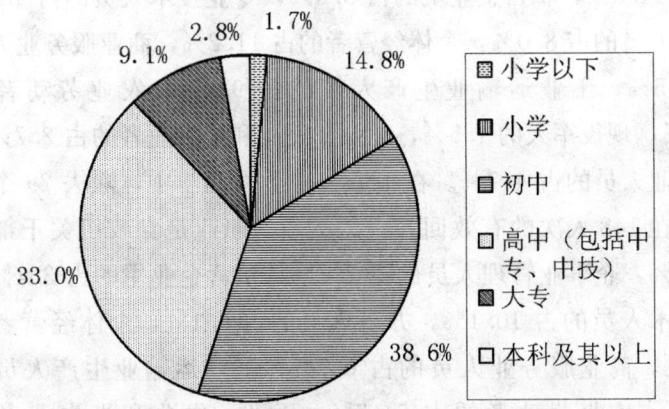

未上网青少年父亲的文化程度分布:
- 小学以下 2.8%
- 小学 1.7%
- 初中 14.8%
- 高中(包括中专、中技) 38.6%
- 大专 33.0%
- 本科及其以上 9.1%

图1.2 父亲的文化程度与青少年是否上网[①]

---

① 本题上网青少年有效回答人数为436,缺失值为5,总人数为441;未上网青少年有效回答人数为176,缺失值为1,总人数为177。

同样，在441名上网同学中，如果除去5个缺失值，那么在436人次的有效回答中，母亲文化程度为小学和小学以下的占3.5%，初中的占21.8%，高中（包括中专、中技）的占35.8%，大专占17.2%，本科及本科以上的占21.8%。与此相对，在177名未上网同学中，除去3个缺失值，在174人次的有效回答中，母亲文化程度在小学和小学以下的占41.9%，初中的占39.1%，高中（中专、中技）的占15.5%，大专的占2.9%，本科及本科以上的占0.6%。上网同学和未上网同学母亲的文化程度存在明显差别，母亲的文化程度越高，子女上网的比例也就越高。

1.4 父母职业。

在441名上网同学中，除去40个缺失值，在401人次的有效回答中，父亲的职业是党政机关干部的占14.5%，企事业管理人员的占14.0%，私营企业主的占9.0%，专业技术人员的占18.5%，办事人员的占8.0%，个体经营者的占11.2%，商业服务业人员的占3.5%，工业运输业生产人员的占9.2%，农业劳动者的占3.2%，现役军人的1.5%，无业、失业和半失业者的占2.7%，其他从业人员的占4.7%。在177名未上网同学中，除去29个缺失值，在148人次的有效回答中，父亲的职业是党政机关干部的占10.1%，企事业管理人员的占2.7%，私营企业主的占3.4%，专业技术人员的占10.1%，办事人员的占6.1%，个体经营者的占3.4%，商业服务业人员的占0.7%，工业运输业生产人员的占4.1%，农业劳动者的占54.7%，无业、失业和半失业者的占4.7%。两相对比可以发现，上网青少年和未上网青少年的父亲职业存在显著差异，父亲是农业劳动者的子女上网率要比其他人低。具体情况见图1.3。

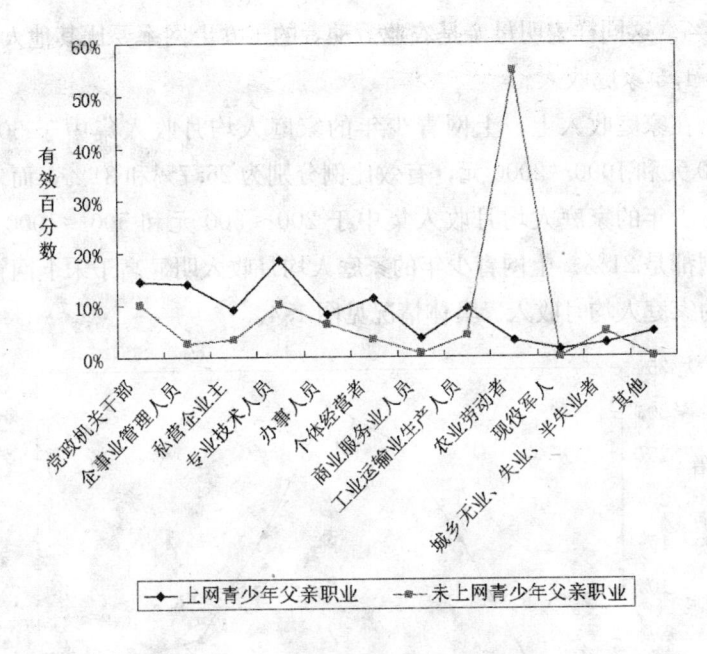

图 1.3 父亲职业与青少年是否上网

同样，在 441 名上网同学中，除去 34 个缺失值，在 407 人次的有效回答中，母亲职业是党政机关干部的占 7.4%，企事业管理人员的占 12.5%，私营企业主的占 4.9%，专业技术人员的占 20.9%，办事人员的占 12.5%，个体经营者的占 10.1%，商业服务业人员的占 6.9%，工业运输业生产人员的占 7.4%，农业劳动者占 4.2%，现役军人的 0.5%，无业、失业和半失业者的占 7.4%，其他从业人员的占 5.4%。相对比在 177 名未上网同学，除去 28 个缺失值，在 149 人次的有效回答中，母亲职业是党政机关干部的占 2.0%，企事业管理人员的占 1.3%，私营企业主的占 1.3%，专业技术人员的占 5.4%，办事人员的占 4.0%，个体经营者的占 11.4%，商业服务业人员的占 3.4%，工业运输业生产人员的占 0.7%，农业劳动者的占 61.1%，无业、失业和半失业者的占

229

9.4%。这同样表明母亲是农业劳动者的子女上网率要比其他人低。

1.5 家庭收入。

在家庭收入上,上网青少年的家庭人均月收入集中于500~1000元和1000~2000元,有效比例分别为26.7%和31%,而未上网青少年的家庭人均月收入集中于200~500元和500~1000元,比例都是21%。上网青少年的家庭人均月收入明显高于未上网青少年的家庭人均月收入。具体情况见图1.4。

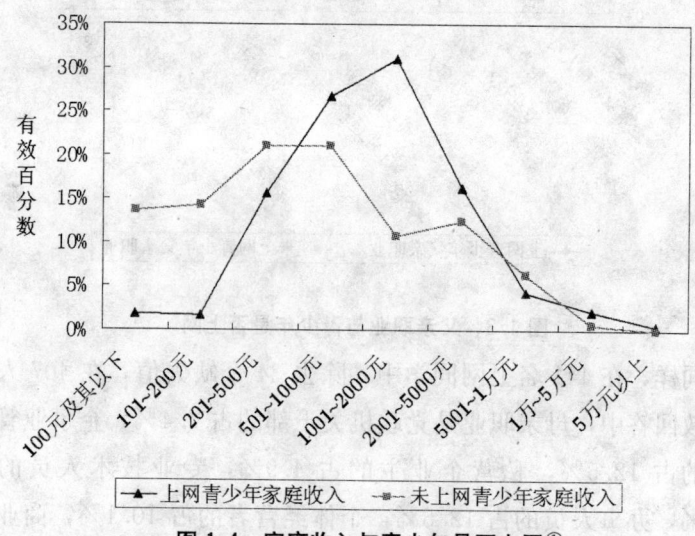

图1.4 家庭收入与青少年是否上网[①]

2. 青少年上网的基本情况。

2.1 上网青少年家中的电脑和联网情况。

如表1.2所示,目前绝大多数青少年家中都已经配置了电脑(比例高达67.6%),其中家里配置了联网电脑的青少年超过了总人数的一半。而家里没有电脑的青少年人数不到总人数的三分之一。

---

① 上网青少年有效回答人数为423,缺失值为18,未上网青少年有效回答人数为176,缺失值为1。

表 1.2 上网青少年家中电脑和联网情况的频数和百分比

	选项	人数(人)	百分数(%)	有效百分数(%)	累积百分数(%)
有效值	没有电脑	142	32.2	32.4	32.4
	有电脑但没有联网	50	11.3	11.4	43.8
	有联网电脑	246	55.8	56.2	100.0
	合计	438	99.3	100.0	
系统缺失值		3	0.7		
总计		441	100.0		

2.2 网龄

调查表明，青少年的网龄比较分散，但总的来说都不算长。除去7个缺失值，在434人次的有效回答中，具体比例为"不到半年"的占17.7%，"半年到一年"占15.2%，"一年到两年"的占23.5%，"两年到三年"的占18.7%，"三年到五年"的占19.6%，另外五年以上网龄的占5.3%。具体的分布见图1.5。

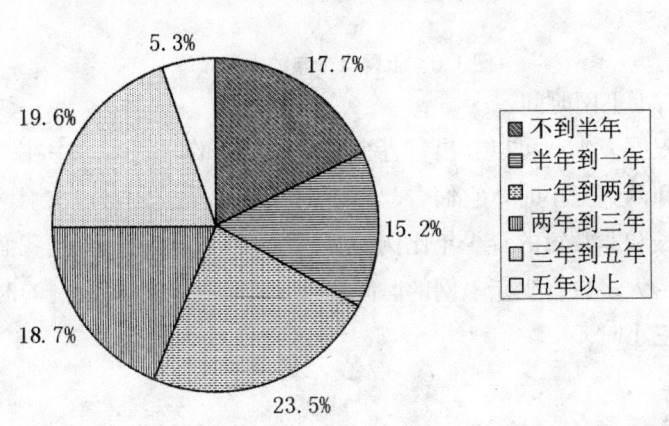

图 1.5 上网青少年的网龄

2.3 上网频率。

调查发现,在441名上网青少年中,除去2个缺失值,在439人次的有效回答中,青少年上网的频率多集中在"一周两三次"和"每周一次",这两项所占的百分比达到61.5%。每天都上网的只占6.2%。绝大多数青少年上网比较频繁,只有极少数的青少年天天上网,同时也有很多人接触网络很不频繁,上网频率仅为半个月一次甚至更低,比例约为16%(见图1.6)。

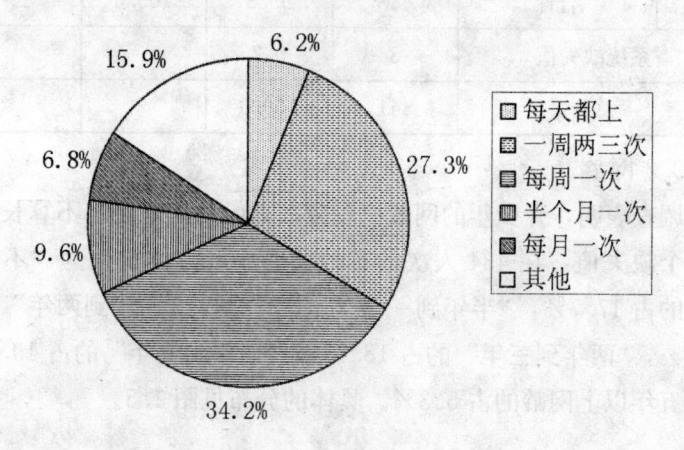

图1.6 上网青少年的上网频率

2.4 上网时间。

根据表1.3可以看出,青少年每次上网的时间多集中在一小时左右和两到三小时,它们合起来比例占到了78.7%,每次上网时间非常长和非常短的青少年比例都不超过10%。结合上一题我们可以看到,大多数青少年上网的时间比较合理。平均每周上网的时间为两到三小时。

表 1.3　青少年上网时间分布表

	选项	人数（人）	百分数（%）	有效百分数（%）	累积百分数（%）
有效值	半小时以内	41	9.3	9.3	9.3
	一小时左右	200	45.4	45.5	54.8
	两到三小时	146	33.1	33.2	88.0
	四到七八个小时	31	7.0	7.0	95.0
	十几个小时	6	1.4	1.4	96.4
	其他	16	3.6	3.6	100.0
	合计	440	99.8	100.0	
系统缺失值		1	0.2		
总计		441	100.0		

2.5 上网地点。

被调查的青少年中54.6%的青少年在家里上网，27.3%的青少年在网吧上网，这两项加起来的比例超过80%。另有8.9%的同学在学校上网，在亲戚或同学家上网的有7.6%（见表1.4）。可见，家庭是青少年获得网络资源的重要场所，因此家庭的网络状况以及家长对网络的认识会对青少年接受网络影响发挥一定作用。网吧排在青少年上网地点的第二位，证明网吧是青少年获得网络资源的重要场所，它也会对青少年接受网络影响产生作用，因此如何处理网吧建设和网吧管理问题不容忽视。主要在学校上网的青少年比例很小，说明学校在这方面做得还不够。作为青少年生活和学习的重要场所，学校在为青少年提供网络资源和引导青少年健康上网上应发挥更大作用。

表 1.4 青少年上网地点分布表

选项		人数（人）	百分数（%）	有效百分数（%）	累积百分数（%）
有效值	家里	238	54.0	54.6	54.6
	学校	39	8.8	8.9	63.5
	网吧	119	27.0	27.3	90.8
	亲戚或同学家	33	7.5	7.6	98.4
	其他	7	1.6	1.6	100.0
	合计	436	98.9	100.0	
系统缺失值		5	1.1		
总计		441	100.0		

3. 青少年上网的偏好性。

3.1 上网目的。

青少年在网上主要做些什么？表1.5的调查结果反映了青少年上网的目的。按照人数和百分比从高到低排列，青少年上网的目的依次为娱乐放松、查询信息、与人交流、辅助学习、了解社会和学习电脑技术。这反映出被调查青少年上网的主要目的是休闲娱乐和寻找信息。

表 1.5 青少年使用互联网的目的[1]

选项	了解社会	辅助学习	娱乐放松	查询信息	学习电脑技术	与人交流	其他
人数(人)	84	137	311	251	80	153	11
有效百分数(%)	19.8	32.3	73.3	59.2	18.9	36.1	2.6

---

[1] 本题有效回答人数为424，缺失值为17。该题是多项选择题，即在所给答案中可选择多个答案，不超过3个。表1.6、1.7、1.13、1.15、1.18、1.19、1.21和1.31也都是这类多项选择题。

3.2 网络的吸引力。

调查发现，网络最能吸引青少年的前三项因素分别是"信息丰富"(65.0%)、"没有压力和限制"(40.1%)以及"可以扮演不同于现实生活中的自己"(31.7%)。选择其余三项（"新鲜、刺激"、"获得自信心和成就感"以及"提供机会认识朋友"）的人比较少（见表1.6）。这表明丰富的信息是吸引青少年上网最重要的原因。这也和前一题的"查询信息"是青少年上网的主要目的的结论相呼应。"没有压力和限制"和"扮演不同于现实生活中的自己"分别排在了第二位和第三位，反映出青少年希望摆脱现实生活的压力和束缚，同时也希望体验自我的不同方面。

表1.6 互联网吸引青少年的因素[①]

选项	新鲜刺激	没有压力和限制	获得自信心和成就感	信息丰富	提供机会认识朋友	可以扮演不同于现实生活中的自己	其他
人数(人)	84	172	59	279	120	136	19
有效百分数(%)	19.6	40.1	13.8	65.0	28.0	31.7	4.4

3.3 网上谈论的主要话题。

如表1.7所示，被调查的上网青少年在网上谈论的主要话题集中在兴趣爱好和校园生活，这两项所占的比例最高。这表明青少年在网上主要讨论轻松、有趣、和自己有关的话题，有时甚至是随意的。对于比较严肃和沉重的话题青少年聊得很少，这印证了青少年上网的主要目的是娱乐放松。

---

① 本题为多选题，有效回答人数为429，缺失值为12。

表 1.7 青少年在网上谈论的话题[1]

选项	情感体验	社会问题	兴趣爱好	校园生活	学习	人生意义	什么都聊	其他
人数（人）	52	42	228	176	72	76	114	28
有效百分数（%）	12.1	9.7	52.9	40.8	16.7	17.6	26.5	6.5

3.4 对网站和青少年网站的偏好。

我们试图用两道填空题来了解青少年对网站的偏好，一道题是询问青少年浏览最多的网站是什么，另一道题目是询问最熟悉的青少年网站是什么。441 名接受调查的上网青少年对第一题共做出 494 次回答，提供了 86 项不同的答案，对第二题做出了 334 次回答，提供了 68 项不同的回答。由此我们可以发现青少年群体接触的网站是相当广泛的。

（1）青少年接触的网站。

在问及"你浏览最多的网站"时，青少年的回答主要有两种类型：一类是具体的网站名称或网址，如新浪、google；一类是网站的类别，如游戏网站、音乐网站，其中又以前者居多。第一种类型又可分为综合网站，如搜狐、人民网，以及专门网站，如榕树下（文学网站）。其中填写各综合性网站的人数较多，并且相对集中；而专门性网站本身门类众多，分布广泛，因此青少年虽然填写了相当多的专门网站名称或网址，但填写每个网站的人都只有一两位，这也增加了统计的难度（见表 1.8）。可见目前青少年群体在浏览的网站上一方面呈现出多样化的趋势，另一方面各大综合性的门户网站在青少年群体光顾的网站中又占据了绝对主流的地位。与此同时青少年特别注重娱乐性网站，除了门户网站之外，各类音乐、游

---

[1] 本题为多选题，有效回答人数为 431，缺失值为 10。

戏、动漫、娱乐等网站都反复被青少年提及，虽然相对分散，但也足以看出此类网站对青少年的吸引力。

表1.8 "你浏览最多的网站"中填写人数在十人次以上的答案

网站名称	人数	网站名称	人数	网站名称	人数
新浪 (www.sina.com.cn)	130	搜狐 (www.sohu.com)	56	Google (www.google.com)	40
雅虎 (www.yahoo.com)	24	网易 (www.163.com)	19	QQ	17
音乐网站	17	游戏网站	15	无/不清楚	15

（2）青少年接触的青少年网站。

在熟悉的青少年网站方面，回答的次数和答案的数量都比一般性的网站少了很多，并且其中有近四成的同学填写的答案是"不知道"。还有少部分青少年提到的仍旧是综合性门户网站，这可能表示的是其中的青少年板块或教育板块，也有可能是根本不知道专门的青少年网站（见表1.9）。由此可见比起一般性网站，青少年网站在青少年群体中的知名度还比较低。

表1.9 "你最熟悉的青少年网站"中填写人数在五人次以上的答案

网站名称	人数	网站名称	人数	网站名称	人数
不知道	147	www.ycyz.com	28	www.sdsz.com.cn	12
google	12	新浪网	8	红泥巴	6
教育网	6	www.0-100.com	6	大风车	5
雏鹰网	5	中国教育网	5		

（3）对青少年网站的态度。

为了了解青少年群体对于青少年网站（包括校园网）的态度，我们设置了"你喜欢校园网或青少年网站吗？请简要说明原因"的填空题。441名上网青少年中共有377人次回答了这道题目。其中表示"喜欢"的有 195 人,比例为 51.7%;表示"不喜欢"的有 128 人,比例为 34.0%;表示"不知道"的有 54 人,比例为 14.3%。虽然有半数以上的青少年表示喜欢青少年网站,但是表示不喜欢和不知道的人数也接近一半,这一结果并不理想。由此可见青少年网站的确需要加以改进并扩大影响。

至于如何改进青少年网站,青少年自己的意见可以为相关部门提供参考。"喜欢"青少年网站的青少年就为什么喜欢提出的理由共有 208 次回答计 23 项答案,其中人数超过 20 的答案有:①信息真实,更贴近我们的生活(31 人次);②帮助学习(27 人次);③可以提供所需信息,实现资源共享,符合需要(22 人次);④专为青少年设计的,符合年龄特点(21 人次)。另外提到较多的还有可以了解学校动态、内容健康、增进同龄人的交往以及拓展知识等。可见这些都是青少年网站需要保持和发扬的优点。

另外,"不喜欢"青少年网站的青少年提出的理由主要有 118 次回答共计 17 项,其中人数超过 20 的答案有:①无聊乏味,没意思(47 人次);③内容单调,匮乏(22 人次)。青少年提到的其它原因填写的人数都在 5 人左右,甚至只有一两个人。其实这两项可以算作主要理由的原因是相似的,都认为青少年网站缺乏吸引力,比较单调无趣。由此可见青少年网站在内容和形式上都应当更加多样和丰富,增加趣味性,才能吸引青少年。具体情况可参见表 1.10。

表 1.10 青少年对青少年网站的态度及主要原因

喜欢 208 人次
信息真实,更贴近我们的生活 31 人次
帮助学习 27 人次
可以提供所需信息,实现资源共享,符合需要 22 人次

专为青少年设计的，符合年龄特点 21 人次	
可以了解学校动态 19 人次	
……	
不喜欢 118 人次	
无聊乏味，没意思 47 人次	内容单调，匮乏 22 人次
没兴趣 8 人次	有些幼稚 6 人次
没看过，不清楚 6 人次	太正规，拘束 5 人次
内容陈旧，更新慢 5 人次	……
不知道 54	
很少认真看，不了解 13 人次	感兴趣 3 人次

3.5 网上活动。

(1) 是否玩网络游戏。

调查结果如图 1.7 所示，如果除去缺失值，那么回答"经常"上网玩游戏的青少年占到 19.8%，回答"有时"的为 27.7%，回答"很少"和"从不"的分别为 31.8% 和 20.7%。可见网络游戏是青少年在网上进行的主要活动之一。

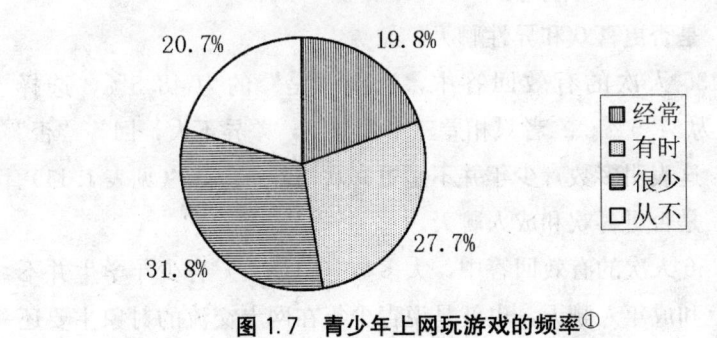

图 1.7 青少年上网玩游戏的频率①

---

① 本题有效回答人数为 440，缺失值为 1。

(2) 是否上网聊天。

调查结果显示上网青少年在这一问题上的回答比较分散，基本上"经常"和"有时"上网聊天与"很少"和"从不"聊天的平分秋色。因此网上聊天也构成了青少年在网上进行的主要活动之一。具体结果见图1.8。

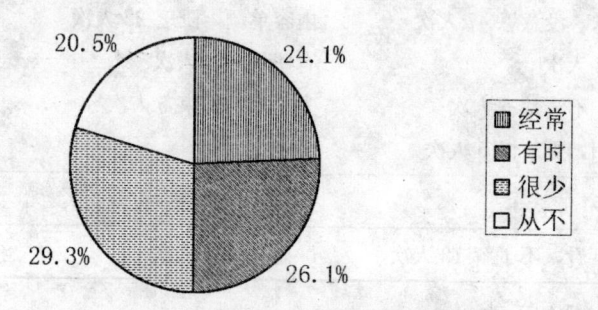

图 1.8　青少年上网聊天的频率①

(3) 是否经常使用电子公告板（BBS）。

调查发现，使用BBS的青少年并不多，"经常使用"和"有时使用"的只占25.6%。而其他大部分都是"从不"或"很少"使用电子公告板②。可见青少年对网络论坛的使用比较少。

3.6　网络聊天的倾向。

(1) 是否更喜欢和异性聊天。

在435人次的有效回答中，选择"是"的为48.5%，选择"否"的为51.5%。二者只相差三个百分点，差异不大，回答"否"的稍多。这表明多数青少年并不是更喜欢与异性聊天（见表1.11）。

(2) 是否更喜欢和成人聊天。

在436人次的有效回答中，大多数（81.9%）青少年学生并不愿在网上和成年人聊天，也就是说青少年在网上交流的对象主要还

---

① 本题有效回答人数为440，缺失值为1。
② 本题有效回答人数为438，缺失值为3。

是同龄人（见表1.11）。

（3）聊天的对象是否固定。

在438人次的有效回答中，上网青少年网上聊天对象比较固定的为55.9%，不固定的占44.1%。聊天对象固定的相对多一些，但是很难说有明显的差异（见表1.11）。

表1.11　青少年聊天对象的倾向

题目	更喜欢和异性聊天		更喜欢和成年人聊天		聊天对象固定	
选项	是	否	是	否	是	否
人数（人）	221	224	79	357	245	193
有效百分数（%）	48.5	51.5	18.1	81.9	55.9	44.1

3.7　网络游戏的倾向。

网络游戏在青少年群体，特别是男生群体中的影响很大，绝大部分男生都有上网玩游戏的经历，其中有一少部分人还特别沉迷。因此我们也设计了一道填空题让青少年填写自己喜欢的网络游戏，试图了解当前青少年喜欢的网络游戏有哪些。如果有条件的话还可以展开专题研究，具体分析游戏吸引青少年的特征及对青少年的影响。在这道题上接受调查的上网青少年共提供了374次回答，计54项答案，其中有110人次填写的是"没有"。青少年对网络游戏的接触在数量上很广泛，在类型上也非常丰富，其中提到较多的游戏可见表1.12。

表1.12　"你最喜欢的网络游戏"中填写人数在五人次以上的答案

游戏名称	人数（人）	游戏名称	人数（人）	游戏名称	人数（人）
泡泡堂	60	传奇	46	CS（反恐精英）	33
石器时代	18	魔力宝贝	13	大话西游	11
魔兽争霸	6	没有	110		

3.8 利用网络的能力。

如图 1.9 所示，大多数（77.0%）青少年对自己运用网络的能力表示乐观，只有 23.0% 的青少年选择了"否"，认为自己不能很好地利用网络。当然这里我们考察的只是青少年自己的一种主观评价，对于怎样算是"很好地利用"并没有界定。

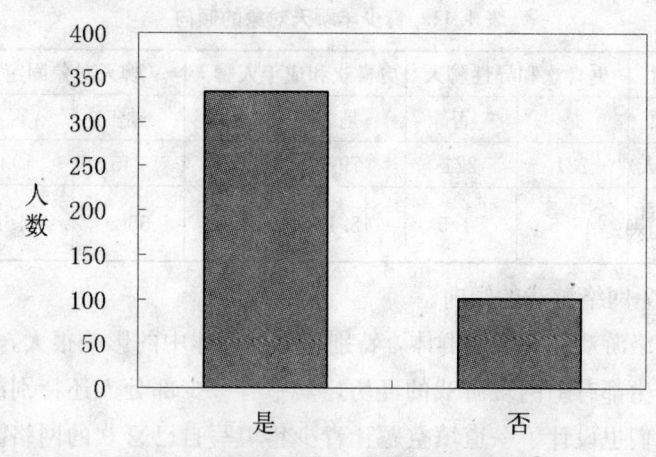

图 1.9 青少年对自己网络能力的判断①

4. 青少年对网络环境的评价。

4.1 对网络环境的总体评价。

在对网络环境进行总体评价时，青少年选择较多的两项分别是"多彩的"（57.6%）和"混乱的"（42.4%），相对而言选择其他各项的人数比例都比较低也比较分散。这一方面表明青少年在对网络进行评价时所持判断标准的多样性，另一方面也说明目前青少年关注更多的还只是网络的一些表面特性。见表 1.13。

---

① 本题有效回答人数为 434，缺失值为 7。

表 1.13　青少年对网络环境的总体评价[①]

选项	健康的	不健康的	安全的	危险的	有序的	混乱的	多彩的	无聊的	其他
人数(人)	57	58	37	68	45	184	250	43	19
有效百分数(%)	13.1	13.4	8.5	15.7	10.4	42.4	57.6	9.9	4.4

4.2 理想中的网络。

我们设计了一道开放题来询问青少年理想中的网络，并且把他们对理想网络环境的描述归纳为价值环境、网络风格、物理特性、网络功能、人际关系以及其他这六大类别，见表1.14。在价值环境的描述中，青少年普遍希望有一个健康而文明、安全而规范、真实而有序的网络。在对网络风格的描述中，青少年大都希望网络是开放共享的、风趣自由的、新鲜活泼的。在对网络物理特性的描述中，有一半的回答都是希望网络能提供丰富多彩的信息，此外青少年还希望网速快、系统管理完善、方便且费用低等。在网络功能的描述中，大多数青少年认为网络有利于学习和娱乐，有助于他们认识社会，也是沟通交友的好方式。总之，青少年心里理想的网络应是健康向上、规范有序、有趣活泼、开放自由、方便稳定的。

表 1.14　青少年理想中的网络

选项	价值环境	网络风格	物理特性	网络功能	人际关系	其他	总计
人数(人)	282	43	99	52	9	27	512

4.3 上网的影响领域。

(1) 影响领域。

在针对上网对青少年的影响的考察中，调查结果排在前三位的因素分别是：人际交往（33.1%）、学习成绩（30.1%）以及思维

[①] 本题为多选题，有效回答人数为434，缺失值为7。

方式（26.2%），而本调查所关注的道德观念（14.3%）和价值取向（12.6%）分别排在了倒数第三位和第二位（见表 1.15）。这表明在青少年自己看来，网络对自己的交往、学习和思维方式的影响比较大，而对道德观念和价值选择的影响比较小。

表 1.15　上网对青少年发挥影响的领域[①]

选项	学习成绩	生活作息	思维方式	道德观念	价值取向	心理健康	人际交往	性格	其他
人数（人）	131	95	114	62	55	48	144	80	31
有效百分数(%)	30.1	21.8	26.2	14.3	12.6	11.0	33.1	18.4	7.1

（2）网络经历。

为了能够更深入地考察网络对青少年有哪些影响，道德影响在其中处于怎样的地位，我们设计了一道开放题，共有两问。第一问是"你的网络生活中印象最深刻的一件事是什么？"青少年对此问的回答主要有两大类型：一种是围绕某种网上活动来讲，另一种是给出正面或负面性的评价。我们把这些答案主要归纳为九大方面，即第一次的新奇和兴奋、关于网友的、关于聊天、网络游戏、其他网上活动（如查资料、网上购物等）、其他积极体验、其他消极体验、难以定性的中性体验以及其它等（见表 1.16）。其中第一类是特征性的，第二类到第五类是活动性的，后三项用于概括那些回答很分散但能定性的答案。最后一项用来囊括难以分类的回答。

根据我们的统计，在青少年的网络生活中给他们留下印象最深刻的事情依次是：①其他消极体验（共计 58 项）；②关于网友的（共计 55 项）；③其他积极体验（共计 41 项）；④关于聊天（共计 24 项）；⑤第一次的新奇和兴奋（共计 21 项）；⑥其它网上活动

[①] 本题为多选题，有效回答人数为 435，缺失值为 6。

(共计10项);⑦难以定性的中性体验(共计10项);⑧网络游戏(共计8项)。由此我们可以得出以下结论:

①排在前面的多为笼统性归纳,这反映出青少年对这一问题的回答非常多样。在笼统性评价中提及其他消极体验的人数和提及其他积极体验的人数都排在前面,这间接证明了网络的确会影响到青少年的价值观念,而且这种影响正负兼而有之。

②提及其他消极体验的人数明显超过提及其他积极体验的人数。这表明网络带给青少年的价值影响不仅是正负兼而有之,而且以负面的影响居多。

③青少年的回答集中在几种具体的网络活动上,这反映出网上交友、聊天和游戏等网络活动对青少年的吸引力和影响力。尤为突出的是关于网友的事件排在了第二位,反映出网上交友对青少年的重要性。

④在笼统性的归纳中,接受调查的上网青少年在其他消极体验方面的回答主要集中在网上被骗、信箱或 QQ 被盗,电脑被病毒感染或黑客袭击,看到令人恐怖的网页等方面。我们可以看出目前网络环境还很不规范、不安全,这给青少年带来了很大烦恼,已成为困扰青少年上网的第一大因素。

⑤网络也给青少年带来很多积极体验,诸如查到有用的资料和信息、被网上的好文章所打动、参加网上班级论坛、在网上过生日、在网上看电影和新闻等。这些网络活动的确丰富了青少年的网络生活,使青少年体验到信息时代获得信息以及与人交流的快捷与便利。

表1.16 青少年网络生活中印象最深刻的一件事

选项	网络游戏	第一次的新奇和兴奋	关于聊天	关于网友	难以定性的中性体验
人数(人)	8	21	24	55	10
选项	其他积极体验	其他消极体验	其他网上活动	其他	总计
人数(人)	41	58	10	71	298

4.4 上网的作用。

(1) 上网能否促进学习。

在435人次的有效回答中,有54.5%的青少年"完全同意"或"同意"上网可以促进学习,其比例略高于"不太同意"和"反对"此说法的青少年。在这个问题上存在着两极分化的现象,我们很难简单地得出结论。

(2) 上网是否利于更新观念。

在439人次的有效回答中,高达76.5%的青少年认为上网有利于更新观念(选择"完全同意"和"同意"的比例分别为23.7%和52.8%)。可见青少年对上网带给自己思想观念的影响还是持肯定态度的。

(3) 上网是否能提高批判能力。

调查中高达59.3%(此题有效回答人次为440人)的青少年并不觉得上网能够提高自己的批判能力。其中表示"不太同意"的比例为45.7%,而选择"同意"和"完全同意"的比例分别为30.2%和10.5%。可见青少年并不是特别赞成这一说法,认识到自己有此种改变的青少年只是少数。

(4) 网络对人生态度的影响。

在"网络对你的人生态度有什么影响"的开放性问题中,我们把青少年对该问题的回答归纳为概括性评价、性格方面的、思维方面的、观念方面的、伦理价值方面的、学习方面的以及其他积极方面、其他消极方面和其他中性方面等九大类型。其中接受调查的青少年对该问题的回答主要集中在概括性评价、性格、观念、伦理价值等方面(见表1.17)。总体上青少年对网络还是持积极的肯定态度,认为它能开阔视野、方便生活与学习、更新思维与观念等。

表 1.17　网络对人生态度的影响

选项	概括性评价	性格方面	伦理方面	观念方面	思维方面
人数（人）	142	51	42	38	22
选项	其他消极方面	其他积极方面	其他中性方面	学习	总计
人数（人）	38	13	1	4	351

根据表 1.17，我们可以得出以下结论：

①在概括性评价中，大多数青少年的回答是网络对他们的生活没有影响或影响很小。

②在性格方面，绝大部分青少年认为网络对他们的性格有积极的影响，诸如令他们变得乐观、开朗、自信，也有少数青少年认为网络使他们变得性格内向、沉默。

③在伦理价值方面，青少年认为网上缺乏真情，因此要提高自我保护意识和能力，不要轻易相信别人。

④在思维和观念方面，青少年也普遍认为网络有利于他们更新观念、扩展知识面、开阔视野，使他们更加成熟和理智，更好地理解社会与人生。

⑤接受调查的青少年认为网络对人生态度有其他消极影响的人数要多于有其他积极影响的人数。他们提到的消极影响主要包括网络使人产生依赖性和惰性，造成人与人之间的疏远，而且影响作息等；积极影响主要有网络刺激好玩，方便生活与学习等。

4.5　上网的烦恼。

（1）烦恼。

如表 1.18 所示，青少年在网上最大的烦恼是"技术上的不足"，其次是"被人骚扰"和"被骗"，其他各项，如"被人辱骂"、"上瘾"和"受到不健康思想的影响"也都有一定比例。这表明目前青少年在网上遇到的烦恼主要还是技术方面的,他们对道德和价值问题的担心比较少。

表1.18　上网给青少年带来的烦恼①

选项	被人辱骂	被人骚扰	被骗	上瘾	受不健康思想影响	技术上的不足	其他
人数(人)	72	91	79	65	60	234	33
有效百分数(%)	16.6	21.0	18.2	15.0	13.9	54.0	7.6

(2) 顾虑。

如表1.19所示,青少年最担心上网后影响学习,其次是沉迷于网络,接下来是结交坏人和受不健康思想影响,担心最少的是违规犯罪。这表明目前最令青少年担心的还是因上网引发的学习和成瘾等问题,这些都是比较表面化的影响,它们对青少年生活的影响比较直接,也容易被人察觉。

表1.19　青少年对上网的顾虑②

选项	受骗	沉迷于网络	影响学习	结交坏人	违规犯罪	受不健康思想影响	其他
人数(人)	83	204	265	96	27	96	31
有效百分数(%)	19.2	47.1	61.2	22.2	6.2	22.2	7.2

4.6 网上信息。

(1) 网站信息的可靠性。

大多数青少年(226人)认为政府网站最可靠,比例达到52.1%,但有相当比例的青少年选择了其他网站。如认为商业网站更可靠的青少年有105人,比例占到24.2%,还有9.4%的青少年

---

① 本题为多选题,有效回答人数为433,缺失值为8。
② 本题为多选题,有效回答人数为433,缺失值为8。

(41人）认为非商业非官方的网站最可靠（见图1.10)。青少年对不同的网络举办者及其提供内容的信任程度是不一样的，这也意味着青少年选择网上信息的多元化。

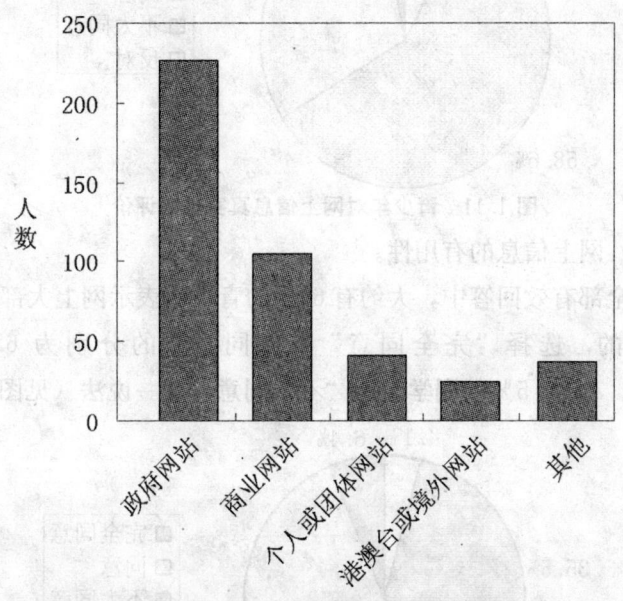

图1.10　青少年对各类网站可靠性的评价①

(2) 网络信息的真实性。

在网上信息的真实性上，只考虑有效回答，那么有58.6%的青少年表示"不太同意"大部分网上信息是真实的，另有7.5%的人选择了"反对"网上信息是真实的，即共有66.1%的同学对网上信息的真实性表示怀疑。而选择"同意"和"完全同意"网上信息是真实的比例分别为30.5%和3.4%，明显低于对网络信息真实性持否定态度的青少年（见图1.11)。

---

① 本题有效回答人数为434，缺失值为7。

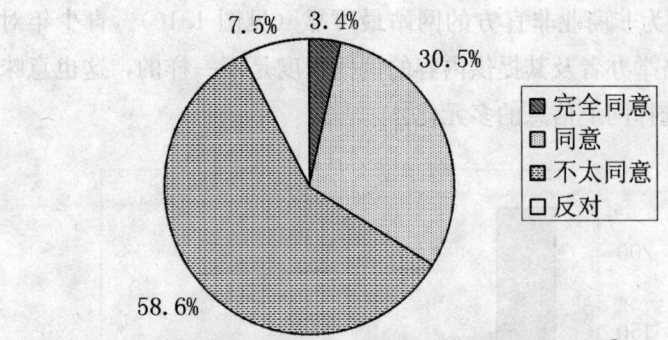

图1.11 青少年对网上信息真实性的评价①

(3) 网上信息的有用性。

在全部有效回答中，大约有60%的青少年表示网上大部分信息是有用的，选择"完全同意"和"同意"的分别为6.4%和54.0%。有35.5%的同学表示"不太同意"这一说法（见图1.2）。

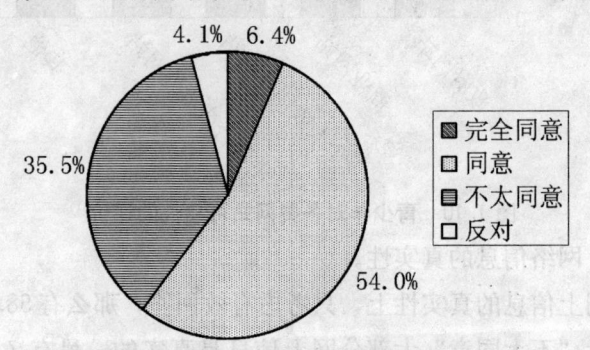

图1.12 青少年对网上信息有用性的评价②

4.7 网上的人际关系。

(1) 网络中的人是否比现实中冷漠。

在438人次的有效回答中，1/3的被调查者选择"是"，另外2/3选择"否"。可见在大多数青少年看来网上的人并没有冷漠化

---

① 本题有效回答人数为440，缺失值为1。
② 本题有效回答人数为439，缺失值为2。

的倾向，人们在网上可能和现实一样，也可能会更热心（见表1.20）。

（2）网络中的人是否比现实中虚伪。

在437人次的有效回答中，有70.5%的人选择了"是"。由此可见在绝大多数青少年看来，人们在网上世界更容易表现出一种虚伪的倾向（见表1.20）。

（3）在网上是否很容易获得有效的帮助。

在438人次的有效回答中，超过60%的人选择"是"，另有近40%选择"否"。可见利他行为的确是网上的一个亮点，青少年认为自己可以从网络世界中受益（见表1.20）。

（4）在网上是否比在现实中更愿意帮助他人。

在435人次的有效回答中，回答"是"和"否"的基本持平，前者略高，比例为51.3%，后者为48.7%。由此可知，网络世界也可以为青少年道德发展发挥积极作用（见表1.20）。

表1.20 青少年对网上人际关系的评价

题目	网上的人比现实中更冷漠		网上的人比现实中更虚伪		我在网上很容易获得有效帮助		我在网上更愿意帮助他人	
选项	是	否	是	否	是	否	是	否
人数（人）	147	291	308	129	265	173	223	212
有效百分数（%）	33.6	66.4	70.5	29.5	60.5	39.5	51.3	48.7

5. 青少年对网络道德问题的看法。

5.1 网上不良信息。

如表1.21所示，青少年在网上看到最多的不健康信息是"虚假信息"（60.8%）和色情信息（43.3%）。看到"反动信息"的比例为18.0%，看到"教唆犯罪的信息"的比例仅为6.7%。

表 1.21 青少年在网上接触到的不良信息[1]

选项	反动信息	虚假信息	色情信息	教唆犯罪的信息	其他不道德信息
人数（人）	78	264	188	29	54
有效百分数(%)	18.0	60.8	43.3	6.7	12.4

5.2 网上与性有关的信息和现象。

(1) 是否经常浏览色情网站。

调查表明，在做出有效回答的 439 名青少年中，大多数都表示自己"从不"浏览色情网站，表示自己"有时"浏览的有 3.0%，"经常"浏览的有 0.5%。这可能表示青少年很少浏览色情网站，也可能是由于本题的导向性太强使得青少年不选择具有负面评价的选项。

(2) 如何看待网上与性相关的信息。

对于网上和"性"有关的信息大多数青少年持否定态度（比例为 56.6%），但也有一部分青少年认为此类信息有存在的必要（比例为 35.6%）。在持否定态度的青少年中，完全否定的只占 15.2%，而绝大多数青少年认为此类信息应该对青少年取缔。另有 4.1% 的青少年认为此类信息很有必要。具体情况见图 1.13。

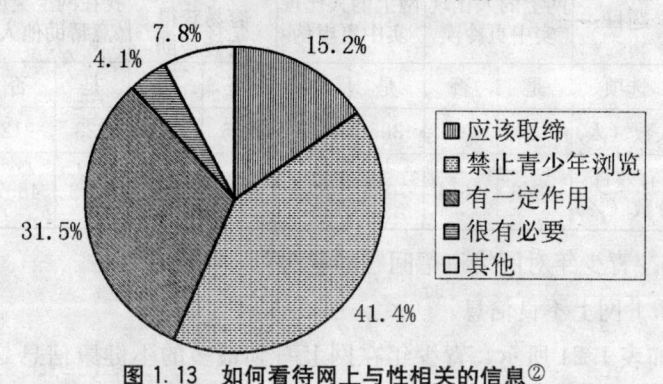

图 1.13 如何看待网上与性相关的信息[2]

---

[1] 本题为多选题，有效回答人数为 434，缺失值为 7。
[2] 本题有效回答人数为 435，缺失值为 6。

(3) 如何应对网上的色情骚扰。

在网上遇到色情骚扰等情况时，接近一半的被调查者会"不理睬"（比例为46.2%），另有大约四分之一和五分之一的人分别选择了"退出"和"加以训斥"，只有1.4%的人会和骚扰者聊天。具体情况见图1.14。

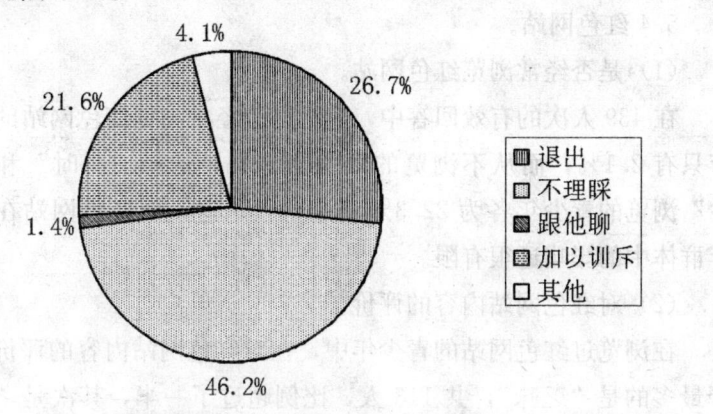

图1.14 如何应对网上色情骚扰[①]

5.3 反政府信息。

当问及在网上遇到反动信息时的反应时，大多数青少年都选择关掉，但是也有一部分人选择保存或是转发，这两种选择的比例超过了10%（见表1.22）。看来对于网上的反动信息教育工作者需要保持警惕，寻求对策。

表1.22 青少年在网上看到反动信息的反应

	选项	人数（人）	百分数（%）	有效百分数（%）	累积百分数（%）
有效值	保存	22	5.0	5.0	5.0
	关掉	260	59.0	59.5	64.5
	转发	26	5.9	5.9	70.5

① 本题有效回答人数439，缺失值为2。

有效值	向父母或老师反映	78	17.7	17.8	88.3
	其他	51	11.6	11.7	100.0
	合计	437	99.1	100.0	
系统缺失值		4	0.9		
总计		441	100.0		

5.4 红色网站。

(1) 是否经常浏览红色网站。

在439人次的有效回答中，表示自己经常浏览红色网站的青少年只有2.1%，而从不浏览的人为44.6%，选择"有时"和"很少"浏览的青少年各为22.3%和31.0%，这说明红色网站在青少年群体中的影响还很有限。

(2) 对红色网站内容的评价。

在浏览过红色网站的青少年中，在对红色网站内容的评价上选择最多的是"乏味"，共113人，比例超过了一半，其次是"有意义"，超过三分之一的人（77人）选择了该项（见图1.15）。这表明目前红色网站对青少年还缺少足够的吸引力。

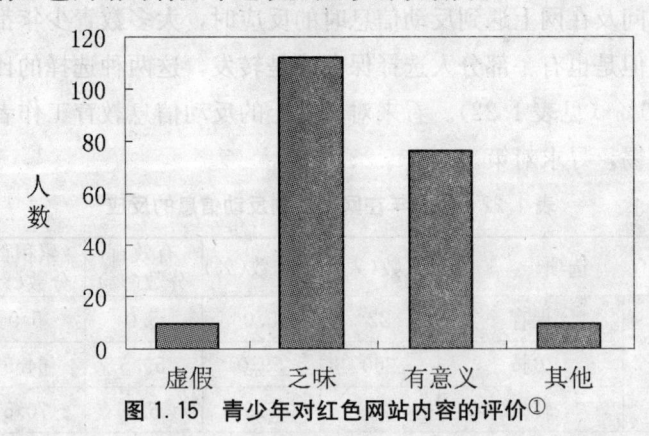

图 1.15　青少年对红色网站内容的评价[①]

① 本题有效回答人数为212，缺失值为31，总人数为243。

(3) 对红色网站作用的评价。

大多数青少年肯定了红色网站的作用,有 59.1% 的青少年 (127 人) 认为浏览红色网站增加了自己对共产主义的认识。但也有 29.3% 的青少年 (63 人) 认为浏览红色网站对自己没有影响 (见图 1.16)。这种比例并不乐观,因此红色网站的影响力还有待加强,在形式和内容上都有待改进。

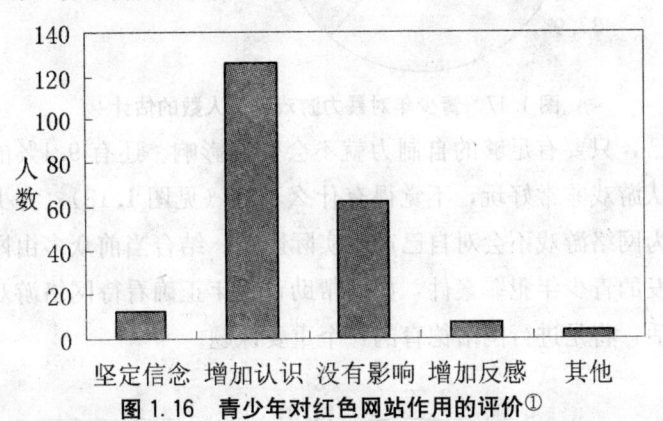

图 1.16 青少年对红色网站作用的评价[①]

5.5 暴力游戏。

当问及自己周围是否有同学模仿游戏中的暴力行为时,回答"没有"和"很少"的人数有四分之三强(比例为 76.4%),回答"有些"的占 20.9%,回答"很多"的占 2.7% (见图 1.17)。这说明接受调查的青少年绝大多数都认为身边很少有同学模仿游戏中的暴力行为,但另一方面也说明确实有一部分青少年将暴力游戏的影响带到现实生活中。

进一步调查显示,只有 13.0% 的青少年认为暴力游戏会引发生活中的暴力事件,而认为游戏不会影响现实生活的比例高达 27.1%,更有 48.1% 的青少年认为暴力游戏是否会影响现实的关键

---

① 本题有效回答人数为 215,缺失值为 28,总人数为 243。

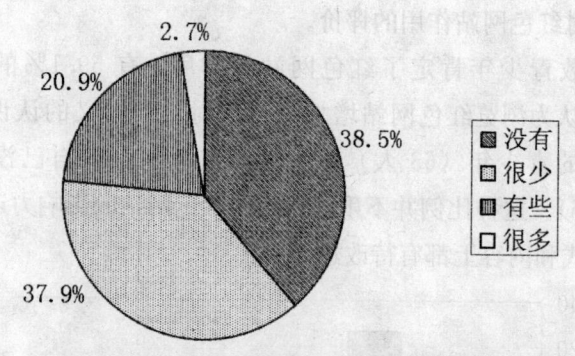

图 1.17 青少年对暴力游戏模仿人数的估计①

在自己，只要有足够的自制力就不会受到影响。还有 9.1% 的青少年承认游戏非常好玩，不觉得有什么不好（见图 1.18）。青少年大多认为网络游戏不会对自己产生实际影响。结合当前众多由网络游戏引发的青少年犯罪案件，如何帮助青少年正确看待网络游戏与现实生活，将是进行网络德育的一个重要课题。

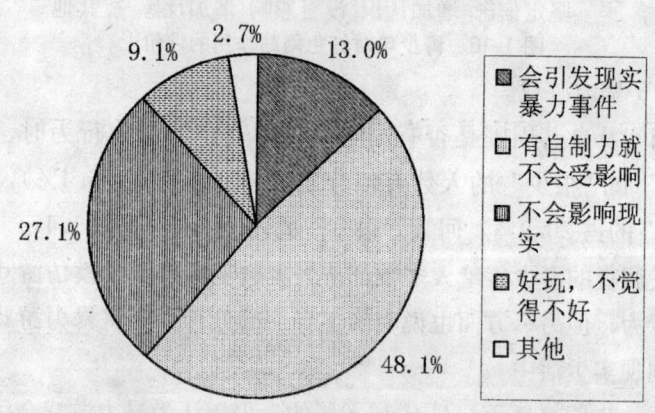

图 1.18 青少年对暴力游戏影响力的估计②

5.6 网吧管理。

---

① 本题有效回答人数为 441，缺失值为 0。
② 本题有效回答人数为 441，缺失值为 0。

在调查中青少年普遍认为能够真正限制未成年人入内的网吧只有一小部分或几乎没有,选择这两项的比例高达61.5%(见表1.23)。另外,对于是否赞同禁止青少年进网吧的规定,青少年表示同意和完全同意的超过了六成;26%的人表示反对这一规定,认为只要加强对网吧的管理即可。目前网吧还是一部分青少年上网的主要地点,一味地禁止青少年进入网吧可能会适得其反。另一方面我们目前对于网吧的管理效果还很有限,因此在对网吧的管理上还需要从不同角度进行思考,制定出更多行之有效的政策。

表1.23 限制未成年人入内的网吧的比例

	选项	人数(人)	百分数(%)	有效百分数(%)	累积百分数(%)
有效值	绝大部分	80	18.1	18.2	18.2
	半数左右	89	20.2	20.3	38.5
	一小部分	130	29.5	29.6	68.1
	几乎没有	140	31.7	31.9	100.0
	合计	439	99.5	100.0	
系统缺失值		2	0.5		
总计		441	100.0		

5.7 网恋现象。

在调查中我们让青少年对周围有多少同学有网恋经历进行判断,以便从侧面了解青少年对网恋的介入情况。其中选择最多的是"几乎没有",比例接近一半,选择"一小部分"的也占到四成,只有极少数青少年认为自己周围有网恋经历的同学比较多或非常多(见表1.24)。这一方面表明绝大多数青少年并没有涉及网恋,但另一方面也意味着有极小一部分青少年已经开始有了网恋经历。

在接受调查的上网青少年中,认为网恋不必当真的有269人,占61.7%,而认为网恋很危险的有106人,占24.3%,只有50人(比例为11.5%)认为网恋很浪漫(见图1.19)。由此可见绝大多

表 1.24 对周围同学网恋经历的估计

选项		人数（人）	百分数（%）	有效百分数（%）	累积百分数（%）
有效值	非常多	6	1.4	1.4	1.4
	比较多	28	6.3	6.4	7.8
	一小部分	192	43.5	43.8	51.6
	几乎没有	212	48.1	48.4	100.0
	合计	438	99.3	100.0	
系统缺失值		3	0.7		
总计		441	100.0		

数同学对网恋并不看好。当问到周围同学们对待网恋的态度时，有六成（262人）青少年选择了"玩玩而已"，还有四分之一（115人）选择了"盲目、轻率"，只有6%的人（26人）选择"认真、投入"（见图1.20）。这一结果可能与传媒对网恋的负面报导有关。绝大多数青少年认为同龄人对网恋的态度是不认真的，这种态度不仅会影响青少年对网恋的介入，而且可能影响他们看待爱情的方式。

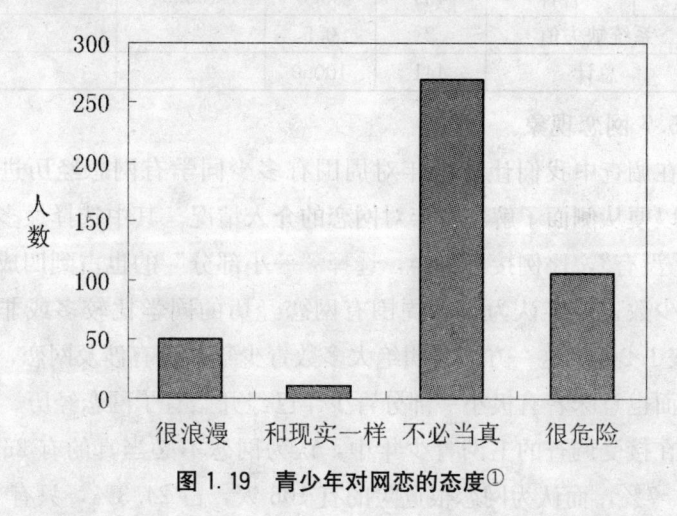

图 1.19 青少年对网恋的态度[1]

---

[1] 本题有效回答人数为436，缺失值为5。

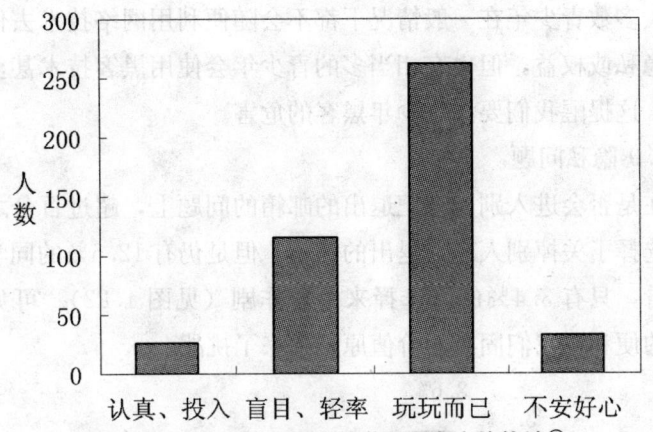

图 1.20 青少年对网恋同学网恋态度的估计①

5.8 网络黑客。

"如果你掌握了破译他人 QQ 密码的技术,你会在什么情况下使用它来抢别人的 QQ 号,或者看别人的个人资料和聊天记录?"对于这一问题选择"任何时候都不会"的比例为 54.6%,有 23.6% 的人选择因为好奇可能会去看别人的东西(见图 1.21)。这

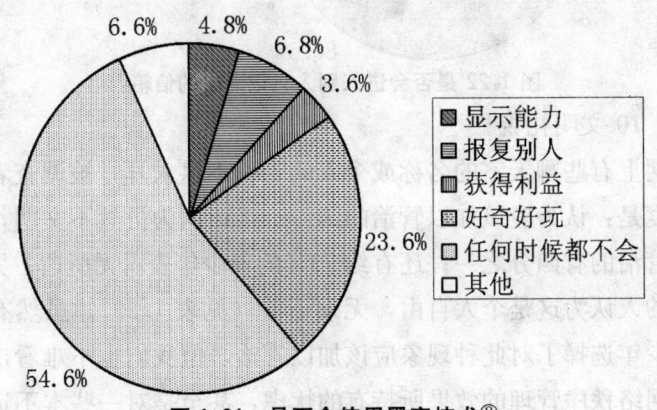

图 1.21 是否会使用黑客技术②

---

① 本题有效回答人数为 435,缺失值为 6。
② 本题有效回答人数为 441,缺失值为 0。

表明大多数青少年在一般情况下都不会随便利用网络技术去侵犯他人的隐私或权益，但也有相当多的青少年会使用黑客技术甚至以此牟利，这提醒我们要注意少年黑客的危害。

5.9 隐私问题。

在是否会进入别人忘记退出的邮箱的问题上，超过百分之八十的人选择了关掉别人忘记退出的信箱，但是仍有12.5%的同学会打开看看，只有3.4%的人选择来个恶作剧（见图1.22）。可见网络提供的便利对我们固有的价值原则带来了挑战。

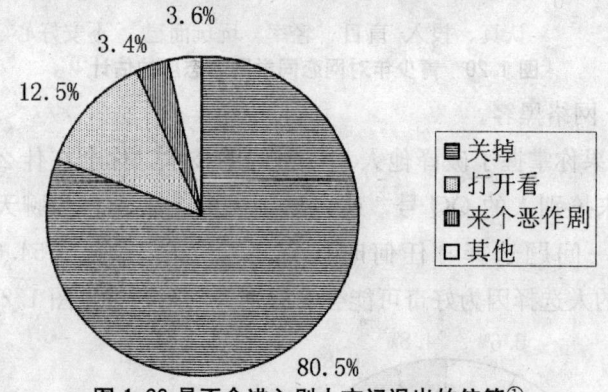

图 1.22 是否会进入别人忘记退出的信箱①

5.10 文明礼貌。

网上有些聊天室的名称或个人的昵称不堪入耳，被调查者对此的态度是：认为应该加以管治的约占一半；认为虽然不文明，但是难以管治的有四分之一；还有约20%的青少年表示无所谓；另有近一成的人认为这是个人自由，无须干涉（见表1.25）。虽然有半数的青少年选择了对此种现象应该加以管治，但我们也不难看出青少年对网络秩序管理的效果所持有的忧虑，甚至是对一些本不道德的行为普遍化后所形成的麻木和习惯，还有他们对于网络秩序规则的

---

① 本题有效回答人数为440，缺失值为1。

新理解，这些都值得我们就网络管理问题进行反思。

表 1.25 青少年对管理网上不文明信息的态度

	选项	人数（人）	百分数（%）	有效百分数（%）	累积百分数（%）
有效值	赞同	205	46.5	46.7	46.7
	无奈	108	24.5	24.6	71.3
	无所谓	85	19.3	19.4	90.7
	反对	41	9.3	9.3	100.0
	合计	439	99.5	100.0	
系统缺失值		2	0.5		
总计		441	100.0		

5.11 诚信与安全。

我们通过询问青少年在何种情况下会向网友透露自己的真实信息以及在网上是否需要说真话这两道题来试探青少年对于网上的诚信与安全问题的看法。在是否告知自己的真实信息的问题上，大多数青少年选择了任何时候都不会，但还是有近四成的青少年选择了一定程度的告诉，特别是在觉得对方可靠时（见图1.23）。由于青

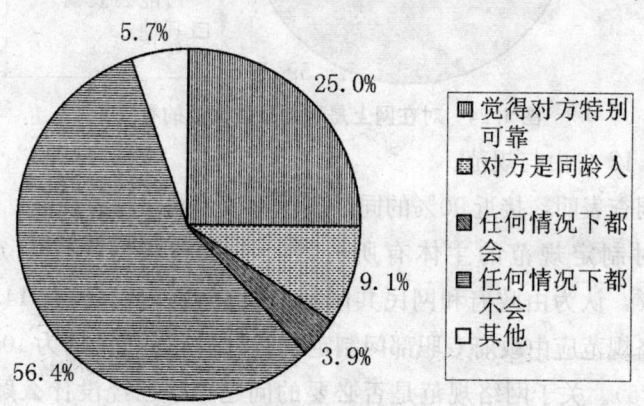

图 1.23 在什么情况下会透露自己的真实信息[1]

5.7%
25.0%
9.1%
3.9%
56.4%

觉得对方特别可靠
对方是同龄人
任何情况下都会
任何情况下都不会
其他

---

[1] 本题有效回答人数为440，缺失值为1。

少年缺少社会经验和足够成熟的判断,这样做很可能会为他们招来危险和伤害。

另外,在网上是否需要说真话的问题上,接近60%的青少年认为要看情况而定,只要不伤害别人就好;认为"没必要,网上不必当真"和"没必要,说真话可能会被骗"的分别为14.4%和13.7%,只有8.9%的青少年认为有必要说真话(见图1.24)。可见青少年对于网络的隐匿性已经有了比较好的认识,但也有一部分青少年由于对网络社会的错误认识和误解而否定了说真话的价值,诚信危机很可能由此而生。

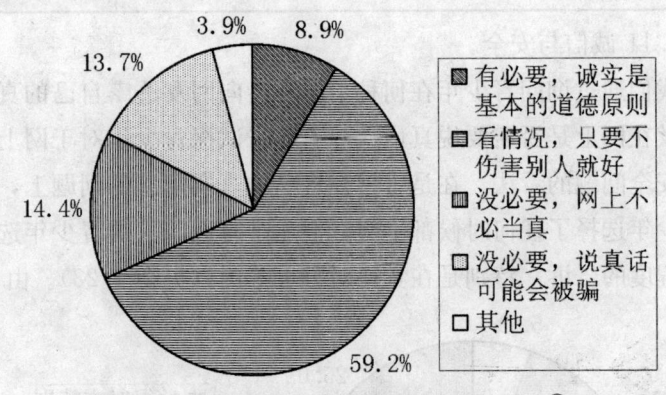

图1.24 对在网上是否需要说真话的看法①

5.12 自由与规范。

调查表明,接近90%的同学表示赞成为网络制定规范,但是这其中对制定规范的主体有所分歧:认为应该由网民制定的占20.2%,认为由政府和网民共同制定的有53.6%,还有14.1%认为网络规范应由政府专职部门制定。反对制定规范的约为10%(见图1.25)。关于网络规范是否必要的问题似乎已经没什么疑问了,不过在制定规范的过程中,网民似乎希望获得自己的发言权。

---

① 本题有效回答人数为439,缺失值为2。

2.5% 9.5%
14.1%
20.2%
53.6%

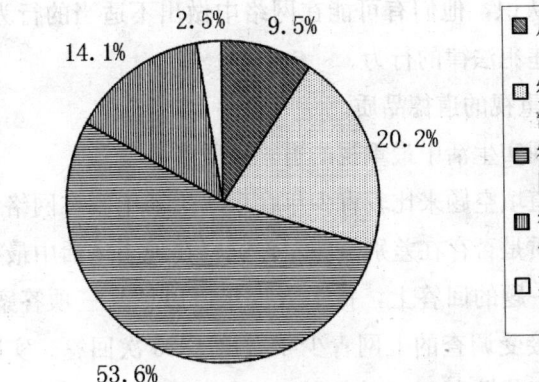

- 反对
- 赞成，由网民制定
- 赞成，由政府网民共同制定
- 赞成，由政府制定
- 其他

图1.25 青少年是否赞同制定网络规范①

在问及在网络世界中是否可以为所欲为时，接近90%的同学认为在网上并非可以想做什么就做什么，其中75.5%的同学认为人应遵守基本的行为规范，还有13.6%的同学则是因为害怕惩罚而遵守规矩。而认为可以为所欲为，不会影响现实生活有7.5%。具体统计结果见图1.26。这也表明的确存在着一部分青少年对网络世界的

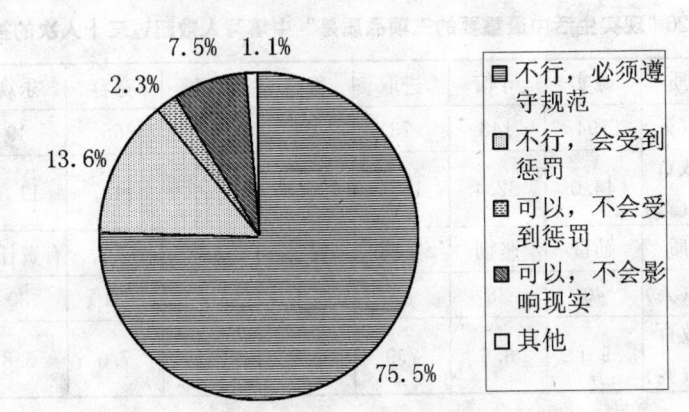

7.5% 1.1%
2.3%
13.6%
75.5%

- 不行，必须遵守规范
- 不行，会受到惩罚
- 可以，不会受到惩罚
- 可以，不会影响现实
- 其他

图1.26 在网上是否可以为所欲为②

① 本题有效回答人数为440，缺失值为1。
② 本题有效回答人数为441，缺失值为0。

性质还没有正确的认识,他们有可能在网络中做出不适当的行为,甚至是不道德的、违犯法律的行为。

5.13 青少年最重视的道德品质。

(1) 青少年在现实生活中最重视的道德品质。

我们设计了两道填空题来比较青少年在现实生活中和在网络世界中重视的道德品质是否存在差别。在"你觉得在现实生活中最重要的三项品质是"一题的回答上,每个青少年可以填写三项答案。理想状态是441名接受调查的上网青少年做出1323次回答。实际结果是441名青少年共做出1122次回答,共计67项答案。其中提到最多的道德品质是诚实(194次,比例为44.0%)和守信(143次,比例为32.4%)。其它提到较多的还有进取(73次,比例为16.6%)、善良(69次,比例为15.6%)、正直(67次,比例为15.2%)、宽容(65次,比例为14.7%)、乐观(49次,比例为11.1%)和勤奋(40次,比例为9.1%)(见表1.26)。

表1.26 "现实生活中最重要的三项品质是"中填写人数超过三十人次的答案

品质	诚实	守信	进取	善良	正直	宽容	乐观
人数(人)	194	143	73	69	67	65	49
有效百分数(%)	44.0	32.4	16.6	15.6	15.2	14.7	11.1
品质	勤奋	坚韧	文明	自信	自律	守法	有责任感
人数(人)	40	38	35	34	32	31	30
有效百分数(%)	9.1	8.6	7.9	7.7	7.3	7.0	6.8

由此可见,本次调查中诚信是青少年在现实生活中最重视的道德品质。同时,一些积极的个人品质,如进取、乐观和勤奋,得到了很多青少年的认同。另外青少年还比较重视基本的道德品质,如善良、宽容和正直。

(2) 青少年在网络世界中最重视的道德品质。

在"你觉得在网上最重要的三项品质是"一题的回答上,理想状态也是441名接受调查的上网青少年做出1323次回答。实际结果是441名青少年共做出1182次回答,共计31项答案,具体情况见表1.27。可见青少年在网上重视的品质要比在现实中的集中。

表1.27 "网上最重要的三项品质是"中填写人数超过三十人次的答案

品质	自我保护	文明	自律	守法	诚实	尊重	守信
人数(人)	184	157	101	95	86	82	80
有效百分数(%)	41.7	35.6	22.9	21.5	19.5	18.6	18.1
品质	公德心	正直	乐观	善良	合作	分享	宽容
人数(人)	69	52	50	45	38	30	30
有效百分数(%)	15.6	11.8	11.3	10.2	8.6	6.8	6.8

从表1.27可以看出,青少年在网上最重视的品质是自我保护和文明,这可以从侧面反映出网络环境尚不安全而且不够文明。其次青少年比较重视自律和守法,表明他们期望在网上加强对自我的行为规范。最后诚信、尊重和讲公德也是青少年比较重视的网上品质。

6. 青少年的网络教育需求。

6.1 父母和教师与青少年的沟通。

我们向青少年询问了他们在网上遇到问题时主要向谁求助的问题,以此来侧面了解青少年和家长、教师就网络生活的交流情况。统计结果显示青少年在网上遇到问题时向同学求助的最多,比例高达46.1%;其次是自己解决,选择的比例接近四分之一;第三是网友;父母和教师分列倒数第二和第一(见表1.28)。由此可见在青少年的网上生活中教师和家长所起到的帮助作用是非常有限的,青少年和教师家长在网络方面的信息沟通状况并不理想。

表 1.28 青少年在网上遇到问题时的求助对象

	选项	人数（人）	百分数（%）	有效百分数（%）	累积百分数（%）
有效值	父母	43	9.8	9.9	9.9
	老师	7	1.6	1.6	11.5
	同学	200	45.4	46.1	57.6
	网友	57	12.9	13.1	70.7
	自己	108	24.5	24.9	95.6
	其他	19	4.3	4.4	100.0
	合计	434	98.4	100.0	
系统缺失值		7	1.6		
总计		441	100.0		

6.2 父母的上网情况。

我们假设父母的触网情况将影响他们对青少年进行网络德育的重视、方式和能力，因此还对青少年父母的上网情况进行了调查。结果发现在青少年群体中，超过四成的人选择父母"从不"上网，接下来是选择"很少"和"有时"，各占四分之一和五分之一强，只有11.4%的青少年表示父母"经常"上网（见表1.29）。这表明父母们的上网情况很不乐观，其网络能力和对网络的了解也将受到限制，这也可能是导致父母和青少年在网络问题上沟通不畅的原因之一。

表 1.29 青少年父母的上网情况

	选项	人数（人）	百分数（%）	有效百分数（%）	累积百分数（%）
有效值	经常	50	11.3	11.4	11.4
	有时	94	21.3	21.5	32.9
	很少	110	24.9	25.1	58.0
	从不	184	41.7	42.0	100.0
	总计	438	99.3	100.0	
系统缺失值		3	0.7		
总计		441	100.0		

6.3 父母对青少年上网的态度。

除了调查父母的上网能力,我们还调查了父母对青少年上网的态度。数据分析显示排在第一位的是限制,人数超过了一半。然后是"不管"和"禁止",最后是"支持"(见表1.30)。可见目前大多数家长还是把网络作为学习的工具,并没有完全认识网络的作用以及青少年的网络需求,支持青少年上网的家长还很少,甚至有部分家长采取放任不管的态度。因此父母的这种态度也可能对家庭网络德育带来障碍。

表1.30 父母对青少年上网的态度

	选项	人数(人)	百分数(%)	有效百分数(%)	累积百分数(%)
有效值	支持	46	10.4	10.5	10.5
	限制	244	55.3	55.5	65.9
	不管	57	12.9	13.0	78.9
	禁止	67	15.2	15.2	94.1
	其他	26	5.9	5.9	100.0
	合计	440	99.8	100.0	
系统缺失值		1	0.2		
总计		441	100.0		

6.4 青少年在上网问题上对父母和教师的期望。

在上网问题上青少年对父母的期望排在首位的是理解和支持,共有222人选择了该项比例大约为50%,其次是指导和帮助(87人),然后是上网的机会(77人),最后有49人选择了希望父母什么都不管(见图1.27)。因此父母的态度很可能是制约家庭网络德育效果的重要因素。而有一成的青少年选择了希望父母什么都不管,很可能是对父母不理解的一种逆反。因此,家长如何正确认识网络和青少年的内心世界,形成正确的教育态度,是家庭网络德育的当务之急。

在上网问题上青少年对教师的期望排在首位的是指导和帮助,

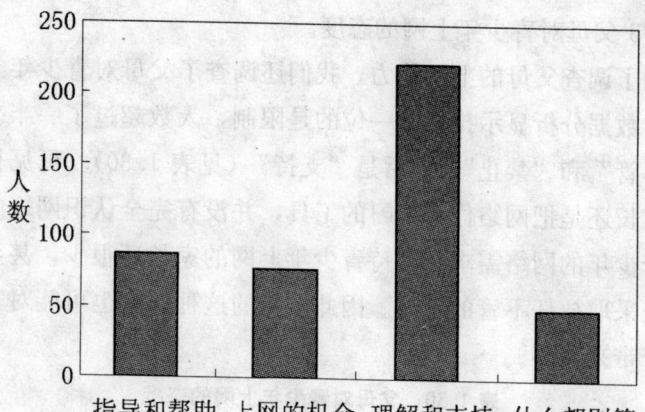

图 1.27　青少年在上网问题上对父母的期望①

共有 182 人选择了该项，比例大约为 40%；其次是理解和支持，有 112 人，比例也超过 25%；接下来是上网的机会共有 85 人，比例为 19.5%；最后有 57 人（比例为 13.1%）选择了希望教师什么都不管（见图 1.28）。看来青少年对为人师者的最大期望还是能够提

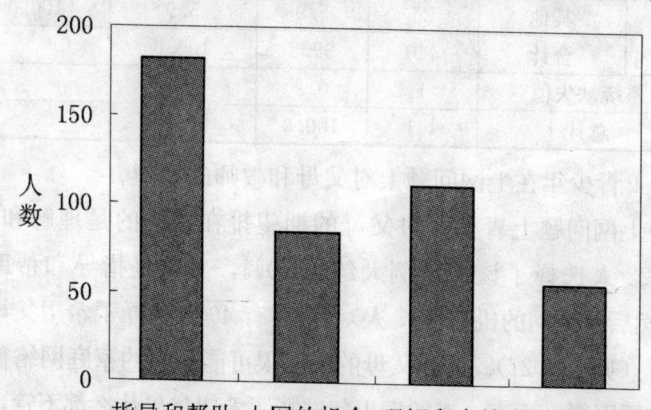

图 1.28　青少年在上网问题上对教师的期望②

---

① 本题有效回答人数为 435，缺失值为 6。
② 本题有效回答人数为 436，缺失值为 5。

供指导。因此教师进行网络德育的一个前提是教师自己在网络技术、知识以及认识等方面要有一定的积累,另外也需要形成正确的教育态度。

6.5 青少年对改善网络环境的建议。

在"为了抵制网上的不良影响,你觉得最重要的是什么"的问题上,青少年选择最多的三项依次是"加强网络道德建设"(60.5%)、"加强网络法制建设"(49.3%)和"建设青少年网络资源"(42.1%)。相比之下,选择比例最小的三项依次是"禁止青少年上网吧"(10.7%)、"加强家庭教育"(10.7%)和"从技术上加以限制"(12.8%)(见表1.31)。这表明在青少年看来,抵制网上不良影响最重要的是网络道德建设和网络法制建设,建设青少年网络资源也得到了很多青少年的认可。也就是说青少年相信道德建设对健康上网的作用。相比之下,禁止青少年进网吧和加强家庭教育、学校德育没有得到太多青少年的支持。其原因之一可能是他们觉得这些措施的效果是有限的。因此也提醒我们要对此加以改进。

表1.31 青少年对改善网络环境的建议[①]

选项	加强网络法制建设	加强网络道德建设	从技术上加以限制	建设青少年网络资源	加强学校德育	加强家庭教育	禁止青少年上网吧	其他
人数(人)	212	260	55	181	66	46	46	10
有效百分数(%)	49.3	60.5	12.8	42.1	15.3	10.7	10.7	2.3

我们还设计了一道开放题来询问青少年对网络建设的具体建议。三个地区接受调查的青少年对该问题的回答主要集中在管理、法制规范、技术、网络建设、教育等方面,难以归纳的答案统一放入"其他"类(见表1.32)。

① 本题为多选题,有效回答人数为430,缺失值为11。

表 1.32　对网络建设的建议

选项	管理	法制和规范	技术	建设	教育	其他	总计
人数(人)	101	34	17	31	24	50	257

统计结果表明青少年对网络建设的建议以网络管理为主,提及的比重大大超过其他各项。另外在网络法制和规范、网络建设以及网络教育和网络技术等方面青少年也都提到了一些很好的建议。在网络管理方面,青少年的具体建议包括从内容、技术和规范等方面加强网络管理以及进行大规模的整顿和督查,取缔不健康和非法内容等。在法制和规范方面,青少年的具体建议包括建立和完善规范和法律,甚至是专门立法,还有抓好落实工作。在技术方面青少年提出要加强、完善技术和硬件,提高网速以及普及网络和减免费用等。在网络建设方面则提出要建设和丰富网络,包括增加游戏、娱乐、资讯、知识等方面的内容以及建立资料库等,特别提出要建设青少年网站以及开设专门的青少年网吧。在教育方面青少年提出要提高人的素质,加强网民教育,包括自觉遵守规则、培养法律观念、建设精神文明等。再就是在网上加强道德教育。

(二)上网青少年接受网络道德影响的差异

1. 年龄差异。

高二学生和初二学生在网龄、上网的频率和时间以及上网的地点等方面都没有明显差异,而在上网目的、网上活动和对网络的心态上则存在较大差异,他们对网络环境的评价和对网络伦理问题的看法也有很大不同。

1.1 触网情况的差异。

(1) 上网目的。

在关于上网目的的调查中,初二学生和高二学生在"了解社会"、"查询信息"和"学习电脑技术"这三项上的差异不显著,而在"辅助学习"、"娱乐放松"和"与人交流"这三项上的差异极其显著。高二学生选择"娱乐放松"和"与人交流"的比例明显超出了初二学生。相反,选择"辅助学习"项的初二学生比例则明显高于高二学生(见表2.1)。可见高二学生更侧重于网络的交际功能和娱乐功能,而初二学生则更重视网络的学习功能。

相应的,在选择网络吸引自己的特征时,高二学生选择"没有压力和限制"的比例为47.0%,而初二学生仅为32.9%[1],高二学生认为网络最能影响自己人际交往的比例为42.5%,高出了初二学生的23.0%二十个百分点[2]。

表2.1 年龄差异与上网目的[3]

选项		辅助学习	娱乐放松	与人交流
初二学生	人数(人)	83	135	61
	有效百分数(%)	40.3	65.5	29.6
高二学生	人数(人)	54	176	92
	有效百分数(%)	24.8	80.7	42.2
总计	人数(人)	137	311	153
	有效百分数(%)	32.3	73.3	36.1

(2)网上活动。

高二学生在网上经常聊天的比例多,而初二学生经常玩游戏的比例多在是否经常上网玩游戏的问题上,初二学生回答"从不"的占其总数的16.0%,高二学生则占到其总数的25.0%,差异很明显(见图2.1)。在是否经常上网聊天的问题上,初二学生回答"经常"的占其总数的18.9%,高二学生则占到其总数的28.9%。初

---

[1] 本题有效回答人数为429,缺失值为12,总人数为441人。其中初二学生为210人,缺失值为2,总人数为212人;高二学生219人,缺失值为10,总人数为229人。
[2] 本题有效回答人数为435,其中初二学生为209人,高二学生为226人。
[3] 本题有效回答人数为424,其中初二学生为206人,高二学生为218人。

二学生回答"从不"的占其总数的29.2%,高二学生则只占其总数的12.3%(见图2.2)。

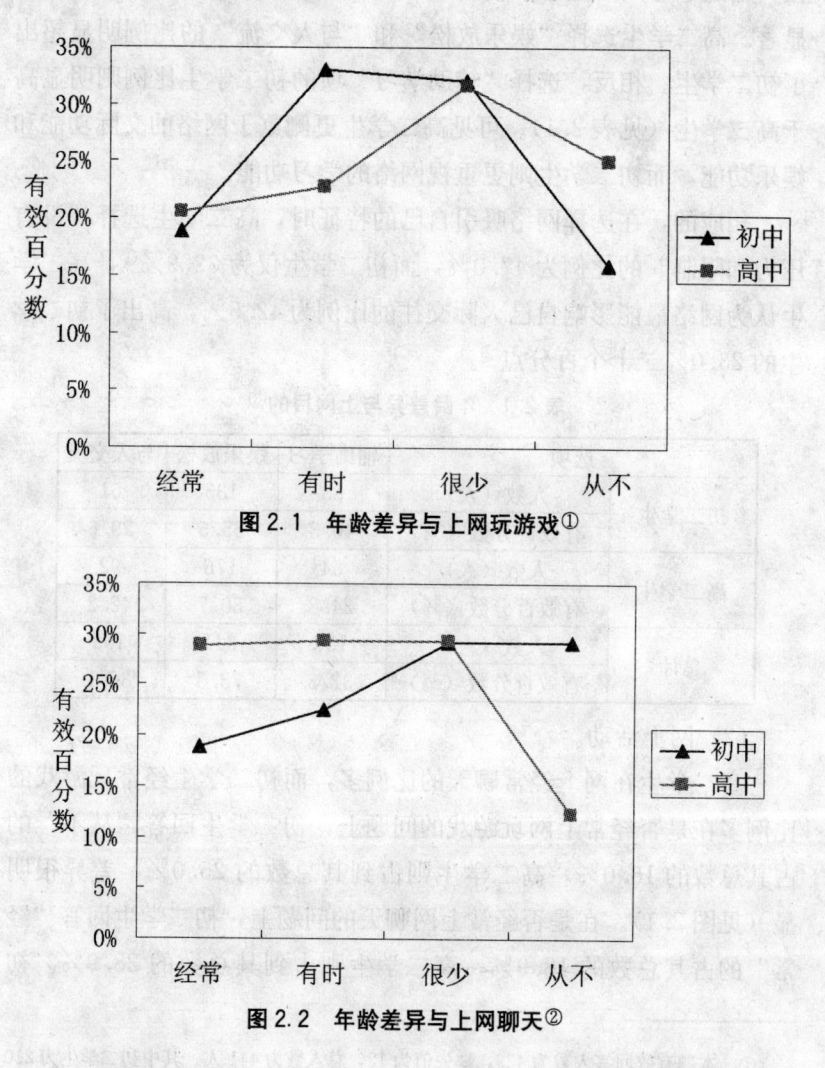

图 2.1 年龄差异与上网玩游戏①

图 2.2 年龄差异与上网聊天②

---

① 本题有效回答人数为440,其中初二学生为212人,高二学生为228人。
② 本题有效回答人数为440,其中初二学生为212人,高二学生为228人。

在聊天的主题上，高二学生选择谈论"情感体验"的比例高于初二学生；选择更喜欢和异性聊天的比例高于初二学生（二者比例分别为 67.1%和 28.6%）；认为自己"更愿意在网上吐露心声"的比例也高于初二学生（比例分别为 40.7%和 30.2%）（见表 2.2）。初二学生选择谈论"学习"和"社会问题"的比例则高于高二学生。

表 2.2 年龄差异与聊天话题[①]

	选项	情感体验	社会问题	学习
初二学生	人数（人）	14	27	55
	有效百分数（%）	6.7	12.9	26.2
高二学生	人数（人）	38	15	17
	有效百分数（%）	17.2	6.8	7.7
总计	人数（人）	52	42	72
	有效百分数（%）	12.1	9.7	16.7

1.2 对网络环境评价的差异。

（1）如何评价网络环境。

在评价网络环境时，初二学生和高二学生对于网络多彩还是无聊以及有序还是混乱的评价差异不大，而在网络的安全性和健康性上存在显著差异。初二学生认为网络是"健康的"和"安全的"的百分比都超出了高二年级（见表 2.3）。可见初二学生对网络健康性和安全性的评价要稍高于高二学生。

表 2.3 年龄差异与对网络环境的评价[②]

	选项	健康	安全
初二学生	人数（人）	36	24
	有效百分数（%）	17.1	11.4

---

① 本题有效回答人数为 431，其中初二学生为 210 人，高二学生为 221 人。
② 本题有效回答人数为 434，其中初二学生为 210 人，高二学生为 224 人。

高二学生	人数（人）	21	13
	有效百分数（%）	9.4	5.8
总计	人数（人）	57	37
	有效百分数（%）	13.1	8.5

在对网络的印象上，不同年级的青少年在关于网络信息的真实性和有用性上没有太大的差异，在关于网上的人是否比现实生活中更虚伪的问题上也没有明显的差异。但是高二学生认为"大多数人在网上比在现实中更冷漠"的比例明显低于初二学生，两个年级学生选择的比例分别为 28.3% 和 39.2%[①]。可见高二学生对人们在网上"真诚性"的评价要更积极些。

（2）如何看待网络的影响。

在对网络作用的认识上，两个年级的青少年在"上网能够促进学习"、"我在网上更加开朗自信"、"我在网上更容易获得帮助"以及"我在网上更愿意帮助别人"等问题上的回答都没有显著差异，但是在网络对于思想观念的影响上却有所不同。高二学生对"上网有利于更新观念"的说法完全认同的比例为 28.6%，而初二学生仅为 18.4%（见图 2.3）；同样，不太同意这一说法的高二学生比例为 13.2%，初二学生则高达 25%。在"上网让我更有批判力"的问题上，初二学生对此持反对态度的占 18.9%，而高二学生仅占其总数的 8.8%（见图 2.4））。这一差异似乎表明高二学生比初二学生更倾向于认为上网对自己的观念系统有积极作用。而在网络对于学习、性格以及利他行为的影响上，不同年级的青少年学生看法并不存在差异。

在网络带来的烦恼和对网络的担心上，对沉迷于网络、影响学习、技术不足、受到欺骗、违规犯罪以及受到不健康影响等问题，

---

① 本题有效回答人数为 438，其中初二学生为 212 人，高二学生为 226 人。

图2.3　年龄差异与上网对更新观念的认识[1]

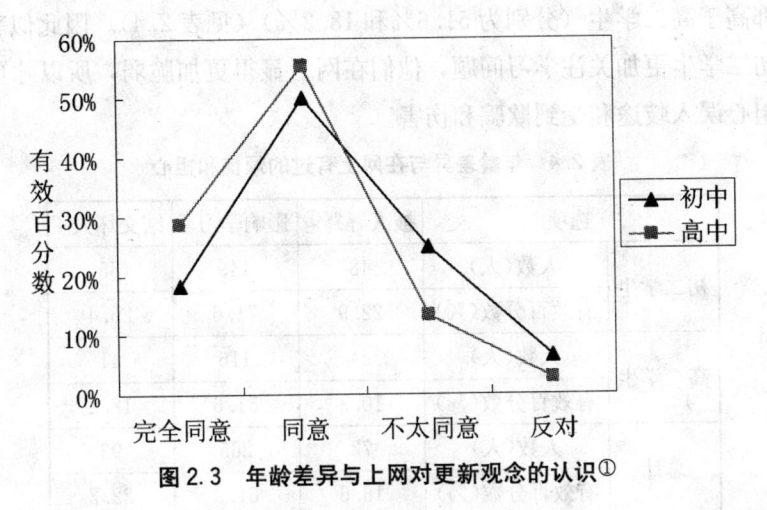

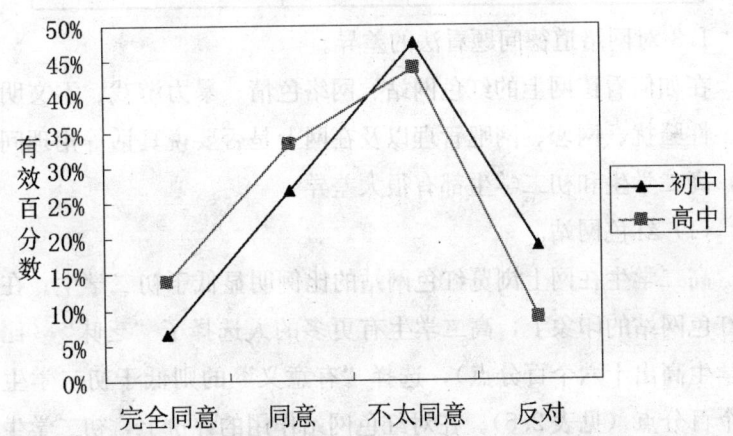

图2.4　年龄差异与上网对增加批判力的认识[2]

初二学生和高二学生基本没有差别。只是初二学生烦恼于在网上被人辱骂的比例为22.9%，显著高于高二学生的10.8%；担心上网影响学习和在网上结交坏人的比例（分别为71.6%和26.4%）也

---

[1] 本题有效回答人数为439，其中初二学生为212人，高二学生为227人。

[2] 本题有效回答人数为440，其中初二学生为212人，高二学生为228人。

都高于高二学生（分别为 51.6％和 18.2％）（见表 2.4）。因此似乎初二学生更加关注学习问题，他们在网上显得更加脆弱，所以才更担心误入歧途和受到欺骗和伤害。

表 2.4　年龄差异与在网上有过的烦恼和担心

选项		被人辱骂①	影响学习②	结交坏人③
初二学生	人数(人)	48	149	55
	有效百分数(%)	22.9	71.6	26.4
高二学生	人数(人)	24	116	41
	有效百分数(%)	10.8	51.6	18.2
总计	人数(人)	72	265	96
	有效百分数(%)	16.6	61.2	22.2

1.3 对网络道德问题看法的差异。

在如何看待网上的红色网站、网络色情、暴力游戏、不文明语言、性骚扰、网恋、网吧管理以及在网上是否要说真话等伦理问题上，高二学生和初二学生都有很大差异。

（1）红色网站。

高二学生在网上浏览红色网站的比例明显低于初二学生。在关于红色网站的印象上，高二学生有更多的人选择了"乏味"（比初二学生高出十六个百分点），选择"有意义"的则低于初二学生十四个百分点（见表2.5）。在对红色网站作用的评价上，初二学生选择"让我对共产主义有更多的认识"的人数比例（为67.2％）比高二学生（为47.8％）高出十九个百分点，而高二学生选择"没有影响"的比例（为38.9％）比初二学生（为22.4％）高出十七个百

---

① 本题有效回答人数为433，其中初二学生为210人，高二学生为223人。
② 本题有效回答人数为433，其中初二学生为208人，高二学生为225人。
③ 本题有效回答人数为433，其中初二学生为208人，高二学生为225人。

分点(见表2.6)。可见高二学生对红色网站的接触少于初二学生，对它的内容和作用的评价也都低于初二学生。

表2.5 年龄差异与对红色网站内容的评价

选项		虚假	乏味	有意义	其他	总计
初二学生	人数(人)	9	57	52	5	123
	有效百分数(%)	7.3	46.3	42.3	4.1	100.0
高二学生	人数(人)	2	56	25	6	89
	有效百分数(%)	2.2	62.9	28.1	6.7	100.0
总计	人数(人)	11	113	77	11	212
	有效百分数(%)	5.2	53.3	36.3	5.2	100.0

表2.6 年龄差异与对红色网站作用的评价

选项		让我更加坚定了对共产主义的信念	让我对共产主义有更多的认识	对我没有什么影响	增加了我对共产主义的反感	其他	总计
初二学生	人数(人)	8	84	28	5		125
	有效百分数(%)	6.4	67.2	22.4	4.0		100.0
高二学生	人数(人)	5	43	35	4	3	90
	有效百分数(%)	5.6	47.8	38.9	4.4	3.3	100.0
总计	人数(人)	13	127	63	9	3	215
	有效百分数(%)	6.0	59.1	29.3	4.2	1.4	100.0

(2) 网络色情。

首先，高二学生在网上浏览过色情信息的比例为50.0%，高于初二学生的36.1%[①]。相应的，在如何看待网上与性相关的信息

---

① 本题有效回答人数为434，其中初二学生为208人，高二学生为226人。

上，高二学生对此类信息持否定态度的人数比初二学生少，而认为网上与性有关的信息"有一定作用"和"很有必要"的人数比例则比初二学生多了许多（见表2.7）。可见对于网上与性有关的信息，高二学生持完全否定态度的比例要低于初二学生；比起初中生，高中生中有更多的人认为此类信息有一定的作用。

表2.7 年龄差异与对网上与性相关的信息的评价

	选项	污染社会风气，应该取缔	影响青少年身心发展，应该禁止青少年浏览	提供性知识，能弥补现实中性教育的不足	很有必要，能满足某些人的需要	其他	总计
初二学生	人数（人）	38	95	59	6	11	209
	有效百分数（%）	18.2	45.5	28.2	2.9	5.3	100.0
高二学生	人数（人）	28	85	78	12	23	226
	有效百分数（%）	12.4	37.6	34.5	5.3	10.2	100.0
总计	人数（人）	66	180	137	18	34	435
	有效百分数（%）	15.2	41.4	31.5	4.1	7.8	100.0

（3）网上性骚扰。

在如何应对网上性挑逗的问题上，当在网上遇到有人对自己说挑逗的或者淫秽的话时，高二学生选择"退出"的比例不到20%，而初二学生选择此项的比例约为34%。另外有一半的高二学生选择了不理睬的态度，比例大大高于初中学生（见图2.5）。这表明在面对网上的性挑逗时，初中学生更倾向于采取回避的态度，而高中学生更倾向于采取不理睬的态度。

```
            1.4%
    23.2%        34.1%          ▨ 退出
                                ▧ 不理睬
   0.5%                         □ 跟他聊
                                ▦ 加以训斥
                                ▤ 其他
            40.8%
```

初二学生

```
           6.6%
    20.2%       19.7%
                                ▨ 退出
                                ▧ 不理睬
   2.2%                         □ 跟他聊
                                ▦ 加以训斥
                                ▤ 其他
            51.3%
```

高二学生

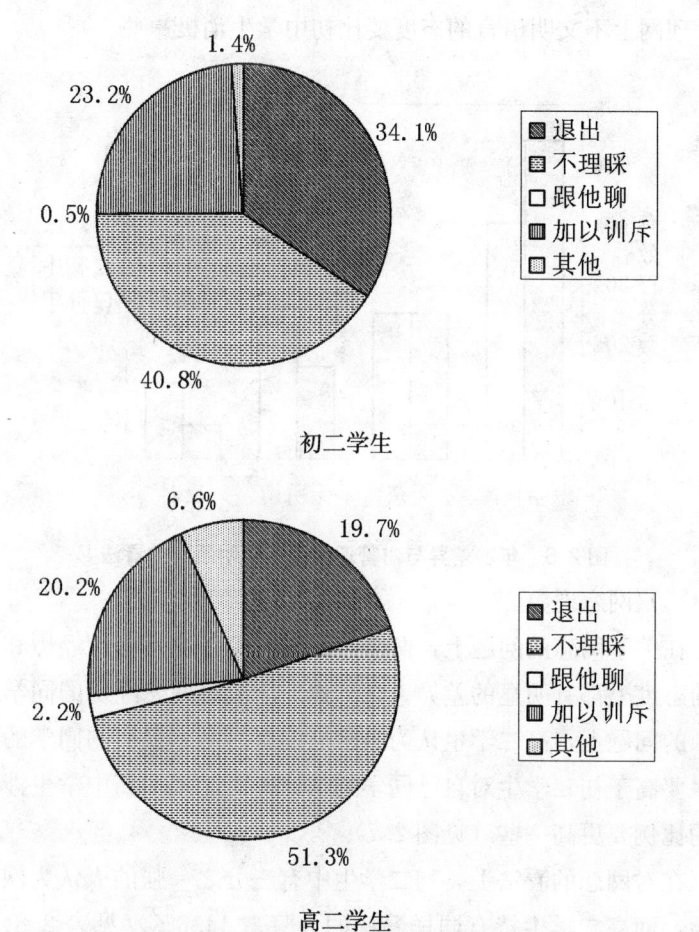

图 2.5　年龄差异与对网上性骚扰的反应[①]

（4）不文明语言。

在对待网上不文明语言的态度上，初二学生选择加以制止的比例高于高二学生（分别为 54.0% 和 39.9%），而高二学生选择无奈和反对的比例都要明显低于初二学生（见图 2.6）。这表明高中学生

---

① 本题有效回答人数为 439，其中初二学生为 211 人，高二学生为 228 人。

对管理网上不文明语言的态度要比初中学生消极一些。

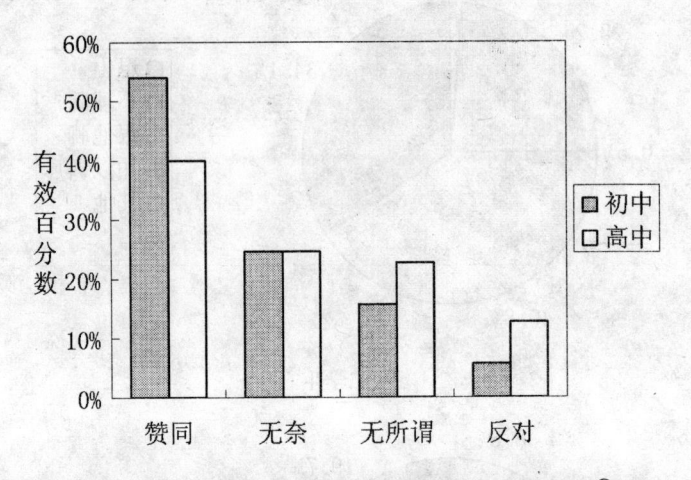

图 2.6 年龄差异与对管理网上不文明语言的看法[1]

(5) 网恋现象。

在关于网恋的问题上,两个年级的青少年在网恋的经历和对网恋的态度上都有明显的差异。在"你周围有过网恋经历的同学有多少"的问题上,高二学生认为自己周围有过网恋经历的同学的比例似乎要高于初二学生对自己同学的估计,可能说明高中学生涉足网恋的比例要更高一些(见图 2.7)。

在对网恋的看法上,初二学生中有三分之一强的人认为网恋很危险,而高二学生持有同样看法的人只占 14.6%(见表 2.8)。高二学生认为同学中有过网恋的人中大多数人对网恋的态度只是玩玩而已的比例高达 66.1%,高于初二学生的 54%(见表 2.9)。可见在初二学生看来,网恋很不安全;在高二学生看来,网恋更像是一场游戏。

---

[1] 本题有效回答人数为 439,其中初二学生为 211 人,高二学生为 228 人。

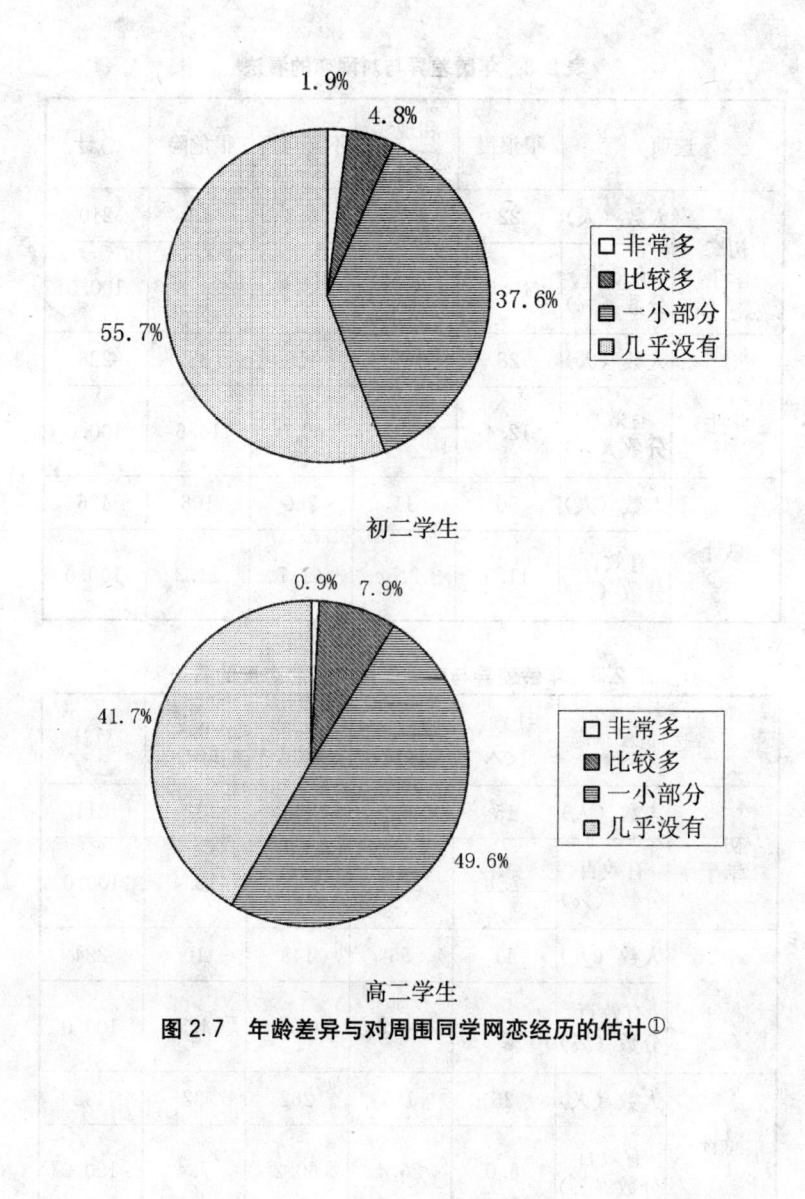

调查结果

1.9%
4.8%
37.6%
55.7%

□ 非常多
▨ 比较多
▤ 一小部分
▢ 几乎没有

初二学生

0.9%
7.9%
41.7%
49.6%

□ 非常多
▨ 比较多
▤ 一小部分
▢ 几乎没有

高二学生

图2.7 年龄差异与对周围同学网恋经历的估计①

---

① 本题有效回答人数为438，其中初二学生为210人，高二学生为228人。

281

表2.8 年龄差异与对网恋的看法

选项		很浪漫	和现实恋爱一样	不必当真	很危险	总计
初二学生	人数（人）	22	2	113	73	210
	有效百分数（%）	10.5	1.0	53.8	34.8	100.0
高二学生	人数（人）	28	9	156	33	226
	有效百分数（%）	12.4	4.0	69.0	14.6	100.0
总计	人数（人）	50	11	269	106	436
	有效百分数（%）	11.5	2.5	61.7	24.3	100.0

表2.9 年龄差异与对周围同学网恋态度的看法

选项		认真、投入	盲目、轻率	玩玩而已	不安好心	总计
初二学生	人数（人）	15	60	114	22	211
	有效百分数（%）	7.1	28.4	54.0	10.4	100.0
高二学生	人数（人）	11	55	148	10	224
	有效百分数（%）	4.9	24.6	66.1	4.5	100.0
总计	人数（人）	26	115	262	32	435
	有效百分数（%）	6.0	26.4	60.2	7.4	100.0

(6) 暴力游戏。

在考察初中学生和高中学生网上活动时,我们发现初中生在网上玩游戏要比高中生多。在对于暴力游戏的看法上,不同年级的学生差异也很明显。在"你的同学中有人模仿游戏中的暴力行为吗?"的回答中,高二学生回答"没有"的比例明显比初二学生高(见图2.8)。但是在关于暴力游戏的认识上,初二学生认为游戏会引发现实暴力事件的比例比高二学生高,认为有自制力就不会受影响(约为56%)的也比高二学生高出很多(见表2.10)。可见暴力游戏对于初中学生的影响似乎要大于高中学生。

表2.10 年龄差异与对暴力游戏的影响的看法

选项		这些游戏会引发生活中的暴力事件	如果有足够的自制力,就不会受游戏的影响	这些只是游戏而已,不会影响现实生活	这些游戏很好玩,我不觉得有什么不好	其他	总计
初二学生	人数(人)	35	118	39	13	5	210
	有效百分数(%)	16.7	56.2	18.6	6.2	2.4	100.0
高二学生	人数(人)	22	93	80	27	7	229
	有效百分数(%)	9.6	40.6	34.9	11.8	3.1	100.0
总计	人数(人)	57	211	119	40	12	439
	有效百分数(%)	13.0	48.1	27.1	9.1	2.7	100.0

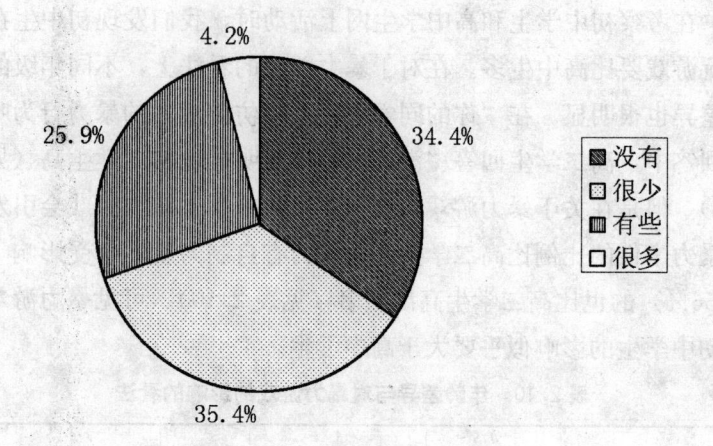

初二学生

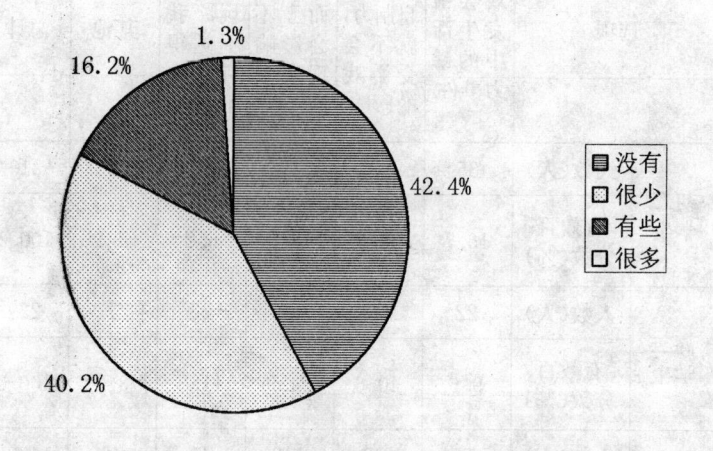

- 没有 34.4%
- 很少 35.4%
- 有些 25.9%
- 很多 4.2%

高二学生

- 没有 42.4%
- 很少 40.2%
- 有些 16.2%
- 很多 1.3%

图 2.8 年龄差异与对同学模仿暴力游戏的估计①

(7) 网吧管理。

在"你是否赞同禁止青少年进入网吧的规定"的问题上，高二

---

① 本题有效回答人数为 441，其中初二学生为 212 人，高二学生为 229 人。

学生对此表示坚决反对的大大多于初二学生（见图2.9）。在如何才能有效净化网络环境的问题上，高二学生更倾向于选择加强青少年网络资源建设，初二学生则更多地选择了限制青少年进入网吧。

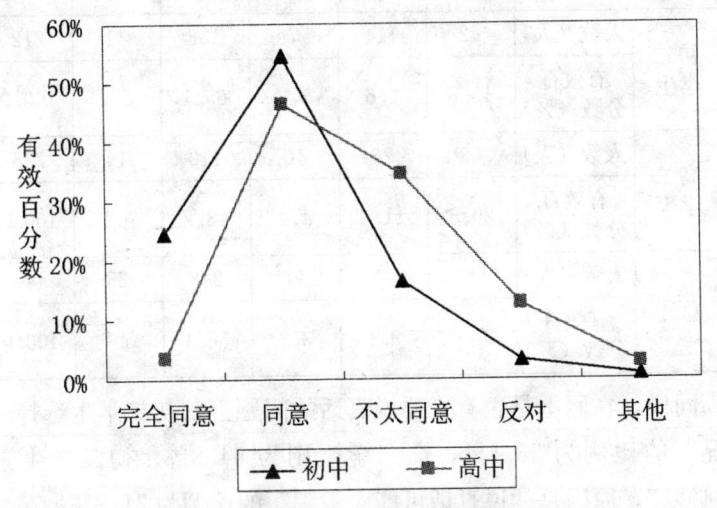

图 2.9 年龄差异与对网吧管理的看法[①]

（8）在网上是否需要说真话。

对于网络是否需要规范和在网上是否可以为所欲为的问题上，高二学生和初二学生没有明显的差异。但在网上是否需要说真话的问题上两者还是表现出显著的不同。以"如果你在网上和一个认识不久的人聊得特别投机，你会在什么情况下把自己的真实信息（如姓名、电话）告诉他或她？"的问题为例。回答"任何时候都不会"的初二学生占其总数的 65.1%，高二学生则只占其总数的 48.2%；有相当一部分高二学生认为如果觉得对方可靠，就会告知自己的信息（见表 2.11）。

---

① 本题有效回答人数为 439，其中初二学生为 211 人，高二学生为 228 人。

表2.11 年龄差异与对在网上是否告知真实信息的看法

选项		觉得对方特别可靠	对方是同龄人	任何情况下都会	任何情况下都不会	其他	总计
初二学生	人数（人）	42	114	7	138	11	212
	有效百分数（%）	19.8	6.6	3.3	65.1	5.2	100.0
高二学生	人数（人）	68	26	10	110	14	228
	有效百分数（%）	29.8	11.4	4.4	48.2	6.1	100.0
总计	人数（人）	110	40	17	248	25	440
	有效百分数（%）	25.0	9.1	3.9	56.4	5.7	100.0

同样，在网上是否有必要说真话的问题上，初二学生选择"看情况"的比例为53.3%，高二学生则为64.8%。初二学生选择"没必要"，原因是"说真话可能会被骗"的比例为21.2%，高二年级则仅占6.6%（见表2.12）。这一差异说明高中学生在网上更倾向于说真话，而初中学生因为担心受到伤害而对说真话更多地持保留态度。

表2.12 年龄差异与对在网上是否应该说真话的看法

选项		有必要，诚实是基本的道德原则	看情况，只要不伤害别人就好	没必要，网上不当真	没必要，说真话可能会被骗	其他	总计
初二学生	人数（人）	15	113	30	45	9	212
	有效百分数（%）	7.1	53.3	14.2	21.2	4.2	100.0

高二学生	人数（人）	24	147	33	15	8	227
	有效百分数（%）	10.6	64.8	14.5	6.6	3.5	100.0
总计	人数（人）	39	260	63	60	17	439
	有效百分数（%）	8.9	59.2	14.4	13.7	3.9	100.0

1.4 网络教育需求的差异。

不同年龄的青少年的父母在上网情况上存在明显差异。同样，不同年龄的青少年在与父母和教师的沟通状况以及教育期望上也有所不同。在父母是否经常上网的问题上，初二学生选择"从不"的比例明显比高二学生低，而选择"经常"的比例明显比高二学生高（见表2.13）。这表明初二学生家长的上网频率相对较高。因此可能对家长对青少年上网的态度有影响。

表2.13 年龄差异与父母上网的情况

选项		经常	有时	很少	从不	总计
初二学生	人数（人）	30	49	59	72	210
	有效百分数（%）	14.3	23.3	28.1	34.3	100.0
高二学生	人数（人）	20	45	51	112	228
	有效百分数（%）	8.8	19.7	22.4	49.1	100.0
总计	人数（人）	50	94	110	184	438
	有效百分数（%）	11.4	21.5	25.1	42.0	100.0

当在网上遇到问题时，初二学生更多地向老师家长和网友寻求帮助，而高二学生更倾向于向同学和自己求助（见图2.10）。在对网上反动信息的态度上，只有极少数高二学生选择向父母和老师反映，相比之下，初二学生向师长反映的比例要高一些（见图2.11）。

图 2.10 年龄差异与求助对象①

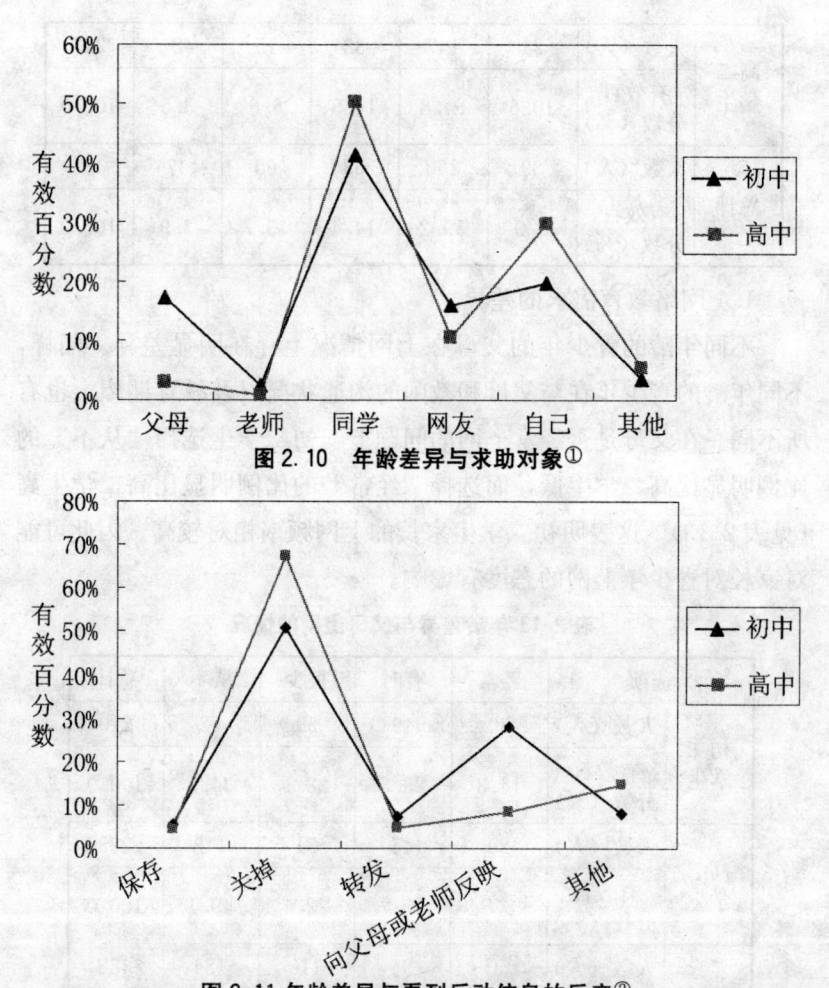

图 2.11 年龄差异与看到反动信息的反应②

我们可以把高二学生对独立的追求看作是对父母和老师的控制的反抗，但是调查表明父母对于初二学生的限制和禁止要更多一些，对于高二学生的支持则要明显多一些，同时对于高二学生采取

---

① 本题有效回答人数为434，其中初二学生为208人，高二学生为226人。
② 本题有效回答人数为437，其中初二学生为209人，高二学生为228人。

不管态度的也要多一些（见表2.14）。

表2.14 年龄差异与父母对待孩子上网的态度和措施

选项		支持	限制	禁止	不管	其他	总计
初二学生	人数（人）	18	132	30	20	11	211
	有效百分数（%）	8.5	62.6	14.2	9.5	5.2	100.0
高二学生	人数（人）	28	112	27	47	15	229
	有效百分数（%）	12.2	48.9	11.8	20.5	6.6	100.0
总计	人数（人）	46	244	57	67	26	440
	有效百分数（%）	10.5	55.5	13.0	15.2	5.9	100.0

父母们的态度在孩子们看来并不尽如人意，与初二学生相比，高二学生希望父母给予更多的理解和支持，希望老师提供更多的上网机会。相比之下，初二学生对获得指导和帮助的期望要强于高二学生。这意味着高二学生对于父母和老师对自己的沟通和理解的期望比初二学生更强烈（见图2.12与2.13）。

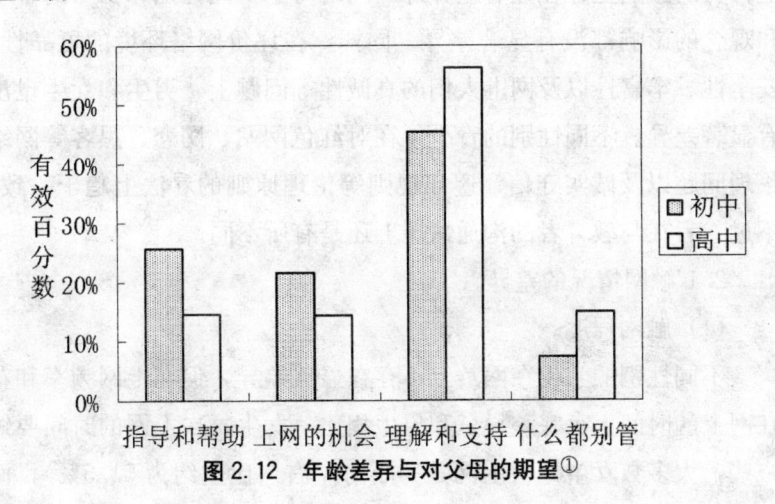

图2.12 年龄差异与对父母的期望[1]

---

[1] 本题有效回答人数为435，其中初二学生为209人，高二学生为226人。

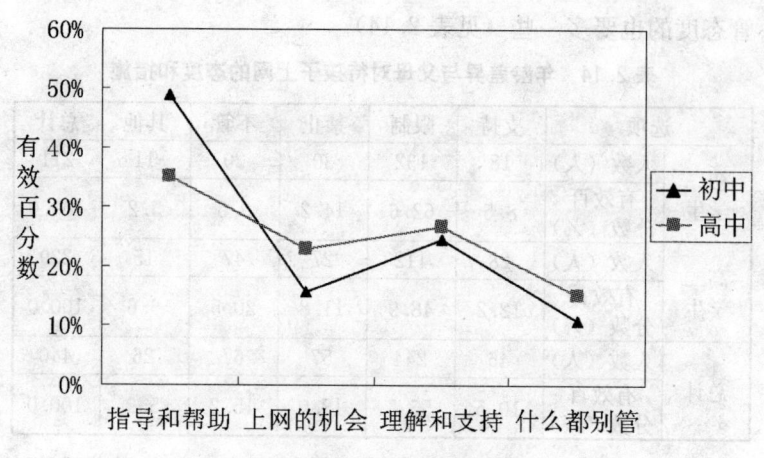

图 2.13 年龄差异与对教师的期望①

2. 性别差异。

不同性别的青少年在触网程度和网络活动上存在很多差异，这可能影响了他们对某些网络伦理问题的看法。但是除了在心理和利他行为的影响上存在显著差异外，网络对于不同性别青少年的学习和观念的影响都没有显著差异。同样，在评价网络环境的可靠性、安全性、丰富性以及网上人们的真诚性等问题上，男生和女生也没有显著差异。不同性别的青少年在对红色网站、网恋、黑客等网络伦理问题以及诚实守信、遵守规则等伦理原则的看法上趋于一致。不过二者在与教育者的沟通情况上还是有所不同。

2.1 触网情况的差异。

（1）触网程度。

不同性别的学生在网龄上不存在显著差异，但在上网频率和花在网上的时间上存在差异。和男生相比，女生每次上网的时间要短一些，大多数女生每次上网是一小时左右（比例约为 51.5%），而

---

① 本题有效回答人数为 436，其中初二学生为 211 人，高二学生为 225 人。

长时间上网的人比例很少。相比之下，有三分之一强的男生每次上网的时间是两到三小时，有一部分人上网时间比较长，达到七八个小时（比例约为 9%），还有一小部分甚至是连续七八个小时上网。这表明男生每次上网的时间长于女生（见图 2.14），并且上网要比女生频繁（见表 2.15）。

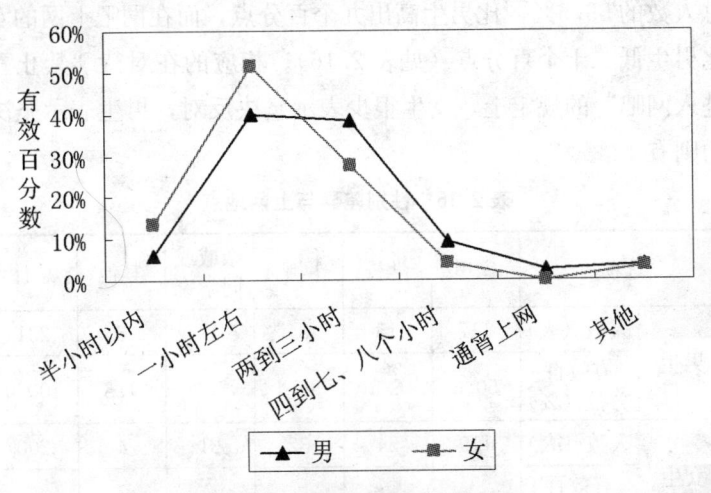

图 2.14 性别差异与上网时间[1]

表 2.15 性别差异与上网频率

	选项	每天都上	一周两三次	每周一次	半个月一次	每月一次	其他	总计
男生	人数（人）	17	71	83	15	18	30	234
	有效百分数（%）	7.3	30.3	35.5	6.4	7.7	12.8	100.0
女生	人数（人）	10	47	66	26	12	39	200
	有效百分数（%）	5.0	23.5	33.0	13.0	6.0	19.5	100.0

[1] 本题有效回答人数为 435，缺失值为 2，总人数为 437。其中男生为 233 人，缺失值为 1，总人数为 234；女生为 202 人，缺失值为 1，总人数为 203。

总计	人数（人）	27	118	149	41	30	69	434
	有效百分数（%）	6.2	27.2	34.3	9.4	6.9	15.9	100.0

(2) 上网地点。

男生和女生在上网地点上存在显著差异。在家上网的女生占女生总人数的59.5%，比男生高出九个百分点，而在网吧上网的女生则比男生低二十个百分点（见表2.16）。相应的在对待"禁止青少年进入网吧"的规定上，女生很少表示坚决反对，男生表示坚决反对的则有12%。

表2.16 性别差异与上网地点

	选项	家里	学校	网吧	亲戚或同学家	其他	总计
男生	人数（人）	117	15	84	12	3	231
	有效百分数（%）	50.6	6.5	36.4	5.2	1.3	100.0
女生	人数（人）	119	24	32	21	4	200
	有效百分数（%）	59.5	12.0	16.0	10.5	2.0	100.0
总计	人数（人）	236	39	116	33	7	431
	有效百分数（%）	54.8	9.0	26.9	7.7	1.6	100.0

(3) 网上活动。

在网上活动方面，不同性别也表现出显著差异。女生极少有人经常上网玩游戏，有三分之一的人甚至从来不玩，而男生则有接近三分之一的人经常玩网络游戏，极少有人从来不玩（见图2.15）。

9.0% 30.9%
27.0%
33.0%

经常
有时
很少
从不

男生

7.4% 21.3%
34.2%
37.1%

经常
有时
很少
从不

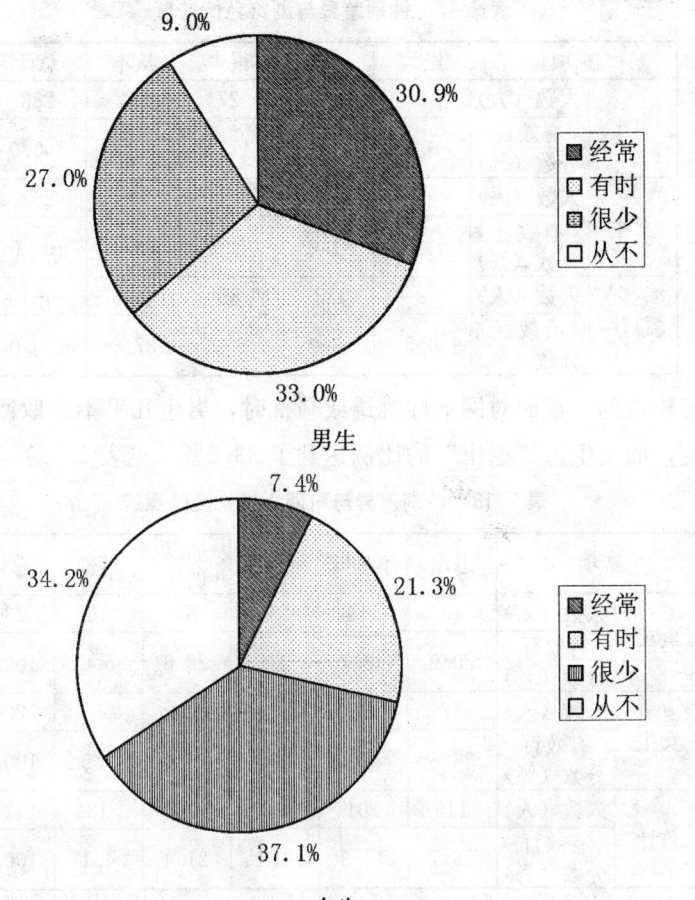

女生

图 2.15　性别差异与上网玩游戏[①]

除了网络游戏，不同性别的青少年在对网络色情的看法上表现出来的差异也很突出。男生浏览与性有关的信息的频率和数量要高于女生（见表 1.17）。

---

① 本题有效回答人数为 435，其中男生为 233 人，女生为 202 人。

表2.17 性别差异与浏览色情信息

	选项	经常	有时	很少	从不	总计
男生	人数（人）	2	11	27	192	232
	有效百分数（%）	0.9	4.7	11.6	82.8	100.0
女生	人数（人）		2	12	188	202
	有效百分数（%）		1.0	5.9	93.1	100.0
总计	人数（人）	2	13	39	380	434
	有效百分数（%）	0.5	3.0	9.0	87.6	100.0

相应的，在面对网上性挑逗或骚扰时，男生几乎不采取回避的态度，而女生选"退出"的比例达到了33.5%（见表2.18）。

表2.18 性别差异与对网上性挑逗的反应

	选项	退出	不理睬	跟他聊	加以训斥	其他	总计
男生	人数（人）	49	114	5	53	13	234
	有效百分数（%）	20.9	48.7	2.1	22.6	5.6	100.0
女生	人数（人）	67	87	1	40	5	200
	有效百分数（%）	33.5	43.5	0.5	20.0	2.5	100.0
总计	人数（人）	116	201	6	93	18	434
	有效百分数（%）	26.7	46.3	1.4	21.4	4.1	100.0

2.2 对网络环境评价的差异。

在对网络环境的丰富性、可靠性、安全性、秩序状况等的看法上，不同性别的青少年并没有明显差异。但是在对于网络作用的看法上，有七成的男生认为自己在网上要比在现实中更开朗，其比例比女生多出了一成（见图2.16）。大多数男生觉得自己在网上比在现实中更愿意帮助他人，比例也大大多于女生（见图2.17）。这表明男生在网上获得的积极体验比较多，他们在网上可能会更活跃。

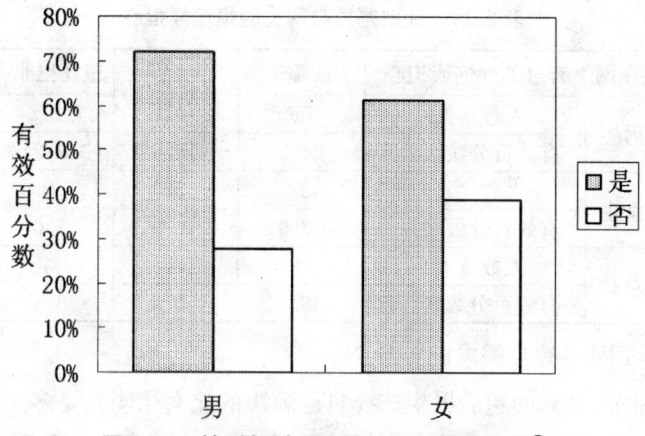

图 2.16 性别与对上网是否更开朗的评价①

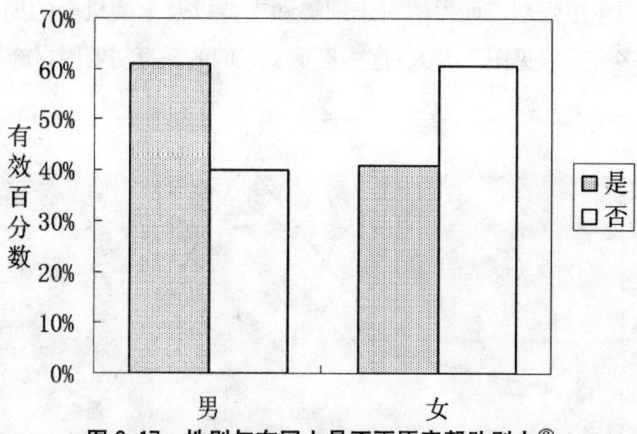

图 2.17 性别与在网上是否更愿意帮助别人②

但是,男生对在网上违规犯罪的担心明显超过了女生,表示自己因沉迷于网络和在网上受骗而烦恼的人数也明显超出了女生。男生和女生烦恼于上网成瘾的比例分别为 18.9% 和 10.9%,男生担心在网上"违规犯罪"的比例为 9.2%,也比女生的 3.0% 高(见表 2.19)。

---

① 本题有效回答人数为 434,其中男生 233 人,女生为 201 人。
② 本题有效回答人数为 430,其中男生 232 人,女生为 198 人。

表 2.19 性别差异与网上的烦恼或担心

在网上有过的烦恼或担心		被骗①	上瘾②	违规犯罪③
男生	人数（人）	56	43	21
	有效百分数（%）	24.7	18.9	9.2
女生	人数（人）	22	22	6
	有效百分数（%）	10.9	10.9	3.0
总计	人数（人）	78	65	27
	有效百分数（%）	18.2	15.2	6.3

2.3 网络教育需求的差异。

在网上遇到问题后男生选择自己解决的比女生明显要多。而在问及最期望父母和老师为你上网提供什么时，女生对于指导和帮助的期望要比男生更强烈，而男生对于理解和支持以及上网机会的期望则比女生更多一些（见图2.18）。这些提示了我们的教育需要因材施教。

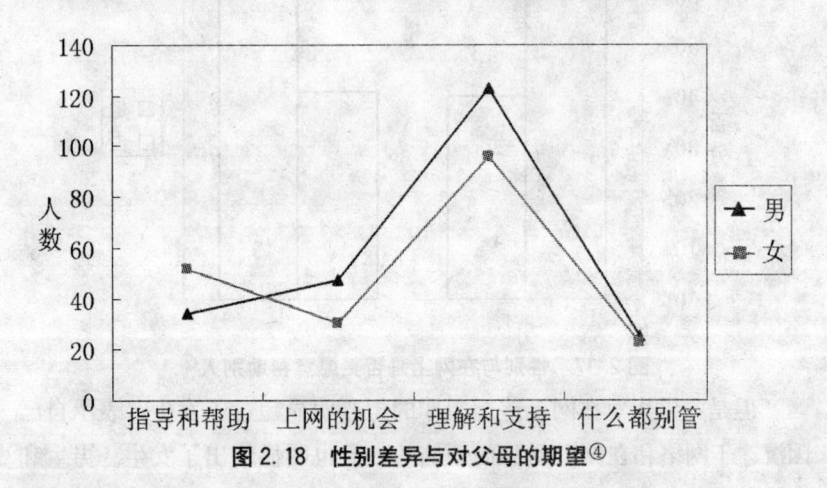

图 2.18 性别差异与对父母的期望④

---

① 本题有效回答人数为 428，其中男生 227 人，女生为 201 人。
② 本题有效回答人数为 428，其中男生 227 人，女生为 201 人。
③ 本题有效回答人数为 428，其中男生 228 人，女生为 200 人。
④ 本题有效回答人数为 430，其中男生 229 人，女生为 201 人。

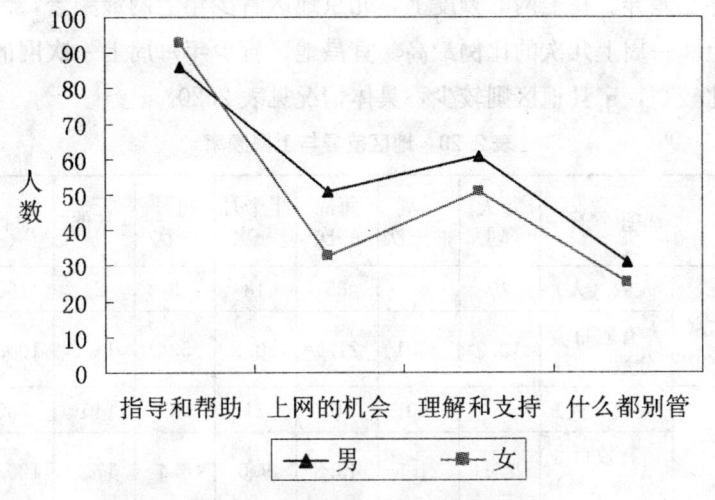

图 2.19　性别差异与对教师的期望①

3. 地区差异。

不同地区的青少年在触网情况上的差异最显著，在家庭的联网状况以及上网的基本情况，例如网龄、频率和地点等方面都存在差异，而在每次上网的时间上几乎不存在差异。在对网络环境和网络作用的评价上，除了网络对于学习和观念的影响的评价外，不同地区的青少年几乎不存在差异。在一些具体的网络伦理问题上，如红色网站、暴力游戏、网吧管理、网络规范以及在网上是否需要说真话等问题上不同地区的青少年差异显著；而在网恋、不文明语言、网上性骚扰、色情信息、黑客技术等问题上则不存在显著差异。另外在和教育者的沟通情况上差异也非常显著。

3.1 触网情况的差异。

（1）触网程度。

各地青少年在上网的时间上不存在差异，但在上网频率和网龄

---

① 本题有效回答人数为 431，其中男生 229 人，女生为 202 人。

上存在差异。在上网的频度上,北京地区青少年上网最频繁,天天都上和一周上几次的比例最高。宜昌地区青少年每周上一次网的比例比较高,宁县地区则较少,具体情况见表 2.20。

表 2.20　地区差异与上网频率

选项		每天都上	一周两三次	每周一次	半个月一次	每月一次	其他	总计
北京	人数（人）	20	60	35	18	9	24	166
	有效百分数（%）	12.0	36.1	21.1	10.8	5.4	14.5	100.0
宜昌	人数（人）	5	50	102	21	15	40	233
	有效百分数（%）	2.1	21.5	43.8	9.0	6.4	17.2	100.0
宁县	人数（人）	2	10	13	3	6	6	40
	有效百分数（%）	5.0	25.0	32.5	7.5	15.0	15.0	100.0
总计	人数（人）	27	120	150	42	30	70	439
	有效百分数（%）	6.2	27.3	34.2	9.6	6.8	15.9	100.0

不同地区的青少年在网龄上差异显著。北京地区网龄低于半年的青少年比例很小,而网龄在一年到两年的青少年人数最多,比例约为 25%,此外,网龄高于两年的青少年有 50% 左右。这表明北京地区青少年接触网络比较早。相比之下,宜昌地区网龄低于半年的青少年比例约为 20%,在网龄超过两年的其他各项上都要比北京略低一些。宁县地区青少年接触网络的时间短了很多,大约 40% 的青少年接触网络的时间不到半年,具体情况见表 2.21。

表 2.21 地区类型与网龄

选项		不到半年	半年到一年	一年到两年	两年到三年	三年到五年	五年以上	总计
北京	人数（人）	14	24	42	36	38	11	165
	有效百分数（%）	8.5	14.5	25.5	21.8	23.0	6.7	100.0
宜昌	人数（人）	46	38	53	40	41	12	230
	有效百分数（%）	20.0	16.5	23.0	17.4	17.8	5.2	100.0
宁县	人数（人）	17	4	7	5	6		39
	有效百分数（%）	43.6	10.3	17.9	12.8	15.4		100.0
总计	人数（人）	77	66	102	81	85	23	434
	有效百分数（%）	17.7	15.2	23.5	18.7	19.6	5.3	100.0

(2) 上网地点。

①家庭网络条件的差异。

我们在进行调查时为上过网的青少年和没有上过网的青少年分别设计了一份调查问卷。在北京地区的青少年只有两人没有上过网，在宜昌地区也只有五人左右，而在宁县地区有三分之二以上的青少年选择的是未上网问卷。

同样，不同地区青少年家里是否配置了电脑以及电脑联网与否的情况差异很大。北京青少年家里的联网率最高，接近90%，该地区青少年能够从家庭获得网络资源的可能性非常高。宜昌地区青少年家里的联网率比北京差了很多，约为三分之一强，没有电脑的家庭的比例接近一半。这表明宜昌地区青少年家庭为青少年提供的网络资源也相应少了很多。和前两个地区相比，宁县地区青少年家庭的上网率更低，只有20%左右，而没有电脑的家庭比例高达三分之二。只有极少数的青少年可以通过家庭获得互联网资源（见表2.22）。

表2.22 地区差异与家庭联网状况

选项		没有电脑	有电脑但没有联网	有联网电脑	总计
北京	人数（人）	2	16	148	166
	有效百分数（%）	1.2	9.6	89.2	100.0
宜昌	人数（人）	114	29	90	233
	有效百分数（%）	48.9	12.4	38.6	100.0
宁县	人数（人）	26	5	8	39
	有效百分数（%）	66.7	12.8	20.5	100.0
总计	人数（人）	142	50	246	438
	有效百分数（%）	32.4	11.4	56.2	100.0

②上网地点。

在上网地点上不同地区的青少年差异更显著。绝大多数北京青少年都在家里上网，而宜昌青少年在网吧上网和在家上网的比例都是三分之一强，宁县青少年中绝大多数都在网吧上网（见表2.23）。这和青少年家庭配置电脑和联网的情况相呼应。

表2.23 地区差异与上网地点

选项		家里	学校	网吧	亲戚或同学家	其他	总计
北京	人数（人）	148		4	9	3	164
	有效百分数（%）	90.2		2.4	5.5	1.8	100.0

宜昌	人数（人）	84	37	86	22	3	232
	有效百分数（%）	36.2	15.9	37.1	9.5	1.3	100.0
宁县	人数（人）	6	2	29	2	1	40
	有效百分数（%）	15.0	5.0	72.5	5.0	2.5	100.0
总计	人数（人）	238	39	119	33	7	436
	有效百分数（%）	54.6	8.9	27.3	7.6	1.6	100.0

（3）上网目的和网上活动。

在上网的目的上，三地青少年在"辅助学习"、"与人交流"、"娱乐放松"和"了解社会"等功能性项目上的选择不存在显著差异，但是在"查询信息"和"学习电脑技术"这两项上的差异非常显著。在"查询信息"项上，地区差异表现为北京和宜昌两地的青少年中大多数人选择了这一项（比例都超过了60%），而宁县地区只有一小部分青少年选择了这一项（约为22%）。另外，北京青少年不把"学习电脑技术"看作上网的主要目的和活动，相反，宜昌和宁县两地的青少年对电脑技术的需求很大，并且把因网络技术上遇到问题而苦恼视为最大的网上烦恼之一（见表2.24）。

表2.24 地区差异与上网目的[1]

	选项	查询信息	学习电脑技术
北京	人数（人）	100	15
	有效百分数（%）	61.7	9.3

---

[1] 本题有效回答人数为424，缺失值为17，总人数为441。其中北京地区为162人，缺失值为5，总人数为167；宜昌地区为225人，缺失值为9，总人数为234；宁县地区为37人，缺失值为3，总人数为40。

宜昌	人数（人）	143	52
	有效百分数（%）	63.6	23.1
宁县	人数（人）	8	13
	有效百分数（%）	21.6	35.1
总计	人数（人）	251	80
	有效百分数（%）	59.2	18.9

在聊天和游戏这两个重要的网络活动上，地区差异十分显著。接受调查的北京地区青少年中有近三分之一（比例为31.7%）的人从不玩游戏，而宜昌地区不玩的只有14.1%，宁县地区更低，仅为12.8%（见表2.25）。同样，在聊天的频率上也呈现出同样的递减趋势。在"你经常上网聊天吗?"的问题上，北京、宜昌、宁县三地，回答"经常"的比例呈上升趋势，而回答"从不"的比例则呈现下降的趋势（见表2.26）。这说明宁县地区的青少年比北京地区的青少年更经常上网聊天。

表2.25 地区差异与上网玩游戏

	选项	经常	有时	很少	从不	总计
北京	人数（人）	34	34	46	53	167
	有效百分数（%）	20.4	20.4	27.5	31.7	100.0
宜昌	人数（人）	46	69	86	33	234
	有效百分数（%）	19.7	29.5	36.8	14.1	100.0
宁县	人数（人）	7	19	8	5	39
	有效百分数（%）	17.9	48.7	20.5	12.8	100.0
总计	人数（人）	87	122	140	91	440
	有效百分数（%）	19.8	27.7	31.8	20.7	100.0

表 2.26　地区差异与上网聊天

选项		经常	有时	很少	从不	总计
北京	人数（人）	44	28	59	36	167
	有效百分数（%）	26.3	16.8	35.3	21.6	100.0
宜昌	人数（人）	49	73	63	49	234
	有效百分数（%）	20.9	31.2	26.9	20.9	100.0
宁县	人数（人）	13	14	7	5	39
	有效百分数（%）	33.3	35.9	17.9	12.8	100.0
总计	人数（人）	106	115	129	90	440
	有效百分数（%）	24.1	26.1	29.3	20.5	100.0

在聊天的话题和对象上，不同地区的青少年也表现出一定差异。宜昌地区青少年选择谈论"校园生活"的比例（46.5%）和谈论"学习"的比例（21.5%）要高出北京（分别为 34.8% 和 11.0%）和宁县（分别为33.3% 和12.8%）很多[1]，表明宜昌青少年在网上更多讨论"校园生活"和"学习"，对此类话题更感兴趣。

在聊天对象上，宁县地区青少年对"我更喜欢和成年人聊天"持认同态度的比例为 31.6%，明显高于北京地区的 19.4% 和宜昌地区的 15.0%[2]。

3.2 对网络环境评价的差异。

（1）网络环境。

在对网络的真实性、网上人的真诚性等问题的评价上，三地青少年不存在显著差异。差异主要集中在对网络健康性的评价上。北

---

[1] 本题有效回答人数为431，其中北京地区为164人，宜昌地区为228人，宁县地区为39人。

[2] 本题有效回答人数为436，其中北京地区为165人，宜昌地区为233人，宁县地区为38人。

京地区的青少年对网络环境的评价最积极。他们选择网络"不健康"的人数比例最低（约为9.7%），宜昌次之（13.5%），宁县最多（27.5%）[1]。这表明和北京青少年相比，宜昌和宁县青少年更倾向于认为网络是不健康的。

但是，在网上接触的不良信息中，宜昌青少年选择"虚假信息"的比例（67.1%）要比其他地区高出很多，而宁县青少年选择"色情信息"的比例（62.5%）也远远高于其他两地，这表明宁县青少年接触到的网上色情信息比其他两地多（见表2.27）。

在对于网络的担心上，宜昌地区青少年选择"受骗"的比例最低（14.4%），北京次之（23.6%），宁县最高（28.2%）。这表明宁县地区的青少年对在网上被骗的担心要高于其它两地的青少年[2]。

表2.27 地区差异与在网上看到的不良信息[3]

曾在网上看过的不良信息		虚假信息	色情信息
北京	人数（人）	89	74
	有效百分数（%）	54.6	45.4
宜昌	人数（人）	155	89
	有效百分数（%）	63.5	36.5
宁县	人数（人）	20	25
	有效百分数（%）	50.0	62.5
总计	人数（人）	264	188
	有效百分数（%）	58.4	41.6

---

[1] 本题有效回答人数为434，其中北京地区为165人，宜昌地区为229人，宁县地区为40人。

[2] 本题有效回答人数为433，其中北京地区为165人，宜昌地区为229人，宁县地区为39人。

[3] 本题有效回答人数为434，其中北京地区为163人，宜昌地区为231人，宁县地区为40人。

(2) 上网的作用。

在如何看待网络的作用时,三地青少年的差异比较大。首先是上网与学习的关系。在"上网能够促进学习"的问题上,北京、宜昌和宁县青少年表示"完全同意"和"同意"的累积比例分别为51.2%、58.2%和45.9%。其次,在上网与观念发展的问题上,在北京、宜昌和宁县三地之间,完全同意"上网有利于更新观念"的青少年比例逐渐下降,而表示不太同意的比例则逐渐上升(见表2.28)。这一现象表明,北京地区的青少年比宜昌和宁县地区的更同意上网有利于更新观念。

表 2.28 地区差异与对上网与思想观念的影响

	选项	完全同意	同意	不太同意	反对	总计
北京	人数(人)	54	85	21	7	167
	有效百分数(%)	32.3	50.9	12.6	4.2	100.0
宜昌	人数(人)	47	123	52	11	233
	有效百分数(%)	20.2	52.8	22.3	4.7	100.0
宁县	人数(人)	3	24	10	2	39
	有效百分数(%)	7.7	61.5	25.6	5.1	100.0
总计	人数(人)	104	232	83	20	439
	有效百分数(%)	23.7	52.8	18.9	4.6	100.0

3.3 对网络道德问题看法的差异。

在如何看待网络色情、网络黑客、网上的性骚扰和不文明语言以及在网上是否能为所欲为等网上伦理问题时,不同地区的青少年没有表现出显著的差异。而在评价红色网站、暴力游戏的影响、对网恋的态度、对网吧的管理以及在网上是否需要说真话等问题上,不同地区的青少年表现出了一定差异。

(1) 红色网站。

三地青少年在接触红色网站的程度上存在明显差异,主要表现为北京地区选择从不浏览和很少浏览的青少年比例最高,宜昌次之,宁县最低。相反,在"经常"的选项上,宁县最高,宜昌次之,北京最低(见表2.29)。这可能表明不发达地区较之于发达地区对红色网站更加关注,但是本题选项的暗示性也比较强,可能带来干扰。

表2.29 地区差异与浏览红色网站的频率

	选项	经常	有时	很少	从不	总计
北京	人数(人)	3	22	55	86	166
	有效百分数(%)	1.8	13.3	33.1	51.8	100.0
宜昌	人数(人)	5	59	74	95	233
	有效百分数(%)	2.1	25.3	31.8	40.8	100.0
宁县	人数(人)	1	17	7	15	40
	有效百分数(%)	2.5	42.5	17.5	37.5	100.0
总计	人数(人)	9	98	136	196	439
	有效百分数(%)	2.1	22.3	31.0	44.6	100.0

在对红色网站的印象上,北京地区选择"乏味"的比例高达60.6%,宜昌次之:51.7%,宁县最低:38.1%。相反,在"有意义"的选项上北京地区的比例最低23.9%,宜昌次之:41.7%,宁县最高:47.6%(见图2.20)。同样,在对待网上反动信息的问题上三地青少年的反应也有所不同。

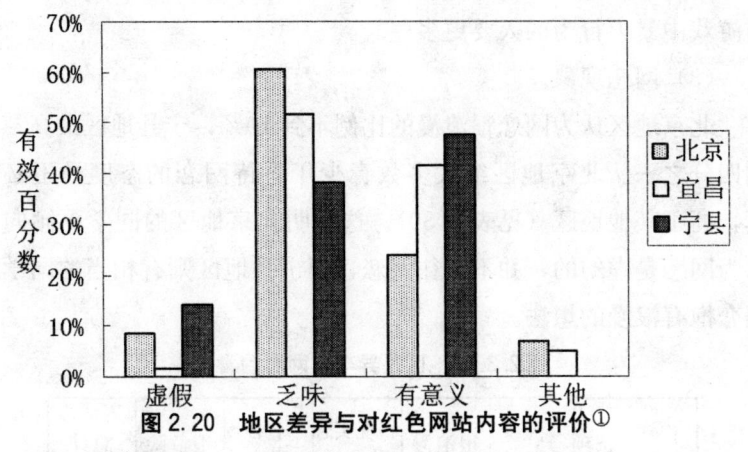

图 2.20 地区差异与对红色网站内容的评价[1]

（2）暴力游戏。

北京地区青少年认为同学中没有人模仿游戏中的暴力行为的比例最高，接近一半，而宜昌地区却只占了其总数的 31.2%，差异十分显著（见图 2.21）。这似乎说明宜昌地区青少年认为身边同学模

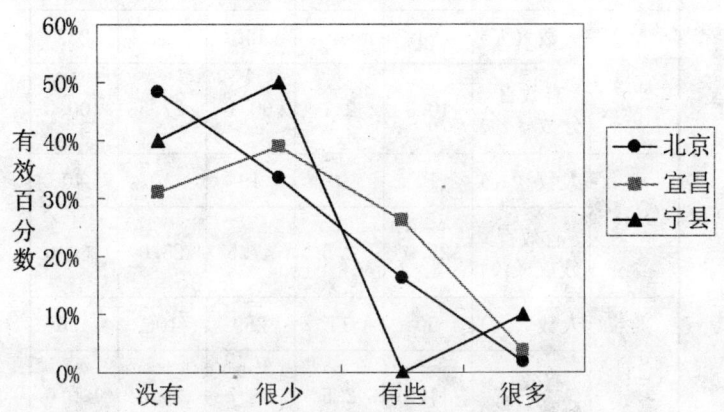

图 2.21 地区差异与对同学模仿暴力游戏场景的估计[2]

---

[1] 本题有效回答人数为 212，其中北京地区为 71 人，宜昌地区为 120 人，宁县地区为 21 人。

[2] 本题有效回答人数为 441，其中北京地区为 167 人，宜昌地区为 234 人，宁县地区为 40 人。

仿游戏中暴力行为的人要更多些。

(3) 网恋现象。

北京地区认为网恋很浪漫的比例不到10%，宁县地区最高，达到四分之一。北京地区绝大多数青少年看待网恋的态度是不必当真，高于其他地区（见表2.30）。这说明北京地区的同学更倾向于认为网恋是虚幻的，并不向往网恋，而宁县地区则有相当的同学对网恋抱有浪漫的想法。

表2.30 地区差异与对网恋的看法

选项		很浪漫	和现实恋爱一样	不必当真	很危险	总计
北京	人数（人）	16	5	110	32	163
	有效百分数（%）	9.8	3.1	67.5	19.6	100.0
宜昌	人数（人）	24	5	140	64	233
	有效百分数（%）	10.3	2.1	60.1	27.5	100.0
宁县	人数（人）	10	1	19	10	40
	有效百分数（%）	25.0	2.5	47.5	25.0	100.0
总计	人数（人）	50	11	269	106	436
	有效百分数（%）	11.5	2.5	61.7	24.3	100.0

(4) 网吧管理。

在对"就你所知限制未成年人入内的网吧有多少"的问题上，北京地区回答几乎没有的不到20%，宜昌地区达到37.6%，宁县地区则高达57.5%（见图2.22）。这可能反映出不同地区网吧管理上的差异。但是在对于"禁止青少年进入网吧"的规定的看法上，三个地区的青少年并没有表现出显著的差异，大多数都选择了"同意"和"完全同意"。

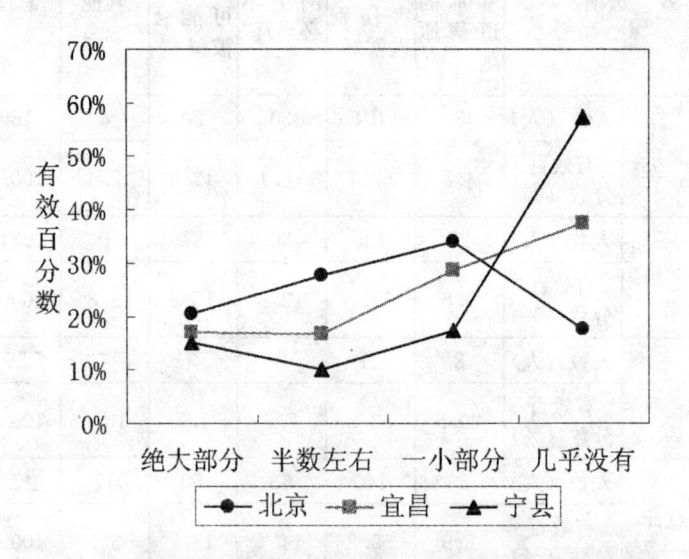

图 2.22 地区差异与对限制青少年入内的网吧数目的估计①

(5) 在网上是否需要说真话。

关于在网上是否有必要说真话的问题，北京地区极少有人认为有必要（4.8%），而宁县地区则达到五分之一。相反，认为"没必要，因为网上不必当真"的人中，北京地区的比例最高，接近五分之一（见表 2.31）。这表明宁县地区的青少年比北京地区的更倾向于在网上说真话。但是在是否告知网上陌生人自己的真实信息的问题上，三地青少年大多数选择了"任何时候都不会"，不存在显著差异。

---

① 本题有效回答人数为 439，其中北京地区为 165 人，宜昌地区为 234 人，宁县地区为 40 人。

表2.31 地区差异与在网上是否应该说真话的看法

选项		有必要,诚实是基本道德原则	看情况,只要不伤别人就好	没必要,网上不必当真	没必要,说真话可能会被骗	其他	总计
北京	人数（人）	8	104	30	20	4	166
	有效百分数（%）	4.8	62.7	18.1	12.0	2.4	100.0
宜昌	人数（人）	23	135	30	37	9	234
	有效百分数（%）	9.8	57.7	12.8	15.8	3.8	100.0
宁县	人数（人）	8	21	3	3	4	39
	有效百分数（%）	20.5	53.8	7.7	7.7	10.3	100.0
总计	人数（人）	39	260	63	60	17	439
	有效百分数（%）	8.9	59.2	14.4	13.7	3.9	100.0

3.4 网络教育需求的差异。

不同地区的青少年在父母上网的情况和对自己上网的态度，以及在网上遇到问题时向谁求助、对父母和老师的教育期待等问题上都存在差异。

（1）父母的上网情况和对青少年上网的态度。

从图2.23可以看出，不同地区青少年父母上网的情况差异非常明显。北京、宜昌和宁县三地的青少年选择父母"从不"上网的比例依次递增，分别为26.5%，47.8%和72.5%，而选择"经常"上网的比例则依次递减，分别为15.7%、9.5%和5.0%。这表明地区经济文化和网络发展水平越高，青少年家长上网的频率也就越高。

图 2.23　地区差异与父母的上网情况①

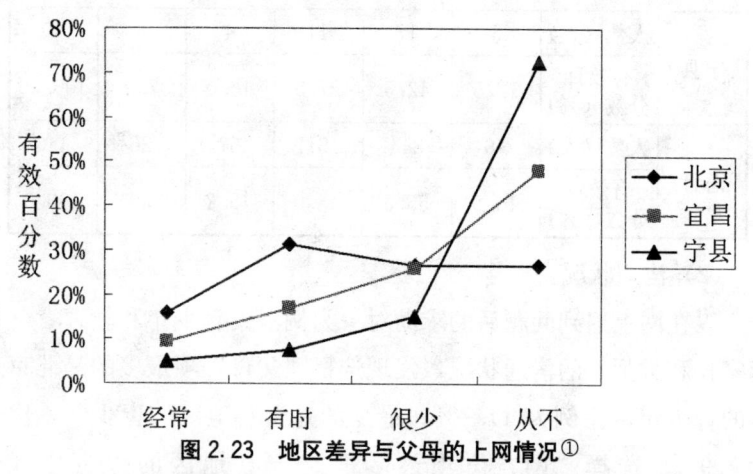

在对子女上网的态度上，不同地区的青少年父母也存在很大差异。宜昌地区的父母选择"限制"的比例高达 62.4%，大大高于其他地区（均在 40% 左右）。宁县地区的父母选择"禁止"的比例为 27.5%，大大高于北京地区的 3.0% 和宜昌地区的 17.5%。相比之下，北京地区的家长对子女上网表示"支持"和"不管"的比例都超出其他两个地区较大的幅度（见表 2.32）。

表 2.32　地区差异与父母对自己上网的态度

	选项	支持	限制	禁止	不管	其他	总计
北京	人数（人）	25	81	5	50	5	166
	有效百分数（%）	15.1	48.8	3.0	30.1	3.0	100.0
宜昌	人数（人）	16	146	41	13	18	234
	有效百分数（%）	6.8	62.4	17.5	5.6	7.7	100.0

---

① 本题有效回答人数为 438，其中北京地区为 166 人，宜昌地区为 232 人，宁县地区为 40 人。

宁县	人数（人）	5	17	11	4	3	40
	有效百分数（%）	12.5	42.5	27.5	10.0	7.5	100.00
总计	人数（人）	46	244	57	67	26	440
	有效百分数（%）	10.5	55.5	13.0	15.2	5.9	100.0

（2）沟通状况。

以在网上遇到问题后的求助对象为例考察青少年和教育者（包括家长和教师）的沟通状况，发现选择"父母"项最多的是北京地区的青少年，比例为11.7%，最少的是宁县地区的青少年，比例为7.9%。选择"网友"项最多的是宁县地区的青少年（占42.1%），最少的是宜昌地区的青少年（占8.1%）（见表2.33）。这表明北京地区的青少年选择向父母求助的比例要比其他地区的青少年高一些，宜昌地区的青少年向同学求助的比例要高一些，而宁县地区青少年则更倾向于向网友求助，另外各地均有四分之一的同学倾向于自己解决在网上遇到的问题。

表2.33 地区差异与遇到问题时的求助对象

	选项	父母	老师	同学	网友	自己	其他	总计
北京	人数（人）	19		73	22	40	8	162
	有效百分数（%）	11.7		45.1	13.6	24.7	4.9	100.0
宜昌	人数（人）	21	7	120	19	58	9	234
	有效百分数（%）	9.0	3.0	51.3	8.1	24.8	3.8	100.0
宁县	人数（人）	3		7	16	10	2	38
	有效百分数（%）	7.9		18.4	42.1	26.3	5.3	100.0
总计	人数（人）	43	7	200	57	108	19	434
	有效百分数（%）	9.9	1.6	46.1	13.1	24.9	4.4	100.0

(3) **教育期望**。

在对父母和教师的教育期望上,不同地区的青少年也存在显著差异。在对父母的期望上,宜昌地区和宁县地区青少年选择"理解和支持"的比例分别为 56.0% 和 51.3%,都高于北京地区的 43.9%,而宁县地区的青少年选择"上网的机会"的比例达到了 23.1%,也要高于其他两个地区(见图 2.24)。

在对教师的期待上,宁县地区青少年选择"指导和帮助"的比例要明显高于宜昌和北京地区,而宜昌地区又高于北京地区。这表明相比于北京地区的青少年,宁县和宜昌地区的青少年对于教师指导和帮助的需求要更大一些(见图 2.25)。

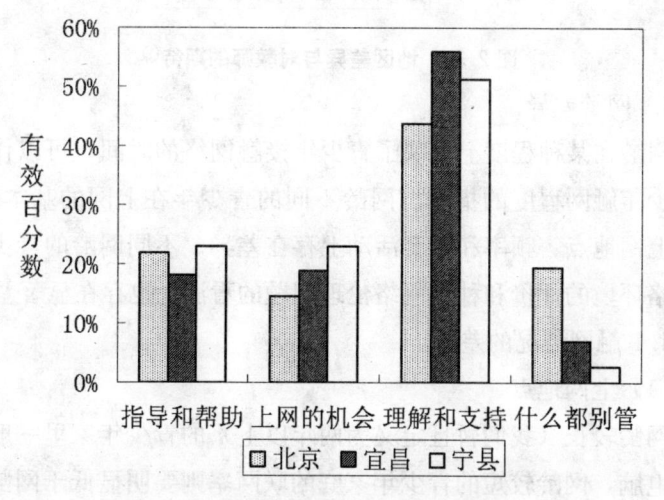

图 2.24 地区差异与对父母的期待[①]

---

① 本题有效回答人数为 435,其中北京地区为 164 人,宜昌地区为 232 人,宁县地区为 39 人。

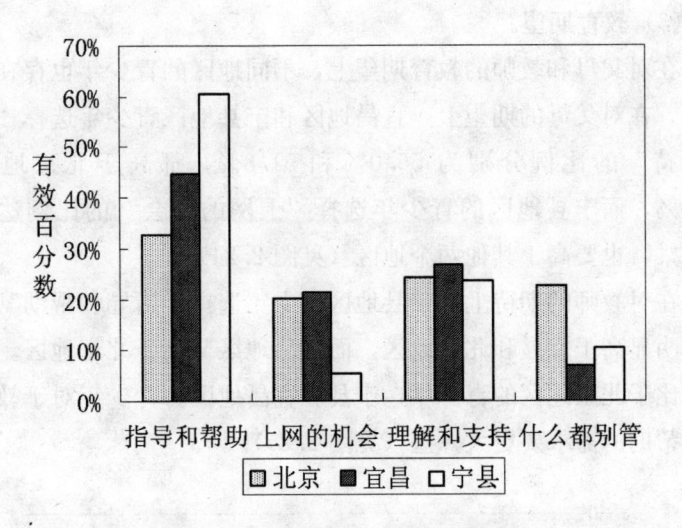

图 2.25　地区差异与对教师的期待[1]

4. 网龄差异。

网龄在某种程度上反映了青少年接触网络的时间，可以作为衡量青少年触网程度的指标。网龄不同的青少年在上网的基本情况，包括上网地点、频率和网上活动上存在差异；不同网龄的青少年在对网络环境的评价和种种网络伦理问题的看法上也存在显著差异。

4.1 触网情况的差异。

（1）上网地点。

网龄较长（我们暂且定义为两年以上）的青少年家里一般都有联网电脑，网龄较短的青少年家庭的联网率则要明显低于网龄长的青少年，特别是网龄不到半年的青少年家庭的联网率只有 30%。相应的，网龄长的青少年绝大多数主要在家里上网，一小部分在网吧上网。网龄短的青少年在网吧和学校上网的比例要高一些，还有极

---

[1] 本题有效回答人数为 436，其中北京地区为 164 人，宜昌地区为 234 人，宁县地区为 38 人。

少一部分主要在学校或亲戚朋友家上网（见表2.34）。

表2.34 网龄差异与上网地点

选项		家里	学校	网吧	亲戚或同学家	其他	总计
不到半年	人数（人）	23	16	27	10	1	77
	有效百分数（%）	29.9	20.8	35.1	13.0	1.3	100.0
半年到一年	人数（人）	34	7	15	7		63
	有效百分数（%）	54.0	11.1	23.8	11.1		100.0
一年到两年	人数（人）	57	8	26	8	2	101
	有效百分数（%）	56.4	7.9	25.7	7.9	2.0	100.0
两年到三年	人数（人）	49	4	24	2	1	80
	有效百分数（%）	61.3	5.0	30.0	2.5	1.3	100.0
三年到五年	人数（人）	58	2	21	4		85
	有效百分数（%）	68.2	2.4	24.7	4.7		100.0
五年以上	人数（人）	16		5	1	1	23
	有效百分数（%）	69.6		21.7	4.3	4.3	100.0
总计	人数（人）	237	37	118	32	5	429
	有效百分数（%）	55.2	8.6	27.5	7.5	1.2	100.0

（2）上网频率。

网龄长的青少年上网比网龄短的青少年频繁。网龄长的青少年中很多人每周都要上一到三次网，半个月才上一次网的比例非常少。特别是网龄在五年以上的青少年中，有相当一部分人每天都要上网。相比之下，网龄短的青少年每天都上网或是一周上两三次网的比例相对较少,而每周上一次、半个月上一次甚至一个月上一次网的比例都相应增多(见表2.35)。

表2.35 网龄差异与上网频率

选项		每天都上	一周两三次	每周一次	半个月一次	每月一次	其他	总计
不到半年	人数(人)		6	23	8	14	26	77
	有效百分数(%)		7.8	29.9	10.4	18.2	33.8	100.0
半年到一年	人数(人)	3	15	26	8	6	7	65
	有效百分数(%)	4.6	23.1	40.0	12.3	9.2	10.8	100.0
一年到两年	人数(人)	7	27	42	9	5	11	101
	有效百分数(%)	6.9	26.7	41.6	8.9	5.0	10.9	100.0
两年到三年	人数(人)	5	30	32	4	5	5	81
	有效百分数(%)	6.2	37.0	39.5	4.9	6.2	6.2	100.0
三年到五年	人数(人)	7	32	21	11		14	85
	有效百分数(%)	8.2	37.6	24.7	12.9		16.5	100.0
五年以上	人数(人)	4	9	4	1		5	23
	有效百分数(%)	17.4	39.1	17.4	4.3		21.7	100.0
总计	人数(人)	26	119	148	41	30	68	432
	有效百分数(%)	6.0	27.5	34.3	9.5	6.9	15.7	100.0

网龄长的青少年每次上网的时间也比网龄短的青少年长。网龄长的青少年选择每次上网时间在两到三小时的比例高于其它选项,还有一部分人每次上网超过四小时。而网龄超过五年的青少年每次上网时间在四小时以上的比例要高于其他网龄的人。相应的,网龄

短的青少年每次上网的时间主要集中在一小时左右,有一部分人每次上网时间在半小时以内,而很少有人超过四小时(见表2.36)。

因此,随着网龄的增加,青少年上网的频率也在增加,而每次上网的时间也随之延长。也可以说,网龄越长,青少年就越倾向于接近网络。

表2.36 网龄差异与上网时间

	选项	半小时以内	一小时左右	两到三小时	四到七、八个小时	十几个小时	其他	总计
不到半年	人数(人)	22	38	13	2		2	77
	有效百分数(%)	28.6	49.4	16.9	2.6		2.6	100.0
半年到一年	人数(人)	6	38	18	3		1	66
	有效百分数(%)	9.1	57.6	27.3	4.5		1.5	100.0
一年到两年	人数(人)	7	50	38	2	1	4	102
	有效百分数(%)	6.9	49.0	37.3	2.0	1.0	3.9	100.0
两年到三年	人数(人)	2	35	32	8	1	2	80
	有效百分数(%)	2.5	43.8	40.0	10.0	1.3	2.5	100.0
三年到五年	人数(人)	2	31	35	12	1	4	85
	有效百分数(%)	2.4	36.5	41.2	14.1	1.2	4.7	100.0
五年以上	人数(人)		6	9	4	3	1	23
	有效百分数(%)		26.1	39.1	17.4	13.0	4.3	100.0
总计	人数(人)	39	198	145	31	6	14	433
	有效百分数(%)	9.0	45.7	33.5	7.2	1.4	3.2	100.0

(3) 网上活动。

网龄长的青少年在网上玩游戏、聊天的频率都明显高于网龄短的青少年。在是否经常玩游戏的问题上,网龄越短,青少年选择"经常"和"有时"的比例就越少,而选择"很少"和"从不"的比例就越多(见图2.26)。同样,在是否经常聊天的问题上,网龄越长,青少年选择"经常"和"有时"的比例就越多,而选择"很少"和"从不"的比例就越少,他们在网上活动的娱乐性要更强一些(见图2.27)。

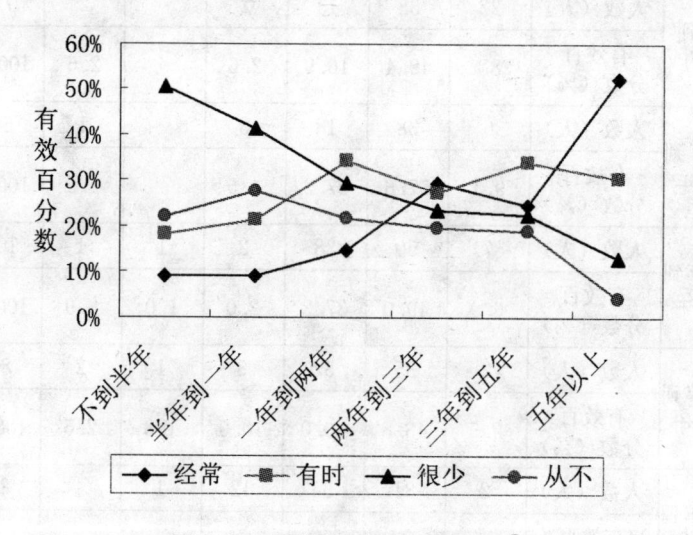

图2.26 网龄差异与上网玩游戏①

---

① 本题有效回答人数为433,其中网龄不到半年的为77人,半年到一年的为65人,一年到两年的为102人,两年到三年的为81人,三年到五年的为85人,五年以上的为23人。

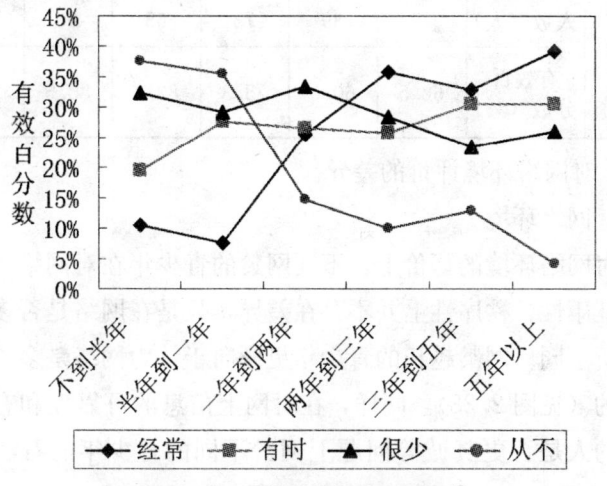

图 2.27　网龄差异与上网聊天①

关于上网目的的调查也证明了这一点。在上网的多种目的上，网龄不同的青少年在与人交流、了解社会和查询信息等目的上没有显著差异。但是网龄长的青少年更多地以娱乐放松为上网目标而不是辅助学习（见表 2.37）。相应的，在网上谈论的话题上，网龄长的青少年选择谈论学习的比例也低于网龄短的青少年。

表 2.37　网龄差异与上网目的②

选项		不到半年	半年到一年	一年到两年	两年到三年	三年到五年	五年以上
辅助学习	人数（人）	32	28	31	17	24	3
	有效百分数（%）	44.4	43.1	32.0	21.5	29.3	13.6

---

① 本题有效回答人数为 433，其中网龄不到半年的为 77 人，半年到一年的为 65 人，一年到两年的为 102 人，两年到三年的为 81 人，三年到五年的为 85 人，五年以上的为 23 人。

② 本题有效回答人数为 417，其中网龄不到半年的为 72 人，半年到一年的为 65 人，一年到两年的为 97 人，两年到三年的为 79 人，三年到五年的为 82 人，五年以上的为 22 人。

娱乐放松	人数（人）	45	39	73	65	66	17
	有效百分数（%）	62.5	60.0	75.3	82.3	80.5	77.3

4.2 对网络环境评价的差异。

(1) 网络环境。

在对网络环境的评价上，不同网龄的青少年在对网络环境的安全性、健康性、秩序性上并不存在差异，只是在网络是否多彩的问题上有所不同。网龄越长的青少年更倾向于认为网络是多彩的而不是无聊的（见图 2.28）。同样，在对网上信息的可靠性和有用性以及网上的人是否更真诚等问题上网龄不同的青少年的看法也趋于一致。

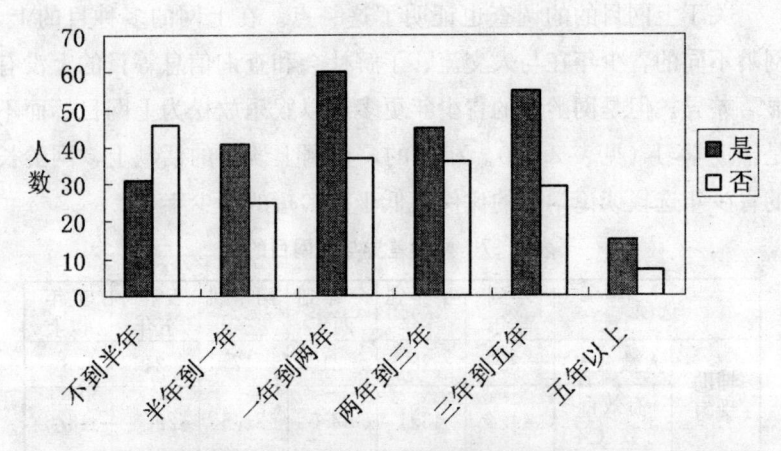

图 2.28 网龄差异与对网络多彩与否的评价①

但是，随着网龄的增加，青少年在网上看到的反动信息和色情

---

① 本题有效回答人数为 427，其中网龄不到半年的为 77 人，半年到一年的为 66 人，一年到两年的为 97 人，两年到三年的为 81 人，三年到五年的为 84 人，五年以上的为 22 人。

信息越多,在网上被欺骗的经历也越多(见表2.38)。

表2.38 网龄差异与在网上看到的不良信息[1]

选项		不到半年	半年到一年	一年到两年	两年到三年	三年到五年	五年以上
反动信息	人数(人)	8	9	13	16	21	10
	有效百分数(%)	10.4	14.1	13.0	20.3	25.0	43.5
色情信息	人数(人)	29	23	44	28	46	15
	有效百分数(%)	37.7	35.9	44.0	35.4	54.8	65.2

(2)上网的作用。

在上网与学习、心理等关系的认识上,网龄不同的青少年的看法不存在显著差异,但是在上网对观念的影响上不同网龄的青少年的看法是不一致的。在上网是否有利于更新观念的问题上,网龄越长的青少年选择"完全同意"的比例越高,而选择"不太同意"的比例也越低(见表2.39)。这表明网龄长的青少年更倾向于认为上网有利于更新观念。

表2.39 网龄差异与对上网更新观念的看法

选项		完全同意	同意	不太同意	反对	总计
不到半年	人数(人)	11	40	20	6	77
	有效百分数(%)	14.3	51.9	26.0	7.8	100.0
半年到一年	人数(人)	8	37	16	4	65
	有效百分数(%)	12.3	56.9	24.6	6.2	100.0

---

[1] 本题有效回答人数为427,其中网龄不到半年的为77人,半年到一年的为64人,一年到两年的为100人,两年到三年的为79人,三年到五年的为84人,五年以上的为23人。

一年到两年	人数（人）	24	53	21	4	102
	有效百分数（%）	23.5	52.0	20.6	3.9	100.0
两年到三年	人数（人）	23	41	15	1	80
	有效百分数（%）	28.8	51.3	18.8	1.3	100.0
三年到五年	人数（人）	26	47	9	3	85
	有效百分数（%）	30.6	55.3	10.6	3.5	100.0
五年以上	人数（人）	11	11		1	23
	有效百分数（%）	47.8	47.8		4.3	100.0
总计	人数（人）	103	229	81	19	432
	有效百分数（%）	23.8	53.0	18.8	4.4	100.0

4.3 对网络道德问题看法的差异。

在十个主要的网络伦理问题上，不同网龄的青少年在看待暴力游戏、网恋、反动信息、黑客技术以及网上不文明语言等问题上存在差异，而在红色网站、网上性挑逗、网吧管理、网络规范和在网上是否要说真话等问题上则不存在显著差异。

（1）暴力游戏。

在如何看待暴力游戏的问题上，网龄长的青少年选择暴力游戏"不会影响现实"项的比例要更高一些，但在其它的选项上则没有表现明显的递增或递减趋势。网龄最短的青少年认为"暴力游戏会引发现实生活的暴力事件"的比例最高，而网龄在半年到一年之间的青少年选择此项的比例则最低。网龄在五年以上的青少年选择"有自制力就不会受影响"的比例大大低于其它青少年。在这一选项上，网龄在半年到一年以及一年到两年之间的青少年选择这一项的比例最高，具体情况见表2.40。

表2.40 网龄差异与对暴力游戏的影响的看法

选项		这些游戏会引发生活中的暴力事件	如果有足够的自制力，就不会受游戏的影响	这些只是游戏而已，不会影响现实生活	这些游戏很好玩，我不觉得有什么不好	其他	总计
不到半年	人数（人）	19	35	14	7	2	77
	有效百分数（%）	24.7	45.5	18.2	9.1	2.6	100.0
半年到一年	人数（人）	12	36	13	3	2	66
	有效百分数（%）	18.2	54.5	19.7	4.5	3.0	100.0
一年到两年	人数（人）	5	55	30	8	3	101
	有效百分数（%）	5.0	54.5	29.7	7.9	3.0	100.0
两年到三年	人数（人）	9	38	23	9	1	80
	有效百分数（%）	11.3	47.5	28.8	11.3	1.3	100.0
三年到五年	人数（人）	5	40	31	7	2	85
	有效百分数（%）	5.9	47.1	36.5	8.2	2.4	100.0
五年以上	人数（人）	3	5	7	6	2	23
	有效百分数（%）	13.0	21.7	30.4	26.1	8.7	100.0
总计	人数（人）	53	209	118	40	12	432
	有效百分数（%）	12.3	48.4	27.3	9.3	2.8	100.0

(2) 网恋现象。

网龄居中的青少年对网恋持玩世不恭态度的比例要大大高于其

他人。随着网龄的增加,青少年认为网恋很浪漫的比例随之增高,而认为网恋很危险的比例却随之下降(见表 2.41),并且认为周围同学中有过很多网恋经历的比例随之增高,而没有网恋经历的比例随之下降。网龄长的青少年更愿意在网上和异性聊天也印证了这一点。这表明网龄越长发生网恋的可能性越大。

表 2.41 网龄差异与对网恋的看法

选项		很浪漫	和现实一样	不必当真	很危险	总计
不到半年	人数(人)	5	1	40	31	77
	有效百分数(%)	6.5	1.3	51.9	40.3	100.0
半年到一年	人数(人)	5	1	38	21	65
	有效百分数(%)	7.7	1.5	58.5	32.3	100.0
一年到两年	人数(人)	8	3	72	18	101
	有效百分数(%)	7.9	3.0	71.3	17.8	100.0
两年到三年	人数(人)	8	3	50	19	80
	有效百分数(%)	10.0	3.8	62.5	23.8	100.0
三年到五年	人数(人)	18	2	52	11	83
	有效百分数(%)	21.7	2.4	62.7	13.3	100.0
五年以上	人数(人)	5	1	13	4	23
	有效百分数(%)	21.7	4.3	56.5	17.4	100.0
总计	人数(人)	49	11	265	104	429
	有效百分数(%)	11.4	2.6	61.8	24.2	100.0

(3) 不文明语言。

在对网上不文明语言的态度上，随着网龄的增加，青少年表示赞同管制的比例逐渐下降；选择因难以管制而觉得无奈的比例也下降了；表示无所谓的比例则增高了；但是在反对管制的选项上并不存在明显的递增或递减（见表2.42）。似乎随着网龄的增大，青少年对于网上一些常见的不道德现象和伦理问题的态度趋向于冷漠。

表2.42 网龄差异与对管理不文明语言的看法

	选项	赞同	无奈	无所谓	反对	总计
不到半年	人数（人）	41	16	13	7	77
	有效百分数（%）	53.2	20.8	16.9	9.1	100.0
半年到一年	人数（人）	33	18	12	3	66
	有效百分数（%）	50.0	27.3	18.2	4.5	100.0
一年到两年	人数（人）	44	32	15	9	100
	有效百分数（%）	44.0	32.0	15.0	9.0	100.0
两年到三年	人数（人）	44	20	10	7	81
	有效百分数（%）	54.3	24.7	12.3	8.6	100.0
三年到五年	人数（人）	31	16	26	12	85
	有效百分数（%）	36.5	18.8	30.6	14.1	100.0
五年以上	人数（人）	9	3	3	2	23
	有效百分数（%）	39.1	13.0	39.1	8.7	100.0
总计	人数（人）	202	105	85	40	432
	有效百分数（%）	46.8	24.3	19.7	9.3	100.0

(4) 网络黑客。

在是否使用黑客技术的问题上,网龄高的青少年选择"任何时候都不会"的比例明显低于网龄低的青少年,而为了"显示能力"、"报复别人"以及"获得利益"而使用的比例都要高于网龄短的青少年(见图 2.29)。这表明网龄长的青少年使用黑客技术的可能性,特别是为了不正当目的而使用的可能性要比网龄低的青少年高。

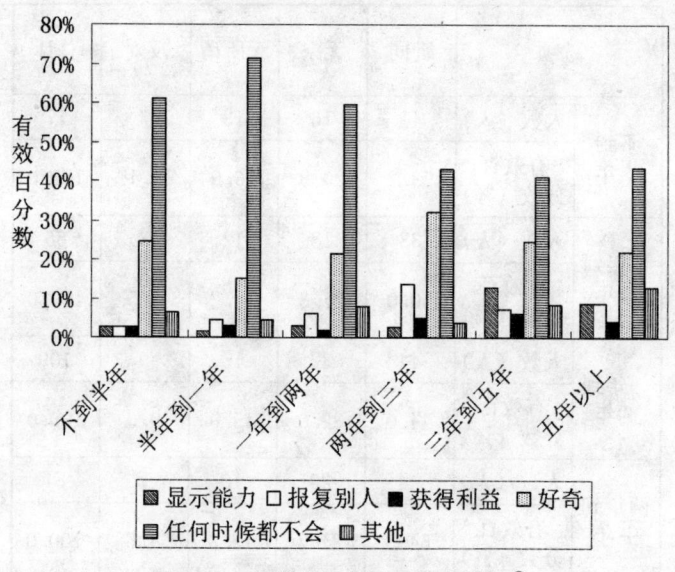

图 2.29 网龄差异与使用黑客技术[①]

(5) 反政府信息。

网龄不同的青少年虽然在对红色网站的评价上不存在显著的差异,但是在对待网上的反动信息上却有着不同的反应。当问及在网上看到反动信息时的反应,随着网龄的增加,青少年选择"向父母

---

① 本题有效回答人数为 434,缺失值为 0,总人数为 434。其中网龄不到半年的为 77 人,半年到一年为的 66 人,一年到两年的为 102 人,两年到三年的为 81 人,三年到五年的为 85 人,五年以上的为 23 人。

和老师反映"的比例明显减少了。在网龄较长的青少年中有一部分人会选择转发,而网龄最短的青少年中也有一部分人选择了此项(见表2.43)。

表2.43 网龄差异与看到反动信息的反映

选项		保存	关掉	转发	向父母或老师反映	其他	总计
不到半年	人数(人)	4	38	7	23	5	77
	有效百分数(%)	5.2	49.4	9.1	29.9	6.5	100.0
半年到一年	人数(人)	4	44	2	10	5	65
	有效百分数(%)	6.2	67.7	3.1	15.4	7.7	100.0
一年到两年	人数(人)	2	64	3	20	13	102
	有效百分数(%)	2.0	62.7	2.9	19.6	12.7	100.0
两年到三年	人数(人)	2	41	8	13	16	80
	有效百分数(%)	2.5	51.3	10.0	16.3	20.0	100.0
三年到五年	人数(人)	9	55	3	9	8	84
	有效百分数(%)	10.7	65.5	3.6	10.7	9.5	100.0
五年以上	人数(人)		14	3	1	4	22
	有效百分数(%)		63.6	13.6	4.5	18.2	100.0
总计	人数(人)	21	256	26	76	51	430
	有效百分数(%)	4.9	59.5	6.0	17.7	11.9	100.0

4.4 网络教育期望的差异。

由图2.30可以看出,随着网龄的增加,在父母上网的频率上,青少年选择"经常"和"有时"的比例逐渐增加,而选择"从不"

的比例逐渐减少。网龄短的青少年父母的上网率要比网龄长的青少年低得多，上网的频率也要比网龄长的青少年父母低。

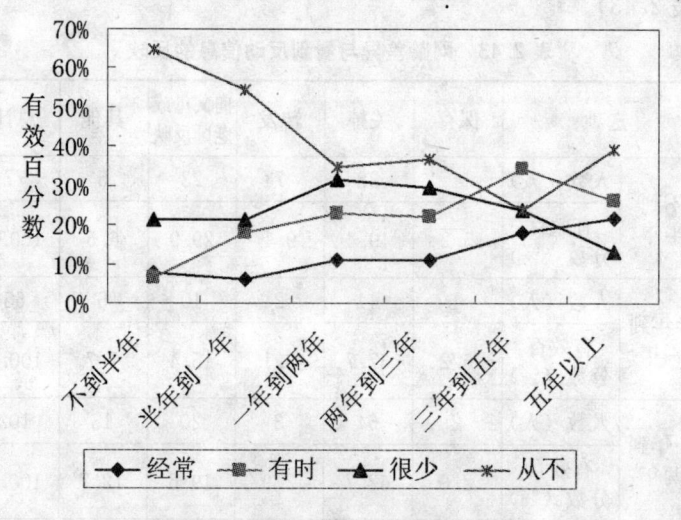

图2.30 网龄差异与父母上网情况[①]

不同网龄的青少年在网上遇到问题时选择的求助对象，以及父母对其上网态度等方面不存在显著差异，但是在对父母和老师的教育期望上存在明显的不同。虽然青少年最希望得到的都是父母的支持和理解，但网龄长的青少年对父母提供上网机会的期望要高于网龄短的青少年，而网龄短的青少年对父母提供指导和帮助的期望则要高于网龄长的青少年。网龄超过五年的青少年中有相当一部分人选择了希望父母"什么都不管"（见表2.44）。

---

① 本题有效回答人数为431，其中网龄不到半年的为76人，半年到一年的为66人，一年到两年的为101人，两年到三年的为81人，三年到五年的为84人，五年以上的为23人。

表 2.44　网龄差异与对父母的期望

选项		指导与帮助	上网的机会	理解和支持	什么都别管	总计
不到半年	人数（人）	24	10	33	9	76
	有效百分数（%）	31.6	13.2	43.4	11.8	100.0
半年到一年	人数（人）	10	6	39	10	65
	有效百分数（%）	15.4	9.2	60.0	15.4	100.0
一年到两年	人数（人）	24	15	51	10	100
	有效百分数（%）	24.0	15.0	51.0	10.0	100.0
两年到三年	人数（人）	11	22	45	2	80
	有效百分数（%）	13.8	27.5	56.3	2.5	100.0
三年到五年	人数（人）	13	17	42	13	85
	有效百分数（%）	15.3	20.0	49.4	15.3	100.0
五年以上	人数（人）	3	4	10	5	22
	有效百分数（%）	13.6	18.2	45.5	22.7	100.0
总计	人数（人）	85	74	220	49	429
	有效百分数（%）	19.9	17.3	51.4	11.4	100.0

同样，在对教师的教育期望上，网龄长的青少年对教师提供上网机会以及理解和支持的期望要高于网龄短的青少年，而网龄短的青少年对教师提供指导和帮助的期望则要高于网龄长的青少年。但是网龄超过五年的青少年中有 30.4% 选择了希望老师"什么都不管"（见表 2.45）。

表 2.45 网龄差异与对教师的期望

选项		指导与帮助	上网的机会	理解和支持	什么都别管	总计
不到半年	人数（人）	42	8	19	8	77
	有效百分数（%）	54.5	10.4	24.7	10.4	100.0
半年到一年	人数（人）	30	10	16	10	66
	有效百分数（%）	45.5	15.2	24.2	15.2	100.0
一年到两年	人数（人）	41	25	19	15	100
	有效百分数（%）	41.0	25.0	19.0	15.0	100.0
两年到三年	人数（人）	33	15	24	7	79
	有效百分数（%）	41.8	19.0	30.4	8.9	100.0
三年到五年	人数（人）	29	20	26	10	85
	有效百分数（%）	34.1	23.5	30.6	11.8	100.0
五年以上	人数（人）	2	6	8	7	23
	有效百分数（%）	8.7	26.1	34.8	30.4	100.0
总计	人数（人）	177	84	112	57	430
	有效百分数（%）	41.2	19.5	26.0	13.3	100.0

（三）未上网青少年对网络及其道德影响的看法（学生B卷）

1. 未上网青少年的基本信息。

1.1 地区。

在 177 名没上过网的青少年中，宁县地区占 96.6%，没上过网的被试几乎全部集中在宁县地区。宜昌地区和北京地区几乎没有（见表 3.1）。这一百分比的分布表明没上过网的青少年在地区分布上有显著差异。这一差异与所在地区的经济发展程度和网络普及程度明显相关。

表 3.1 未上网青少年的地区分布

	人数（人）	百分数（%）	有效百分数（%）	累积百分数（%）
北京	1	0.6	0.6	0.6
宜昌	5	2.8	2.8	3.4
宁县	171	96.6	96.6	100.0
总计	177	100.0	100.0	

1.2 学校。

如下图 3.1 所示，未上网青少年的学校类型分布，在重点学校和一般学校所占的比例基本持平：重点学校有 96 人，占 54.2%，而一般学校也有 81 人，比例为 45.8%。可见未上网的青少年在学校因素上不存在显著差异。

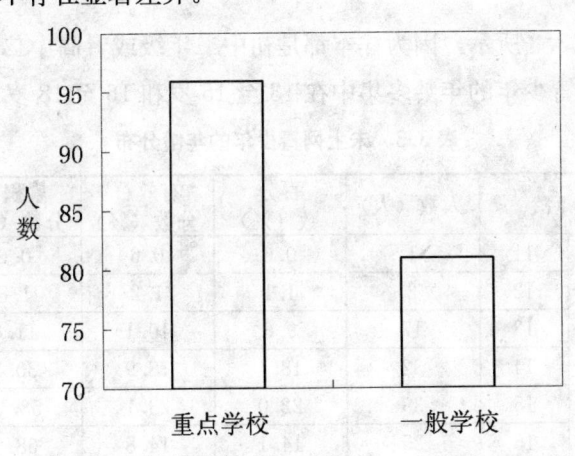

图 3.1 未上网青少年的学校类型分布

1.3 年级。

如表3.2所示,未上网青少年的年级分布,初中年级明显高于高中年级。在所有接受调查的未上网青少年中,初中生的比例为57.6%,而高中生则为42.4%。可见初中生中未上网青少年的比例要高于高中生。

表3.2 未上网青少年的年级分布

	人数（人）	百分数（%）	有效百分数（%）	累积百分数（%）
初中	102	57.6	57.6	57.6
高中	75	42.4	42.4	100.0
总计	177	100.0	100.0	

1.4 性别。

在未上网青少年的性别分布上,男女所占的比例也基本持平:在没上过网的青少年中,除去缺失值,男生占53.6%,而女生略少于男生,也占几乎一半的水平(46.4%)。可见未上网青少年在性别因素上不存在显著差异,具体情况可参见第225页图1.1。

1.5 年龄。

如表3.3所示,因为样本都是初中二年级或者高中二年级的学生,所以青少年的年龄多集中在13至15岁和16至18岁。

表3.3 未上网青少年的年龄分布

年龄		人数（人）	百分数（%）	有效百分数（%）	累积百分数（%）
有效值	11	1	0.6	0.6	0.6
	12	2	1.1	1.2	1.8
	13	17	9.6	10.1	11.8
	14	32	18.1	18.9	30.8
	15	39	22.0	23.1	53.8
	16	25	14.1	14.8	68.6
	17	34	19.2	20.1	88.8

有效值	18	17	9.6	10.1	98.8
	19	2	1.1	1.2	100.0
	合计	169	95.5	100.0	
系统缺失值		8	4.5		
总计		177	100.0		

1.6 父母文化程度。

调查表明，在没上过网的青少年中，除去缺失值，其父亲的文化程度为小学和小学以下的占16.5%，初中的占38.6%，高中（包括中专、中技）的占33.0%，大专的占9.1%，本科及本科以上的只占2.8%（参见第227页图1.2）。相对上网同学父亲的文化程度而言，上网同学和未上网同学父亲的文化程度存在明显的差别，父亲的文化程度越高，子女上网的比例也就越高。

在177名没上过网的同学中，除去缺失值，母亲的文化程度为小学和小学以下的占41.9%，初中的占39.1%，高中（包括中专、中技）的占15.5%，大专的占2.9%，本科及本科以上的占0.6%。对比上网同学，未上网同学和上网同学母亲的文化程度存在明显差别，母亲的文化程度越高，子女上网的比例也就越高。

1.7 父母职业。

在177名未上网同学中，父亲的职业是党政机关干部的占10.1%，企事业管理人员的占2.7%，私营企业主的占3.4%，专业技术人员的占10.1%，办事人员的占6.1%，个体经营者的占3.4%，商业服务业人员的占0.7%，工业运输业生产人员的占4.1%，农业劳动者的占54.7%，无业、失业和半失业者的占4.7%（参见第229页图1.3）。相比较而言，上网同学和未上网同学父亲的职业存在明显差异。未上网同学中父亲是农业劳动者的比例要大大高于上网的同学。

在177名未上网同学中，除去缺失值，母亲职业是党政机关干部的占2.0%，企事业管理人员的占1.3%，私营企业主的占1.3%，专业技术人员的占5.4%，办事人员的占4.0%，个体经营者的占11.4%，商业服务业人员的占3.4%，工业运输业生产人员的占0.7%，农业劳动者的占61.1%，无业、失业和半失业者的占9.4%。

1.8 家庭收入。

参见第230页图1.4可以看到，未上网同学的家庭人均月收入集中于200～500元和500～1000元，比例都是21%。绝大多数未上网同学的家庭人均月收入在整体水平中尚处于较低水准。

2. 未上网青少年的上网意向。

2.1 未上网的原因。

从表3.4可以看出，未上网同学不上网的原因主要是硬件条件的限制，表中除去缺失值，在"缺乏条件"选项上的比例高达61.6%。另一个重要原因是家长的态度，选择因为家长不允许而没上网的占11.6%。

表3.4 没有上网的原因分布

	年龄	人数（人）	百分数（%）	有效百分数（%）	累积百分数（%）
有效值	缺乏上网的条件	106	59.9	61.6	61.6
	家长不允许	20	11.3	11.6	73.3
	怕影响学习	13	7.3	7.6	80.8
	没必要	12	6.8	7.0	87.8
	网络本身不健康	11	6.2	6.4	94.2
	网络本身不安全	0	0.0	0.0	100.0
	其他	10	5.6	5.8	
	合计	172	97.2	100.0	
系统缺失值		5	2.8		
总计		177	100.0		

2.2 是否想上网。

从图 3.2 中可以看出，表示有上网意向的青少年占绝大多数（选择有点想和非常想的共占到 82.9%），只有约 17% 的同学表示不想上网。

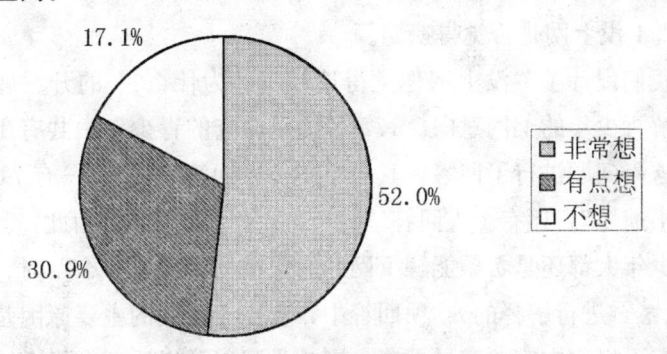

图 3.2　未上网青少年的上网意向①

2.3 想上网的原因。

在图 3.3 中我们不难看出：调查中未上网青少年想上网的原因

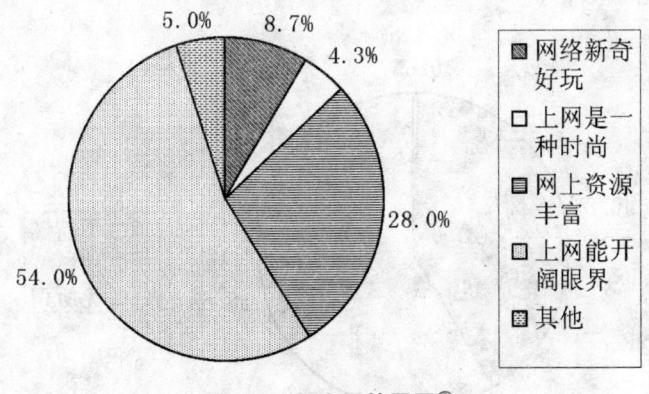

图 3.3　想上网的原因②

---

① 本题有效回答人数为 175，缺失值为 2，总人数为 177。
② 本题有效回答人数为 161，缺失值为 16。

主要在于能开阔眼界和网上的丰富资源。选择能开阔眼界的超过一半（54%），而选择网上资源丰富的占28%，超过80%的同学选择这两项，这表明绝大多数未上网青少年想上网的动机和原因是比较健康积极的。

2.4 没上网是否觉得遗憾。

我们设计了"没上网你觉得遗憾吗？为什么？"的开放题来深入了解青少年的上网意向。177名接受调查的青少年中共有174人次对这一问题进行了回答，其中有102人回答"遗憾"，有71人回答"不遗憾"，还有1人回答"无所谓"（见图3.4）。由此，我们看出青少年大都还是希望能够上网的。当被问到"为什么"时，在对"不遗憾"进行解释的80项回答中，青少年提到的主要原因是认为网上有不好的内容、容易上瘾、影响学习以及以后还有机会或现在不感兴趣等。在对"遗憾"进行解释的125项回答中，主要原因有不能获得网上知识、不利于学习、视野不开阔，也有青少年认为是没有上网条件等。

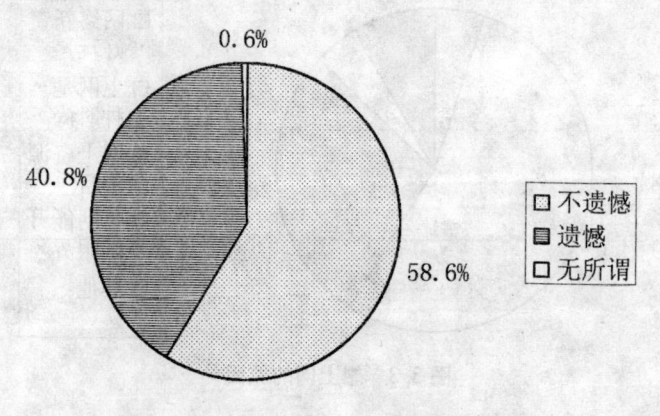

图3.4 是否对未上网感到遗憾①

---

① 本题有效回答人数为170，缺失值为7。

3. 未上网青少年对网络环境的评价。

调查中没上过网的青少年几乎都表示自己不了解与网络相关的各种新闻报道。表3.5中的数据显示只有不到1.2%的人选择对与网络相关的新闻报道了解得很多,而选择"没有"和"很少"的人却占到了64.5%。

表3.5 对网络相关报道的了解程度

	选项	人数(人)	百分数(%)	有效百分数(%)	累积百分数(%)
有效值	很多	2	1.1	1.2	1.2
	有些	59	33.3	34.3	35.5
	很少	80	45.2	46.5	82.0
	没有	31	17.5	18.0	100.0
	合计	172	97.2	100.0	
系统缺失值		5	2.8		
总计		177	100.0		

除了从数量上进行考察,我们还询问了未上网青少年对网络事件和现象的了解。从图3.5可以看出,这些没上过网的同学所知道

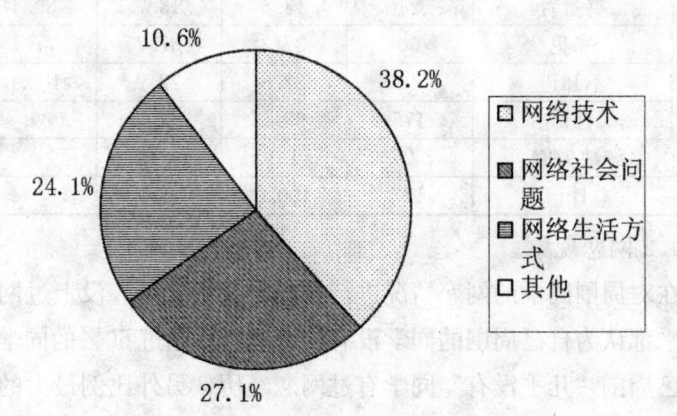

图3.5 对与网络有关的事情的了解[1]

---

[1] 本题有效回答人数为176,缺失值为1。

的关于网络的事情的分布是比较均匀的。在"你知道的与网络相关的事情中,最多的是哪一类?"一题的回答中,如果除去缺失值,那么选择"网络技术"的占38.2%,选择"网络社会问题"的占27.1%,选择"网络生活方式"的占24.1%,各项比例几乎都在30%左右。

4. 未上网青少年对网络道德问题的看法。

4.1 网络黑客。

调查中未上网的同学有超过一半的人对网络黑客的看法是负面性质的。下表中数据表明,选择黑客是"捣蛋者"和"罪犯"的加起来超过了一半,比例达到51.4%,只有不到5%的人认为网络黑客是大侠。另有20%左右的人认为网络黑客是技术高手(见表3.6)。

表3.6 对网络黑客的看法

	选项	人数(人)	百分数(%)	有效百分数(%)	累积百分数(%)
有效值	大侠	8	4.5	4.6	4.6
	技术高手	37	20.9	21.1	25.7
	捣蛋者	24	13.6	13.7	39.4
	罪犯	66	37.3	37.7	77.1
	不知道	40	22.6	22.9	100.0
	合计	175	98.9	100.0	
系统缺失值		2	1.1		
总计		177	100.0		

4.2 网恋现象。

在对周围同学的网恋情况进行调查时我们发现,没上过网的同学几乎都认为自己周围的同学没有网恋经历。超过60%的同学选择了自己周围"几乎没有"同学有过网恋经历,另外比例最大的是选择"一小部分"的,占了31.6%。选择"非常多"的不到总数的1%,具体情况见表3.7。可见在未上网的青少年看来,网恋在青少年群体中并不是普遍现象。

表 3.7　对周围同学网恋经历的估计

	选项	人数（人）	百分数（%）	有效百分数（%）	累积百分数（%）
有效值	非常多	1	0.6	0.6	0.6
	比较多	7	4.0	4.0	4.6
	一小部分	55	31.1	31.6	36.2
	几乎没有	111	62.7	63.8	100.0
	合计	174	98.3	100.0	
系统缺失值		3	1.7		
总计		177	100.0		

在对青少年网恋态度的调查中，这些没上过网的同学绝大多数都认为周围有过网恋经历的同学对网恋的态度以负面和消极为主。有接近50%的同学选择了同学对网恋的态度是"玩玩而已"，选择"盲目、轻率"的有32.4%，选择"不安好心"的有6.5%。只有13.5%的同学选择了"认真、投入"（见表3.8）。似乎进行网恋的同学对网恋的心态大多都并不认真。

表 3.8　对周围同学网恋态度的看法

	选项	人数（人）	百分数（%）	有效百分数（%）	累积百分数（%）
有效值	认真、投入	23	13.0	13.5	13.5
	盲目、轻率	55	31.1	32.4	45.9
	玩玩而已	81	45.8	47.6	93.5
	不安好心	11	6.2	6.5	100.0
	总计	170	96.0	100.0	
系统缺失值		7	4.0		
总计		177	100.0		

在对网恋的看法上，未上网的同学中有将近75%对网恋持否定的态度。选择网恋"不必当真"的有74人，占42.0%；选择"很危险"的有57人，占32.4%；有20人选择"和现实一样"；选择"很浪漫"的则有25人，比例为14.2%（见图3.6）。可见大多数

未上网青少年对网恋的评价并不高。很多同学对网恋存有"不必当真"的想法，值得我们关注。

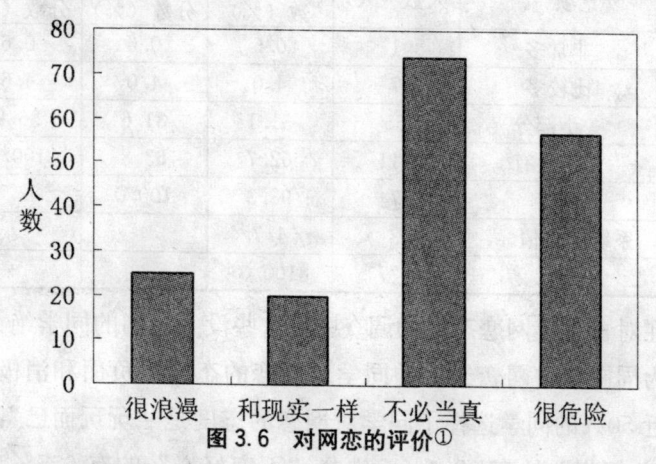

图 3.6 对网恋的评价①

4.3 自由与规范。

在关于网络世界的规范与自由的问题上，绝大多数的未上网青少年是赞成为网络制定规范的，无论规范制定者是网民自己还是政府部门。持赞成态度的人占总体的 83.9%，而持反对态度的尚不到 15%（见表3.9）。

表 3.9 对制订网络规范的态度

	选项	人数（人）	百分数（%）	有效百分数（%）	累积百分数（%）
有效值	反对，网络崇尚自由，不应该加以限制	25	14.1	14.4	14.4
	赞成，网络规范应该由网民来制定，而不是政府部门	30	16.9	17.2	31.6

---

① 本题有效回答人数为176，缺失值为1。

有效值	赞成，规范网络是政府和网民共同的责任	116	65.5	66.7	98.3
	其他	3	1.7	1.7	100.0
	合计	174	98.3	100.0	
系统缺失值		3	1.7		
总计		177	100.0		

4.4 网吧管理。

在网吧管理的问题上，未上网青少年中多数人（共121人）都赞同禁止青少年进入网吧的规定，比例接近70%。选择"完全同意"的有36人，占到20.5%，而表示反对的共有52人，比例为27.9%，这一比例也不是小数（见图3.7）。可见在网吧管理问题上我们不能简单地禁止，而应该有多种形式的管理办法，使教育、管理和建设相结合。

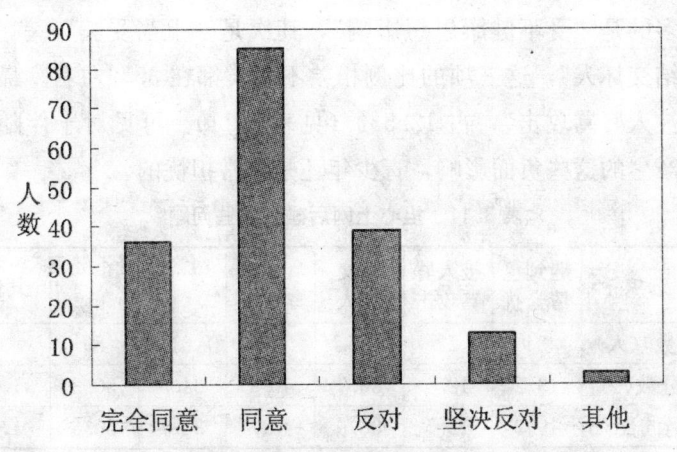

图3.7 对禁止青少年进入网吧的规定的态度[①]

4.5 对网上现象的了解。

---

① 本题有效回答人数为176，缺失值为1。

在各种和伦理道德相关的网络现象中，未上网青少年了解最多的是"网络游戏"和"网络上瘾"，了解"网络游戏"的比例接近70%，而知道"网络上瘾"的比例则超过了40%。其次是"网恋"，比例也达到30%以上。最少的是"网上反动宣传"，不到3%（见表3.10）。这一结果应该和平时媒体对"网络游戏"与"网络上瘾"的宣传以及师长们对此的频繁提及有关。

表 3.10 对网络现象的了解①

选项	网吧管理问题	网络游戏	网络犯罪	网恋	网上反动宣传	网络上瘾	网络色情	黑客
人数（人）	37	118	39	58	6	74	30	31
百分数(%)	20.9	66.7	22.0	32.8	3.4	41.8	16.9	17.5
有效百分数(%)	21.0	67.0	22.2	33.0	3.4	42.0	17.0	17.6

4.6 上网的忧虑。

在问及如果上网你最担心什么问题时，177名未上网青少年选择最多的是"受不健康思想影响"，其次是"上当受骗"、"上瘾"与"结交坏人"，这三项的比例相差不大，都在35%左右。最少的是"被人辱骂攻击"，占12.5%（见表3.11）。可见对于伴随着上网而产生的这些负面影响，青少年还是非常担忧的。

表 3.11 担心上网后碰到哪些问题②

选项	遇到色情骚扰	被人辱骂攻击	结交坏人	上瘾	上当受骗	受不健康思想影响	其他
人数（人）	34	22	65	71	61	89	3
百分数(%)	19.2	12.4	36.7	40.1	34.5	50.3	1.7
有效百分数(%)	19.3	12.5	36.9	40.3	34.7	50.6	1.7

4.7 周围同学在网上的不良行为。

---

① 本题为多选题，有效回答人数为176，缺失值为1。
② 本题为多选题，有效回答人数为176，缺失值为1。

对于周围同学在网上是否有以及有哪些不良行为的问题，未上网青少年认为其周围同学在网上的不良行为主要集中在"偷看别人的信息"（比例为36.6%）和"说脏话"（比例为34.3%）两项上。在其他几项上的人数分布较为平均："恶意骗人"、"色情骚扰他人"以及"盗用别人的密码"等几项都在20%左右（见表3.12）。因此我们至少可以判断，青少年网民中存在着在网上偷看他人信息、说脏话以及盗用密码等不道德行为。

表3.12 对同学在网上有哪些不良行为的了解[1]

选项	说脏话	恶意骗人	偷看别人的信息	色情骚扰他人	盗用别人的密码	没有	其他
人数（人）	60	28	64	29	39	48	13
百分数（%）	33.9	15.8	36.2	16.4	22.0	27.1	7.3
有效百分数(%)	34.3	16.0	36.6	16.6	22.4	27.4	7.4

4.8 周围同学在网上有不良行为的原因。

在询问同学们在网上做出不道德行为的原因时，接受调查的未上网青少年认为主要是"好奇"和"获得发泄和破坏的快感"。选择"好奇"的人数超过了40%，选择"获得发泄和破坏的快感"的占37.6%（见表3.13）。这样的调查结果可能是与这一年龄段青少年的心理特点以及紧张的学习状态相关。

表3.13 对同学在网上做出不良行为的原因推测[2]

选项	好奇	不会受到惩罚	获得发泄和破坏的快感	引人注意	其他
人数（人）	73	12	65	31	12
百分数（%）	41.2	6.8	36.7	17.5	6.8
有效百分数(%)	42.2	6.9	37.6	17.9	6.9

---

[1] 本题为多选题，有效回答人数为175，缺失值为2。
[2] 本题为多选题，有效回答人数为173，缺失值为4。

5. 网络教育需求。

5.1 学校的网络教育情况。

我们首先需要了解学校关于网络问题对青少年开展教育的情况。调查中未上网青少年认为学校开展的和网络相关的活动中最多的是"利用网络进行教学",比例为48.0%;其次是"网络规范教育",占到31.8%;最少的是"利用网络进行德育",只占9.8%,具体情况见表3.14。这一调查结果反映出当前学校对网络的认识大多还停留在将之作为学习工具的水平上,当然学校也开展了网络规范教育,但在数量上远远比不上网络技术教育。对于网络的道德影响学校还缺少足够的重视。

表3.14 学校开展的关于网络的活动[①]

选项	网络技术竞赛	网络规范教育	利用网络进行教学	利用网络进行德育	其他
人数(人)	14	55	83	17	49
百分数(%)	7.9	31.1	46.9	9.6	27.7
有效百分数(%)	8.1	31.8	48.0	9.8	28.3

5.2 在上网问题上对父母和教师的期望。

由图3.8可以看出,在对父母的期望上,未上网青少年最需要父母为其上网提给予"理解和支持",其比例几乎占到总数的一半,约为45.9%左右。这说明最困扰未上网同学的问题是家长对其上网的态度。而期望获得"指导和帮助"以及"上网的机会"的人数大致相当,各占25%左右。

在对教师的期望上,未上网青少年最需要教师为其上网给予"指导和帮助",比例高达65.7%,可见在青少年的眼中,教师作为

---

① 本题为多选题,有效回答人数为173,缺失值为4。

指导者的角色是非常突出的。另外最希望教师提供"上网的机会"的比例也接近20%,说明有相当部分的未上网青少年非常需要上网的机会。最后,期望获得"理解和支持"约为10%,只有不到5%的青少年选择了"什么都别管"(见图3.9)。

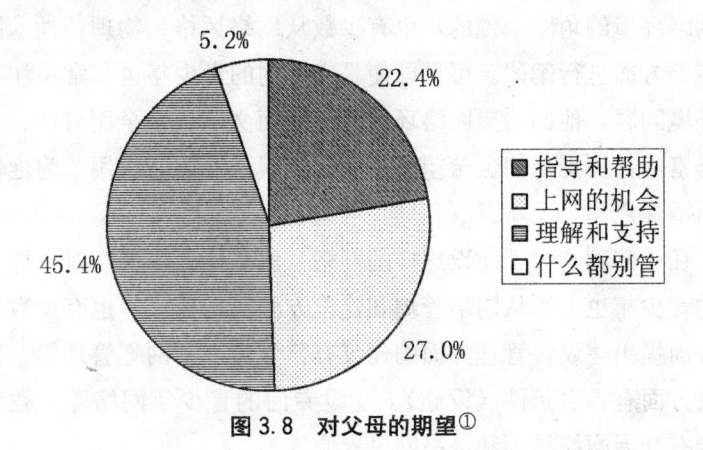

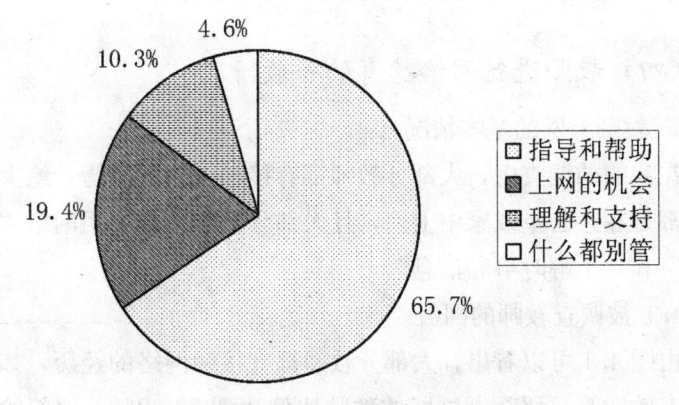

图3.8 对父母的期望[①]

图3.9 对教师的期望[②]

5.3 对改善网络环境的建议。

---

① 本题有效回答人数为174,缺失值为3。
② 本题有效回答人数为175,缺失值为2。

我们设计了"你理想中的网络环境应当是什么样的？对于建设这样的网络，你有什么建议？"的开放题，试图深入了解未上网青少年对网络建设的设想。在"你理想中的网络环境应当是什么样的"一问中，177 名青少年共做出 203 项回答，其中有 166 项都是从网络环境的角度来说的，也有少数从网络风格、物理特性、网络功能等方面进行阐述。可见即使是未上网的青少年也非常关注网络的环境问题。他们希望网络环境是健康而文明、安全而有序、真实而丰富的，而且他们也希望网络能起到娱乐休闲的作用，为他们的生活增加色彩。

在被问到"对于建设这样的网络，你有什么建议"时，接受调查的青少年也大都从网络管理和建设方面提出建议，也有少数从教育方面提出建议。管理方面的建议有科学管理和网吧管理等。网络建设方面有提供条件（设施）、建设专门的青少年网络等，教育方面则有开展网络培训和提高网民素质等。

（四）教师进行网络德育的一般情况

1. 教师上网的基本情况。

在我们的调查中，大部分教师都有接触网络的经历，绝大多数教师都是在办公室或家中上网，且大部分教师主要利用网络"辅助教学"和"了解时事和信息"。

1.1 被调查教师的网龄。

由图 4.1 可以看出，大部分教师都有接触网络的经历，如果只统计有效回答，那么上过网的教师比例达到 77.2%。他们的网龄多集中在"一年到三年"和"三年以上"，比例分别为 29.7% 和 28.7%；另外"不到半年"和"半年到一年"的分别为 6.9% 和 11.9%。"从没上过网的"占 22.8%。

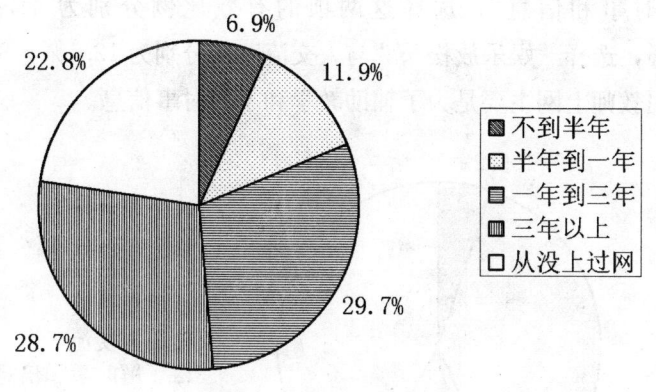

图 4.1 教师网龄构成①

（图例：不到半年 6.9%；半年到一年 11.9%；一年到三年 29.7%；三年以上 28.7%；从没上过网 22.8%）

1.2 上网的主要地点。

从表 4.1 可以看出，绝大多数教师主要是在办公室或家中上网，选择这两项的分别为 44.4% 和 38.9%，累计百分比为 83.3%。

表 4.1 教师上网的主要地点

	选项	人数（人）	百分数（%）	有效百分数（%）	累积百分数（%）
有效值	办公室	32	41.0	44.4	44.4
	家里	28	35.9	38.9	83.3
	网吧	3	3.8	4.2	87.5
	学校机房	9	11.5	12.5	100.0
	合计	72	92.3	100.0	
	系统缺失值	6	7.7		
	总计	78	100.0		

1.3 上网的主要目的。

从图 4.2 可以看出，大部分教师主要利用网络"辅助教学"和

---

① 本题有效回答人数为 101，缺失值为 2，总人数为 103。

"了解时事和信息",选择这两项的有效比例分别为 41.4% 和 37.9%,选择"娱乐放松"、"与人交流"的分别为 12.1%、3.4%。这表明教师上网主要是为了辅助教学和了解时事信息。

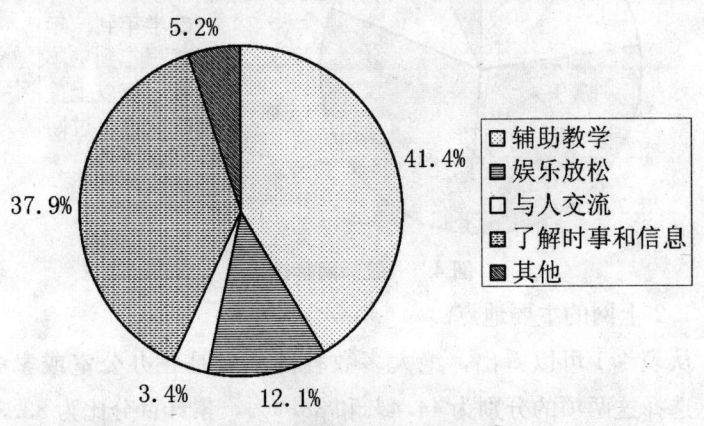

图 4.2 教师上网的主要目的[①]

2. 教师利用网络教育资源的情况。

本调查的数据分析表明:目前大多数教师的网络运用能力一般,其网络运用能力还有待提高。有相当多的老师只是偶尔或有时在教学中使用网络;大多数教师没有和学生在网上聊过天;接近 60% 的教师没有给学生发过电子邮件。教师对网络教育资源的利用还很不够,这方面的能力还有待提高。

2.1 利用网络的能力。

在关于教师网络利用能力的调查中,超过 60% 的教师选择了较为模糊的"一般",另外 16.9% 的教师选择了"比较强",15.6% 的教师选择了"不太强",只有 6.5% 的教师认为自己运用网络的能力"非常强"(见表 4.2)。数据表明教师的网络运用能力还有待提高。

---

① 本题有效回答人数为 58,缺失值为 20,总人数为 78。

表 4.2 教师利用网络的能力

	选项	人数（人）	百分数（%）	有效百分数（%）	累积百分数（%）
有效值	非常强	5	6.4	6.5	6.5
	比较强	13	16.7	16.9	23.4
	一般	47	60.3	61.0	84.4
	不太强	12	15.4	15.6	100.0
	总计	77	98.7	100.0	
系统缺失值		1	1.3		
总计		78	100.0		

2.2 教学中对网络的使用。

由图 4.3 可以看出，在对"您在教学中使用网络吗？"的回答中，有一半的老师选择"有时"使用网络，远远超过其他选择。选择"极少"和"从不"的比例分别为 23.4% 和 14.3%，只有 10.4% 的教师会在教学中经常运用网络。

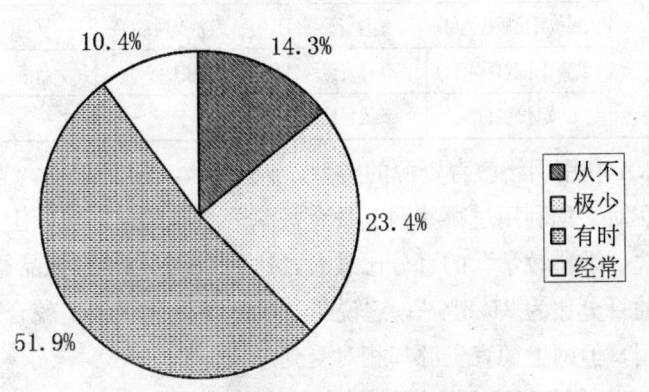

图 4.3 网络在教学中的使用频率①

2.3 经常浏览的教育网站。

---

① 本题有效回答人数为 77，缺失值为 1，总人数为 78。

问卷中设计了一道填空题请老师们填写经常浏览的教育网站名称。由于宁县地区接受调查的教师中上过网的极少，因此只统计了北京地区和宜昌地区老师们填写的答案。北京地区 34 份有效问卷中只有 13 人次的回答，答案共计 10 项。宜昌地区 33 份有效问卷中有 20 人次的回答，答案共计 18 项（见表 4.3）。宜昌地区的教师在回答网站的数量和种类上都要多于北京地区的教师。总的来说北京地区接受调查的教师表现出对教育网站的了解比较少，而宜昌地区接受调查的教师对教育网站的了解相对要多一些。

表 4.3　教师浏览的教育网站

地区	选　　项			
北京地区	中国基础教育网(1)	中小学信息网(1)	大语文(1)	搜狐(3)
	www.edu.cn(1)	中国教育网(1)	新浪教育(1)	K12(2)
	中学生作文(1)	体育教育(1)		
宜昌地区	www.k12.con.cn(1)	www.cep.com.cn(1)	教育资源网(1)	体育网(1)
	中国基础教育网(2)	中国教育科研网(1)	专业类网站(1)	E21(1)
	人民教育出版社网(1)	地理资源网(1)	政治类网站(1)	网易(1)
	洪啸音乐教育网(1)	法律资源网(1)	三峡热线(1)	新浪(2)
	英才网(1)	人民网(1)		

2.4 利用网络教育资源的类型。

在对"您利用过哪些网上教育资源"一题的回答上，上过网的教师选"学科教学"的百分比最高，达到 89.7%，"思想品德教育"所占的百分比为 21.8%[①]。这说明学科教学资源得到了较合理充分的利用，但网上德育资源却相对受到忽视。

3. 教师与学生就上网问题的沟通。

从家长与学生问卷的数据对比分析中可以看出，由于受到地区

---

① 本题有效回答人数为 78，缺失值为 0，总人数为 78。

差异的影响，教师对自己学生上网情况的了解不太理想，两极分化大。而学生上网遇到问题很少向教师求助，这反映出教师对网上的问题不了解或者教师对学生上网没有起到应有的指导作用。

3.1 对上网学生人数的估计。

对于"就您所知，每个班大约有多少学生上过网？"的回答，教师的选择多集中在两极：选择"全部"和"大多数"的累计百分比为 51.5%，选择"少数"和"没有"的累计达到 33.0%（见图 4.4）。这一方面说明大多数同学都有过接触网络的经历，另一方面还说明教师这种选择的差异可能更多的是地区差异。

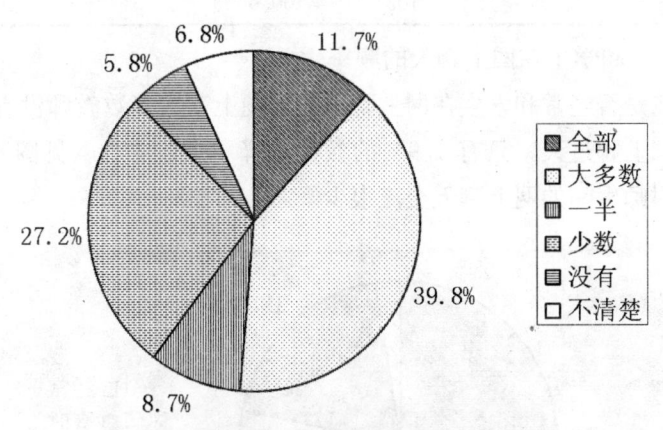

图 4.4 教师对上网学生人数的估计[①]

3.2 学生在网上遇到问题后求助的频率。

对于"学生在网上遇到问题后向您求助的多吗？"的问题，超过一半的教师回答没有学生就上网遇到的问题向自己求助，还有超过 30% 的教师选择了"很少"，只有 1% 的教师选择"很多"（见表4.4）。这可能说明两个问题：一是教师对网上的问题不了解，学生不愿意向教师求助，二是教师对学生上网没有起到应有的指导作用。

---

① 本题有效回答人数为 103，缺失值为 0，总人数为 103。

表 4.4 学生在网上遇到问题时的求助对象

	选项	人数（人）	百分数（%）	有效百分数（%）	累积百分数（%）
有效值	很多	1	1.0	1.0	1.0
	有些	15	14.6	14.9	15.8
	很少	32	31.1	31.7	47.5
	没有	53	51.5	52.5	100.0
	合计	101	98.1	100.0	
系统缺失值		2	1.9		
总计		103	100.0		

3.3 和学生在网上聊天的频率。

在是否经常和学生在网上聊天的问题上，大多数教师没有和学生在网上聊过天，只有 1.9% 的教师选择了"经常"（见图 4.5）。这说明师生间的网上聊天交流很少。

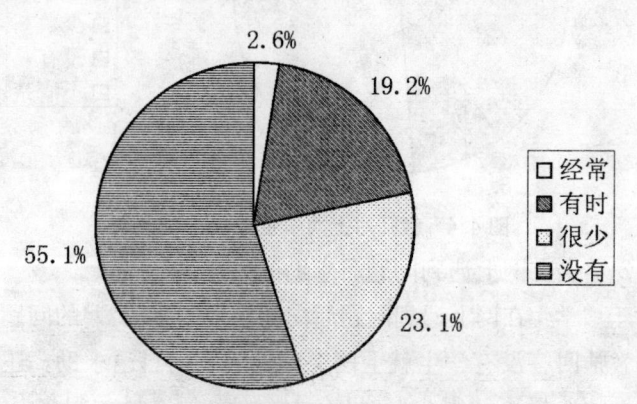

图 4.5 教师和学生在网上聊天的频率[1]

3.4 使用电子邮件和学生交流的频率。

---

[1] 本题有效回答人数为 78，缺失值为 0，总人数为 78。

由表 4.5 可以看出，在是否经常给学生发电子邮件的问题上，43.6%的教师选择没有给学生发过电子邮件，另外分别有 24.4%和 29.5%的教师选择"有时"和"很少"，只有 2.6%的选择"经常"。

表 4.5　教师给学生发电子邮件的频率

选项	人数（人）	百分数（%）	有效百分数（%）	累积百分数（%）
经常	2	2.6	2.6	2.6
有时	19	24.4	24.4	26.9
很少	23	29.5	29.5	56.4
没有	34	43.6	43.6	100.0
总计	78	100.0	100.0	

3.5 跟学生讨论和网络有关的话题的频率。

在是否经常和学生讨论和网络有关的话题上，表示"经常"和学生讨论的教师还不到 3%，而选择"没有"的占到 42.7%，还有约 30%的教师选择了"很少"，选择"有时"的约为 25%（见表 4.6）。我们都知道网络已经在青少年的生活中占据了重要份额，教师如果都不能跟学生就网络问题进行良好的沟通和交流，那么就更谈不上对学生进行网络德育了。

表 4.6　教师跟学生讨论和网络有关的话题的频率

选项	人数（人）	百分数（%）	有效百分数（%）	累积百分数（%）
经常	3	2.9	2.9	2.9
有时	25	24.3	24.3	27.2
很少	31	30.1	30.1	57.3
没有	44	42.7	42.7	100.0
总计	103	100.0	100.0	

4. 教师对学生上网的态度和做法。

教师在对待学生上网的态度上表示"支持"的占大多数,而且很多教师认为上网对学生的成长是利大于弊。总体来讲,教师对于孩子上网的态度以支持和认可为主,但仍比较保守。

4.1 对网络环境的评价。

在对"您认为当前的网上世界是"一题的回答上,在各选项中所选人数比例最高的是"多彩的"(比例为58.3%)[①]。这说明大多数教师认为虽然当前网络世界较为混乱,缺乏系统的管理,但这并不排斥网络资源是丰富多彩的,具有利用价值。

4.2 对学生上网的态度。

对于"您对学生上网的态度是"的回答,选择最多的是"仅限于学习",还有将近40%的教师对学生上网表示"支持",明确表示"反对"的只有9.7%(见表4.7)。可见教师在对待学生上网的态度上相对于家长17.3%的"支持"率要开明得多,但也是比较保守的。

表4.7 教师对学生上网的态度

选项	人数(人)	百分数(%)	有效百分数(%)	累积百分数(%)
支持	39	37.9	37.9	37.9
支持,但仅能用于学习	44	42.7	42.7	80.6
反对	10	9.7	9.7	90.3
无所谓	4	3.9	3.9	94.2
其他	6	5.8	5.8	100.0
总计	103	100.0	100.0	

4.3 对上网带给学生影响的判断。

在对上网对学生的成长有何影响的问题中,教师们认为"利大

[①] 本题有效回答人数为100,缺失值为3,总人数为103。

于弊"、"弊大于利"和"利弊一样大"的人数分别为48、31和23,比例分别为47.1％、30.4％和22.5％（见图4.6）。相对而言,认为利大于弊的教师要更多一些。

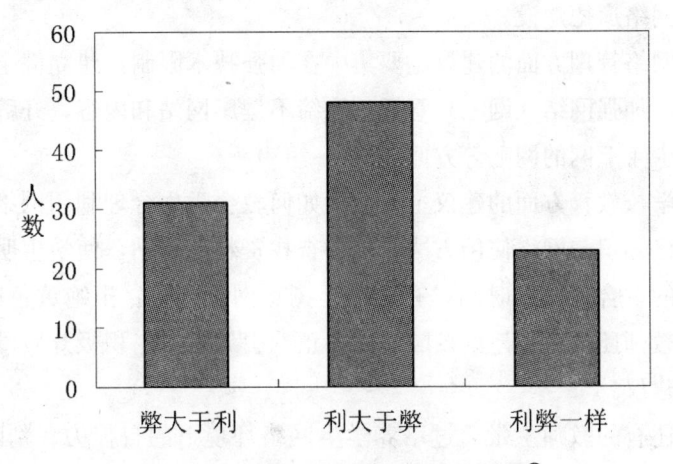

图4.6 教师对上网对学生影响的判断[①]

5. 教师对网络德育方面的建议和需求。

为了能够具体了解教师对学生网络道德教育有哪些建议,以及教师自己在进行网络德育方面需要哪些帮助,我们设计了两道开放式的问答题来征集老师们的意见。

5.1 对青少年网络德育的建议。

我们设计的第一道问答题是"在帮助学生抵制上网带来的不良影响方面,您有哪些建议？"。从对北京、宜昌、宁县三地区的整理结果看,对该题的回答合计142项。其中北京地区68项,宜昌地区38项,宁县地区36项。三个地区的教师关于如何帮助学生抵制上网带来的不良影响的建议主要集中在网络建设、网络管理、学校教育和其他教育等四大方面。

---

① 本题有效回答人数为102,缺失值为1,总人数为103。

网络建设方面的建议主要包括建立和提供包括道德教育、学科学习以及学生活动在内的青少年网络资源，创造良好的网络环境，加强爱国主义和价值观的教育，正确人生观和健康的网络观教育，加强网络道德建设。

网络管理方面的建议主要集中在加强技术限制，建立健全网络法制，加强网络（网吧）管理，取缔不健康网站和内容，开辟专门供青少年上网的网吧等方面。

学校教育方面的建议主要包括如何教会学生合理利用网络，教授网络知识与网络使用方法，提供查找资料的网站，使学生明确上网目的，合理安排时间，有选择地浏览网上内容，拒绝黄色内容。有的教师还提出了建设校园网站，正确引导学生，积极开展网络德育的建议。

还有的教师主张通过培养学生网络环境下的自控力、判断力，通过道德和法制教育来加强教育引导达到趋利避害。也有的教师提出家庭、学校和社会共同维护网络的健康发展，家长应多关注学生在家上网的情况。

在如何帮助学生抵制上网带来的不良影响的建议中，很多都与学校网络教育的实际情况相吻合，这反映出教师在网络环境这个全新的教育形势下所面临的困扰。

另外，三个地区的教师在对网络教育问题的认识上也存在明显的差异。北京的教师对网络问题和网络教育关注的程度最高，所提出的有关网络环境改进和网络资源建设方面的建议也远远高于其他两个地区。其中关于网络管理的建议最多，总计24项，占该地区全部项目（63项）的38.1%。这说明教师对网络环境建设和青少年网络教育的关注程度与一个地区的网络发展水平有很大的关系。教师对网络教育问题的关注程度与所处地区网络的发展水平成正比。在网络发展相对滞后的宁县地区，教师关于网络环境建设方面的建议相对较少，对网络教育的问题关注也不够。

5.2 进行网络教育需要的帮助。

对于"您在辅导学生正确使用网络上需要哪些帮助?"的问题，三个地区教师回答合计80项。其中，北京地区41项，宜昌地区27项，宁县地区12项。三个地区的教师关于辅导学生正确使用网络所需的帮助主要集中在网络知识和技术、有关教育信息、网络管理和建设以及其他教育四大方面。

网络知识和技术方面的需求主要包括教师在辅导学生正确使用网络时所需要的网络知识和电脑知识。有的老师提出应提供使用网络的书籍或举办培训班，介绍网络发展的信息和网站内容。还有的教师在问卷回答中反映了缺乏有用网址和技术指导的困惑。

有关教育方面的需求包括学生上网情况的调查信息，国外解决此类问题好的做法和道德理念；要求提供教师交流相关知识的机会，资源共享，并提供心理辅导方面的知识和技能。

网络管理和建设方面的需求包括加强网站和网站内容的管理，建立专门供学生用或青少年使用的教育网站，同时还要求举办一些具有引导意义的网络大赛，加强网络的法制建设和网吧管理。

其他方面的支持则主要包括家长支持、社会支持、学校支持以及学校网络教育的硬件支持，教师在学校能够较方便地利用网络进行教学。

教师在指导孩子上网时，迫切需要得到的帮助是网络方面的知识和技能以及与教育有关的知识。这说明总体上教师的网络知识水平还不是很高，大多数教师都已经意识到加强网络教育，协调家庭与学校、社会教育力量的重要性。基本网络知识的欠缺无疑会给学校网络教育带来不利的影响，使教师难以进行有效的网络管理和与学生之间的良好沟通。因此，提高教师网络知识和技能已经迫在眉睫。

（五）家长进行网络德育的一般情况

1. 家长上网的基本情况。

目前大多数家庭都已经配置了电脑，很多家长有条件在家里上网。大部分家长都有过接触网络的经历，但其运用网络的能力还不太强。总体说来，家长运用网络的能力还有待提高。

1.1 家中电脑和网络的情况。

从对"你家里电脑和网络的情况是"一题的回答中可以看出，目前大多数家庭都已经配置了电脑（比例达到 67.9%）（见图 5.1）。

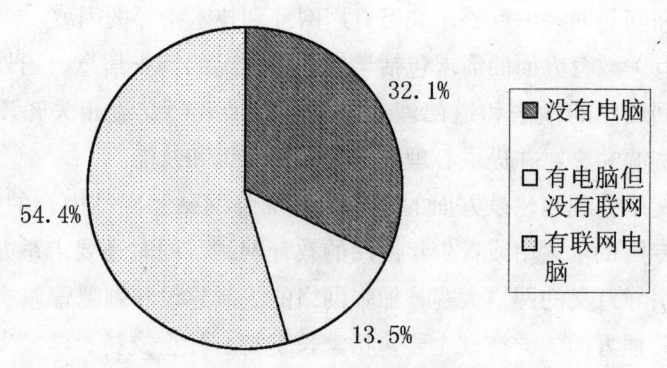

图 5.1 家庭电脑配置情况[①]

饼图数据：
- 没有电脑：32.1%
- 有电脑但没有联网：13.5%
- 有联网电脑：54.4%

1.2 被调查家长的网龄。

数据分析表明，大部分（66.8%）家长都有过接触网络的经历。家长的网龄存在比较大的差异，多集中在一年到三年（比例为 24.4%）。另外回答"从没上过网"的比例也非常高，达到 33.2%（见表 5.1）。

---

① 本题有效回答人数为 193，缺失值为 0，总人数为 193。

表 5.1　家长网龄分布

选项	人数（人）	百分数（%）	有效百分数（%）	累积百分数（%）
不到半年	25	13.0	13.0	13.0
半年到一年	28	14.5	14.5	27.5
一年到三年	47	24.4	24.4	51.8
三年以上	29	15.0	15.0	66.8
从没上过网	64	33.2	33.2	100.0
总计	193	100.0	100.0	

1.3 利用网络的能力。

在"您运用网络的能力"一题上，大部分家长对自己运用网络的能力用了"一般"这样一个比较模糊的评价，占作答人数的 48.8%，选择"不太强"的有 27.2%，选择"比较强"的有 20.8%，只有 3.2% 的家长表示自己运用网络的能力"非常强"（见表 5.2）。

表 5.2　家长利用网络的能力[①]

	选项	人数（人）	百分数（%）	有效百分数（%）	累积百分数（%）
有效值	非常强	4	3.1	3.2	3.2
	比较强	26	20.2	20.8	24.0
	一般	61	47.3	48.8	72.8
	不太强	34	26.4	27.2	100.0
	合计	125	96.9	100.0	
系统缺失值		4	3.1		
总计		129	100.0		

---

① 本题只统计在上一题关于网龄的考察中表示自己上过网的家长，共 78 人，因此本题考查的对象总计为 78 人。表 5.3 和 5.4 也只考察上过网的家长。

调查结果

2. 家长利用网络教育资源的情况。

2.1 利用网络教育资源的频率。

数据分析表明：家长对于网络教育资源的利用很不充分。在可利用的网络资源中，部分家长相对较多地关注学习辅导和成长心理之类的网络资源，还有部分家长并未利用任何相关资源。在对"您经常利用网络了解有关孩子成长的信息吗？"的回答中我们可以看出，虽然被调查的大部分家长都有过接触网络的经历，但是选择"经常"的人只占1.6%，而选择"从不"的为15.6%。另外有44.3%的家长选择"有时"，38.5%选择"很少"（见表5.3）。

表5.3 家长对网络教育资源的利用

	选项	人数（人）	百分数（%）	有效百分数（%）	累积百分数（%）
有效值	经常	2	1.6	1.6	1.6
	有时	54	41.9	44.3	45.9
	很少	47	36.4	38.5	84.4
	从不	19	14.7	15.6	100.0
	合计	122	94.6	100.0	
系统缺失值		7	5.4		
总计		129	100.0	100.0	

2.2 经常浏览的教育网站。

我们请家长们填写他们经常浏览的教育网站名称，由于宁县地区接受调查的家长中上过网的极少，因此只统计了北京地区和宜昌地区家长们填写的网站名称或网址。北京地区有效答案只有19人次14项。宜昌地区53份有效问卷中有18人次的回答，答案共计10项（见表5.4）。总的来说接受调查的家长表现出对教育网站的了解是比较少的。

表5.4 家长浏览的教育网站

地区	选项			
北京地区	www.sdsz.com.cn(2)	www.bjmv.edu.cn(1)	101网校(1)	汇文网校(1)
	www.moe.edu.com(1)	www.edu.com.cn(1)	北大(1)	清华(1)
	www.rdfz.com.cn(1)	实验中学网站(1)	作文(1)	学校网站(3)
	新浪(2)	搜狐(2)		
宜昌地区	www.cbe21.com(1)	www.k12.com(1)	家教网(4)	校园网(3)
	北大校园网(1)	北京四中网(1)	国学网(1)	新浪(2)
	中国教育网(3)	网易(1)		

3. 家长与孩子就上网问题的沟通。

从家长与学生问卷的数据对比分析中可以看出，学生在上网问题上和家长的交流很有限。家长对孩子上网的情况有一些了解，但不太准确也不很全面。

3.1 对孩子上网基本情况的了解。

在对孩子上网基本情况的了解中，绝大多数家长都肯定自己的孩子有过上网经历，比例高达84.7%，而认为孩子从来没有上过网的仅为15.3%（见图5.2）。在对孩子主要上网地点的调查中，超过半数的家长（59.3%）选择了孩子主要在家中上网，选择"学校"的有16.9%，这两项的累计百分比达到76.2%。选择"不清楚"和"其他"的分别为3.7%和6.9%（见图5.3）。

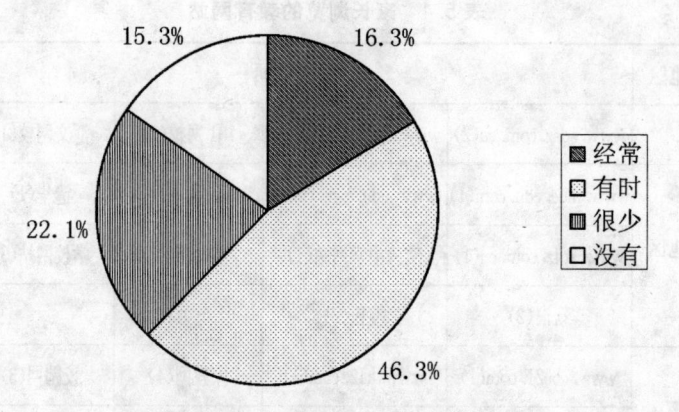

图 5.2　家长对子女上网情况的估计①

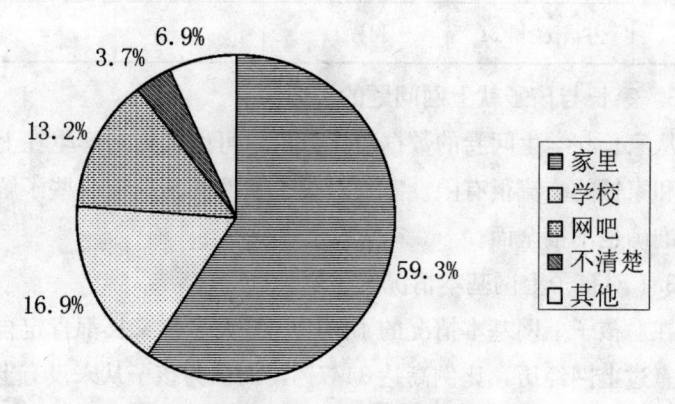

图 5.3　家长对子女上网地点的估计②

3.2 就上网问题和孩子的沟通。

家长们认为绝大多数孩子很少或从不和家长就上网有关的事情进行交流，在对"孩子经常和您谈和上网有关的事情吗？"的回答中，只有6.3%的家长选择了"经常"（见表5.5）。

---

① 本题有效回答人数为190，缺失值为3，总人数为193。
② 本题有效回答人数为189，缺失值为4，总人数为193。

表 5.5　孩子和父母在上网方面的交流情况

	选项	人数（人）	百分数（%）	有效百分数（%）	累积百分数（%）
有效值	经常	12	6.2	6.3	6.3
	有时	71	36.8	37.0	43.2
	很少	70	36.3	36.5	79.7
	从不	39	20.2	20.3	100.0
	合计	192	99.5	100.0	
系统缺失值		1	0.5		
总计		193	100.0		

在询问孩子是否经常和家长谈论和上网相关的问题时，我们还请家长们填写了孩子具体谈到的内容。其中北京地区 97 份有效问卷中有 18 人次的回答，答案共计 9 项。宜昌地区 53 份有效问卷中有 15 人次的回答，答案共计 6 项。宁县地区 43 份有效问卷中有 9 人次的回答，答案共计 4 项。具体答案可见表 5.6。总的说来孩子就上网和家长的交流是比较少的，家长对此的了解也相当有限。其中谈论的话题以网上趣闻和网络游戏最为集中。

表 5.6　家长跟孩子就上网的交流

地区	选　项			
北京地区	网上趣闻（5）	网络游戏（4）	聊天趣事（1）	看到什么（1）
	网上遇到的人（1）	学校网站内容（1）	新闻（2）	病毒（1）
	网上查找资料（2）			
宜昌地区	网上趣闻（4）	新闻（4）	游戏（4）	网友（1）
	汽车知识（1）	动物知识（1）		
宁县地区	网上趣闻（3）	网络游戏（3）	聊天（2）	搜索（1）

3.3 对上网给孩子造成的影响的判断。

在对于"您的孩子上网后有以下这些表现的多吗?"的回答,绝大多数的家长认为在以下各方面上网都对孩子无甚影响(因上网而影响学习、和家长发生矛盾、因不能上网而发脾气、因上网而废寝忘食、因上网而撒谎、因上网不爱搭理人、变得不服管教和说脏话更多了、有了很多独特的想法以及变得开朗自信)。

4. 家长对孩子上网的态度和做法。

4.1 对网络环境的评价。

目前家长对网络资源的看法还是比较乐观的,大部分家长认为当前网络世界比较混乱,甚至不健康,缺乏系统的管理,但也看到它具有一定的利用价值。

从对"您认为当前的网上世界是"一题的回答可以看出,在各选项中所选人数比例较高的是"混乱的"和"多彩的",分别占到 48.4% 和 50.5%[1],这说明大部分家长认为当前网络世界较混乱,缺乏系统的管理。但是,从"你觉得网上的教育资源"一题的回答可以看出,家长选择比例最高的是"丰富",所占百分比为 47.3%,其次是"有用的",比例为 44.1%[2]。这说明家长对网络资源的评价还是比较乐观的,不过网上教育资源需要缩短更新的周期。

4.2 对孩子上网的态度。

目前家长对孩子上网的态度还算开明,但是多为有限支持。在对于"您对孩子上网的态度是"的回答中,家长对待孩子上网的态度比较鲜明,高达 59.7% 的家长选择了"支持,但仅能用于学习";选择"支持"的约为 17.3%,两项累计百分比为 77.0%。另有 12.6% 的家长选择"反对",选择"无所谓"的约为 8.4%(见图5.4)。

---

[1] 本题有效回答人数为193,缺失值为0。
[2] 本题有效回答人数为186,缺失值为7。

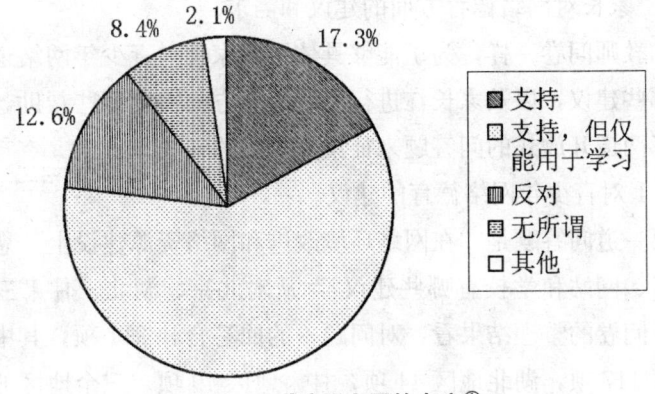

图 5.4 对孩子上网的态度①

4.3 对上网带给孩子影响的判断。

从"您认为上网对孩子的成长"一题的回答中可以看出,家长的选择在各项上的分布比较均衡。回答"弊大于利""利大于弊""利弊一样"的人数分别为 53、73 和 63,比例分别为 28.0%、38.6%和 33.3%(见图 5.5)。

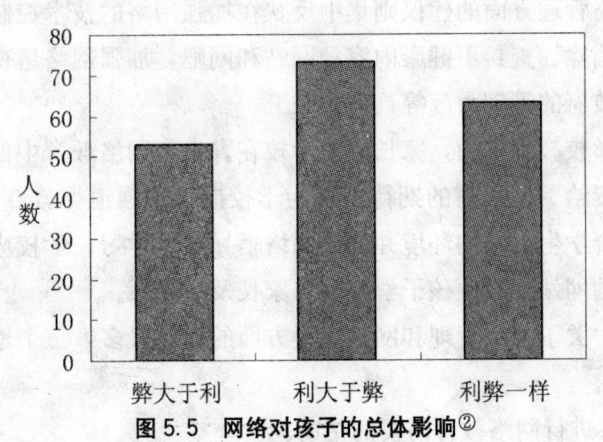

图 5.5 网络对孩子的总体影响②

---

① 本题有效回答人数为 191,缺失值为 2。
② 本题有效回答人数为 189,缺失值为 4。

5. 家长对网络德育方面的建议和需求。

和教师问卷一样，为了能够具体了解家长对青少年网络道德教育有哪些建议，以及家长在进行网络德育方面需要哪些帮助，我们设计了两道开放式的问答题来征集家长们的答案。

5.1 对青少年网络德育的建议。

第一道问答题是"在网络环境改进和网络资源建设上，您对有关部门、网站和学校有哪些建议？"从对北京、湖北、甘肃三个地区家长问卷的整理结果看，对问题一的回答合计211项。其中，北京地区117项，湖北地区44项，甘肃地区49项。三个地区的家长关于网络环境改进和网络资源建设的建议主要集中在网络建设、网络管理、学校教育和网络教育四大方面。

网络建设方面的建议主要包括增加积极健康的、有助于学习的内容，丰富网络，建设青少年教育网站，开发对学习有利的游戏等具体内容。

网络管理方面的建议则集中反映在加强网络的技术控制和法制管理，消除、查封不健康内容、网站和网吧，加强网络道德建设以及加大政府的管理力度等具体主张上。

在学校教育方面，家长们对学校在青少年网络教育中的特殊作用和职责给予了很高的期待。认为学校应该加强道德教育及管理，提供适合学生上网的环境并利用网络辅导学生学习；学校应设法建立自己的网站，方便孩子学习，与家长及时联系。

其中关于网络管理和网络建设方面的建议最多，三个地区合计为76项。

5.2 进行网络教育需要的帮助。

第二道问答题是："在指导孩子上网方面，您需要哪些指导和帮助？"三地家长对该题的回答合计144项。其中北京地区91项，湖北地区31项，甘肃地区32项。三个地区的家长关于指导孩子上网所需帮助的内容主要集中在网络方面的知识、教育孩子的知识、帮助的形式、对网络管理的建议、学习方面的指导技巧、家庭教育和其他等几大方面。

网络方面的知识主要包括要求网站组织一些免费的辅导，介绍关于青少年上网情况的信息，介绍新技术，开设网络课程，介绍实用的网址等等。

教育孩子的知识包括推荐形式活泼、互动界面、无需注册、链接方便的好网站，关于青少年上网情况的信息，心理方面的辅导帮助，了解孩子的需要等。

在网络管理方面有的家长提出了加强网络道德建设，限制不良网站，加强网络法制建设，提供更多安全措施，避免青少年接触网吧和不良网站等方面的需求。除此以外，很多家长还提到了协调家庭教育和学校教育的迫切需求。

家长在指导孩子上网时，迫切需要得到的帮助是网络方面的知识和教育子女的知识。这说明大多数家长都已经意识到加强网络教育，协调家庭、学校和社会教育力量，掌握必要网络知识和提高自身教育艺术的现实意义。同时也说明大多数家长尚缺乏最基本的网络知识。而基本网络知识的欠缺无疑会给家庭的网络教育带来不利影响，使家长难以进行有效的家庭网络管理以及与孩子之间的良好沟通。因此，欲提高家庭网络教育的实效，协调家庭、学校和社会的网络教育力量，必须加强家长网络知识的普及。

（六）青少年访谈的基本情况

课题组在学校进行问卷调查的同时，还在每个地区接受调查的青少年中选择了少数几名进行面对面访谈。另外在宜昌地区还在街头和网吧对未接受调查的青少年进行了一次随机访谈做为补充。

问题一：答完问卷以后，你觉得有哪些问题应该问而问卷中没有问到的?

从访谈资料中可以看出,大部分同学对这份问卷还是比较满意的,认为比较全面、具体。当然,这其中也有一些同学提出了自己关注而问卷中没有涉及的问题,主要有以下几个方面:第一,认为问卷没有涉及网络道德和相关网络文化,认为对青少年的网络水平和网络所得关注很少;第二,认为问卷对网络内容关注不够,并特别提出问卷漏掉了教育网方面的问题;第三,有人还提出了对网络的利弊分析和网络安全问题,希望多多关注青少年不能自控而沉迷于网络、网恋,从而影响到学习等等问题;第四,认为问卷没有对青少年的上网目的进行明确的提问,希望问卷能设计一些可以进一步了解青少年在网络生活中的心理活动及感受的问题。

问题二:有了网络生活的经历,你与周围的人(如老师、同学)相处时,你对他们的态度和交往的方式有哪些改变?

问卷调查同时在三个地方进行,分别为宜昌、北京和宁县。对于该问题,同学们的见解出现了地区差异。

首先是宜昌地区。从问卷中可以看出,多数青少年都还是认为有了网络生活,自己与周围的人相处时,交往的态度与方式都未产生什么变化。他们认为网络让他们了解社会,他们在网络中可以聊很多,但事实上还是同学更贴心可靠,在聊天时甚至拒绝陌生人。当然,也有人认为有所改变。有的学生就认为在网络中的轻松、明了的说话方式也被运用于日常生活中与同学、老师的交往,甚至认为这对以后的生活也会产生影响;还有人认为在网络上无所顾虑,说话较为直接,这也改变了日常生活中的交往方式,使自己更开朗、不害羞,敢于表达自己的看法了。

其次是北京和宁县。在经历过网络生活之后,同学们普遍认为自己与周围的人(特别是老师和同学)相处时,自己的态度和交往方式受到了影响,发生了一定的变化。同学们认为网络给他们提供了一个保密性强、有安全感而且极为方便快捷的交往环境。在这种条件下，自己能够更加直接地表达感受而不会受到限制，不会觉得不好意思。因此，与同学的交往沟通变得更加直接、方便，不仅可以深入地了解对方，而且在发生摩擦和矛盾时，可以利用电子邮件等手段主动道歉从而消除这些问题。相比之下，网络生活对同学们与老师的交往和沟通的影响要小很多，同学们的态度和方式没有太大的变化。只有个别同学认为网络可以帮助自己了解课堂外的老师。

问题三：有了网络生活的经历，再回过头来看待你自己时，你的自信心有无变化？

对于有了网络经历后自信心有无变化的问题，同学们各抒己见。一部分人认为网络经历对自信心毫无影响，而另一部分人则认为有影响。这种影响又分为两种：第一种，大部分同学都认为增加了自己的自信心。有人会从网络游戏等比赛中获得一种荣誉和成就，从而增强自信；也有人认为在和网友的闲聊中可以随心所欲，这也能增加自信，变得开朗；还有人认为在网络上能了解更多的知识，接触更多的人，从而从性格、知识、结识的人等方面增加自己的信心。第二种则恰好相反，有个别同学感觉经过网络生活后，越来越发现自己缺乏太多的东西，与别人的差距在扩大，自我评价也随之变低了。

问题四：请谈一件网络生活中给你内心触动最大的事情。

对于该问题，同学们的回答也不一。具体有以下几种说法：第一种是回答"没有"，但在进一步追问下，认为聊天对他们的触动很大，很新鲜很刺激，认为能自由交流、宣泄自己的情绪和感受。第二种，只是认为网络有用，或是承认网络影响的存在，但没有大的触动。第三种则是表示不知道，但对网络中被骗的事情表示怀疑。第四种观点认为，网络给他最大的触动就是交了很多朋友，学了很多知识，还可以加强与老同学的联系。第五种观点则认为根据朋友的经历及网络上一些常见的道德问题，网络的迷惑性太大是给他最大的触动，并由此对网络的可靠性提出质疑。第六种，有人认为网络带来的最大的触动是其便捷的购物方式。还有部分同学则认为网络游戏的改版让他受到了某种自认为很大的损失，从而给他很大的触动。

从调查中不难发现，由于年龄或经历方面的原因，这些青少年虽然承认网络在各个方面的影响，但认为网络对他们的触动并不是很大。

问题五：假如你是一位父亲（或母亲），你的孩子出现了下面的问题，你将怎么做？①痴迷网恋；②上网影响学习；③经常去网吧。

接受访问的青少年一般都有一年的网络经验，有的甚至已经是老"网民"了。他们中有两人明确表示曾因沉迷于网络而影响了学习，对此表示后悔，并要求限制青少年上网。对于访谈者提出的假设，他们也是各有见解。

首先，针对沉迷于网络的情况，同学们主要提出了以下看法：第一，大部分人持反对态度，认为如果自己是父母，或是限制甚至禁止孩子上网，或是身体力行、将计就计利用网络和游戏来教育孩子，或是丰富孩子的课余生活从而削弱网络的吸引力，又或者是让孩子自己从沉迷网络的后果中吸取教训，还可以求助于心理医生。第二，有人表示赞同孩子上网，认为网络不仅可以用于学习，还可以提供丰富的课外知识。第三，也有个别人提出上网与成绩下降没有必然联系，成绩下降是出于多方面的原因，家长不能武断地反对孩子上网。第四，还有人说只要不影响学习，孩子成绩优秀，就不会反对他们上网。

其次，对于痴迷网恋的情况，接受调查的青少年主要有两种态度。第一种认为网恋并不可怕,他们表示理解网恋,但不赞同。第二种则怀疑网恋的真实性,更多的提到其弊端。他们也提出了两种解决的方法:其一,通过教育、说服、引导让孩子从网恋中走出来;其二,家长可以陪同孩子一起见网友,自然地制止这种关系的发展。

值得一提的是,他们虽然承认网络的不真实性、危险性,也承认沉迷于网络与痴迷网恋影响学习,但在涉及到现实生活中自己的做法时,他们又表现出矛盾的一面,并不能做到服从自己设想中的家长的做法。

问题六:假如你要建立一个自己的网站,你打算把它建成什么类型的,以什么内容为主的网站?

同学们对于网络带给青少年的影响及其利弊都有一定认识。他们大部分都喜欢网络,认为网络很方便,能提供更多信息、认识更多人。他们选择网络或是因为无聊,或是为了轻松,上网经常做的事也就是聊天、听音乐、玩游戏和看电影,而当问到该办什么样的网站时,他们中较多数人都表示应建立与兴趣相关的、能让青少年畅谈心声的健康网站,例如各种娱乐型网站、音乐网站、卡通网站、足球网站等等,并且有人提出要得到官方的支持,能共享资源。还有人特意提出要摆脱黄色文化的影响,建立有助于青少年身心健康成长的网站。此外,有人主张办校园网,提供丰富有趣的资料,便于查询,帮助学习。还有个别人提出要办能提高青少年文化修养和精神层次的网站,不仅仅局限于爱国教育等"大的教育",而且还要包括基本的修养和素质教育。也有同学笼统地提出建立综合性网站,但并未具体说出怎样综合。

主要结论

（一）上网青少年接受网络道德影响的一般情况

在441名接受调查的上网青少年中，男生和女生的比例大致相当。因为样本都是初中二年级或者高中二年级的青少年，所以年龄多集中在13、14和16、17岁。

1. 青少年上网的基本情况。

调查发现，目前绝大多数青少年家中都已经配置了电脑，比例高达67.6%。其中家里配置了联网电脑的青少年超过了总人数的一半，而家里没有电脑的青少年人数不到总人数的三分之一。在上网地点上，超过半数的青少年在家中上网，四分之一左右在网吧上网，可见，家庭是青少年获得网络资源的重要场所，家庭的网络状况以及家长对网络的认识会对青少年接受网络影响发挥一定作用。网吧排在青少年上网地点的第二位，证明网吧是青少年获得网络资源的重要场所，也必然会对青少年接受网络影响产生作用，因此如何处理网吧建设和网吧管理问题不容忽视。主要在学校上网的青少年比例很小，说明学校在这方面做得还不够。作为青少年生活和学习的重要场所，学校在为青少年提供网络资源和引导青少年健康上网方面应该发挥更大作用。

目前，青少年学生的网龄比较分散，但总的来说都不算长，平均为一到两年。在上网的频率上，大多数青少年都是一周上网一次或两三次,比较频繁,只有极少数的青少年天天上网。青少年每次上网的时间多集中在一小时左右和两到三小时,每次上网时间非常长和非常短的青少年比例都不超过10%。由此可见,大多数青少年上网的时间比较合理,平均每周上网的时间为两到三小时。

2. 青少年上网的偏好性情况。

2.1 上网目的。

青少年上网的主要目的是娱乐和寻求信息。他们在网上谈论的话题主要是兴趣爱好和校园生活。这表明青少年在网上主要讨论轻松、有趣、和自己有关的话题,有时甚至是随意的,对于比较严肃和沉重的话题青少年聊得很少。网络最能吸引青少年的因素是"信息丰富"和"没有压力和限制"以及"可以扮演不同于现实生活中的自己"。这表明青少年希望摆脱现实的压力和束缚,同时也希望体验自我的不同方面。

2.2 对网站和青少年网站的偏好。

青少年群体对网站的接触是相当广泛的,其中综合性门户网站的比重最大。与此同时青少年特别注重娱乐性网站,各种音乐、游戏、动漫、娱乐等网站都有很多青少年经常光顾。

青少年对青少年网站的接触很少,有四成的青少年表示不知道青少年网站。可见青少年网站在青少年群体中的知名度还比较低。在对青少年网站的态度上,虽然有半数以上的青少年表示喜欢,但表示不喜欢和不知道的人数也接近一半。青少年"喜欢"青少年网站的理由主要有信息真实、更贴近自己的生活、有助于学习以及符合年龄特点。"不喜欢"的理由主要有单调、乏味,没意思。青少年网站在内容和形式上都应当更加多样和丰富,增加趣味性。

2.3 网上活动。

调查表明,只有20%的青少年从不上网玩游戏,而经常上网玩游戏的青少年也约占20%。在聊天问题上,基本上"经常"和"有时"上网聊天与"很少"和"从不"聊天的青少年都在25％左右。青少年对BBS（网络论坛）的使用比较少。因此网络游戏和网上聊天是青少年在网上进行的主要活动。

在网络游戏方面，青少年对游戏的接触在数量上很广泛，在类型上也非常丰富。调查中青少年最喜欢的网络游戏主要有《泡泡堂》、《传奇》、《CS（反恐精英）》和《石器时代》等。具体到网上聊天的偏好，在是否更喜欢和异性聊天的问题上，青少年选择"是"和"否"的比例都在50％左右，可见的确有不少青少年更喜欢和异性聊天。80％以上的青少年学生并不愿在网上和成年人聊天，也就是说青少年在网上交流的对象主要还是同龄人。另外在网上聊天的对象比较固定的青少年人数略多于不固定的，但是差异不大。

2.4 利用网络的能力。

绝大多数青少年对自己运用网络的能力表示乐观，只有不到四分之一的青少年认为自己不能很好地利用网络。

3. 青少年对网络环境的评价。

3.1 对网络环境的评价和期待。

在对网络环境进行总体评价时，青少年选择最多的是"多彩的"和"混乱的"，这一方面反映出网络世界确实是多姿多彩，充满了吸引力，另一方面也说明网络环境和秩序还很不理想。青少年认为理想的网络在价值环境上应该是健康而文明、安全而规范、真实而有序；在风格上是开放共享的、风趣自由的、新鲜活泼的；在物理特性上要能提供丰富多彩的信息，网速快、系统管理完善、方便且费用低等；在功能上要有利于学习和娱乐，有助于认识社会，并成为自己沟通交友的好方式。

3.2 上网的影响领域。

青少年认为网络对自己最有影响力的领域是人际交往、学习成绩以及思维方式，而本调查所关注的道德观念和价值取向并不被青少年重视。

青少年在对网络生活中印象最深刻的一件事的回答中提到最多的是各种消极性体验和积极体验，这间接证明网络的确会影响到青少年的生活经历和价值观念，而且这种影响是正负兼而有之。其中提及消极体验的人数明显超过提及积极体验的人数。青少年提到的消极体验主要集中在网上被骗、信箱被偷看或QQ被盗、电脑被病毒感染或黑客袭击、看到令人恐怖的网页等方面。积极体验则有查到有用的资料和信息、被网上的好文章打动、参加网上班级论坛等。可见目前的网络环境还很不规范，非常不安全，这给青少年带来了很大的烦恼。另外青少年在回答中提到与网友、聊天和游戏相关的事件非常多，其中尤为突出的是关于网友的事件，由此可见这几项活动在青少年网上生活中的重要性。

3.3 上网的具体影响。

在上网能否促进学习的问题上，持支持和反对态度的青少年比例差异不大。因此很难简单地得出结论。在上网是否有益于更新观念的问题上，超过四分之三的青少年对此持赞成态度。可见上网的确有助于青少年观念系统的发展。但是在上网是否能提高批判能力的问题上，近六成的青少年并不同意这一说法，只有四成青少年认识到自己有此种改变。

在网络对人生态度的影响问题上，很多青少年认为网络对自己的人生态度没有影响或影响很小。在性格方面，绝大部分青少年认为网络对他们的性格有积极的影响，诸如令他们变得乐观、开朗、自信，也有少数青少年认为网络使他们变得性格内向和沉默。在伦理价值方面，青少年认为网上缺乏真情，因此要提高自我保护意识和能力，不要轻易相信别人。在思维和观念方面，青少年也普遍认为网络有利于他们更新观念、扩展知识面、开阔视野，使他们更加成熟和理智，能更好理解社会与人生。总体上看，青少年认为网络对人生态度有消极影响的人数要多于有积极影响的人数。这些消极影响主要包括网络使人产生依赖性和惰性，造成人与人之间的疏远，影响作息等；积极方面主要有网络刺激好玩，方便生活与学习等。

3.4 上网的烦恼。

青少年在网上最大的烦恼是技术上的不足、被人骚扰和被骗，另外被人辱骂、上瘾和受到不健康思想的影响也都给一部分青少年带来了烦恼。青少年最担心上网后影响学习、沉迷于网络以及结交坏人和受不健康思想影响，最不担心的是违规犯罪。这表明目前青少年在网上遇到的烦恼和担心虽然主要还是技术问题以及学习和成瘾等比较直接、容易察觉的问题，但也存在着大量的道德性和价值性的问题。

3.5 网上信息。

在网上信息的可靠性上，大多数青少年认为政府网站最可靠，但有相当比例的青少年选择了其他网站。在网络信息的真实性问题上，近七成青少年对网上信息的真实性表示怀疑，远远超过了相信其真实性的人数。对于网上信息的有用性，近六成青少年表示网上大部分信息是有用的。可见网上信息在实用性上的表现要好于真实性上的表现，网络信息的真实性有待改进。

3.6 网上的人际关系。

在网络中的人是否比现实中冷漠的问题上，约有三分之二的青少年持否定态度，可见在大多数青少年看来，网上的人并没有冷漠化的倾向。但是在网络中的人是否比现实中虚伪的问题上，有七成的人持肯定态度。由此可见在绝大多数青少年看来，人们在网络世界中更容易表现得很虚伪。在问及自己在网上是否很容易获得有效帮助的问题上，超过60%的人选择同意，可见利他行为的确是网上的一个亮点。另外在问及自己在网上是否比在现实中更愿意帮助他人的问题上，持肯定意见和否定意见的人数大体相当，但前者略高，由此可以推测网络世界也可以为青少年道德发展，如助人为乐等，创造机会。

4. 青少年对网络道德问题的看法。

4.1 网上不良信息。

青少年在网上看到最多的不健康信息是虚假信息和色情信息，另外也有少量的反动信息和教唆犯罪的信息。

4.2 网上色情。

调查中绝大多数青少年表示自己从不浏览色情网站，但也有极少数人选择经常或有时浏览。参考访谈结果可以发现，其实有很多青少年会在上网过程中意外地进入色情网站或看到黄色信息，但主动搜索的很少。有时候有些人虽然会好奇地想看，但网站往往要收取费用，从而打消了其浏览的想法。在如何对待网上和"性"有关的信息上，很多青少年认为这类信息应该对青少年取缔，但也有一部分青少年认为此类信息有存在的必要。在问及如何应对网上的色情骚扰时，近半数的青少年会不予理睬，另有部分会退出和加以训斥，但有极少数会和骚扰者聊天。

4.3 反政府信息。

大多数青少年在网上遇到反动信息时都选择关掉，但是也有少部分人选择保存或是转发，这提醒我们要对网上的反动信息保持警惕并寻求对策。

4.4 红色网站。

对于红色网站，经常浏览的青少年只有2%，约有半数青少年从不浏览。另有一半的人有时或很少浏览。由此可见红色网站在青少年群体中的影响还很有限。浏览过红色网站的青少年对红色网站评价最多的是乏味，这表明目前红色网站对青少年还缺少足够的吸引力。在对红色网站作用的评价上,虽然有半数左右的青少年肯定了红色网站的作用,认为它们增加了自己对共产主义的认识。但认为红色网站对自己没有影响的青少年比例也超过了四分之一。因此红色网站的影响力还有待加强,在形式和内容上都需要改进。

4.5 暴力游戏。

在我们的调查中有四分之三强的青少年认为自己周围的同学中没有或是很少有人模仿暴力游戏中的暴力行为,另有五分之一的人认为同学中有一些这样的行为,甚至有极少数青少年认为这样的同学很多。这表明接受调查的青少年中绝大多数都认为身边很少有同学模仿游戏中的暴力行为,但另一方面也说明确实有一部分青少年将暴力游戏的影响带到现实生活中。在对暴力游戏影响力的态度上,有四分之一以上的青少年认为游戏不会影响现实生活,更有近半数的青少年认为暴力游戏是否会影响现实的关键在于自己,只要有足够的自制力就不会受到影响。由此可见,青少年大多认为网络游戏不会对自己产生实际的影响,结合当前众多由网络游戏引发的青少年犯罪案件我们可以看到,如何帮助青少年正确看待网络游戏与现实生活之间的关系,将是进行网络德育的一个重要课题。

4.6 网吧管理。

在调查中青少年普遍认为能够真正限制未成年人入内的网吧只有一小部分或几乎没有。对于是否赞同禁止青少年进网吧的规定,表示同意和完全同意的青少年超过了六成,但其中又有五成认为在执行这一规定的同时应建立专门的青少年网吧;另外有四分之一的人反对这一规定。结合前面对青少年上网地点的分析可以看到,目前网吧还是一部分青少年上网的主要地点,一味地禁止青少年进入网吧可能会适得其反。另一方面目前对于网吧的管理效果还很有限,因此在对网吧的管理上我们还需要从不同的角度来思考,制定出更多行之有效的政策。

4.7 网恋现象。

接近一半的青少年认为自己周围没有同学经历过网恋,很多青少年表示由于这是个人的私事,并不清楚。只有不到一成的青少年认为自己周围有网恋经历的同学比较多或非常多,这一方面表明绝大多数青少年并没有涉及网恋,但另一方面也意味着有极小一部分青少年已经开始有了网恋经历。在对网恋的态度上,超过六成的青少年认为网恋不必当真,另有四分之一的人认为网恋很危险,还有一成的青少年认为网恋很浪漫。六成青少年认为自己周围进行网恋的同学都只不过是玩玩而已,有四分之一认为他们的态度是盲目和轻率。由此可见青少年对网恋并不看好。这可能与传媒对网恋的负面报导有关。这种玩玩而已和不必当真的轻率态度,甚至可能会影响到青少年形成正确的恋爱观。

4.8 网络黑客。

超过半数的青少年表示在任何时候都不会使用黑客技术,近四分之一的人会出于好奇而使用,还有少部分青少年会为了牟利而使用。这提醒我们要注意黑客现象对青少年的影响。

4.9 隐私问题。

超过百分之八十的青少年选择了关掉别人忘记退出的信箱,但是仍有一成左右的青少年会打开看看。可见个人隐私的安全性以及尊重他人隐私的伦理规范在网络世界中都受到了一定的冲击。

4.10 文明礼貌。

约有半数的青少年认为对于网上不文明的言语和词汇应该加以管制,认为难以管治的约有四分之一,还有五分之一的青少年表示无所谓,另有近一成的人认为这是个人自由,他人无权干涉。我们不难看出青少年对网络秩序管理的效果所持有的忧虑,甚至是对一些本来不道德的行为普遍化后所形成的麻木和习惯,还有他们对于网络秩序规则的新理解,这些都值得我们就网络管理问题进行反思。

4.11 诚信与安全。

近半数的青少年表示自己在任何时候都不会告知网友自己的真实信息，但还是有近四成的青少年选择了一定程度的告诉，特别是在觉得对方可靠时。由于青少年缺少社会经验和足够成熟的判断，这样做很可能会为他们招来危险和伤害。在网上是否需要说真话的问题上，近六成的青少年认为要看情况而定，只要不伤害别人就好；认为没必要，因为网上不必当真和说真话可能会被骗的比例也都超过了10%。由此可见青少年对于网络的隐匿性已经有了比较好的认识，但也有一部分青少年由于对网络社会的错误认识和误解而否定了说真话的价值，诚信危机很可能由此而生。

4.12 自由与规范。

超过90%的同学表示赞成为网络制定规范，但其中大多数人认为规范应该由政府和网民共同制定；反对制定规范的比例约为10%。关于网络规范是否必要的问题，似乎已经没什么疑问了，不过在制定规范的过程中，网民似乎希望获得自己的发言权。另外，接近90%的青少年认为在网上不能想怎么做就怎么做，其中有一成多的人是因为害怕惩罚而遵守规矩。认为网络不会影响现实而可以为所欲为的人极少。但这也意味着的确存在着一部分青少年对网络世界的性质还没有形成正确的认识，他们有可能在网络中做出不恰当的行为，甚至是不道德的、违犯法律的行为。

4.13 青少年最重视的道德品质。

青少年在现实生活中最重视的道德品质是诚信，然后是一些积极的个人品质，如进取、乐观和勤奋，另外还有一些基本的道德品质，如善良、宽容和正直。相比之下，青少年在网络世界中最重视的道德品质是自我保护和文明，这可以从侧面反映出网络环境尚不安全而且不够文明。其次青少年比较重视自律和守法，表明他们期望在网上加强对自我的行为规范。最后诚信、尊重和讲公德也是青少年比较重视的网上品质。

通过比较可以发现，除了诚实和信任两种品质，青少年在现实中重视的品质和在网络中重视的品质是互不相同的；而且诚实和信任的品质是现实生活中最重要的品质，但在网络世界中的重要性要差了很多。因此在青少年看来，现实生活中的道德品质和网络世界中的道德品质相差甚远。一方面在现实生活中，青少年最重视的是一些基本道德品质（主要是诚信）、利他道德品质（如善良和宽容）以及积极的个人品质（如乐观和勤奋），而在网络世界中，青少年却非常强调道德的底线（如自我保护、文明和守法等）。

由此可见，网络世界对青少年的道德观念产生了一定影响。网络世界的道德序列可能不同于现实生活，即网络世界的道德规范和现实生活存在差异。青少年对网络世界中的道德品质以底线道德为先，反映出网络世界道德状况的松散和差强人意。这一方面说明在网络世界中道德要求实际上已经降低了，另一方面也是对网络世界中存在的道德问题的侧面反映。需要自我保护表明网络世界并不安全，在网上青少年被侵害的可能性很高；需要讲文明意味着网络环境可能是不文明的；需要自律、守法和讲公德、负责任表明网络世界容易自我放松和越轨违规。

同时值得欣慰的是，除了底线道德，青少年在网上重视最多的是人际道德，如善良、合作、分享和宽容。这很好地呼应了网络的交互特性。网络是人际交往的重要且便利的平台，人际道德在网络伦理中将有越来越突出的地位。青少年在网络中重视人际道德和在现实中重视个人品质有着很大不同。如果处理得好，这种不同完全可以为青少年人际道德的发展提供机会和条件。

5. 青少年的网络教育需求。
5.1 网络教育现状。

青少年在网上遇到问题时大多向同学求助,极少向父母和教师求助。由此可见在青少年的网上生活中教师和家长所起到的帮助作用是非常有限的,青少年和教师家长在网络方面的信息沟通状况并不理想。有四成的青少年表示父母从不上网,父母经常上网的只有一成左右。父母们的上网情况也很不乐观,他们的网络能力和对网络的了解也将受到限制。在对青少年上网的态度上,大多数父母的态度是有限支持,即仅限于学习;持支持态度的极少,甚至有部分家长采取放任不管的态度。目前大多数家长还是把网络作为学习的工具,这种态度也可能会妨碍和孩子的交流和教育。

5.2 青少年在上网问题上对父母和教师的需求。

在上网问题上青少年最需要父母给予理解和支持,然后是指导和帮助。可见父母的态度和网络能力很可能是制约家庭网络德育效果的最重要因素。如何正确认识网络和青少年的内心世界,形成正确的教育态度,是家庭网络德育的当务之急。在上网问题上青少年最需要教师提供指导和帮助,其次是理解和支持。因此教师需要在网络技术、知识以及认识等方面要有一定积累,另外也需要形成正确的教育态度。

5.3 对改善网络环境的建议。

青少年认为为了抵制网上的不良影响最重要的是加强网络道德建设、网络法制建设和建设青少年网络资源。这表明在青少年看来,抵制网上不良影响最重要的是网络道德建设和网络法制建设,建设青少年网络资源也得到了很多青少年的认可。也就是说青少年相信道德建设对健康上网的作用。相比之下,禁止青少年进网吧和加强家庭教育、学校教育没有得到太多青少年的支持。其原因之一可能是他们觉得这些措施的效果是有限的,因此也就提醒我们要对它们加以改进。

在对网络建设的建议上,青少年的建议以网络管理为主,另外在网络法制和规范、网络资源建设以及网络教育和网络技术等方面也都提出了一些很好的建议。在网络管理方面，青少年的具体建议包括从内容上、技术上、规范上加强网络管理以及对网络进行大规模整顿和督察；取缔不健康和非法的内容等。在法制和规范方面，青少年的具体建议包括建立和完善规范和法律，甚至是专门立法，还有抓好落实工作。在技术方面青少年提出要加强、完善技术和硬件、提高网速以及普及网络和减免费用等。在网络资源建设方面则提出要建设和丰富网络，包括增加游戏、娱乐、资讯、知识等方面的内容以及建立资料库等，特别提出要建设青少年网站以及开设专门的青少年网吧。在教育方面青少年提出要提高人的素质，加强网民教育，包括自觉遵守规则、培养法律观念、建设精神文明，再就是在网上宣传道德，进行网络德育。

（二）上网青少年接受网络道德影响的主要因素

在这次调查中，我们集中考察了年龄、性别、地区和网龄这四个因素与青少年上网和接受网络道德影响的情况。以下就是调查得出的一些主要结论。

1. 不同年龄的青少年在接触网络及受其道德影响时的差异主要集中在对网络环境和伦理现象的评价上。

调查中我们以初中二年级学生和高中二年级学生分别作为青少年前期（主要是初中阶段）和青少年后期（主要集中于高中阶段）的代表。调查发现不同年龄的青少年在上网基本情况上的差异主要表现在上网的目的和网上活动上，高中生网上活动的娱乐性和交际性要强于初中生。相比之下，高中生较多地上网聊天，而初中生则较多地上网玩游戏。

对网络环境评价的差异主要是初中生对网络环境的安全性、健康性的评价都要略高于高中生，但是他们对在网上受到辱骂、结交坏人以及因上网而影响学习的担心也都要多于高中生。在对网络作用的看法上，在上网能否促进观念更新和批判力发展的问题上，高中生表现出更多的赞同。

除了对黑客问题以及在网上是否要遵守规范的问题两个阶段的青少年没有表现出显著差异外，他们在其它八个主要的网络伦理问题上，包括红色网站、网络色情、暴力游戏、不文明语言、网络性骚扰、网恋、网吧管理以及在网上是否要说真话等，都有很大的差异。

高中学生对红色网站的接触少于初中学生，对它的内容和作用的评价也都低于初中学生。对于网上与性有关的信息，高中学生持完全否定态度的比例要低于初中学生；比起初中生，高中生有更多的人认为此类信息有一定的作用。在面对网上的性挑逗时，初中学生更倾向于采取回避的态度，而高中学生则倾向采取不理睬的态度。对于管理网上不文明语言，高中学生的态度同样要比初中学生消极一些。高中学生涉足网恋的比例要高于初中学生，在初二学生看来，网恋更不安全；而在高二学生看来，网恋更像是一场游戏。暴力游戏对于初中学生的影响似乎要大于高中学生，他们更倾向于认为只要有足够的自制力就能够抵制游戏的不良影响。在对"禁止青少年进入网吧"的规定的看法上，高二学生对此表示坚决反对的大大多于初二学生。高中学生在网上更愿意说真话，而初中学生因为担心受到伤害而对说真话更多地持保留态度。可见，在面对网络上的各种伦理问题和现象时，不同年龄青少年的态度和反应有着很大不同。

最后在和教育者的沟通上，高中学生和初中学生的差异也很显著。当在网上遇到问题时，初中学生更多地向老师、家长和网友寻求帮助，而高中学生更倾向于向同学和自己求助。但是调查表明父母对于初中学生的限制和禁止要更多一些，而对于高中学生则支持要多一些。在教育期望上，高中学生比初中生更希望父母给予更多的理解和支持，希望老师提供更多的上网机会。相比之下，初中学生更需要比高中生更需要父母和老师的指导和帮助。

2. 不同性别的青少年在接触网络及受其道德影响时的差异主要集中在上网的基本情况和对网络环境的评价上。

在上网的基本情况上，男生每次上网的时间要长于女生，并且上网比女生频繁。在家上网的女生比男生多，而在网吧上网的女生则比男生少。女生极少有人经常上网玩游戏，而男生则有接近三分之一的人经常玩网络游戏，极少有人从来不玩。他们浏览与性有关的网络信息的频率和数量也高于女生。相应的，在面对网上性挑逗或骚扰时，男生几乎不采取回避的态度，而女生则有三分之一的人会选择回避。

在对网络环境的评价上，不同性别的青少年并没有明显差异。但是在对网络作用的看法上，男生比女生更倾向于认为自己在网上要比在现实中更开朗，并且大多数男生觉得自己在网上比在现实中更愿意帮助他人。但是，男生对在网上违规犯罪的担心明显超过了女生，表示自己因沉迷于网络和在网上受骗而烦恼的人数也明显超出了女生。

在和教育者的沟通和需求上，男生和女生也有很大不同。男生和女生的父母在上网情况和对孩子上网的态度和措施上不存在显著差异。但是在网上遇到问题后男生选择自己解决的比女生明显要多一些。而在对父母的教育期待上，女生对于指导和帮助的需要要更强烈，而男生则对于理解和支持的需要更强烈。

3. 不同地区的青少年在接触网络及受其道德影响时的差异主要集中在上网的基本情况上，在对网络环境及其伦理问题的评价上也存在一定的差异。

上网的基本情况是不同地区青少年差异最突出的地方。调查中北京和宜昌地区的青少年几乎都上过网，但宁县地区绝大多数青少年还没有上过网。各地青少年在上网时间上不存在差异，但在上网频率和网龄上存在差异。在上网的频度上，北京地区青少年上网最频繁，宜昌地区次之，宁县地区最少。北京地区青少年接触网络比较早，网龄较长；相比之下，宜昌地区青少年的平均网龄要比北京低。宁县地区则有近半数的青少年接触网络的时间不到半年。在上网地点上，绝大多数北京青少年都在家里上网，而宜昌青少年在网吧上网和在家上网的比例都是三分之一强，宁县青少年中绝大多数都在网吧上网。

在上网目的上，北京和宜昌两地的青少年中大多数人选择了"查询信息"，而宁县地区只有一小部分青少年选择了该项。另外，北京青少年不把"学习电脑技术"看作上网的主要目的和活动；相反，宜昌和宁县两地的青少年对电脑技术的需求很大，并且把在网络技术上遇到问题而苦恼视为最大的网上烦恼之一。在网上活动上，北京、宜昌、宁县三地青少年在上网玩游戏和聊天的频率上存在递增趋势，宜昌和宁县青少年上网聊天和玩游戏的比例都要高于北京地区的青少年。

在对网络环境的评价上，和北京青少年相比，宜昌和宁县青少年更倾向于认为网络是不健康的。在对上网作用的评价上，和其他地区的青少年相比，宁县地区的青少年更倾向于认为上网能够促进学习，北京地区的青少年则更同意上网有利于更新观念。

不同地区青少年对网络伦理现象评价的差异主要体现在红色网站、暴力游戏的影响、对网恋的态度、对网吧的管理以及在网上是否需要说真话等问题上。北京地区的青少年浏览红色网站的比例最低，对红色网站内容的评价也最消极。宜昌地区青少年认为身边同学模仿游戏中暴力行为的人要更多些。北京地区的同学更倾向于认为网恋是虚幻的，而宁县地区的青少年对网恋抱有更多浪漫的幻想。宁县地区的青少年比北京地区的更倾向于在网上说真话。不同地区的网吧管理也存在差异，北京地区限制青少年入内的网吧最多，宜昌次之，宁县最少。

在和教育者的沟通和期望上，北京地区青少年家长接触网络最多，宜昌次之，宁县最少。北京地区的青少年选择向父母求助的比例相对要高一些，宜昌地区青少年选择同学的比例比其他两地的青少年高，而宁县地区青少年则更倾向于向网友求助。在对子女上网态度的问题上，宜昌地区的父母采取"限制"和"反对"态度的比例最高；相比之下，北京和宁县地区的父母采取"支持"的比例要多一些。在对父母的期望上，宜昌地区和宁县地区青少年对理解和支持的需求要高于北京地区；而宁县地区的青少年对上网机会的需求又要高于其他两个地区。同时宁县和宜昌地区的青少年对于教师指导和帮助的需求也要更大一些。

4. 网龄不同的青少年在接触网络及受其道德影响时，在上网的基本情况上、对网络环境及其伦理问题的评价以及和教育者的交流和教育期待上都存在一定的差异。

在上网的基本情况上，绝大多数网龄长的青少年主要在家里上网，一小部分在网吧上网。而网龄短的青少年在网吧上网的比例要高一些。网龄长的青少年上网比网龄短的频繁，每次上网的时间也比网龄短的青少年长。他们在网上玩游戏、聊天和参加论坛的频率都明显高于网龄短的青少年，并且更多地以娱乐放松为上网目的而不是辅助学习。

在对网络环境的评价上，不同网龄的青少年在对网络环境的安全性、健康性、秩序性上并不存在差异，只是网龄越长的青少年越倾向于认为网络是多彩的而不是无聊的。但是随着网龄的增加，青少年在网上看到的反动信息和色情信息越多，在上网被欺骗的经历也越多。在对网络作用的评价上，网龄长的青少年更倾向于认为上网有利于更新观念。

在十个主要的网络伦理问题上，不同网龄的青少年在看待暴力游戏、网恋、黑客技术以及网上不文明语言等问题上都存在差异。在如何看待暴力游戏的问题上，网龄越长的青少年选择暴力游戏"不会影响现实"的比例越高。随着网龄的增加，青少年认为网恋很浪漫的比例也随之增高，而认为网恋很危险的比例却随之下降，并且认为周围同学中有过很多网恋经历的人的比例也随之增高。网龄长的青少年对于网上一些常见的不道德现象和伦理问题的态度趋向于冷漠，他们使用黑客技术的可能性，特别是为了不正当目的而使用的可能性要比网龄低的青少年高。

在和教育者的沟通和期望上，网龄短的青少年父母的上网率要比网龄长的青少年低得多，上网的频率也要比网龄长的青少年父母低。不同网龄的青少年在网上遇到问题时选择的求助对象以及其父母对其上网的态度等方面不存在显著差异，但是在对父母和老师的教育期望上却存在明显的不同。相比之下，网龄长的青少年对父母提供上网机会的需求要高于网龄短的青少年，而网龄短的青少年对父母提供指导和帮助的需求则要高于网龄短的青少年。同样，在对教师的教育期望上，网龄长的青少年对教师提供上网机会以及理解和支持的需求要高于网龄短的青少年，而网龄短的青少年对教师提供指导和帮助的需求则要高于网龄长的青少年。

（三）未上网青少年对网络及其道德影响的看法

在177名没上过网的青少年中，宁县地区占96.6%，本次调查中未上过网的青少年几乎全部集中在宁县地区。可见没上过网的青少年在地区分布上有显著差异。这与所在地区的经济发展程度和网络普及程度明显相关。接受调查的未上网青少年在性别和年龄以及学校类型等方面都不存在显著差异。

1. 未上网青少年的上网意向。

未上网青少年没有上网的原因主要是硬件条件的限制，另一个重要原因是家长的限制和反对。超过80%的未上网青少年表示自己想要上网。他们想上网的原因主要是网上有丰富的资源以及上网能开阔眼界，可见绝大多数青少年想上网的动机是比较健康的。177名接受调查的青少年中超过六成的人表示没有上网自己感到很遗憾，可见大多数青少年还是希望能够上网的。未上网青少年觉得遗憾的主要原因有：不能获得网上知识、不利于学习、视野不开阔，也有青少年认为是没有上网条件等。不觉得遗憾的主要原因是认为网上有不好的内容、容易上瘾、影响学习以及以后还有机会或现在不感兴趣等。

2. 未上网青少年对网络道德问题的看法。

未上过网的青少年对网络的了解非常少，这可能会影响到他们对网络环境及其伦理问题的看法。

2.1 网络黑客。

未上网的青少年中有超过一半的人对网络黑客的看法是负面性质的。认为黑客是网络中的捣蛋者和罪犯的比例超过了一半。另有五分之一的人认为黑客是技术高手，有不到5%的人认为网络黑客是大侠。可见未上网青少年中也有一部分人对网络黑客抱有浪漫的想法。

2.2 网恋现象。

未上网的青少年中有六成认为周围的同学没有网恋经历。另有三成的人认为有一小部分人有此经历。可见在未上网的青少年看来，网恋在中学生群体中并不普遍。有近半数的未上网青少年认为进行网恋的同学对网恋的态度是玩玩而已，只有一成左右的人认为他们的态度是认真投入的。可见大多数未上网青少年都认为同学对网恋的态度以负面和消极的为主。还有近半数的未上网青少年对网恋的看法是网恋不必当真,近三成的人认为网恋很危险。可见大多数未上网青少年本人对网恋的评价并不高,其中很多青少年对网恋存有不必当真的想法,值得我们关注。

2.3 网络规范。

近九成的未上网青少年赞成为网络制定规范,无论规范制定者是网民自己还是政府部门,持反对态度的不到15%。

2.4 网吧管理。

未上网青少年中大多数人都赞同禁止青少年进入网吧的规定,表示反对的约为30%,但这一比例也不是小数,可见在网吧管理问题上我们不能简单地禁止,而应该有多种形式的管理办法。

2.5 对网上现象的了解。

未上网青少年了解最多的与网络相关的事物是网络游戏和网络上瘾,其次是网恋。这应该和平时媒体对于上述"网络游戏"与"网络上瘾"的宣传以及师长们对此的频繁提及有关。

2.6 对上网的忧虑。

未上网青少年认为如果自己上网,最担心的问题将是受不健康思想的影响、上当受骗、上瘾和结交坏人,比较不担心的问题是被人辱骂和攻击。可见对于伴随着上网而生的这些负面问题,青少年还是非常担忧的。

2.7 周围同学在网上的不良行为。

未上网青少年认为其周围同学在网上的不良行为主要集中在偷看别人的信息和说脏话上,其次还有少量的恶意骗人、色情骚扰他人以及盗用别人的密码等行为。因此我们至少可以认为青少年网民中存在着在网上偷看他人信息、说脏话以及盗用密码等不道德行为。青少年认为同学们做出这些行为的主要原因是出于好奇、获得发泄和破坏的快感。这可能与这一年龄段青少年的心理特点以及紧张的学习状态有关。

3. 对网络德育的了解及需求。

3.1 学校的网络教育情况。

未上网青少年认为学校开展的和网络相关的活动中最多的是利用网络进行教学，其次是网络规范教育，最少的是利用网络进行德育。这一调查结果反映出当前学校对网络的认识大多还停留在将之作为学习工具的水平，当然学校也开展了网络规范的教育，但在数量上远远比不上网络技术教育。

3.2 对父母的期望。

未上网青少年最需要父母为其上网给予理解和支持，其比例几乎占到总数的一半。这说明困扰未上网同学的最大问题是其家长对自己上网的态度。而期望获得"指导和帮助"以及"上网机会"的人数大致相当，各占30％左右。

3.3 对网络建设的建议。

在对网络建设的建议上，接受调查的青少年大都着眼于网络管理和建设方面，也有少数人从教育方面提出建议。其中管理方面的建议有科学管理和网吧管理等，网络建设方面的建议有提供条件（设施）、建设专门的青少年网络等，教育方面则有开展网络培训和提高网民素质等。

（四）教师进行网络道德教育的一般情况

本次调查着眼于教育对策，因此对教师和家长都进行了相关调查。针对教师的问卷调查主要考察了教师在上网的基本情况、利用网络教育资源、对学生上网情况的了解、对网络和网络资源的态度以及对学生上网的态度和做法等五个方面的信息。

1. 教师上网的基本情况。

在我们的调查中，大部分教师都有接触网络的经历，上过网的教师网龄多集中在一年到三年和三年以上，很少部分在一年以内，但是调查中尚有两成多的教师从没上过网。可见目前教师群体对网络已经有了相当的接触，这对教师利用网络进行教育奠定了基础。不过网络在教师群体中的普及率和使用率还有待提高。

调查中绝大多数教师都是在办公室或在家里上网。可见学校的网络设备是教师利用网络的一个关键因素。

另外，大部分教师主要利用网络辅助教学、了解时事和信息，也有一部分教师主要利用网络进行交流和娱乐放松。

2. 教师利用网络教育资源的情况。

我们的调查数据表明：目前大多数教师都认为自己的网络运用能力一般，认为自己的网络能力比较强或非常强的教师还很少，这无疑会限制教师进行网络德育。因此教师的网络运用能力还有待提高。

大多数的老师只是偶尔或有时在教学中使用网络；大多数教师没有和学生在网上聊过天；即使在上过网的教师中也有40%左右的人没有给学生发过电子邮件。而且大多数教师对各种教育类网站的利用都比较少。教师们对网络教育资源的利用还很不够，这方面的能力也有待加强。

3. 教师对学生上网情况的了解。

教师对自己学生上网情况的了解程度不太理想，而学生上网遇到问题时也很少向教师求助。这可能说明两个问题：一是教师对网上的问题不了解，学生不愿意向教师求助，二是教师对学生上网没有起到应有的指导作用。

4. 教师对网络及其资源的态度。

教师对于网上学科教学资源进行了较为充分的利用，但网上德育资源却被忽视。在我们的调查中可以看出，目前教师利用最多的网络资源是学科教学方面的，而思想品德教育方面资源的利用率则只有20%左右。因此在网络德育方面，如何更好地建设和利用网上的德育资源，是学校网络德育的一个重要课题。

另外，在对网络环境的评价上，大多数教师认为虽然当前的网络世界比较混乱，缺乏系统的管理，但也不否认网络资源是丰富多彩的，具有利用价值。这种对网络价值的肯定态度有助于教师正确看待网络带给自己和学生以及教育的影响。

5. 教师对青少年上网的态度和做法。

在对学生上网的态度上，绝大多数教师都持支持的态度，不过其中有相当一部分是以"仅限于学习"为前提的。在这一点上，教师群体要比家长群体开明一些。在网络对学生的影响上，接近半数的教师认为是利大于弊，认为弊大于利的人数只占到三成。因此总体来讲，教师对于孩子上网的态度还是支持和认可的，但仍比较保守。

6. 教师对网络德育方面的建议和需求。

教师就如何帮助学生抵制上网带来的不良影响，主要提出了网络建设、网络管理、学校教育和其他教育等四大方面的建议。

网络建设方面的建议主要包括建立和提供道德教育、学科学习以及学生活动在内的青少年网络资源，创造良好的网络环境，加强爱国主义和价值观的教育、正确人生观和健康的网络观教育，加强网络道德建设。

网络管理方面的建议主要集中在加强技术限制，建立健全网络法制，加强网络（网吧）管理，规范网络，严格取缔不健康网站和内容，开辟专门供青少年上网的网吧等。

学校教育方面的建议主要包括如何教会学生合理利用网络，例如教授网络知识和网络使用方法，提供查找资料的网站，使学生明确上网目的，合理安排时间，有选择地浏览网上内容，拒绝黄色内容。有的教师还提出了建设校园网站，正确引导学生，积极开展网络德育的建议。

教师的建议中还包括加强学校教育以外的其他教育。有的教师主张通过培养学生在网络环境下的自控力和判断力，加强道德和法制教育来进行教育引导达到趋利避害的目的。也有的教师提出家庭、学校和社会共同维护网络的健康发展，家长应多关注学生在家上网的情况。

另外，教师们还在辅导学生正确使用网络上提出了自己的需求，主要集中在网络知识和技术、有关教育信息、网络管理和建设等三大方面。

网络知识和技术方面的需求主要包括教师在辅导学生正确使用网络时所需要的网络知识和电脑知识。有的老师提出应提供使用网络的书籍或举办培训班，介绍网络发展的信息和网站内容。还有的教师在问卷回答中反映了缺乏有用网址和技术指导的困惑。

有关教育方面的需求包括学生上网情况的调查信息、国外解决此类问题的好做法和道德理念、提供教师相互交流相关知识的机会、资源共享以及提供心理辅导方面的知识和技能。

网络管理和建设方面的需求包括加强网站和网站内容的管理，建立专门供学生或青少年使用的教育网站，同时还要求举办一些具有引导意义的网络大赛，加强网络的法制建设和网吧管理。

其他方面的支持则主要包括家长支持、社会支持、学校支持以及学校网络教育的硬件支持，教师在学校能够较方便地利用网络进行教学。

（五）家长进行网络道德教育的一般情况

在对家长的调查中，我们同样调查了家长在上网的基本情况、利用网络教育资源、对孩子上网情况的了解、对网络和网络资源的态度以及对学生上网的态度和做法等五个方面的信息。

1. 家长上网的基本情况。

在接受我们调查的家长中，有三分之二的人家中都已经配置了电脑，很多家长有条件在家里上网。大部分家长都有过接触网络的经历，但是家长在网龄上存在比较大的差异，有三分之一的家长从没上过网，在上过网的家长中，网龄最多的是一年到三年。可见目前家长群体对网络也有了相当的接触，但是巨大的差异将严重影响到家长对孩子进行网络德育的意识、方式和能力等问题。

在运用网络的能力上，近半数的家长对自己运用网络的能力用了"一般"这样一个比较模糊的评价，还有三分之一的家长认为自己的网络能力不太强，只有极少数的家长认为自己的网络能力比较强或者非常强。这在很大程度上限制了家长对孩子进行网络德育的能力。因此从总体来说，家长运用网络的能力还有待提高。

2. 家长利用网络教育资源的情况。

调查数据表明，目前家长对于网络教育资源的利用很不充分。在可利用的网络资源中，部分家长相对较多地关注学习辅导和成长心理方面的网络资源，还有部分家长并未利用相关资源；同时家长也很少利用网络来了解有关孩子成长的信息。这表明家长利用网络对孩子进行教育的意识和能力都有待提高。

3. 家长对孩子上网情况的了解。

青少年在上网问题上和家长的交流是有限的。家长对孩子上网的情况了解一些，但不太准确也不很全面。绝大多数家长都认为自己的孩子上过网，但是在和孩子就上网进行交流时，绝大多数家长的回答都是孩子很少或从不和自己就上网有关的事情进行交流，只有极少数的家长经常和孩子就此交流。在对于上网对孩子的影响上，绝大多数的家长认为在以下各方面：因上网而影响学习、和家长发生矛盾、因不能上网而发脾气、因上网而废寝忘食、因上网而撒谎、因上网而不爱搭理人、变得不服管教和说脏话更多了、有了很多独特的想法以及变得开朗自信等。看来，在青少年接受网络道德影响的问题上,家长要担负起自己的责任,他们需要更多地了解孩子的网上生活和内心世界,多和孩子进行交流。

4. 家长对网络及其资源的态度。

调查中家长们对网络环境的评价结果并不乐观,大部分家长认为当前网络世界较混乱,甚至不健康,缺乏系统的管理。在对网上教育资源的评价上,近半数的家长选择了"丰富"和"有用",这说明家长对网络资源的评价比较乐观,这为家长利用网上教育资源提供了可能。但是对网络环境的负面评价势必会影响到家长对孩子上网的态度和做法。

5. 家长对孩子上网的态度和做法。

目前家长对孩子上网的态度多为有限支持,即"仅限于学习"。在网络对孩子的影响上,家长选择最多的是"弊大于利",大大超过了选择"利大于弊"和"利弊相当"的人数,这和前面家长对网络环境的评价相呼应。可见从总体来讲,家长对孩子上网的态度是一种保守的支持和认可。家长对网络对孩子影响的评价以负面居多,这是我们提出教育对策时必须考虑的一个问题。

6. 家长对网络德育方面的建议和需求。

家长们关于网络环境和改进网络资源建设的建议主要集中在网络建设、网络管理、学校教育和网络教育四大方面。

网络建设方面的建议主要包括增加积极健康的、有助于学习的内容,丰富网络,建设青少年教育网站,开发对学习有利的游戏等具体内容。

网络管理方面的建议则集中反映在加强网络的技术控制和法制管理,消除、查封不健康内容、网站或网吧,加强网络道德建设以及加大政府的管理力度等具体主张上。

在学校教育方面,家长们对学校在青少年网络教育中的特殊作用和职责给予了很高的期待。认为学校应该加强道德教育及管理,提供适合学生上网的环境并利用网络辅导学生学习，学校应设法建立自己的网站，方便孩子学习，与家长及时联系。

家长们在指导孩子健康上网方面所需要的帮助主要集中在网络方面的知识、教育孩子的知识、对网络管理的建议、家庭教育和其他等几大方面。

网络方面的知识主要包括要求网站组织一些免费的辅导，介绍关于青少年上网情况的信息，得到相关基础知识的资料，介绍新技术，开设网络课程，介绍实用的网址等等。

教育孩子的知识包括推荐形式活泼、互动界面、无需注册、链接方便的好网站，如教育网或青少年网站，如何有效地使孩子做到健康上网，关于青少年上网情况的信息，心理方面的辅导帮助，如何使孩子不再沉迷于游戏，了解孩子的需要等。

对网络管理的建议，家长们提出了如何加强网络道德建设，限制不良网站，加强网络法制建设，提供更多安全措施，建设防火墙、过滤器，避免青少年接触网吧和不良网站等方面的需求。除此以外，很多家长还提到了协调家庭教育和学校教育的迫切需求。

附录一　网络环境与青少年成长调查问卷

编号：□□□□□□□

一、学生基本信息卷

亲爱的同学：

你好，我们想了解你对网络环境的看法和需求，你的回答对我们的研究有很大帮助。本次调查不记录姓名，问卷不公开。请你尽可能真实、仔细地回答，尤其是不要漏题，谢谢合作。

教育部"网络环境与青少年成长研究"课题组

填写要求：

1. 请把你所选答案的相应数字用"○"圈起来。

例如：你的性别：（①）男（2）女

2. 除特殊注明外，每题只选一个答案。

3. 需要具体填写的问题请仔细填写。

第一部分

1. 你是：(1) 男生　　　(2) 女生

2. 你的年龄是_____岁

3. 父亲的文化程度：(1)小学以下　(2)小学　(3)初中 (4)高中(中专、中技)　(5)大专　(6)大学本科及本科以上

4. 母亲的文化程度：(1)小学以下　(2)小学　(3)初中

(4)高中(中专、中技) (5)大专 (6)大学本科及本科以上

5. 你父母的职业是（如果已经退休，请选择其退休前的职业）

你父亲的职业是（请选择适合选项的序号，选择其他请注明）：_____

你母亲的职业是（请选择适合选项的序号，选择其他请注明）：_____

(1) 党政机关干部 (2) 企事业管理人员 (3) 私营企业主 (4) 专业技术人员（包括医生、律师、教师、科研技术人员、文体工作者和新闻工作者等） (5) 办事人员（包括文秘人员、街道办事人员、行政业务员、治安保卫人员、警察等等） (6) 个体经营者 (7) 商业服务业人员 (8) 工业运输业生产人员（含民工） (9) 农业劳动者 (10) 现役军人 (11) 城乡无业、失业、半失业者 (12) 其他（请注明）_____

6. 家庭人均月收入（家庭成员月收入之和÷家庭人口）约为：
(1)100元及100元以下 (2)101～200元 (3)201～500元 (4)501～1000元 (5)1001～2000元 (6)2001～5000元 (7)5001～1万元 (8)10001～5万元 (9)5万元以上

7. 你上过网吗？(1) 上过 (2) 没上过

A卷（上过网的同学请回答）
第二部分

填写说明：以下各题均为单选题，每题只能选择一个答案。

1. 你家里电脑和网络的情况是？
(1) 没有电脑 (2) 有电脑，但没上网 (3) 有电脑，并且可以上网

2. 你上网有多久了？
(1) 不到半年 (2) 半年到一年 (3) 一年到两年 (4)

两年到三年　　(5) 三年到五年　　(6) 五年以上

3. 你多长时间上一次网？

(1) 每天都上　　(2) 一周两三次　　(3) 每周一次　　(4) 半个月一次　　(5) 每个月一次　　(6) 其他（请注明）_____

4. 你每次上网的时间大约是多久？

(1) 半小时以内　　(2) 一小时左右　　(3) 两到三小时　　(4) 四到七八个小时　　(5) 通宵上网，一连十几个小时　　(6) 其他（请注明）_____

5. 你主要在哪里上网？

(1) 家里　　(2) 学校　　(3) 网吧　　(4) 亲戚或同学家　　(5) 其他（请注明）_____

6. 你觉得哪类网站的信息最可靠？

(1) 政府网站　　(2) 商业网站　　(3) 非商业的个人或团体网站　　(4) 港澳台或境外的网站　　(5) 其他（请注明）_____

7. 你经常浏览色情网站吗？

(1) 经常　　(2) 有时　　(3) 很少　　(4) 从不

8. 网上有很多与性有关的信息和网站，对此你的看法是

(1) 污染社会风气，应该取缔

(2) 影响青少年身心发展，应该禁止青少年浏览

(3) 提供性知识，能弥补现实中性教育的不足

(4) 很有必要，能满足某些人的需要

(5) 其他（请注明）_____

9. 你经常浏览红色网站（由党、共青团或者个人举办的宣传共产主义的网站）吗？

(1) 经常　　(2) 有时　　(3) 极少　　(4) 从没接触过

注：浏览过红色网站的同学请回答下面两小题。没有浏览过的同学可跳过去直接回答第10题。

Ⅰ. 你觉得红色网站的内容

(1) 虚假　(2) 乏味　(3) 有意义　(4) 其他（请注明）_____

Ⅱ. 访问红色网站

(1) 让我更加坚定了共产主义的信念　(2) 让我对共产主义有更多的认识　(3) 对我没有什么影响　(4) 增加了我对共产主义的反感　(5) 其他（请注明）_____

10. 网上的一些游戏中有很多暴力成分，对此你的看法是

(1) 这些游戏会引发生活中的暴力事件

(2) 如果有足够的自制力，就不会受游戏的影响

(3) 这些只是游戏而已，不会影响现实生活

(4) 这些游戏很好玩，我不觉得有什么不好

(5) 其他（请注明）_____

11. 你的同学中有人模仿游戏中的暴力行为吗？

(1) 没有　(2) 很少　(3) 有些　(4) 很多

12. 你认为网恋

(1) 很浪漫　(2) 和现实恋爱一样　(3) 不必当真　(4) 很危险

13. 你周围有过网恋的同学

(1) 非常多　(2) 比较多　(3) 一小部分　(4) 没有

14. 你觉得他们当中大多数人对网恋的态度是

(1) 认真、投入　(2) 盲目、轻率　(3) 玩玩而已　(4) 不安好心

15. 就你所知，限制未成年人入内的网吧有

(1) 绝大部分　(2) 半数左右　(3) 一小部分　(4) 几乎没有

16. 你是否赞同禁止青少年进入网吧的规定？

(1) 完全同意，网吧对青少年影响恶劣

(2) 同意，但应同时建立专门的青少年网吧

(3) 反对，对网吧加强管理即可，不用关闭

(4) 坚决反对，这是对青少年的不平等待遇

(5) 其他（请注明）_____

17. 网上有些聊天室的名称和个人的昵称不堪入耳，你对此的态度是

(1) 污染公共环境，应该加以管制

(2) 虽然很不文明，但在网上也没法管理

(3) 无所谓，没什么大不了

(4) 不该加以管制，这是个人自由

(5) 其他（请注明）_____

18. 假如你在网上看到反政府的信息，你会

(1) 保存　(2) 关掉　(3) 转发给别人　(4) 向父母或老师反映　(5) 其他（请注明）_____

19. 如果在网上有人对你说挑逗的或者淫秽的话，你会

(1) 退出　(2) 不理睬　(3) 跟他聊　(4) 加以训斥　(5) 其他（请注明）_____

20. 假设你在网吧上网，在你之前使用过这台电脑的人临走时忘了退出自己的信箱，你会怎么做？

(1) 顺手关掉　(2) 打开看看　(3) 来个恶作剧　(4) 其他（请注明）_____

21. 如果你在网上和一个认识不久的人聊得特别投机，你会在什么情况下把自己的真实信息（如姓名、电话）告诉他或她？

(1) 觉得对方特别可靠　(2) 对方是同龄人　(3) 任何情况下都会　(4) 任何情况下都不会　(5) 其他（请注明）_____

22. 如果你掌握了破译他人QQ密码的技术，你会在什么情况下使用它来抢别人的QQ号，或者看别人的个人资料和聊天记录？

(1) 显示自己的能力　(2) 报复别人　(3) 获得利益　(4) 好奇好玩　(5) 任何时候都不会用　(6) 其他（请注明）_____

23. 你是否赞成为网络制定规范？
(1) 反对，网络崇尚自由，不应该加以管制
(2) 赞成，网络规范应该由网民来制定，而不是政府部门
(3) 赞成，规范网络是政府和网民共同的责任
(4) 赞成，应该由有关部门全权负责网络规范的制定
(5) 其他（请注明）_____

24. 你觉得在网络里可以想干什么就干什么吗？
(1) 不可以，人们必须遵守基本的规范
(2) 不可以，最终还是会被人发现，受到惩罚
(3) 可以，不会有人知道和受到惩罚
(4) 可以，不会影响现实生活的正常运行
(5) 其他（请注明）_____

25. 您觉得在网上有必要说真话吗？
(1) 有必要，诚实是基本的道德原则
(2) 看情况，只要不伤害别人就好
(3) 没必要，网上不必当真
(4) 没必要，说真话可能会被骗
(5) 其他（请注明）_____

26. 你在网上遇到问题后更愿意向谁寻求帮助？
(1) 父母　(2) 老师　(3) 同学　(4) 网友　(5) 自己解决　(6) 其他（请注明）_____

27. 你的父母经常上网吗？
(1) 经常　(2) 有时　(3) 偶尔　(4) 从不

28. 父母对你上网的态度是：

(1) 支持　(2) 限制　(3) 禁止　(4) 不管　(5) 其他（请注明）_____

29. 你最需要父母为你上网提供：
(1) 指导和帮助　(2) 上网的机会　(3) 理解和支持　(4) 什么都别管

30. 你最需要老师为你上网提供：
(1) 指导和帮助　(2) 上网的机会　(3) 理解和支持　(4) 什么都别管

第三部分

填写说明：以下各题均为多选题，请按照你的情况选择适合的选项，最多不超过三项。

31. 你上网主要是为了
(1) 了解社会　(2) 辅助学习　(3) 娱乐放松　(4) 查询信息　(5) 学习电脑技术　(6) 与人交流　(7) 其他（请注明）_____

32. 上网最吸引你的是
(1) 新鲜、刺激　(2) 没有压力和限制　(3) 获得自信心和成就感　(4) 信息丰富　(5) 提供机会认识朋友　(6) 可以扮演不同于现实生活中的自己　(7) 其他（请注明）_____

33. 你认为网络最能影响你的
(1) 学习成绩　(2) 生活作息　(3) 思维方式　(4) 道德观念　(5) 价值取向　(6) 心理健康　(7) 人际交往　(8) 性格　(9) 其他（请注明）_____

34. 你认为当前的网络是
(1) 健康的　(2) 不健康的　(3) 安全的　(4) 危险的　(5) 有序的　(6) 混乱的　(7) 多彩的　(8) 无聊的　(9) 其

他（请注明）_____

35. 你在网上经常谈论的话题主要有

（1）情感体验　（2）社会问题　（3）兴趣爱好　（4）校园生活　（5）学习　（6）人生意义　（7）什么都聊　（8）其他（请注明）_____

36. 你在网上看到过哪些不健康信息？

（1）反动信息　（2）虚假信息　（3）色情信息　（4）教唆犯罪的信息　（5）其他不道德信息（请注明）_____

37. 你在网上有过哪些烦恼？

（1）被人辱骂　（2）被人骚扰　（3）被骗　（4）上瘾　（5）受到不健康思想影响　（6）技术上的不足　（7）其他（请注明）_____

38. 你最担心上网后

（1）受骗　（2）沉迷于网络　（3）影响学习　（4）结交坏人　（5）违规犯罪　（6）受不健康思想影响　（7）其他（请注明）_____

39. 你所在的学校开展过哪些关于网络的活动：

（1）网络技术竞赛　（2）网络规范教育　（3）利用网络进行教学　（4）利用网络进行德育　（5）其他（请注明）_____

40. 为了抵制网上的不良影响，你觉得最重要的是

（1）加强网络法制建设　（2）加强网络道德建设　（3）从技术上加以限制　（4）建设青少年网络资源　（5）加强学校德育　（6）加强家庭教育　（7）禁止青少年上网吧　（8）其他（请注明）_____

第四部分

填写说明：请从四种程度中选择适合你的一个，每题只能选一

个，特别注意不要漏题。

(1) 经常　　(2) 有时　　(3) 偶尔　　(4) 从不

41. 你经常上网玩游戏吗？(1)　(2)　(3)　(4)
42. 你经常上网聊天吗？(1)　(2)　(3)　(4)
43. 你经常参加网上论坛（BBS）吗？(1)　(2)　(3)　(4)

(1) 完全赞同　　(2) 同意　　(3) 不太同意　　(4) 反对

44. 网上大部分的信息是真实的 (1)　(2)　(3)　(4)
45. 网上大部分的信息是有用的 (1)　(2)　(3)　(4)
46. 上网能够促进学习 (1)　(2)　(3)　(4)
47. 上网有利于更新观念 (1)　(2)　(3)　(4)
48. 上网让我更有批判力 (1)　(2)　(3)　(4)

第五部分

填写说明：请从"是"或"否"中选择符合你的一个，每题只能选一个，特别注意不要漏题。

49. 大多数人在网上比在现实中更冷漠　　(1) 是　　(2) 否
50. 大多数人在网上比在现实中更虚伪　　(1) 是　　(2) 否
51. 在网上我很容易获得有效的帮助　　(1) 是　　(2) 否
52. 我在网上比在现实中更开朗自信　　(1) 是　　(2) 否
53. 我在网上比在现实中更愿意帮助他人　　(1) 是　　(2) 否
54. 我更喜欢跟异性聊天　　(1) 是　　(2) 否
55. 我更喜欢和成年人聊天　　(1) 是　　(2) 否
56. 我聊天的对象比较固定　　(1) 是　　(2) 否
57. 我更愿意在网上吐露心声　　(1) 是　　(2) 否
58. 我能很好地利用网络　　(1) 是　　(2) 否

第六部分

填写说明：请具体填写以下五道题目。

59. 你浏览最多的网站是：_____
60. 你最熟悉的青少年网站是：_____
61. 你喜欢校园网或青少年网站吗？_____
请简要说明原因_____
62. 你最喜爱的一款网络游戏是：_____
63. 你觉得在现实生活中最重要的三项品质是：_____
64. 你觉得在网上最重要的三项品质是：_____

（例如：自我保护、乐观、进取、坚韧、勤奋、自律、诚信、善良、正直、宽容、关爱、合作、分享、尊重、文明、守法、有责任感、有公德心等）

第七部分

填写说明：请简要回答以下两道题。

65. 你的网络生活中印象最深刻的一件事是什么？网络对你的人生态度有什么影响？

66. 你理想中的网络是什么样的？对于建设这样的网络，你有哪些建议？

谢谢你的合作，祝你学习进步、开心快乐！

B 卷（没上过网的同学请回答）
第二部分

1. 你没上网的原因是
（1）缺乏上网的条件　　（2）家长不允许　　（3）怕影响学习

(4) 没必要　(5) 网络本身不健康　(6) 网络本身不安全　(7) 其他（请注明）_____

2. a. 你想上网吗？

(1) 非常想　(2) 有点想　(3) 不想

b. 如果想上，那么原因主要是

(1) 网络新奇好玩　(2) 上网是一种时尚　(3) 网上资源丰富　(4) 上网能开阔视野　(5) 其他（请注明）_____

3. 关于网络的各种新闻报道你知道的多吗？

(1) 很多　(2) 有一些　(3) 很少　(4) 没有

4. 你知道的与网络相关的事情中，最多的是哪一类？

(1) 网络技术与运用　(2) 网络引发的社会问题　(3) 网上的生活方式　(4) 其他（请注明）_____

5. 你觉得网络黑客是网络里的：

(1) 大侠　(2) 技术高手　(3) 捣蛋者　(4) 罪犯　(5) 不知道

6. 你觉得网恋：

(1) 很浪漫　(2) 和现实恋爱一样　(3) 不必当真　(4) 很危险

7. 你周围有过网恋的同学：

(1) 非常多　(2) 比较多　(3) 一小部分　(4) 没有

8. 你觉得他们中大多数人对网恋的态度是：

(1) 认真、投入　(2) 盲目、轻率　(3) 玩玩而已　(4) 不安好心

9. 你最需要父母为你上网提供：

(1) 指导和帮助　(2) 上网的机会　(3) 理解和支持　(4) 什么都别管

10. 你最需要老师为你上网提供：

(1) 指导和帮助　(2) 上网的机会　(3) 理解和支持　(4) 什么都别管

11. 你是否赞成为网络制定规范？

(1) 反对，网络崇尚自由，不应该加以管制

(2) 赞成，网络规范应该由网民来制定，而不是政府部门

(3) 赞成，规范网络是政府和网民共同的责任

(4) 其他（请注明）_____

12. 你是否赞同禁止青少年进入网吧的规定？

(1) 完全同意，网吧对青少年影响恶劣

(2) 同意，但应同时建立专门的青少年网吧

(3) 反对，对网吧加强管理即可，不用关闭

(4) 坚决反对，这是对青少年的不平等待遇

(5) 其他（请注明）_____

13. 你知道最多的网络现象是（可多选，不超过三项）

(1)网吧管理问题　(2)网络游戏　(3)网络犯罪　(4)网恋　(5)网上反动宣传　(6)网络上瘾　(7)网络色情　(8)黑客

14. 你最担心上网后碰到哪些问题？（可多选，不超过三项）

(1) 遇到色情骚扰　(2) 被人辱骂攻击　(3) 结交坏人　(4) 上瘾　(5) 上当受骗　(6) 受不健康思想影响　(7) 其他（请注明）_____

15. 你的同学在网上有以下哪些不良行为（可多选,不超过三项）

(1) 说脏话　(2) 恶意骗人　(3) 偷看别人的信息　(4) 色情骚扰他人　(5) 盗用别人的密码　(6) 没有　(7) 其他（请注明）_____

16. 如果有，你认为他们这样做的主要原因是

(1) 好奇　(2) 不会受到惩罚　(3) 获得发泄和破坏的快感　(4) 引人注意　(5) 其他（请注明）_____

17. 你的学校开展过哪些和网络有关的活动(可多选,不超过三项）

(1) 网络技术竞赛　(2) 网络规范教育　(3) 利用网络进行教学　(4) 利用网络进行德育　(5) 其他（请注明）_____

第三部分

填写说明：请简要回答以下两道题。

1. 没有上网你觉得遗憾吗？为什么？

2. 你理想的网络环境应当是什么样的？对于建设这样的网络，你有什么建议？

谢谢你的合作，祝你学习进步、开心快乐！

二、教师问卷

尊敬的老师：

您好，本次调查旨在了解您对网络环境与学生上网的看法，您的回答对本研究有很大帮助。本次调查不记录姓名，问卷不公开。为保证问卷的有效性，请您尽可能真实、仔细地回答，尤其不要漏题，谢谢合作。

教育部"网络环境与青少年成长研究"课题组

填写要求：

1. 请把您选择答案的相应数字用"○"圈起来。
2. 除特殊注明外，每题只选一个答案。

例如：你的性别：（①）男　（2）女

3. 需要具体填写的题目请仔细填写。

第一部分

1. 您的性别：（1）男　（2）女
2. 您的年龄：＿＿＿＿＿＿＿
3. 您的教龄：＿＿＿＿＿＿＿

4. 您所教的科目是：_____
5. 您是：(1) 科任老师　(2) 班主任
6. 您是否兼任行政职务？(1) 是　(2) 否
7. 您是否兼任政教工作？(1) 是　(2) 否

第二部分

填写说明：第二部分的题目都是单选题，每题只能选择一个答案，否则会被视为无效的回答。

1. 您上网有多久了：
(1) 不到半年　(2) 半年到一年　(3) 一年到三年　(4) 三年以上　(5) 从没上过网

注：选(1)～(4)的教师请继续往下作答，选(5)的教师可以跳过第2～5题，从第6题开始作答。

2. 您通常在哪里上网？
(1) 办公室　(2) 家里　(3) 网吧　(4) 学校机房

3. 您主要利用网络：
(1) 辅助教学　(2) 娱乐放松　(3) 与人交流　(4) 了解时事和信息　(5) 其他（请注明）_____

4. 您运用网络的能力：
(1) 非常强　(2) 比较强　(3) 一般　(4) 不太强

5. 您在教学中使用网络吗？
(1) 从不　(2) 极少　(3) 有时　(4) 经常

6. 就您所知，每个班大约有多少学生上过网？
(1) 全部　(2) 大多数　(3) 一半　(4) 少数　(5) 没有　(6) 不清楚

7. 您对学生上网的态度是：
(1)支持　(2)支持,但仅能用于学习　(3)反对　(4)无所谓

(5)其他(请注明):_____

8. 您认为上网对学生的成长:

(1) 弊大于利　(2) 利大于弊　(3) 利弊一样大

9. 学生在网上遇到问题后向您求助的多吗?

(1) 很多　(2) 有些　(3) 很少　(4) 没有

第三部分

填写说明:第三部分的题目都是多选题,每道题可以同时选择几个答案,最多不超过五个。

注:没有上过网的老师可以跳过第10~13题,从第14题开始作答。

10. 您主要在网上干什么

(1) 浏览信息　(2) 聊天　(3) 收发Email　(4) 参加BBS论坛讨论　(5) 玩游戏　(6) 下载软件　(7) 查找资料　(8) 看小说文章　(9) 网上购物　(10) 其他(请注明)_____

11. 您浏览过哪些教育类网站

(1) 教育教学网站　(2) 青少年网站　(3) 校园网站　(4) 网校　(5) 没有浏览过　(6) 其他(请注明)_____

请填写:您经常浏览的教育网站是_____

12. 您利用过哪些网上教育类资源

(1) 学科教学　(2) 教育理论　(3) 思想品德教育　(4) 从没用过　(5) 其他(请注明)_____

13. 您觉得这些教育网站提供的教育资源

(1) 丰富　(2) 前沿　(3) 有用　(4) 生动　(5) 贫乏　(6) 滞后　(7) 没用　(8) 死板　(9) 其他(请注明)_____

14. 您认为当前的网上世界是

(1) 健康的　(2) 不健康的　(3) 安全的　(4) 危险的　(5) 有序的　(6) 混乱的　(7) 多彩的　(8) 无聊的　(9) 其他（请注明）_____

15. 您希望学生能够利用网络

(1) 辅助学习　(2) 娱乐放松　(3) 了解社会动态　(4) 与人交流　(5) 学习电脑技术　(6) 接受思想品德教育　(7) 其他（请注明）_____

16. 就您所知大多数学生实际在网上

(1) 辅助学习　(2) 玩游戏　(3) 聊天　(4) 看娱乐信息　(5) 了解社会动态　(6) 学习电脑技术　(7) 接受思想道德教育　(8) 其他（请注明）_____

17. 您认为网络最能影响学生的

(1) 学习成绩　(2) 生活作息　(3) 思维方式　(4) 道德观念　(5) 价值取向　(6) 心理健康　(7) 人际交往　(8) 性格　(9) 其他（请注明）_____

18. 您最担心学生上网后

(1) 在网上受骗　(2) 沉迷于网络　(3) 影响学习　(4) 结交坏人　(5) 违规犯罪　(6) 受不健康思想影响　(7) 其他（请注明）_____

19. 您为学生上网提供了哪些帮助？

(1) 技术辅导　(2) 心理咨询　(3) 思想品德教育　(4) 都没有　(5) 其他（请注明）_____

20. 您所在的学校开展过哪些和网络有关的活动：

(1) 网络技术竞赛　(2) 网络规范教育　(3) 利用网络进行教学　(4) 利用网络进行德育　(5) 其他（请注明）_____

21. 为了帮助学生抵制网上的不良影响，您觉得最重要的是

(1) 加强网络法制建设　(2) 加强网络道德建设　(3) 从技

术上加以限制　（4）建设青少年网络资源　（5）加强学校德育（6）加强家庭教育　（7）禁止青少年上网吧　（8）其他（请注明）＿＿＿＿

第四部分

填写说明：请从以下四种程度中选择适合你的一个，每题只能选一个，特别注意不要漏题。

题干：您有没有

(1) 经常　(2) 有时　(3) 很少　(4) 没有

22. 和学生在网上聊天(1)　　(2)　　(3)　　(4)
23. 给学生发电子邮件(1)　　(2)　　(3)　　(4)
24. 跟学生在BBS(网络论坛)上讨论问题(1)　(2)　(3)　(4)
25. 跟学生讨论和网络有关的话题(1)　(2)　(3)　(4)

题干：您觉得上网后有以下表现的学生：

(1) 很多　(2) 有些　(3) 很少　(4) 没有

26. 学习成绩下降了：(1)　　(2)　　(3)　　(4)
27. 思想更开放了：(1)　　(2)　　(3)　　(4)
28. 更有批判力了：(1)　　(2)　　(3)　　(4)
29. 更开朗自信了：(1)　　(2)　　(3)　　(4)
20. 不爱搭理人了：(1)　　(2)　　(3)　　(4)
31. 更不受管制了：(1)　　(2)　　(3)　　(4)
32. 撒谎更多了：(1)　　(2)　　(3)　　(4)
33. 说脏话更多了：(1)　　(2)　　(3)　　(4)

第五部分

填写说明：请您简要回答以下两道题。

34. 在帮助学生抵制上网带来的不良影响方面，您有哪些建议?

35. 您在辅导学生正确使用网络上需要哪些帮助?

谢谢您的合作,祝您工作顺利,生活幸福!

三、家长问卷

尊敬的家长:

您好,本次调查旨在了解您对网络环境和孩子上网的看法和需求,您的回答对我们的研究有很大帮助。这份问卷不记录姓名,问卷不公开。请您尽可能真实、仔细地回答,尤其不要漏题,谢谢合作。

教育部"网络环境与青少年成长研究"课题组

填写要求:

1. 请把您选择答案的相应数字用"○"圈起来。
2. 除特殊注明外,每题只选一个答案。

例如:您的性别:(①)男 (2)女

3. 需要具体填写的题目请仔细填写。

第一部分

1. 您是:(1) 父亲 (2) 母亲
2. 您的年龄是:
(1) 30 岁~35 岁 (2) 36 岁~40 岁 (3) 41 岁~45 岁
(4) 46 岁~50 岁 (5) 大于 50 岁
3. 您的文化程度是:
(1) 无文化 (2) 小学 (3) 初中 (4) 高中(中专、中技) (5) 大专 (6) 大学本科及本科以上

415

4. 您配偶的文化程度是：

（1）无文化　（2）小学　（3）初中　（4）高中（中专、中技）　（5）大专　（6）大学本科及本科以上

5. 您和您配偶的职业是（如果已经退休，请选择退休前的职业）

您的职业是（请选择适合选项的序号，选择其他请注明）：_____

您配偶的职业是（请选择适合选项的序号，选择其他请注明）：_____

（1）党政机关干部　（2）企事业管理人员　（3）私营企业主　（4）专业技术人员（包括医生、律师、教师、科研技术人员、文体工作者和新闻工作者等）　（5）办事人员（包括文秘人员、街道办事人员、行政业务员、治安保卫人员、警察等等）　（6）个体经营者　（7）商业服务业人员　（8）工业运输业生产人员（含民工）　（9）农业劳动者　（10）现役军人　（11）城乡无业、失业、半失业者　（12）其他（请注明）_____

6. 您的人均家庭月收入（家庭成员月收入之和÷家庭人口）约为：_____

(1)100元及100元以下　(2)101～200元　(3)201～500元　(4)501～1000元　(5)1001～2000元　(6)2001～5000元　(7)5001～1万元　(8)10001～5万元　(9)5万元以上

第二部分

填写说明：第二部分的题目都是单选题，每道题只能选择一个答案，否则会被视为无效的回答。

1. 您家里电脑和网络的状况是：

（1）没有电脑　（2）有电脑，但没上网　（3）有电脑，并且

上了网

2. 您上网有多久了：

(1) 不到半年　(2) 半年到一年　(3) 一年到三年　(4) 三年以上　(5) 从没上过网

注：选(1)～(4)的家长请继续往下作答，选(5)的家长可以跳过第3题和第4题，从第5题开始作答。

3. 您运用网络的能力：

(1) 非常强　(2) 比较强　(3) 一般　(4) 不太强

4. 您经常利用网络了解有关孩子成长的信息吗？

(1) 经常　(2) 有时　(3) 很少　(4) 从不

5. 您的孩子经常上网吗？

(1)经常　(2)有时　(3)很少　(4)从没上过　(5)不清楚

6. 如果您的孩子上网，那么他/她主要在哪里上网？

(1) 家里　(2) 学校　(3) 网吧　(4) 不清楚　(5) 其他(请注明)：_____

7. 您认为上网对孩子的成长：

(1) 弊大于利　(2) 利大于弊　(3) 利弊一样大

8. 您对孩子上网的态度是：

(1) 支持　(2) 支持，但仅能用于学习　(3) 反对　(4) 无所谓　(5) 其他(请注明)：_____

9. 孩子经常和您谈和上网有关的事情吗？

(1) 经常　(2) 有时　(3) 很少　(4) 从不

主要有(请注明) _____

(例如：网上遇到的人、网络游戏、网上趣闻等)

第三部分

填写说明：第三部分的题目都是多选题，每道题可以同时选择几个答案，最多不超过五个。

10. 您知道哪些教育类网站

(1) 网校　(2) 校园网站　(3) 青少年网站　(4) 家庭教育网站　(5) 没有　(6) 其他（请注明）_____

请填写：您经常浏览的教育网站是_____

11. 您主要利用网上哪些和孩子发展相关的资源

(1) 学习辅导　(2) 成长心理　(3) 家教方法　(4) 道德培养　(5) 身体健康　(6) 价值引导　(7) 都没有　(8) 其他（请注明）_____

12. 您认为当前的网上世界是

(1) 健康的　(2) 不健康的　(3) 安全的　(4) 危险的　(5) 有序的　(6) 混乱的　(7) 多彩的　(8) 无聊的　(9) 其他（请注明）_____

13. 您觉得网上的教育资源

(1) 丰富　(2) 前沿　(3) 有用　(4) 生动　(5) 贫乏　(6) 滞后　(7) 没用　(8) 死板　(9) 其他（请注明）_____

14. 您希望孩子能够利用网络

(1) 辅助学习　(2) 娱乐放松　(3) 了解社会动态　(4) 与人交流　(5) 学习电脑技术　(6) 接受思想品德教育　(7) 其他（请注明）_____

15. 就您所知孩子实际在网上

(1) 辅助学习　(2) 玩游戏　(3) 聊天　(4) 看娱乐信息　(5) 了解社会动态　(6) 学习电脑技术　(7) 接受思想道德教育　(8) 其他（请注明）_____

16. 您认为网络最能影响孩子的

(1) 学习成绩　(2) 生活作息　(3) 思维方式　(4) 道德

观念　　(5)价值取向　　(6)心理健康　　(7)人际交往　　(8)性格　　(9)其他(请注明)＿＿＿＿

17. 您最担心孩子上网后

(1)在网上受骗　　(2)沉迷于网络　　(3)影响学习　　(4)结交坏人　　(5)违规犯罪　　(6)受不健康思想影响　　(7)其他(请注明)＿＿＿＿

18. 对孩子上网您有哪些限制

(1)坚决不让上网　　(2)限制浏览的网站　　(3)限制上网的时间　　(4)限制网上活动,如不许聊天、玩游戏等　　(5)不加任何限制　　(6)其他(请注明)＿＿＿＿

19. 您为孩子上网提供了

(1)电脑设备　　(2)技术方面的资料　　(3)心理辅导　　(4)思想品德教育　　(2)安装过滤软件　　(6)都没有　　(7)其他(请注明)＿＿＿＿

20. 为了帮助孩子抵制网上的不良影响,您觉得最重要的是

(1)加强网络法制建设　　(2)加强网络道德建设　　(3)从技术上加以限制　　(4)建设青少年网络资源　　(5)加强学校德育　　(6)加强家庭教育　　(7)禁止青少年上网吧　　(8)其他(请注明)＿＿＿＿

第四部分

填写说明:请从以下四种程度中选择适合你的一个,每题只能选一个,特别注意不要漏题。

题干:您的孩子上网后有以下这些表现的时候多吗?

(1)经常　　(2)有时　　(3)很少　　(4)没有

21. 因上网而影响学习:(1)　　(2)　　(3)　　(4)
22. 因上网和家长发生矛盾:(1)　　(2)　　(3)　　(4)

23. 因不能上网而发脾气：(1)　　(2)　　(3)　　(4)
24. 因上网而废寝忘食：(1)　　(2)　　(3)　　(4)
25. 为上网而撒谎：(1)　　(2)　　(3)　　(4)
26. 有了很多独特的想法：(1)　　(2)　　(3)　　(4)
27. 变得开朗自信：(1)　　(2)　　(3)　　(4)
28. 不爱搭理人：(1)　　(2)　　(3)　　(4)
29. 变得不服管教：(1)　　(2)　　(3)　　(4)
30. 说脏话更多了：(1)　　(2)　　(3)　　(4)

第五部分

填写说明：请您简要回答以下两道题。

31. 在网络环境改进和网络资源建设上，您对有关部门、网站和学校有哪些建议？

32. 在指导孩子健康上网方面，您需要哪些辅导和帮助？

谢谢您的合作，祝您工作顺利，生活幸福！

附录二 访谈提纲

访谈目的：

配合问卷调查，从多角度和深层次上了解青少年成长的网络环境，以及与网络环境互动过程中青少年的主观诉求和心理层面的问题，弥补问卷调查形式上的局限，为数据分析和调查报告的撰写提供更准确、翔实的依据。

访谈形式：

个别访谈和小组访谈相结合。

访谈内容：

以问卷第三部分的开放性问题为依据，通过以下问题了解调查对象对网络环境的个人评价，网络生活的特殊经历，虚拟世界和现实生活交替中的内心冲突，以及青少年在网络环境中的人际交往状况，或网络环境改进的具体要求或建设性意见。

问题一：答完问卷以后，你觉得有哪些问题应该问而问卷中没有问到的？

问题二：有了网络生活的经历，你与周围的人（如老师、同学）相处时，你对他们的态度和交往的方式有哪些改变？

问题三：有了网络生活的经历，再回过头来看待你自己时，你的自信心有无变化？

问题四：请谈一件网络生活中给你内心触动最大的事情。

问题五：假如你是一位父亲（或母亲），你的孩子出现了下面的问题,你将怎么做?

1. 痴迷网恋;2. 上网影响学习;3. 经常去网吧。

问题六:假如你要建立一个自己的网站,你打算把它建成什么类型的,或以什么内容为主的网站?

附录三
关于本调查报告的说明

参加问卷调查和访谈的学校、学生、教师和家长都给课题组提供了大量支持。没有他们的积极配合，我们就无法取得最直接的数据和材料。在此，课题组要向参加课题调查和访谈的学校、学生、教师和家长们表示衷心的感谢。

他们主要来自：北京汇文中学、北京师范大学附属中学、中国农业大学附属中学；湖北省宜昌市第一高级中学、第二高级中学、第三初级中学、第十六初级中学；甘肃宁县第二中学和第三中学。

（注：北京汇文中学为我们提供了预调查数据，其他学校参加了正式调查。）

需要说明的是：本项调查只限于北京城区、湖北宜昌和甘肃宁县三个地区的在校青少年学生、教师和家长对于网络环境对青少年成长的影响的看法，且样本有限，使用的统计方法也很单一。如要更多地了解网络带给青少年的道德影响，还需要参照其他有关青少年互联网使用状况的调查。

另外，本调查报告是"网络环境与青少年品德发展"调查研究的一个简单概述，作为"网络环境与青少年德育研究"的一个子课题，本报告的目的是描述调查研究的设计、实施及结果，为接下来的研究提供分析数据。至于调查结果对于青少年网络德育有何意义，青少年在接受网络道德影响上的特点及要素，以及对有关部门、学校和家长对青少年进行网络德育的对策建议，都是在本报告的数据分析和结论之上展开的,这些研究成果将汇总在"网路环境与青少年德育研究"的研究报告中。

"网络环境与青少年品德发展研究"课题组
2004 年 9 月

主要参考文献

段伟文著:《网络空间的伦理反思》,江苏人民出版社,2002。

科尔伯格著,魏贤超、柯森等译:《道德教育的哲学》,浙江教育出版社,2000。

李伟民主编:《网络时代的中小学德育》,广东教育出版社,2001。

皮亚杰著,傅统先译:《儿童的道德判断》,山东教育出版社,1984。

Patricia Wallace著,谢影、苟建新译:《互联网心理学》,中国轻工业出版社,2001。

檀传宝著:《学校道德教育原理》,教育科学出版社,2000。

严耕、陆俊、孙伟平著:《网络伦理》,北京出版社,1998。

王经涛、王俊英主编:《青少年网络道德教育》,开明出版社,2001。

卜卫、郭良:《青少年互联网使用状况及影响》,《中国经贸导报》,2001年1月9日。

陈斌文:《新的心理疾病:网络成瘾症》,《社会》,2000(6)。

楚丽霞:《网络社会中青少年德性的创造》,《当代青年研究》,2000(3)。

何济川:《对青少年黑客要区别对待》,《青年研究》,2000(2)。

何济川:《网络黑客何以多为青少年》,《当代青年研究》,1998(5)。

胡钰、吴倬：《互联网对青年价值观的负面影响》，《青年研究》，2001（3）。

课题组：《挑战与对策—因特网对我省青少年思想影响的调查》，《河北青年管理干部学院学报》，2001（4）。

马黎：《青少年与计算机犯罪》，《青少年犯罪研究》，1998（5～6）。

沈贵鹏：《网络社会与青少年亚道德：兼谈网络道德教育》，《当代青年研究》，2000（2）。

沈亚萍：《黑客伦理对网络青少年德性构筑的思考》，《青年探索》，2001（2）。

孙少晶：《网络传播对青少年的负面影响》，《青年探索》，1999（4）。

文军：《青少年信息犯罪及其防治措施初探》，《青年研究》，1998（11）。

中国社会科学院"互联网对新时期青年与青年工作的影响"课题组：《互联网对当代青年的影响调查》，《北京日报》，2000年10月23日。

郭良：《网络创世纪——从阿帕网到互联网》，中国人民大学出版社，1998。

何怀宏：《底线伦理》，辽宁人民出版社，1998。

李伦：《鼠标下的德性》，江西人民出版社，2002。

刘守旗：《网络社会的儿童道德教育》，南京师范大学博士学位论文，2001。

檀传宝著：《学校道德教育原理》（修订版），教育科学出版社，2003。

黄屹军、韩文旭：《网络时代与学校德育》，《班主任之友》，2000（10）。

陈升：《论道德教育中存在的问题》，《道德与文明》，1999（5）。

聂北茵：《网络文化：到底怎样认识你——关于网络文化的对

话》,《中国青年报》,2000年9月3日。

沈汝发:《我国"网络与青少年"研究评述》,《青年探索》,2001 (6)。

檀传宝:《主体性德育——欣赏型德育模式论要》,《深圳教育学院学报》,1999 (1)。

王凤秋、何葵:《网络对学校德育的冲击》,《现代中小学教育》,2001 (1)。

吴康宁:《教会选择:面向21世纪的我国学校道德教育的必由之路——基于社会学的反思》,《华东师大学报》(教科版),1999 (3)。

张成岗:《网络文化及其哲学思考》,《理论与现代化》,2000(11)。

张来春:《德育·网络德育·德育有效性——从某中学校园网BBS风波谈开去》,《上海教育》,2000 (9)。

李伦:《网络之魂:互联网精神》,资料来源:www.ChinaEthics.com。

桑新民:《中小学校园网络建设的意义、功能与效益初探》,来源:中小学信息技术教育网 http://www.nrcce.com。

余胜泉、曹晓明:《教育信息化(2003)回顾与展望——探求可持续发展之路》,来源:教育技术通讯 http://www.etc.edu.cn/articledigest25/2003.htm。

"Cyber Ethics for Students and Youth" (http://cesy.qed.hkedcity.net。

教育部师范司编:《教师专业化的理论和实践》,人民教育出版社,2001。

教育部人事司编:《教师职业道德》,新华出版社,1995。

张俞、刘涛雄:《努力探索网络德育的有效途径》,《中国高等教育》,2000 (18)。

胡成广:《论网络德育的教学观》,《思想教育研究》,2001 (3)。

韦基峰、徐细希:《网络德育工作探微》,《湖北社会科学》,

2001（10）。

张志刚、刘连峰：《加强青少年网络道德教育的若干对策》，《教育探索》，2002（2）。

蔡琼、杨建：《网络道德教育的冷思考》，《重庆邮电学院学报》（社科版），2002（3）。

李韦名主编：《网络时代中小学德育》，广东教育出版社，2001。

叶子：《简评〈教师能力学〉的价值特色》，《山东教育科学》，1997（2）。

李莉、吴伦敦：《中学骨干教师能力素质的现状与对策思考》，《天津教育》，2002（2）。

郭英、邢利敏、郭绍东：《教师能力学的结构分析》，《成人教育》，2000（7）。

周奇：《论现代教师能力的结构》，《江西社会科学》，2002（5）。

汪波：《教师素质结构主要因素的研究》，《教育理论与实践》，2001（4）。

叶澜：《新世纪教师专业素养初探》，《教育理论与实践》，1998（2）。

Shulman, lee S., Knowledge and Teaching Foundations of the New Reform. Harvard Education Review, Vol. 57, No1. 1987.

Slavin, R. E., Cooperative Learning Endlewood Cliffs, NJ: Prentice Hall. 1990.

The Holmes Group. Tomorrow`s Schoolsof Education. Esat Lansing, Mich: The Holmes Group, Inc, 1990.

［俄］БорвскаяН. Е. 《Модернаизация уче－бныхпланов и программ в школах КHP》《Педагогика》 2002（10） 119905 Москва, Ул. Погодинская, Д, 8

[俄]《Перспекмовы развытия непрерывного образования в узубекистане》（Международная конфеенция—вопросы и ответы）《Професионал》2002（6）125315 Москва, Ленинградский проспект, Д. 66, К. 195

中国互联网络信息中心：《中国互联网络发展状况统计报告》（2005/1），资料来源：中国互联网络信息中心网站，http://www.cnnic.cn/download/2005/2005011801.pdf。

缪建东著：《家庭教育社会学》，南京师范大学出版社，1999。

李力红主编：《青少年心理学》，东北师范大学出版社，2000。

《马克思恩格斯全集·第1卷》，人民出版社，1971。

李学农、陈震著：《初中班主任》，南京师范大学出版社，1997。

叶奕乾：《个性心理学》，华东师范大学出版社，1998。

艾伯特·班都拉著，陈欣根译：《社会学习理论》，辽宁人民出版社，1989。

哈贝马斯著，洪佩郁、蔺青译：《交往行动理论·第一卷》，重庆人民出版社，1996。

梅尔文·德夫勒等著，杜力平译：《大众传播学诸论》，新华出版社，1990。

郭光华：《论网络交往中"沉默的螺旋"假说的局限》，《湖南师范大学社会科学学报》，2002（6）。

郭琴：《现代教育的机遇和挑战：国际互联网》，《电化教育研究》，2000（3）。

韩丽丽：《走向网络社区》，《社会》，2002（2）。

华伟：《网络交往对青少年自我形成的影响》，《内蒙古师范大学学报》（教育科学版），2003（2）。

黄育馥：《澳大利亚联邦政府在互联网发展中的作用》，《国外社会科学》，1999（1）。

李卫东：《网络道德与社会伦理冲突琐议》，《陕西师范大学学报》，2002（1）。

林天宁等：《"第四媒体"对高校学生思想政治教育的影响及对策初探》，《中国高等教育》，2000（1）。

瞿卫星：《网络道德的失范与建设》，《河北师范大学学报》（教育科学版），2001（1）。

徐凌霄、陈国忠：《网络社会的道德自律》，《云南大学人文社会科学学报》，2001（4）。

严久步：《国外互联网管理的近期发展》，《国外社会科学》，2001（3）。

郑伟：《网络道德：非真实的规范体系——兼论网德》，《社会科学》，2002（9）。

钟强：《网络社会问题的成因及控制》，《理论月刊》，2002（9）。

李泽厚：《李泽厚哲学文存》（下编），安徽文艺出版社，1999。

鲁洁、王逢贤主编：《德育新论》，江苏教育出版社，2000。

唐凯麟：《伦理学》，高等教育出版社，2002。

冯鹏志：《伸延的世界——网络化及其限制》，北京出版社，1999。

段伟文：《网络空间的自我伦理》，资料来源：http：www.chinaethics.com。

陈昌灵：《青少年网络交往行为分析及引导》，《人大复印资料·青少年导刊》，2003（3）。

胡成广：《论创建网络德育系统工程》，《思想教育研究》，1999（6）。

郎家丽：《公益广告设计中的创意初探》，《中国美术教育》，2001（6）。

刘岚：《网络条件下德育管理的探索》，《人大复印资料·思想政治教育》，2003（4）。

田宏碧、陈家麟：《网络游戏：一种被冷落的远程教育资源》，

《中国远程教育》，2002（7）。

魏曼华：《网络时代儿童社会化——新情境与新问题》，2003年12月基础教育高层论坛交流论文。

颜晓丽：《网络环境下学生道德选择能力的培养》，《教育探索》，2003（6）。

张茜：《青少年同伴关系的特点与功能分析》，《当代教育科学》，2003（1）。

张秀芹：《网络:思想政治工作的新阵地》,《教育探索》,2003(5)。

祝建华：《网际互动中青年的社会动机》,《人大复印资料·青少年导刊》，2003（3）。

高兆明著：《制度公正论——变革时期道德失范研究》，上海文艺出版社，2001。

[美]伊恩·罗伯逊著：《社会学》，商务印书馆，1991。

郑航生主编:《社会学概论新编》,中国人民大学出版社,1987。

沙莲香主编译：《现代社会学——基本内容及评析》，中国人民大学出版社，1994。（本书为《现代社会学辞典》（北川隆吉主编）的编译本）

魏英敏主编：《新伦理学教程》，北京大学出版社，1993。

宣兆凯著：《道德社会学理论、方法和应用研究》，北京师范大学出版社，1994。

理查德·A·斯皮内洛著，刘刚译：《世纪道德——信息技术的伦理方面》，中央编译出版社，1999。

陈升:《论道德教育中存在的问题》,《道德与文明》,1999(5)。

严耕、陆俊：《国外网络伦理问题研究综述》，《国外社会科学》，1997（2）。

郑伟：《网络道德：非实存的规范体系——兼论网德》，《社会科学》，2002（9）。

袁斐：《网络社区中两性角色及行为的比较分析》，《社会学》，2001（3）。

王欢、郭玉锦：《网络社区及其交往特点》，《北京邮电大学学报（社会科学版）》，2003（10）。

王腾：《网络社会道德规范功能弱化成因探究》，《广西社会科学》，2001（2）。

戴黍：《网络伦理：现状与前景》，载《华南师大学报：社科版》，1998（2）。

蒋爱华、陈芳：《"网络社会"道德建设初探》，《伦理学》，2000（8）。

冯鹏志：《网络社会规范的形构基础及其涵义》，《学海》，2001（6）。

邓伟宁：《从公德与私德的关系看网络道德建设》，《自然辩证法研究》，2001（8）。

吴建创：《构筑网络道德规范》，来源"赛博风"，http：//www.chinaethics.com。

栾好利：《网络道德建构刍议》，来源"赛博风"，http：//www.chinaethics.com。

王正平：《西方计算机伦理学研究概述》，来源"赛博风"网，http：//www.chinaethics.com。

http：//www.ytht.net（一塌糊涂BBS）。

http：//www.smth.org（水木清华BBS）。

http：//bbs.pku.edu.cn（北大未名BBS）。

http：//bbs.nju.edu.cn（小百合BBS）。

http：//bbs.whu.edu.cn（珞珈山水BBS）。

http：//bbs.zsu.edu.cn（逸仙时空BBS）。

http：//bj.163.com〔网易虚拟社区（网易北京社区）〕。

http：//people.sina.com.cn（新浪论坛）。

http：//club. sohu. com（搜狐社区）。

http：//cn. bbs. yahoo. com//hp（雅虎论坛）。

http：//bbs. china. com（中华网论坛）。

http：//club. tom. comTom（社区）。

http：//bbs. tom. comTom（论坛）。

http：//chat. tom. comTom（聊天站）。

http：//www. tianyaclub. com（"天涯社区"）。

http：//www. xici. net（西祠胡同）。

http：//www. xinli. net（牵牵心理热线）。

http：//www. xilu. com（西陆网）。

http：//www. xiaogw. com（小港湾社区）。

http：//www. gaoxiaobbs. com（超级搞笑论坛）。

http：//www. ftc. gov "The Federal Trade Commission"）。

http：//www. breakthrough. org. hk/ir/researchlog. htm〔突破青少年研究资料库（香港）〕。

http：//www. chinaethics. com（"赛博风·中华网络伦理学网"网）。

http：//www. china. com. cn（"中国网"）。

http：//www. hongniba. com（"红泥巴"网站）。

http：//www. sina. com. cn（"新浪网"）。

http：//www. ccyl. org. cn（中国共青团网）。

http：//www. etc. edu. cn（"教育技术通讯"）。

http：//cesy. qed. hkedcity. net "（Cyber Ethics for Students and Youth"）。

http：//www. blogchina. com（"博客中国"）。

后 记

根据中国互联网络信息中心（CNNIC）最新互联网统计报告（第十五次中国互联网络发展状况统计报告，2005年1月19日），我国上网用户总数已经达到9 400万，比上年同期增长8.0%。青少年是网络世界中最重要的力量（18岁以下的青少年网民占网民总数的16.4%）。在"大众传媒时代"，网络作为一个新兴和富有无穷魅力的"第四媒体"对于广大青少年的价值影响是巨大和与日俱增的。网络存在对青少年的品德发展到底产生了什么样的价值影响？影响的类型、结构、程度、特点是什么？面对这一影响成人社会应当做怎样的努力，家庭、学校和社会应当何为？都是我们现在可能回答不好又必须回答的现实问题。正是因为这一原因，我们选择了"网络环境与青少年德育研究"这样一个课题，用4年左右的时间完成了本研究。

本书是教育部人文社会科学"十五"规划研究项目"网络环境与青少年德育研究"的研究成果。也是我和我的研究生们（研究团队）辛勤耕耘、相互学习、共同进步的一个见证。除了我本人负责课题的整体设计与研究过程的指导工作及序言、后记的具体写作以外，调查报告和研究报告主要是由我的博士、硕士研究生去完成的（本书主体各部分的作者分别为：网络环境对青少年品德发展的影响：何艺；网络环境中的学校道德教育：陈晓燕、李宗喜、张英英；网络环境中的家庭道德教育：廖英；网络环境中的社会道德教育；迟希新；网络环境中教育资源的分类及网络环境改造：季爱民；网络社区道德规范的现状及建设：陈晓燕）。虽然由于我们的水平研究有限，研究还存在许多缺憾，但是本研究还是竭尽全力提供了在许多经验认识之外值得关心德育工作的同行们认真关注的内容，对于避免我们一些"想当然"的决策与实践有较大的参考价值。我们衷心希望我们的努力能够对中国德育工作效益的提高产生实实在在的积极影响。

最后，作为项目负责人，我要在这里向本研究团队的所有成员表示感谢，对于支持过我们调查研究的相关中小学领导和老师、家长和同学表示感谢，对提供研究经费支持的教育部社政司表示感谢，也向支持研究成果出版的福建教育出版社相关领导和责任编辑表示由衷的谢忱。

檀传宝，2005年1月26日